高等学校应用型本科金融学

"十三五"规划教材

国际金融学

（第二版）

主　编　冷丽莲

副主编　陈　晶　李　娟

中国金融出版社

责任编辑：黄　羽
责任校对：潘　洁
责任印制：陈晓川

图书在版编目（CIP）数据

国际金融学/冷丽莲主编．—2 版．—北京：中国金融出版社，2019.7
高等学校应用型本科金融学"十三五"规划教材
ISBN 978 − 7 − 5220 − 0130 − 2

Ⅰ．①国…　Ⅱ．①冷…　Ⅲ．①国际金融学—高等学校—教材　Ⅳ．①F831

中国版本图书馆 CIP 数据核字（2019）第 105773 号

国际金融学
Guoji Jinrongxue

出版
发行　**中国金融出版社**

社址　　北京市丰台区益泽路 2 号
市场开发部　　（010）63266347，63805472，63439533（传真）
网 上 书 店　http：//www.chinafph.com
　　　　　　　（010）63286832，63365686（传真）
读者服务部　（010）66070833，62568380
邮编　100071
经销　新华书店
印刷　北京市松源印刷有限公司
尺寸　185 毫米 ×260 毫米
印张　21.75
字数　484 千
版次　2019 年 7 月第 2 版
印次　2019 年 7 月第 1 次印刷
定价　52.00 元
ISBN 978 − 7 − 5220 − 0130 − 2
如出现印装错误本社负责调换　联系电话（010）63263947

前　言

近年来，国际经济形势风云变幻，中国在经济金融领域的成长与开放举世瞩目，释放了巨大的改革红利，也深刻地影响了世界经济的格局。当前我国改革开放和现代化建设事业正处于关键时刻，面临的挑战也越来越大。随着人民币的不断国际化，我们在国际金融领域的理论研究和实践探索也更加宽泛和深入。为了更好地适应国际金融领域应用型人才的培养与教学改革的需要，进一步完善国际金融学课程知识内容体系，体现更新颖的教学方法和教学技术，将最新最实用的知识及时传授给学生，对接学生就业后的工作任务，我们决定修订国际金融学教材。

本教材从国际金融活动的起点——外汇与汇率开始，介绍外汇市场与外汇交易的基本活动规则，以及如何利用这些交易防范外汇风险，然后过渡到外汇管制、国际收支，之后是国际储备以及国际金融市场、国际资本流动，最后是国际金融体系以及区域货币合作等内容。目前国内本科院校的国际金融教材大多理论性较强，具有一定的研究深度，但因其结合实际操作不足，实用性并不强。而高职高专教材强调培养动手能力，缺乏理论体系。与之相比，本教材在结构和内容上突出了理论性、时效性、实用性相结合的特点，以实际案例阐述各章的内容，是一本适合于应用型本科学生使用的专业基础课程教材。

本教材的编写人员以哈尔滨金融学院多年来主讲国际金融课程的一线教师为主，均为在读博士研究生或硕士研究生，有大量的国际金融领域的科研成果，具备较强的科研能力和较高的学术水平。本教材各章实训部分及习题由金融机构从事国际金融实际业务的人员负责编写。

本教材的编写分工如下：冷丽莲任主编，陈晶、李娟任副主编；其中，冷丽莲编写第一章、第二章；李娟编写第三章、第四章、第五章、第六章；陈晶编写第七章、第八章、第九章、第十章；谭明哲（中国银行黑龙江省分行国际清算部）、王玉忠（哈尔滨银行松北支行）、李早航（中国建设银行哈尔滨香坊支行）、田月秋（中国建设银行哈尔滨培训中心）参与各章习题及实训部分的编写。全书由冷丽莲总纂并定稿。

在本教材的编写过程中，我们得到了中国金融出版社的大力支持，同时，也参考了国内诸多学者的相关著作、教材以及相关网站资料，在这里一并表示衷心的感谢。由于作者水平有限，书中难免存在错误和遗漏之处，敬请专家、学者批评指正。

编者

2019 年 5 月

目　　录

第一章

外汇与汇率

【学习目标】

- 了解外汇及汇率方面的基础知识及汇率决定的基本理论；
- 知晓各国调节汇率的政策措施及其效果；
- 熟悉各国实行的汇率制度的区别；
- 掌握我国人民币国际化的状况。

【章前引例】

在美国和墨西哥的边境上住着一个聪明的农民，别人都以种地维持生计，而他却另辟蹊径，仅仅依靠自己手中的 10 美元积蓄便过上了一段时间无忧无虑的日子。早晨起来，他在美国的酒店花 1 美元买一杯啤酒和一盘牛排，吃完后，他拿着剩下的 9 美元来到墨西哥，这时时间已经过了中午，他在当地银行按 1:3 的汇率，将 9 美元换成 27 比索，然后拿出 3 比索，在当地饭店喝一杯啤酒，吃一盘牛排。晚上的时候，他拿着剩下的 24 比索回到美国这边，再按美国的 1:2.4 的汇率，将其换为 10 美元。这样，一天下来他等于白白享用了两顿啤酒和牛排，第二天他再次重复这个行程。

第一节　外汇与汇率

一、外汇

（一）外汇的概念

外汇是国际汇兑（Foreign Exchange）的简称，是以外币表示的，用以清偿国际间债权债务的一种支付手段。它是进行国际经贸交往中必不可少的中介。它具有动态和静态两层含义，动态的含义是国际汇兑的过程，即把一国货币通过兑换活动转换成另一国货币的实践过程，通过这种活动来清偿国际间的债权和债务关系；静态的含义是指国际汇兑过程中所使用的支付手段和工具，即国际货币或以国际货币表示的用于国际结算的支付凭证，如汇票、本票、支票等。我们在日常生活中用到的外汇概念主要指它的静态含义，而静态的外汇又有广义和狭义之分。

1. 广义的外汇

广义的外汇是指国际货币基金组织和各国外汇管理法令中的"外汇"，国际货币基金组织曾将外汇定义为："货币行政当局（包括中央银行、货币管理机构、外

1

汇基金组织及财政部）以银行存款、国库券、长短期政府债券等形式所保有的国际收支逆差时可以使用的债权。"

我国于 2008 年修订的《外汇管理条例》中规定，外汇是指下列以外币表示的可以用作国际清偿的支付手段和资产：（1）外币现钞，包括纸币、铸币；（2）外币支付凭证或者支付工具，包括票据、银行存款凭证、银行卡等；（3）外币有价证券，包括债券、股票等；（4）特别提款权；（5）其他外汇资产。

每一个独立的经济体都有自己的货币。为了在外汇交易中简单明了地区别各国（地区）的货币名称，国际标准化组织给各国（地区）货币制定了标准的三字代码，即用三个大写字母来代表货币的名称。一般来说，前两个字母代表国家（地区）名称，第三个字母代表货币名称，见表 1-1。

表 1-1　　　　　　　　　部分国家和地区货币名称及标准符号

国家（地区）	货币名称	国际标准代码	国家（地区）	货币名称	国际标准代码
中国	人民币	CNY	越南	越南盾	BND
中国香港	港元	HKD	韩国	韩国元	KRW
中国澳门	澳门元	MOP	马来西亚	马来西亚林吉特	MYR
中国台湾	新台币	TWD	沙特阿拉伯	沙特阿拉伯里亚尔	SAR
英国	英镑	GBP	俄罗斯	俄罗斯卢布	SUR
美国	美元	USD	加拿大	加拿大元	CAD
瑞士	瑞士法郎	CHF	澳大利亚	澳大利亚元	AUD
新加坡	新加坡元	SGD	欧盟	欧元	EUR
瑞典	瑞典克朗	SEK	菲律宾	菲律宾比索	PHP
丹麦	丹麦克朗	DKK	泰国	泰国铢	THB
挪威	挪威克朗	NOK	新西兰	新西兰元	NZD
日本	日元	JPY	瑞士	瑞士法郎	CHF

资料来源：国家外汇管理局网站。

2. 狭义的外汇

狭义的外汇即我们通常所说的外汇，它是指外币表示的用于国际结算的支付手段，只有为各国普遍接受的支付手段，才能用于国际结算。为此，狭义的外汇必须有以下几个特征：（1）必须是以外币表示的资产；任何以本币表示的信用工具、支付手段、有价证券等对本国人来说都不能称其为外汇。（2）必须是在国外能迅速得到补偿的债权。（3）必须是以可自由兑换的货币表示的支付手段。比如，有些国家的货币当局实行外汇管制，禁止本币在境内外自由兑换成其他国家的货币，以这种货币表示的各种支付工具也不能随时转换成其他货币表示的支付手段，那么这种货币及其标识的支付工具在国际上就不能称为外汇。

（二）外汇的分类

外汇按兑换限制程度的不同可分为自由兑换外汇、限制兑换外汇及记账外汇。

1. 自由兑换外汇

自由兑换外汇是无须经过货币发行国外汇管理当局批准，在国际结算和国际金融市场上可以自由使用、自由兑换成其他国家的货币、自由向第三国支付的外国货币及其支付手段。如美元、欧元、英镑、日元、瑞士法郎、丹麦克朗、港元、加拿大元、澳大利亚元、泰国铢等，目前有60多个国家的货币是可自由兑换的。

根据国际货币基金组织有关条款的规定，一国货币可自由兑换的前提是：（1）对本国国际收支中的经常项目往来的付款的资金转移不加限制；（2）不采取歧视性的货币措施或多种货币汇率；（3）在另一个成员国的要求下，随时有义务购回对方经常项目中所结存的本国货币。自由兑换外汇在国际交往中广泛使用，是典型的外汇形式。

2. 限制兑换外汇

限制兑换外汇是指未经货币发行国批准不能自由兑换成其他货币，或对第三国进行支付的货币。这类货币自由兑换的限制主要表现在两方面：一是在一定条件下可自由兑换，即只有在货币发行国规定的条件下才能有限制地兑换成其他国家的货币；目前我国人民币在经常项目下已经可以自由兑换。二是在区域内的可自由兑换，即只能在本区域内兑换成特定的外汇，而不允许兑换成其他外币或将资金转移到本区域以外的国家。

3. 记账外汇

记账外汇是指记载在两国特定的银行账户上，不经债务国外汇管理当局批准，不能自由兑换成其他货币或向第三国进行支付的外汇。例如，我国在改革开放初期对某些发展中国家的进出口贸易，为了双方节省自由兑换外汇，决定采用记账外汇办理清算。所有进出口货款，只在双方银行开立专门账户记载，年度终了，发生的顺差或逆差，通过友好协商解决（一般都将差额转入下一年度的贸易项目中去平衡）。这种记载在双方银行账户上的外汇，就是记账外汇，它只能用来冲销两国间的债权债务，不能转给第三国，也不能兑换成自由兑换外汇。

二、外汇汇率

（一）汇率及其标价方法

1. 汇率的概念

汇率（Foreign Exchange Rate）又称汇价、外汇牌价或外汇行市，是不同的货币之间兑换的比率或比价，也可以说是以一种货币表示的另一种货币的价格。外汇是可以在国际上自由兑换、自由买卖的，是一种特殊商品，而汇率就是这种特殊商品的价格。在国际汇兑中，不同的货币可以相互表示对方的价格，既可以用本币来表示外币价格，又可以用外币来表示本币的价格。至于某个国家使用本币来表示外币，还是使用外币来表示本币，则取决于其所采取的不同的汇率标价方法。

2. 汇率标价方法

（1）直接标价法（Direct Quotation）。这种标价法又称应付标价法，是指用一定单位的外国货币作为标准（如 1、100、10000 等）来计算可折合成多少单位的本国货币。目前世界上绝大多数国家都采用直接标价法，我国人民币对外币也采用这种标价方法。例如，2019 年 1 月 31 日，中国人民银行公布的人民币汇率中间价为 1 美元 = 6.7025 元人民币；1 港元 = 0.8546 元人民币；100 日元 = 6.1478 元人民币；1 欧元 = 7.6981 元人民币。

在直接标价法下，外币的金额不变，始终为一定的单位，本币的金额随着外币币值的变化而变化。如果一定单位的外币换得的本币数额增多，说明外币的币值上升，本币的币值下降，称为外汇汇率上升，反之，如果一定单位的外币换得的本币数额减少，称为外汇汇率下降。

（2）间接标价法（Indirect Quotation）。这种标价法又称应收标价法。是指用一定单位的本国货币作为标准（如 1、100、10000 等）来计算可折合为多少单位的外国货币。例如，2018 年 8 月 10 日，纽约外汇市场各种外汇收盘价报价为 1 美元 = 111.34 日元；1 美元 = 1.2994 加拿大元；1 美元 = 0.9917 瑞士法郎；1 美元 = 0.8576 欧元。

在间接标价法下，本币的金额不变，始终为一定的单位，应收外币的金额随着本币币值的变化而变化。如果一定单位的本币换得的外币数额减少，称为外汇汇率上升。反之，如果一定单位的本币换得的外币数额增多，说明本币的币值上升，外币的币值下降，称为外汇汇率下跌。

世界上采用间接标价法的国家主要是以英国和美国为代表的少数几个国家。英国是资本主义发展较早的国家，当时伦敦是国际性的金融中心，因此英镑成为最早被广泛使用的国际结算货币，另外英镑在 1971 年以前一直没有采用十进位制，如果用直接标价法计算起来极不方便，因此长期以来，伦敦外汇市场一直采用间接标价法。第二次世界大战以后，美国的经济实力迅速扩大，美元逐渐成为国际结算、国际储备的主要货币。从 1978 年 9 月 1 日开始，纽约外汇市场也改用间接标价法，以美元为标准公布美元与其他货币之间的汇价，但美元对英镑和爱尔兰镑仍沿用直接标价法。

（二）汇率的种类

在国际汇兑的实际业务中，经常涉及不同种类的汇率，下面我们按不同的分类标准做简单介绍。

1. 按汇率制定的方法不同，可将汇率分为基础汇率和套算汇率。

（1）基础汇率（Basic Rate）是一国所制定的本国货币与基础货币（往往是关键货币）之间的汇率。与本国货币有关的外国货币往往有许多种，但不可能使本币与每种货币都单独确立一个汇率，所以往往选择某种关键货币作为本国汇率的制定标准。关键货币是指在国际贸易或国际收支中使用最多、在各国的外汇储备中占比最大、自由兑换性最强的货币。目前，各国普遍把美元作为制定汇率的关键货币，因此，本币与美元的汇率一般作为基础汇率。各种货币对美元折算率，见表 1 - 2。

表 1 - 2　　　　　　　　　各种货币对美元折算率

（2019 年 1 月 31 日）

货币名称		货币单位	对美元折算率	货币名称		货币单位	对美元折算率
AED	阿联酋迪拉姆	1 迪拉姆	0.272085	MKD	马其顿第纳尔	1 第纳尔	0.018476
ALL	阿尔巴尼亚列克	1 列克	0.009221	MMK	缅甸缅元	1 元	0.000658
AOA	安哥拉宽扎	1 宽扎	0.003221	MNT	蒙古图格里克	1 图格里克	0.000382
ARS	阿根廷比索	1 比索	0.026667	MOP	澳门元	1 元	0.123732
AUD	澳大利亚元	1 元	0.724759	MUR	毛里求斯卢比	1 卢比	0.029112
BAM	波黑马克	1 马克	0.582276	MVR	马尔代夫卢非亚	1 卢非亚	0.064683
BGN	保加利亚列维	1 列维	0.587648	MWK	马拉维克瓦查	1 克瓦查	0.001372
BHD	巴林第纳尔	1 第纳尔	2.652485	MXN	墨西哥比索	1 比索	0.052290
BND	文莱元	1 元	0.742280	MYR	马来西亚林吉特	1 林吉特	0.243951
BOB	玻利维亚诺	1 玻利维亚诺	0.144404	NGN	尼日利亚奈拉	1 奈拉	0.003255
BRL	巴西雷亚尔	1 雷亚尔	0.271370	NOK	挪威克朗	1 克朗	0.118750
BWP	博茨瓦纳普拉	1 普拉	0.096950	NPR	尼泊尔卢比	1 卢比	0.008788
BYN	白俄罗斯卢布	1 卢布	0.463177	NZD	新西兰元	1 元	0.689608
CAD	加拿大元	1 元	0.760492	OMR	阿曼里亚尔	1 里亚尔	2.597403
CHF	瑞士法郎	1 法郎	1.005938	PEN	秘鲁索尔	1 索尔	0.298414
CLP	智利比索	1 比索	0.001506	PHP	菲律宾比索	1 比索	0.019157
CNY	人民币元	1 元	0.149198	PKR	巴基斯坦卢比	1 卢比	0.007156
COP	哥伦比亚比索	1 比索	0.000316	PLN	波兰兹罗提	1 兹罗提	0.267865
CZK	捷克克朗	1 克朗	0.044594	PYG	巴拉圭瓜拉尼	1 瓜拉尼	0.000165
DKK	丹麦克朗	1 克朗	0.153797	QAR	卡塔尔里亚尔	1 里亚尔	0.274650
DZD	阿尔及利亚第纳尔	1 第纳尔	0.008463	RON	罗马尼亚列伊	1 列伊	0.241964
EGP	埃及镑	1 镑	0.056593	RSD	塞尔维亚第纳尔	1 第纳尔	0.009708
EUR	欧元	1 欧元	1.148542	RUB	俄罗斯卢布	1 卢布	0.015282
GBP	英镑	1 英镑	1.311302	SAR	沙特里亚尔	1 里亚尔	0.266458
GHS	加纳塞地	1 塞地	0.201969	SDG	新苏丹镑	1 镑	0.021003
GYD	圭亚那元	1 元	0.004795	SDR	特别提款权	1 特别提款权	1.397190
HKD	港元	1 元	0.127500	SEK	瑞典克朗	1 克朗	0.110632
HRK	克罗地亚库纳	1 库纳	0.154805	SGD	新加坡元	1 元	0.742156
HUF	匈牙利福林	1 福林	0.003637	SLL	塞拉利昂	1 利昂	0.000115
IDR	印度尼西亚卢比	1 卢比	0.000071	SRD	苏里南元	1 元	0.133779

货币名称		货币单位	对美元折算率	货币名称		货币单位	对美元折算率
ILS	以色列谢客尔	1 谢客尔	0.273560	SSP	南苏丹镑	1 镑	0.006509
INR	印度卢比	1 卢比	0.014038	SYP	叙利亚镑	1 镑	0.001941
IQD	伊拉克第纳尔	1 第纳尔	0.000838	THB	泰铢	1 铢	0.031981
IRR	伊朗里亚尔	1 里亚尔	0.000024	TND	突尼斯第纳尔	1 第纳尔	0.332685
ISK	冰岛克朗	1 克朗	0.008377	TRY	土耳其里拉	1 里拉	0.190993
JOD	约旦第纳尔	1 第纳尔	1.409245	TWD	新台币	1 元	0.032538
JPY	日元	1 元	0.009172	TZS	坦桑尼亚先令	1 先令	0.000432
KES	肯尼亚先令	1 先令	0.009926	UAH	乌克兰格里夫那	1 格里夫那	0.036053
KRW	韩元	1 元	0.000899	UGX	乌干达先令	1 先令	0.000272
KWD	科威特第纳尔	1 第纳尔	3.299786	UYU	乌拉圭比索	1 比索	0.030727
KZT	哈萨克斯坦坚戈	1 坚戈	0.002624	UZS	乌兹别克斯坦苏姆	1 苏姆	0.000119
LAK	老挝基普	1 基普	0.000117	VEF	委内瑞拉博利瓦	1 博利瓦	0.000004
LBP	黎巴嫩镑	1 镑	0.000663	VND	越南盾	1 盾	0.000043
LKR	斯里兰卡卢比	1 卢比	0.005574	XAF	刚果中非共同体法郎	1 法郎	0.001649
LYD	利比亚第纳尔	1 第纳尔	0.723484	YER	也门里亚尔	1 里亚尔	0.004002
MAD	摩洛哥迪拉姆	1 迪拉姆	0.105310	ZAR	南非兰特	1 兰特	0.074906
MDL	摩尔多瓦列伊	1 列伊	0.058644	ZMW	赞比亚克瓦查	1 克瓦查	0.083647

注：（1）本表仅供计划统计使用；（2）人民币对美元折算率根据每月最后一个交易日中间价计算，其他货币对美元折算率根据当日上午 9 时国际外汇市场相应货币对美元汇率计算确定。

（2）套算汇率（Cross Rate）是在基础汇率的基础上套算出的本币与非关键货币之间的比率。如果将本币与美元之间的汇率作为基础汇率，则本币与其他非美元货币之间的汇率即为套算汇率，它是通过它们各自与美元之间的基础汇率套算出来的。例如，若在某一时点上我国的基础汇率是 1 美元兑 6.8395 元人民币，而美元对英镑的汇率是 1 英镑兑 1.2911 美元，则 1 英镑可兑换 8.8305 元人民币。

目前各国外汇市场上每天公布的外汇汇率都是各种货币兑美元的汇率，非美元货币之间的汇率均须通过该汇率套算出来。其具体计算方法如下：

①关键货币同为单位货币，交叉相除。

已知：某日外汇市场的行情为 USD/JPY：110.00/110.10，USD/EUR：0.8680/0.8690，求 EUR/JPY。

分析：在这两组报价中，美元均为关键货币并且是单位货币，采用交叉相除的办法。

```
          买入价    卖出价
USD/JPY：110.00    110.10
```

USD/EUR：0.8680   0.8690（交叉相除）
　　　　　买入价　　卖出价

因此，EUR/JPY=126.58/126.84

②关键货币同为报价货币，交叉相除。

已知：某日外汇市场行情为 CHF/USD：1.1010/1.1020，GBP/USD：1.6010/1.6020，求 CHF/GBP。

分析：在这两组报价中，美元均为关键货币并且是报价货币，采用交叉相除的办法。

```
          买入价    卖出价
EUR/USD：1.1010    1.1020
```

GBP/USD：1.6010   1.6020（交叉相除）
　　　　　买入价　　卖出价

因此，EUR/GBP=0.6873/0.6883

③关键货币在两组汇率中分别为单位货币和计价货币，同边相乘。

已知：某日外汇市场行情为 USD/JPY：110.10/110.20，EUR/USD：1.1005/1.1015，求 EUR/JPY。

分析：在这两组报价中，美元均为关键货币并且在两组汇率中分别为单位货币和报价货币，采用同边相乘的办法。

```
          买入价    卖出价
USD/JPY：110.10    110.20
            ↓        ↓
EUR/USD：1.1005    1.1015（同向相乘）
          买入价    卖出价
```

因此，EUR/JPY=121.17/121.39

2. 从银行买卖外汇的角度出发，可将汇率分为买入汇率、卖出汇率、中间汇率和现钞汇率。

（1）买入汇率（Buying Rate）又称买入价，是银行购买外汇时所使用的汇率。

（2）卖出汇率（Selling Rate）又称卖出价，是银行卖出外汇时使用的汇率。

银行从事的外汇买卖活动分别以不同的汇率进行，当其买入外汇时往往以较低的价格买入，卖出外汇时则以较高的价格卖出，两者之间的价差即为银行的经营费用和利润。中国工商银行公布的人民币外汇牌价，见表1－3。

表 1-3　　　　　　　　　中国工商银行人民币外汇牌价
（公布时间：2019-02-01 23：57：01）

序号	名称	现汇买入价	现钞买入价	现汇卖出价	现钞卖出价
1	美元（USD）	673.1300	667.7400	675.9600	675.9600
2	英镑（GBP）	869.1500	844.2900	875.6000	875.6000
3	港元（HKD）	85.8100	85.1100	86.1600	86.1600
4	澳门元（MOP）	83.3000	82.6400	83.6500	83.6500
5	欧元（EUR）	763.4300	741.5900	769.1000	769.1000
6	韩元（KRW）	—	0.5808	0.6023	0.6023
7	日元（JPY）	6.1126	5.9378	6.1580	6.1580
8	加拿大元（CAD）	507.4900	492.9700	511.2600	511.2600
9	瑞典克朗（SEK）	72.9900	70.9100	73.5400	73.5400
10	瑞士法郎（CHF）	670.2100	651.0400	675.1800	675.1800
11	沙特里亚尔（SAR）	183.1000	177.3600	184.4600	184.4600
12	泰国铢（THB）	21.4800	20.8100	21.6400	21.6400
13	新加坡元（SGD）	495.5900	481.4200	499.2700	499.2700
14	新台币（TWD）	21.5500	21.5500	23.2000	23.2000
15	新西兰元（NZD）	453.5200	440.5500	456.8800	456.8800
16	匈牙利福林（HUF）	2.4067	2.3363	2.4368	2.4368
17	印尼盾（IDR）	0.0458	0.0458	0.0488	0.0488
18	土耳其里拉（TRY）	100.1300	97.2000	101.3700	101.3700
19	阿联酋迪拉姆（AED）	186.9500	181.1000	188.3400	188.3400
20	墨西哥比索（MXN）	35.5500	34.5100	35.9900	35.9900

【知识链接 1-1】

我国的个人外汇实盘交易

目前北京、上海、广州等地的中国银行、工商银行、交通银行、建设银行均已开办个人外汇实盘交易业务。凡持有有效身份证件，拥有完全民事行为能力的境内居民个人，均可进行个人实盘外汇交易。具体做法是：（1）个人可以持本人身份证和现钞去银行开户，也可以将已有的现汇账户存款转至开办个人外汇业务的银行。（2）如果采用柜台交易，只需将个人身份证件以及外汇现金、存折或存单交柜面服务人员办理即可。中国银行、交通银行没有开户起点金额的限制，工商银行、建设银行开户起点金额为50美元。如进行现钞交易不开户也可以。（3）如果采用电话交易，需携带本人身份证件到银行网点办理电话交易或自主交易的开户手续。交通银行的开户起点金额为300美元等值外币，工商银行的开户起点金额为100美元等值外币。个人外汇交易方式有两种，一是外汇实盘交易，属于单向交易，不需要对冲。比如你用美元买入日元后交易就结束了，你可以不再涉足后面的交易，对你的资金也没有影响。另外，实盘交易是 100% 资金，没有杠杆作用，风险比保证金交易要小得多。二是保证金交易，属于对冲交易，一次交易需要买、卖（开仓和平仓）两个过程才完成。另外，保证金交易有放大作用，用 2 美元就能做盘面上 100 美元的交易，杠杆作用明显，风险大的同时收益也高。选择交易平台一定要选择正规平台，可以提供专业的交易服务，并且有严格的监管，例如 TRA。

（3）中间汇率（Middle Rate）又称中间价，是银行买入价和卖出价的平均数。银行一般不挂牌公布中间汇率。套算汇率是根据中间汇率计算求得的。自 2006 年 1 月 4 日起，中国人民银行授权中国外汇交易中心于每个工作日上午 9 时 15 分对外公布当日人民币对美元、欧元、日元和港元汇率中间价，作为当日银行间即期外汇市场（含 OTC 方式和撮合方式）以及银行柜台交易汇率的中间价，报刊上关于汇率的报道、分析和预测也常常用中间汇率，见表 1 - 4 和图 1 - 1。

表 1 - 4　　2019 年 1 月 23 日—25 日人民币兑主要货币官方中间价列表一览

日期	2019/1/23	2019/1/24	2019/1/25
美元/人民币	6.79690	6.78020	6.79410
港元/人民币	0.86621	0.86428	0.86588
100 日元/人民币	6.21500	6.18970	6.20100
欧元/人民币	7.72250	7.72040	7.68170
英镑/人民币	8.80680	8.86880	8.88870
澳大利亚元/人民币	4.84230	4.84340	4.81250
加元/人民币	5.08950	5.08200	5.08660
人民币/林吉特	0.60714	0.60994	0.60945
人民币/卢布	9.77810	9.74270	9.67550
新西兰/人民币	4.58840	4.60540	4.59120

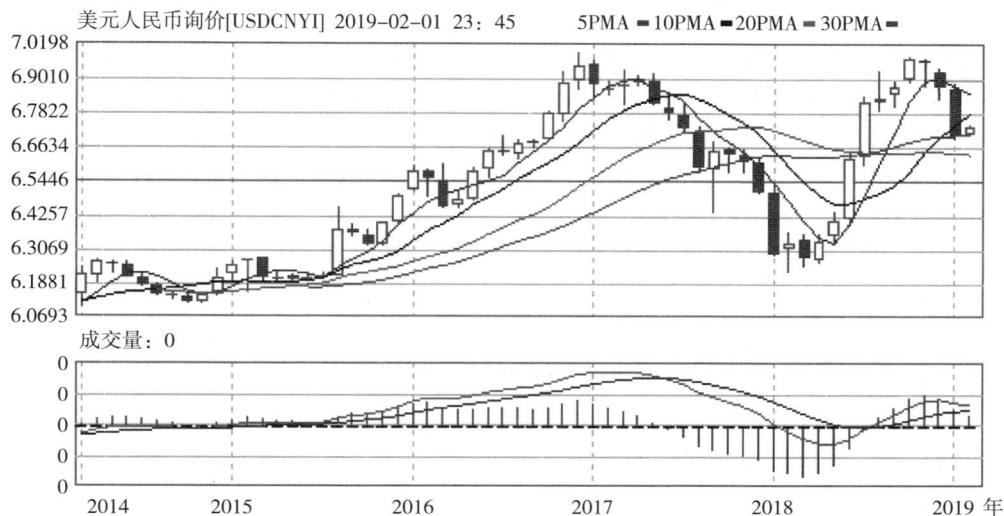

图 1 - 1　近年来美元兑人民币月 K 线中间价走势

（4）现钞汇率（Bank Note Rate）又称现钞价，是银行在买卖外汇现钞时使用的汇率。现钞价又分为现钞买入价和现钞卖出价，银行的现钞卖出价与现汇卖出价相同，但现钞的买入价略低于现汇的买入价。

【知识链接 1－2】

为什么现钞的买入价低于现汇的买入价？

现钞主要指的是由境外携入或个人持有的可自由兑换的外国货币，简单地说就是指个人所持有的外国钞票，如美元、日元、英镑等；现汇是指由国外汇入或由境外携入、寄入的外币票据和凭证，在我们日常生活中能够经常接触到的主要有境外汇款和旅行支票等。

为什么银行现汇买入价比现钞买入价高？由于人民币是我国的法定货币，外币现钞在我国境内不能作为支付手段，只有在境外才能成为流通货币，银行在使用中需要支付包装、运输、保险等费用，而现汇作为账面上的外汇，它的转移出境只需进行账面上的划拨就可以了。所以现汇比之现钞，银行可以节省一定的现金保管和海外调运费用，故其价格可以更高些。

3. 按外汇交易中支付方式的不同可将汇率划分为电汇汇率、信汇汇率和票汇汇率。

（1）电汇汇率（Telegraphic Transfer Rate，T/T Rate）又称电汇价，指买卖外汇时，以电汇方式支付外汇所使用的汇率。银行卖出外汇后，立即用电报、电传等通信方式通知国外分行或代理行支付款项给收款人，外汇付出迅速，银行无法占用客户汇款资金，且国际电报、电传收费较高，因而向客户收取的价格（汇率）也就较高。现代外汇市场上多用电汇方式付出外汇。

（2）信汇汇率（Mail Transfer Rate，M/T Rate）又称信汇价，是银行用信函方式通知支付外汇的汇率。银行卖出的外汇需要用信函通知国外分行或代理行付出，所用时间较长，因此需将银行占用在途资金的利息扣除，汇率也就较电汇汇率为低。

（3）票汇汇率（Demand Draft Rate，D/D Rate）又称票汇价，是银行买卖即期外汇汇票的汇率。买卖即期汇票所需时间也较长，因而汇率较电汇汇率低。若买卖的是远期汇票（如30天、60天期限），则其汇率水平取决于远期期限的长短和该种外汇升值或贬值的可能性。

4. 按外汇买卖成交后交割时间的长短不同，可分为即期汇率和远期汇率。

（1）即期汇率（Spot Rate）又称现汇率，是交易双方达成外汇买卖协议后，在两个营业日以内办理交割的汇率。这一汇率一般就是现时外汇市场上的汇率水平。

（2）远期汇率（Forward Rate）又称期汇率，是交易双方达成外汇买卖协议，约定在将来某一时间进行外汇实际交割所使用的汇率。这一汇率是双方以现汇率为基础约定的，但往往与现汇率有一定差价，其差价称为升水或贴水。当远期汇率高于即期汇率时称外汇升水；当远期汇率低于即期汇率时称外汇贴水。升水、贴水主要产生于利率差异、供求关系、汇率预期等因素。另外，远期汇率虽然是未来交割所使用的汇率，但与未来交割时的市场现汇率是不同的，前者是事先约定的远期汇率，后者是将来的即期汇率。

5. 按外汇管制程度的不同，可分为官方汇率和市场汇率。

（1）官方汇率（Official Rate）又称法定汇率，是外汇管制较严格的国家授权其外汇管理当局制定并公布的本国货币与其他各种货币之间的外汇牌价。这些国家一般没有外汇市场，外汇交易必须按官方汇率进行。官方汇率一经制定往往不能频繁变动，这虽然保证了汇率的稳定，但也使汇率缺乏弹性。

（2）市场汇率（Market Rate）是在外汇管制较松的国家的自由外汇市场上进行外汇交易的汇率。它一般存在于市场机制较发达的国家中，在这些国家的外汇市场上，外汇交易不受官方限制，市场汇率受外汇供求关系的影响自发地经常波动。在一些逐步放松外汇管制、建立外汇市场的国家中可能会出现官方汇率与市场汇率并存的状况，在官方规定的一定范围内使用官方汇率，而在外汇市场上使用由供求关系决定的市场汇率。

6. 按汇率的适用范围划分，可分为单一汇率与复汇率。

（1）单一汇率：如果一国货币对某种外国货币仅有一个汇率，各种收支都按这个汇率结算，就称为单一汇率（Single Rate）。

（2）复汇率：如果一国货币对某种外国货币的汇率同时规定两种以上的汇率，就称为复汇率（Multiple Rate）。实际上，复汇率是外汇管制的一种产物，在某些外汇管制比较严格的国家，常常对进出口方面及非贸易方面规定出不同的汇率，如规定用于进出口方面的贸易汇率以及用在资本国际转移、劳务服务等非贸易方面的金融汇率，就是复汇率。

7. 按外汇的来源与用途可分为贸易汇率、金融汇率等。

（1）贸易汇率（Commercial Rate）是用于进出口贸易及其从属费用的计价结算的汇率。一些实行外汇管制的国家，对出口收入外汇的卖出、进口支付外汇的买入及由进出口贸易所发生的从属费用，如中间商的佣金、货物样品费等的收入或支出，专门规定一种汇率。

（2）金融汇率（Financial Rate），又称非贸易汇率，是用于非贸易往来，如劳务、资本移动等方面的汇率。一些实行外汇管制的国家常常把非贸易往来所发生的外汇收支，如对资本输出/输入、旅游、通信、驻外机构经费、运输、银行、保险、邮电等业务收支的外汇买卖另行规定一种金融汇率。

8. 按国家汇率制度的不同，可分为固定汇率、浮动汇率等。

（1）固定汇率（Fixed Rate）：本国货币与其他货币之间维持一个固定比率，汇率波动只能限制在一定范围内，由官方干预来保证汇率的稳定。固定汇率是在金本位制度下和布雷顿森林体系下通行的汇率制度，在这种制度下，中央银行有义务干预本国汇率，使其在规定的幅度内进行波动。

（2）浮动汇率（Floating Rate）：本国货币与其他国家货币之间的汇率，不由官方制定，而由外汇市场供求关系决定，可自由浮动，官方在汇率出现过度波动时才出面干预市场，这是布雷顿森林货币体系解体后西方国家普遍实行的汇率制度。由于各国具体情况不同，所选择汇率的方式也会有所不同，因此浮动汇率制度又可以进一步地分为自由浮动、管理浮动、联合浮动、钉住浮动、弹性汇率制、联系汇率制等。

三、汇率制度

汇率制度（Exchange Rate System）又称汇率安排，是一国货币当局对本国汇率的变动的基本方式所作出的一系列安排或规定。作为政策的重要手段和国际货币体系的核心内容，汇率制度无论是对于一国国内经济发展还是对于国际货币体系都具有重要意义。传统上，按照汇率变动的幅度，汇率制度被分为两大类型：固定汇率制度和浮动汇率制度。

（一）固定汇率制度

固定汇率制度（Fixed Rate System）是指两国货币的比价基本固定，或者把两国汇率的波动严格限制在一定幅度之内的汇率制度。当汇率波动超过上下限时，货币当局或中央银行有义务进行干预。历史上出现的固定汇率制度分为金本位制下的固定汇率制度和布雷顿森林货币体系下的固定汇率制度。

1. 金本位制度下的固定汇率制度

在金本位制度下，决定汇率的基础是各国货币的含金量，汇率的波动受到黄金输送点的自动调节，并且以黄金的输送点为界限。因此，汇率的变化幅度很小，是典型的固定汇率制度。19 世纪后期至第一次世界大战之前，是固定汇率制度的全盛时期。此后，随着金本位制度的彻底崩溃，建立在金本位基础上的固定汇率制度也宣告结束。

2. 布雷顿森林货币体系下的固定汇率制度

金本位崩溃之后，各国普遍实行了纸币流通制度。1944 年 7 月，在美国的新罕布什尔州的布雷顿森林召开了由 44 国参加的“联合国联盟国家国际货币金融会议”，通过了《布雷顿森林协定》，这个协定建立了以美元为中心的资本主义货币体系和以美元为中心的固定汇率制度。这一汇率制度可以概括为“双挂钩、一固定、上下限、政府干预”的体系。“双挂钩”即以美元作为最主要的国际储备货币，实行美元与黄金直接挂钩、其他国家的货币与美元挂钩的国际货币体系，根据 35 美元等于 1 盎司黄金的价格确定美元的含金量，美国政府则承担准许各国政府或中央银行按照黄金官价用美元兑付黄金的义务，确立了美元作为国际储备货币的地位。

在这一货币体系下，国际货币基金组织要求其成员国规定本国货币的金平价，并使各国货币钉住美元与之建立固定比价关系，即通过各国货币与美元的金平价之比来确定各国货币与美元的汇率。同时，又规定两国货币汇率的波动界限为其金平价比值的上下各 1%。1971 年 12 月，这一波动幅度又调整为 2.25%。在布雷顿森林体系下，汇率的波动界限已大大超过了金本位制度下黄金输送点，汇率只是相对固定，并且当一国的国际收支出现根本性的不平衡使汇率变动成为必要时，则允许该国汇率进行变动。这种固定汇率制度实质上是一种可调整的钉住汇率制度。

3. 固定汇率制度的作用与缺陷

在固定汇率制度下，稳定的汇率对国际经济的发展具有重要意义。首先，固定的汇率有利于国际贸易的发展，因为汇率波动幅度大而频繁不利于出口贸易的成本核算，使进出口商失去获取利润的保证。其次，固定汇率制度有利于国际资本流动，因为汇率的剧烈变动所带来的汇率风险往往会使投资获利的希望化为乌有。

但是，固定汇率制度本身也存在重大的缺陷。一是汇率的杠杆作用不能发挥，出现国际收支失衡时，只能通过对国内采取紧缩性的或扩张性的货币政策及财政政策来进行调解，这会使国内经济出现不平衡，致使失业率上升或者通货膨胀严重。二是在外资流入的过程中，随着巨额资本流出流入形成的压力逐渐集聚风险，尤其是在国际游资冲击下，固定汇率制度如果难以继续维持，与强势货币脱钩时，通常会引起经济领域的巨大震荡。

4. 固定汇率制度的崩溃

进入 20 世纪 70 年代，美国的政治和经济地位下降，外汇收支大量逆差，美元对黄金不断贬值，西方各国从各自的经济利益出发，纷纷宣布放弃固定汇率制度，实行浮动汇率制度，自 1974 年 4 月 1 日起，国际协定上正式解除了货币与黄金的固定关系，以美元为中心的布雷顿森林货币体系正式解体。

（二）浮动汇率制度

浮动汇率制度（Floating Rate System）是指一国政府不规定本币对外币的平价和上下波动的幅度，汇率由市场的外汇供求情况决定并任其自由涨落的汇率制度。当外币供过于求时，外币汇率下浮；当外币供不应求时，外币汇率上浮。浮动汇率制度是固定汇率制度崩溃以后西方主要国家普遍实行的一种汇率制度。

浮动汇率制度的类型可分为以下几种。

第一，从政府是否对市场利率进行干预的角度，可以将浮动汇率划分为自由浮动和管理浮动。

（1）自由浮动（Free Floating）又称清洁浮动，是指一国政府对汇率不进行任何干预，市场汇率完全听任外汇市场的供求变化而自由波动的汇率浮动方式。事实上，由于一国汇率的波动直接影响到一国经济的稳定与发展，各国政府都不愿意让本国的汇率长期在供求关系的影响下无限制地波动，因此纯粹的自由浮动是不存在的，各国为了自身的利益，通常或明或暗地对外汇市场进行干预。

（2）管理浮动（Managed Floating）又称肮脏浮动，是指一国政府从本国利益出发，对汇率的波动进行不同程度的干预的汇率浮动方式。在现行的货币制度下，各国实行的实际上都是管理浮动，政府主要采取以下几种方式管理本国汇率：一是直接干预外汇市场，可以是一国政府独自干预，也可以联合他国政府共同干预。二是运用货币政策，调节国内的货币供应量，进而影响本币的对外汇率。三是实行外汇管制，主要是通过各种措施来影响国际资本流动的方向和规模。

第二，根据汇率浮动的方式，可以将浮动汇率划分为单独浮动、联合浮动和钉住其他货币浮动。

（1）单独浮动（Single Floating）是指一国货币不与其他国家货币保持固定的联系，其汇率根据外汇市场的供求变化而单独浮动的一种汇率制度。比如美元、英镑、日元、加拿大元等货币都属于单独浮动。

（2）联合浮动（Joint Floating）是指某些国家由于经济发展的需要，组成某种形式的经济联合体，在联合体成员国之间实行固定汇率制，而对非成员国的货币则实行共升共降的一种浮动汇率制度，又称为共同浮动。联合浮动的意义在于为成员国集团内部创造了一个稳定的汇率环境，减少了汇率风险，促进了集团内部的经济贸易发展。

（3）钉住其他货币浮动（Pegged Exchange Rate）指一国货币与某一种或多种货币按固定的汇率挂钩，随该货币的汇率浮动而浮动。这种汇率制度具体又可以分为钉住单一货币浮动和钉住一篮子货币浮动。钉住单一货币浮动是指将本国货币与某一外国货币挂钩。一些国家由于历史、地理等诸方面的原因，其对外经济往来主要集中于某一经济发达的国家，或主要使用某一外国货币，因此，将本国货币钉住该工业发达国家的货币浮动。钉住一篮子货币浮动是指将本国货币与某一篮子货币挂钩。这种一篮子货币主要由与本国经济联系最密切的国家的货币组成，如沙特阿拉伯和阿联酋等国家的货币就与特别提款权挂钩，钉住一篮子货币有利于摆脱本国货币受某一外国货币的支配。

第二节　汇率的决定和变动

一、金本位下的汇率决定和变动

在不同的货币制度下，各国货币所代表的价值量是不同的。货币之间的汇率有不同的决定因素，并且影响汇率水平变动的因素也不相同。我们首先来看金本位制下汇率的决定与变动因素。

（一）金本位下的汇率决定基础：铸币平价

在金本位制度下，各国货币均以黄金作为统一的货币币材、统一的价值衡量标准，尽管它们在重量、成色等方面有不同的规定，但在国际结算和国际汇兑领域中都可以按各自的含金量多少加以对比，从而确定出不同货币之间的比价。因此，金本位制下两种货币之间含金量之比，即铸币平价，就成为决定两国货币汇率的基础。

用英国的本位币英镑和美国本位币美元这两个典型例子来说明，在 1929 年经济危机以前的金本位制度下，英国规定 1 英镑的含金量为 113.0016 格令，美国规定 1 美元的含金量为 23.22 格令。则 1 英镑金币的含金量等于 1 美元金币含金量的 4.8666 倍（113.0016÷23.22）。这就是英镑与美元之间汇率的决定基础，它建立在两国法定的含金量基础上，而法定的含金量一经确定，一般是不会轻易改动的，因此，作为汇率基础的铸币平价是比较稳定的。

（二）金本位下的汇率变动因素：外汇供求关系及黄金输送点

铸币平价是决定汇率的基础，两者理论上是相等的。但实际上，外汇市场上的汇率水平变化还要取决于外汇供求关系等其他因素。正如商品价格取决于商品的价值，但供求关系会使价格围绕价值上下波动一样，在外汇市场上，汇率也是以铸币平价为中心，在外汇供求关系的作用下上下浮动的。当某种货币供不应求时，其汇价会上涨，超过铸币平价；当某种货币供大于求时，其汇率会下跌，低于铸币平价。在金本位制下，外汇供求关系变化的主要原因在于国际间债权债务关系的变化，尤其是由国际贸易引起的债权债务清偿。当一国在某个时期出口增加，有大量的贸易顺差时，外国对该国货币的需求旺盛，同时本国的外汇供给增加，从而导致本币汇率上涨；反之，当一国在某个时期进口增加，出口减少，有大量贸易逆差时，该国对外汇需求增大，同时外国对该国货币需求减少，从而导致本币汇率下跌。

值得注意的是，金本位制下由供求关系变化造成的外汇市场汇率变化并不是无限制的上涨和下跌，而是被限定在铸币平价上下各一定界限内，这个界限就是黄金输送点（Gold Transport Points）。黄金输送点是黄金输出点和黄金输入点的合称。黄金输送点的存在并作为汇率波动的界限，是由金本位制度的特点所决定的。金本位制度下黄金可以自由熔化、自由铸造和自由输出/输入的特点，使得黄金可以代替货币、外汇汇票等支付手段用于国际间债务清偿。具体地，当外汇市场上的汇率上涨达到或超过某一界限时，本国债务人用本币购买外汇的成本超过用黄金直接输出国境用于支付的成本，从而引起黄金输出，引起黄金输出的这一汇率界限就是黄金输出点。另外，当外汇市场上汇率下跌，达到或低于某一界限时，本国拥有外汇债权者用外汇兑换本币所得会少于用外汇在国外购买黄金再输回国内所得，从而引起黄金输入，引起黄金输入的这一汇率界限就是黄金输入点。黄金输出点和黄金输入点共同构成了金本位制下汇率波动的上下限。仍然以英国和美国的实例加以说明，假设在金本位制下，英国向美国出口的商品多于美国向英国出口的商品，英国对美国有贸易顺差，那么外汇市场上对英镑的需求增加；英镑对美元汇率上涨，高出其铸币平价（4.8666）。当市场汇率进一步上涨，超过从美国向英国输出黄金的运输费等成本时，美国进口商便会采取直接向英国运送黄金的方法支付商品货款。假设运输费等按英镑价值的6‰计算，支付1英镑债务需附加费用0.0292美元（4.8666 × 6‰），那么，当英镑对美元汇率超过4.8958美元（即铸币平价4.8666加上黄金输送费用0.0292时），美国人输出黄金显然比在外汇市场上用高价购买英镑更便宜，则美国人停止在外汇市场上购买英镑，而代之以直接用黄金支付。这样，1英镑 = 4.8958美元就成了英镑上涨的上限，这一上限就同时是美国的黄金输出点和英国的黄金输入点。相反的情况，假如美国对英国有贸易顺差，英镑对美元汇率下跌，跌至4.8374美元（即铸币平价4.8666美元减去黄金输送费用0.0292美元）以下，持有英镑的美国债权人也就不会再用贬值的英镑在外汇市场上兑换美元，而是将英镑在英国换成黄金运回国内。这样，1英镑 = 4.8374美元就成了英镑下跌的下限，这一下限也就是美国的黄金输入点和英国的黄金输出点。

由此可见，在金本位制下，由于黄金输送点的制约，外汇市场上汇率波动总是被限制在一定范围内，最高不超过黄金输出点，最低不低于黄金输入点。

二、纸币制度下的汇率决定基础

纸币制度是在金本位制度崩溃之后产生的一种货币制度，纸币作为价值符号，是金属货币的取代物，在金属货币退出流通之后，执行流通手段和支付手段的职能。这种职能是各国政府以法令形式赋予它并保证其实施的。

在浮动汇率制度下，黄金的非货币化使各国之间的汇率不再以其法定含金量为决定基础，而是取决于货币在国内的购买力高低，货币购买力是用能表现通货膨胀程度的物价指数来计算的。当一国物价指数上涨，通货膨胀水平提高，该国货币购买力就相应下降，它在国际市场的汇率也会相应下跌；反之，当一国物价指数上涨程度较其他国家慢，通货膨胀水平较低，意味着该国货币购买力提高，它在国际市场的汇率也会相应上升。

三、影响汇率变动的主要因素

（一）影响长期汇率变动的因素

一国汇率的变动要受到许多因素的影响，既包括经济因素，也包括政治因素和心理因素等。其中，有些因素对汇率发生作用的时间比较长，有些因素对汇率的作用时间比较短。下面结合大多数国家实际情况，列举几种影响长期汇率变动的基本因素，且这些因素在各国之间属于可比的经济指标。

1. 国际收支的经常项目

在影响汇率变动的长期因素中，国际收支的经常项目是最重要的因素。当一国进口增加或产生逆差时，该国将对外币产生额外的需求，这在外汇市场上会引起本币汇率下跌。反之，当一国经常项目出现顺差时，就会引起外国对本币需求的增加与外币供应的推动，顺差国货币汇率就会上升。例如，1976—1979 年间，日本的经常项目收支曾出现先顺差后逆差的格局。与此同时，日元汇率也出现了先上升后下跌的情形。我国在 20 世纪 90 年代除个别年份出现逆差外，经常项目和资本金融项目持续多年双顺差，人民币汇率也持续多年单边升值。但是，暂时的、小规模的国际收支差额可以较容易地被国际资本流动等有关因素抵销或调整，只有巨额的、长期存在的国际收支差额才会影响本国的汇率。

2. 通货膨胀

通货膨胀对汇率变动的影响也属于长期因素。在纸币流通制度下，两国货币之间的比率，从根本上来说是根据各自货币所代表的购买力的对比关系决定的。因此，在一国发生通货膨胀的情况下，该国货币所代表的价值量就会减少，其实际购买力也随之下降，于是其对外比价同样趋于下跌。通货膨胀对汇率的影响，一般也要经过一段时间才能显露出来。因为它对汇率的影响是间接的，要通过一定的渠道才能起作用。例如，它会削弱一国商品和劳务在国际市场的竞争能力，从而影响经常项目；它会影响一国实际利息率，从而影响国际资本流动；它会影响市场上对汇率和利率的预期心理，从而影响外汇市场参与者的外汇持有额等。一般估计，通货膨胀率对汇率的影响，往往需要经过半年以上的时间才显示出来，但这种影响一旦起作用，其延续时间却比较长，可能要连续好几年。

3. 经济增长率

一国的实际经济增长率与别国的差异，对汇率也会产生长期影响。在其他条件不变的情况下，一国的实际经济增长率相对别国来说较高，从而其国民收入提高也较快，会使该国增加对外国商品和劳务的需求，结果外汇供不应求，导致本币汇率趋于下跌。但如果一国经济是以出口为导向的，经济增长是为生产更多的出口产品，在这种情形下，经济增长率的加快，就可以使出口的增长弥补进口的增加，而不会导致本币汇率下跌。同样，如果国外的投资者把该国经济增长率较高看成是资本收益率较高的反映，在这种情形下，就可能会产生对该国资本的净流入，以抵销经常项目的逆差。这时，该国货币汇率也可能不会下跌，甚至出现上升的趋势。

（二）影响短期汇率变动的因素

汇率短期变动即汇率日常的波动，在外汇市场上是较为常见的现象。从某种意义上来说，汇率的长期波动，也是通过日常波动表现出来的，在日常波动中呈现上升或下跌的趋势。对汇率的短期变动影响最大的因素是国际收支的资本项目，因为在外汇市场上，人们把外汇作为一种金融资产来进行交易，事实上要远远多于因国际贸易派生出来的外汇交易。国际金融资产的交易速度快、变动大，在外汇市场上国际游资往往转眼之间就会从一国移向另一国，从一种货币流向另一种货币。这样就不能不对汇率的短期波动产生巨大的影响。所以引起国际收支资本项目变动的因素，同时也是影响短期汇率的变动因素。

1. 货币供应量

在纸币流通制度下的汇率，决定于两国纸币各自所代表的价值量的变动。而纸币所代表的价值量的变动，通常是由于纸币供应量变化引起的。因为劳动生产率在短期内不会有很大变化，故而商品的价值在一定时期内比较稳定。从长期的角度来看，一国货币的供应量与货币的需求量应该是均衡的，许多经济学家的研究证明，各国的货币需求一般比较稳定，各国货币供应量的增长，则较易变动。这是因为在短期内，由于各国政府的政策偏好不同，货币的供应量就会大于或小于货币的需求量。在一国货币供应量增长较快的情况下，该国公众持有的货币存量若超过了其客观的货币需求数量，则超过部分就溢往国外，致使该国汇率下降。此外，货币供应量增长过快，还会增加一国通货膨胀的压力，削弱该国商品的国际竞争能力，间接地使其汇率受到影响。

2. 利率

利率高低会影响一国金融资产对外的吸引力。在相关国家之间的资本流动都不受限制的状况下，若一国的利率高于其他国家，就可能会增加其金融资产对外国投资者的吸引力，从而导致资本流入，本国货币汇率上升。反之，一国利率低于其他国家，就可能导致资本流出，本国汇率下跌。当然，短期资金在国际间追逐最大收益时，除了考虑利率之外，还要考虑汇率因素，即要考虑两国利率的差异与汇率预期变动率之间的关系。只有外国利率加汇率的预期变动率之和大于本国利率时，把资金移往国外才有利可图。

3. 心理预期因素

在外汇市场上，人们买进还是卖出某种货币，与交易者对各种货币汇价走势的心理预期有相当大的关系。当他们预期某种货币汇价以后要下跌时，为了避免损失便会大量抛出该种货币。反之，若他们预期某种货币汇价将会上升时，则会大量买进。外汇交易者对某种货币的预期心理，是决定这种货币短期汇率的因素之一。因为在预期心理的支配下，往往引发资金的大规模运动。

4. 信息因素

现代外汇市场由于通信设施高度发达，已成为一个高效率的市场。于是任何可能影响外汇市场变动的信息发布，都会立刻引起资金大规模的国际流动，去追逐任何微小的盈利机会，直至这种资本流动带来的盈利机会归于消失为止。影响外汇市场变动的信息可粗分为两大类：一类是公开传播于大众传播媒体的；另一类是在一定的"圈子"内传递的。其中，有些与外汇市场变动的相关性较为明显；有些却较为隐蔽，由投资者自己去进行分析和联想。但在信息爆炸的今天，人们在信息的获取上几乎完全是不对称的。于是，谁最先获得能影响外汇市场变动的相关信息，谁就可能在他人之前作出反应，抛出一种货币，而买进另一种货币，从中获利。在这种卖出买进的同时，外汇市场的汇率也随之发生了变动。信息因素在外汇市场日趋发达的情况下，对汇率变动的影响既强烈又微妙。

5. 政府干预

虽然目前世界上大多数国家都实行浮动汇率制度，但是鉴于汇率变动对国际经贸、金融和国民经济的发展来说影响巨大，各国政府为了稳定外汇市场，或使汇率的变动控制在一定范围之内，通常要对外汇市场进行干预。这种干预的形式主要有：(1) 直接在外汇市场上买进或卖出外汇，其影响汇率变动的能力取决于该国金融当局持有外汇储备的多少。(2) 调整国内货币政策和财政政策。(3) 在国际上发表表态性言论以影响市场预期心理。(4) 与其他国家联合，进行直接干预或通过政策协调进行间接干预等。政府干预有时规模盛大，几天之内就可能向市场投入数亿美元乃至数十亿美元的资金。当然，它只能在短期内对汇率的变动产生影响，而无法从根本上改变汇率的长期趋势。

【知识链接 1-3】

外汇平准基金

各国用来干预外汇市场的储备基金，称为外汇平准基金，一般由外汇、黄金和本国货币等构成，当某一时期外汇汇率持续上升、本币汇率持续下跌时，就通过平准基金在外汇市场上卖出外汇，买进本币；反之则卖出本币，买入外汇，以此稳定汇率。外汇平准基金并非取之不尽，因此，当一国国际收支发生根本性或长期性失衡，并使汇率持续升跌时，对平准基金的运用必须谨慎进行。

"平准"一词语出自"均输平准"，是中国古代政府为调节市场物价，取得财政收入而采取的货物运销政策。汉武帝元鼎二年（公元前 115 年），桑弘羊试办均输，在大司农下设置均输官和平准官，"开委府（商品仓库）于京师，以笼货物，贱即买，贵则卖，是以县官不失实，商贾无所贸利，故曰平准"。由于该方法确实可行，后代常仿效，如王莽行"五均六筦"；唐刘晏管理东南财赋，用税款购货供应关中；宋王安石行均输法和市易法；等等。在西方著名的《国富论》中，也有"平准论"之说。

一旦本币对外币汇率波动过于剧烈，当事国的中央银行就会动用相当规模的资金入市，以调整本币与外汇的供求平衡情况。当希望本币汇率回跌或保持在较低的水平上时，可以向外汇市场抛售本币，收购外汇；当希望本币汇率稳定或上浮时，则向外汇市场投放外汇，收回本币。这种干预必须适时动用足够的资金，才可能达到预期目的。例如，2012 年上半年，日本外贸下滑严重，贸易逆差扩大至 3.2 万亿日元。2012 年第三季度，日本 GDP 环比下降 0.9%。借日元贬值来提振出口已经成为日本振兴国内经济的必然选择。日本央行在 2012 年下半年再次实施了货币宽松政策，宣布扩大资产购买规模 10 万亿日元。

四、汇率变动对经济产生的影响

浮动汇率制度下汇率变动频繁，对各国经济产生的冲击日益深刻。因此，汇率政策及汇率调整已成为各国经济政策的重要组成部分。汇率变动无论是对于一国的国际收支、外汇储备、国内经济，还是对国际资本移动、国际经济关系都会产生极大的影响。

（一）汇率变动对一国国际收支的影响

1. 汇率变动会影响一国的贸易收支，进而使贸易收支差额以至于国际收支差额发生变化

以本币贬值为例，本币贬值后，对出口会产生两种结果：一是等值本币的出口商品在国际市场上会折合比以前更少的外币，使其在国外销售价格下降，竞争力增强，出口扩大；二是出口商品在国际市场上的外币价格保持不变，则本币贬值会使等值的外币兑换成比以前更多的本币，国内出口商品的出口利润增加，从而促使国内出口商积极性提高，出口数量增加。也就是说，本币贬值或者会使出口商品价格下降，或者会使出口商利润提高，或者二者兼而有之，这都会使出口规模扩大，因而会扩大贸易顺差或减少贸易逆差。

2. 汇率的变动也会影响一国的非贸易收支

比如服务贸易收支，如果本币汇率下跌，外币的购买力相对提高，有利于本国服务产品的扩大出口和吸引境外游客入境旅游。同时，将减少进口服务产品和本国国民出境旅游，这有利于该国涉外旅游与其他劳务收支状况的改善；若本币汇率上升，则作用正好相反。

（二）汇率变动对一国外汇储备的影响

外汇储备是一国国际储备的主要内容，由本国对外贸易及结算中的主要货币组成。在第二次世界大战以后的布雷顿森林货币体系下，美元是各国外汇储备的主要币种。在以美元为主要储备货币时期，外汇储备的稳定性和价值高低完全取决于美元汇率的变化，美元升值，一国外汇储备相应升值；美元贬值，一国外汇储备也相应贬值。因此，20 世纪 70 年代初期，美元在国际市场上的一再贬值，曾经给许多国家尤其是发展中国家的外汇储备带来了不同程度的损失。20 世纪 70 年代以后，各国外汇储备逐渐走向多元化，由美元、日元、英镑、欧元等外汇共同组成。不管是以单一的币种为储备还是以多元化的币种为储备，储备货币汇率变化都会直接影响一国外汇储备的价值。

在多元化外汇储备时期，汇率变动对储备货币的影响较为复杂，有时外汇市场汇率波动较大，但因储备货币中升值、贬值货币的力量均等，外汇储备就不会受到影响；有时虽然多种货币汇率下跌，但占比重较大的储备货币汇率上升，外汇储备总价值也能保持稳定或略有上升。国际储备多元化加之汇率变动的复杂化，使国际储备管理的难度加大，各国货币当局都随时注意外汇市场行情的变化，相应地进行

储备货币的调整，以避免汇率波动给外汇储备造成损失。

（三）汇率变动对国内经济的影响

1. 汇率变动对价格水平的影响

一国汇率变动对国内经济最为直接的作用是影响物价。一般来讲，一国货币汇率下降容易引发国内的通货膨胀现象。首先，从进口角度看，本币贬值引起进口商品的本币价格相应上升。它会带动国内同类商品的价格上升。若进口商品属于生产资料，其价格上升还会通过生产成本上升推动最终产品价格上涨。其次，从出口角度看，一国货币汇率下降首先引起出口量的扩大。在国内生产力已经得到比较充分利用的情况下，这会加剧国内的供需矛盾，使出口商品的国内价格上升，因此容易引发通货膨胀。反之，一国货币汇率上升，则有助于抑制本国通货膨胀。

2. 汇率变动对国内利率的影响

一国货币汇率下降往往会激发人们产生进一步下降的心理，引起短期资本外逃。国内资本供给减少可能引起利率上升。但是，如果汇率下降激发起人们对汇率反弹的预期，则可能导致短期资本流入，使国内资本供给增加和利率下降。

3. 汇率变动对国民收入和就业的影响

一国货币汇率下降会使该国出口增加，从而刺激国内出口产品生产规模的扩大，进而带动国内其他行业生产的发展，推动就业水平的提高，增加国民收入。同时，本币汇率下降使进口减少，导致国内对进口产品的需求转向对国内的同类商品上，即产生进口替代效应，使生产进口替代品的部门和企业的收益增加，从而引起资源在国内各部门的重新配置，而上述的一系列变化会使该国的国民收入总额增加。如果一国的货币汇率上升，则情况正好相反。

（四）汇率变动对国际资本流动的影响

汇率变化是影响国际间资本流动的直接因素，国际资本流动的目的主要是追求利润和避免受损。当一国的货币贬值而尚未到位时，国内资本的持有者和外国投资者为避免该国货币再次贬值而蒙受损失，会将资本调出该国，进行资本逃避。若该国货币贬值已经到位，在具备投资环境的情况下，投资者不再担心贬值受损，外逃的资本就会流回国内。特别是如果某种货币贬值过头，当投资者预期该汇率将会反弹，就会引起大规模的资本流入。而货币升值的作用与此正好相反。当一国的货币升值尚未到位时，国内资本的持有者和外国投资者为获得利润会将资本调入该国，若该国货币升值已经到位，投资者将会担心接下来发生贬值受损，资本纷纷外逃。因此，一国汇率的起伏不定注定要导致国际间的资本流动频繁变动。

（五）汇率变动对于国际经济关系的影响

在浮动汇率制度下，外汇市场上各种货币频繁地、不规则地变动，不仅给各国对外贸易、国内经济等造成了深刻影响，而且也影响了各国之间的经济关系。

1. 增强了各国对销售市场的争夺

如果一国实行以促进出口、改善贸易逆差为主要目的的货币贬值，会使对方国家货币相对升值，出口竞争力下降，尤其是以外汇倾销为目的的本币贬值必然引起对方国家和其他利益相关国家的反抗甚至报复，这些国家会采取针锋相对的措施，直接地或隐蔽地抵制贬值国商品的侵入，汇率战由此而生；竞相货币贬值以促进各自国家的商品出口是国际上很普遍的现象，由此造成的不同利益国家之间的分歧和矛盾也层出不穷，这导致国际经济关系的更加复杂化。

2. 促进了储备货币多元化的形成

由于某些储备货币的发行国的国际收支恶化，其货币汇率不断下跌，影响其国际地位，而有些国家的情况相反，其货币在国际领域的地位和作用日益加强，进而促进了国际储备货币多元化的形成。

3. 加剧了国际金融市场的动荡和投机，促进了国际金融业务的不断创新

汇率变动促进了外汇的投机交易，造成了国际金融市场的动荡与混乱。同时汇率的起伏不定加剧了国际贸易与金融的汇率风险，进一步促进了期货和期权交易、货币互换和欧洲票据等衍生金融工具的出现，使国际金融业务的形式与市场机制不断创新。

汇率变动对一国经济的影响程度大小要根据该国货币制度发展的具体情况而定，其中比较重要的决定因素：一是该国货币的可兑换性。可兑换性越强，汇率变动对该国经济特别是资本国际流动的影响越大。二是该国国际金融市场的发育程度。金融市场发育程度越高，汇率变动对该国经济影响越大。三是该国对外开放程度。一国对外开放程度越高，汇率变动对该国经济影响越大。四是政府对经济运行的干预程度。政府对经济运行干预会改变市场机制的运动过程，使汇率变动对经济运行的影响复杂化。

第三节　汇率决定理论

汇率决定理论是国际金融理论的核心内容，主要分析汇率受什么因素决定和影响，至今仍是国际金融关注和研究的重点领域。汇率决定理论随国际经济形势和西方经济学理论的发展而发展，为一国货币当局制定汇率政策提供了依据。古典的汇率决定理论主要有国际借贷学说、购买力平价学说、汇兑心理学说、利率平价学说等，现代的汇率理论主要是 20 世纪 70 年代以后的资产市场学说。

一、国际借贷学说

第一次世界大战前的金本位制时期，各国流通的法定货币是金币。由于各国货币含金量比较稳定，汇率的变化主要受外汇供求关系变化的影响以及"物价—现金流动机制"的制约，波动幅度很小。在这种特定的背景下，国际借贷学说（Theory of International Indebtedness）可以很好地解释汇率形成和变化的原因。

（一）国际借贷学说的核心内容

英国经济学家戈森（G. L. Goschen）在其《外汇理论》（1861）一书中最早提出国际借贷学说，其主要论点是：（1）汇率是由外汇供求决定的，而外汇的供求又是由国际借贷引起的，因此，国际借贷关系是决定汇率变动的主要因素。（2）国际间商品的进出口、劳务的输出输入、股票和公债的买卖、利润以及利息和股息的支付、旅游收支、单方面转移、资本交易等都会产生国际借贷关系。（3）在国际借贷关系中，只有已经进入支付阶段的借贷（流动借贷）才会影响外汇供求，而已经形

成借贷关系但尚未进入实际支付阶段的固定借贷，则不会影响外汇供求。（4）当一国的流动债权（外汇收入）大于流动债务（外汇支出）时，就会出现外汇供大于求，从而造成汇率下跌和本币升值；当一国的流动债务大于流动债权时，就会出现外汇供小于求，从而造成汇率上升和本币贬值；当一国的流动借贷平衡（外汇收支相等）时，汇率处于不变的均衡状态。

戈森所指的流动借贷，实际上就是狭义的国际收支，故这一学说又被称为国际收支说。国际收支说指出了汇率与国际收支之间存在的密切关系，有利于全面分析短期内汇率的变动和决定，是关于汇率决定的流量理论。

（二）国际借贷学说的理论评价

国际借贷学说以一国的国际借贷差额作为决定汇率变动最基本的因素，并认识到只有那些立即清偿的国际支付差额才会引起汇率变动，与现实比较接近。以动态的眼光分析汇率变动的原因及其调节机制，是国际借贷学说对汇率理论的突出贡献。虽然戈森主要以外汇供求关系来解释汇率变动的原因，但他认为物价水平、黄金存量、信用状况、利率水平等因素也会对汇率变动造成一定程度的影响。

（三）国际借贷学说的缺陷

1. 它主要剖析短期汇率变动的原因，而对于决定汇率变化的根本因素——不同货币所包含或代表的价值量却未详细论证。国际借贷学说是基于金本位制度的框架，回避了在国际借贷总额平衡时汇率是否会变动以及汇率由什么来决定的问题。因此，对于纸币本位制下各国货币汇率常常因通货膨胀、物价上涨而下跌的复杂现象，国际借贷学说就难以解释了，这是该学说最大的缺陷。

2. 它只关注实际经济与汇率之间的关系，而对汇率与外汇供求、国际资本流动之间的关系未作深入的分析。

3. 虽然其提及物价水平、黄金存量、信用状况、利率水平等因素对汇率可能产生一定的影响，但对于一些重要因素没有进行充分阐释。

4. 该学说只适用于发达国家比较自由和开放的外汇市场，而对于发展中国家受政府干预较多的外汇市场，其适用性因真实的外汇供求情况不易掌握而大打折扣。

二、购买力平价学说

随着金本位制的崩溃，各国相继实行纸币本位制。在纸币本位制下，汇率波动十分频繁和剧烈。此时，建立在外汇供求基础上的国际借贷学说已经难以解释汇率剧烈波动的原因。1802年，英国经济学家桑顿最早提出购买力平价的思想，后来他的观点被英国古典经济学家李嘉图所吸收，并由瑞典经济学家卡塞尔集大成，1922年，卡塞尔出版了《1914年以后的货币和外汇》一书，系统地阐述了购买力平价学说。

（一）购买力平价学说的核心内容

购买力平价学说（Theory of Purchasing Power Parity，PPP）的主要观点是：本国人之所以需要外国货币，是因为外币在外国具有对一般商品的购买力；而外国人之所以需要本国货币，是因为本币在国内具有购买力。因此，两国货币购买力水平的对比关系，决定了汇率的高低和变动。换言之，两国货币的汇率是由两种货币在本国国内所能支配的商品与劳务的数量来决定的。

如果 1 件商品在英国卖 1 英镑，同样的一件商品在美国卖 1.70 美元，汇率为 1 英镑对 1.70 美元。

（二）购买力平价学说的假定条件

购买力平价学说最重要的假设条件是：在国际范围内，一价定律（Law of One Price）能够成立。一价定律是指在自由贸易的条件下，不论是国内市场还是国外市场，在统一的市场下同一件商品在任何地方出售，如不考虑运输成本、信息成本、利息负担和人为贸易壁垒（如关税）等因素，同种商品在不同国家用相同币种表示的售价应该相同，因为商品交易者的套利行为（即在价格低的地方买进和在价格高的地方卖出）最终会使各处的价格趋于一致。

另外，购买力平价学说还假定：物价与汇率是单向的因果关系（不考虑汇率对物价的影响）、货币中性（流通中的货币数量只影响经济中的价格水平，不影响产量、产业结构、生产成本和劳动生产率等实际经济变量——这是货币数量论的一个基本命题）、不考虑对汇率的预期等因素。由这些假设条件可以看出，购买力平价学说的理论基础是货币数量论。

【知识链接 1 - 4】

巨无霸指数（Big Mac Index）

1986 年 5 月，英国《经济学人》（著名时事经济杂志）推出了巨无霸指数，该指数通过比较各国麦当劳快餐店所销售的巨无霸汉堡的价格，来比较国与国之间的购买力平价。一个同样品质和重量的汉堡，如果在美国卖 1 美元，在日本卖 150 日元，那么，就可以认为，1 美元相当于 150 日元，美元对日元的汇率是 1:150。如果由于某种原因，汉堡在日本售价上升为 200 日元，在美国仍卖 1 美元，就说明日元贬值，美元对日元的汇率降为 1:200。反之，如果美国的汉堡售价上涨到 1.5 美元，在日本仍为 150 日元，就说明日元升值，美元对日元的汇率变为 1:100。当初《经济学人》杂志发明这个指数的初衷是将复杂的经济学理论变得通俗易懂，不曾想到日后被美、日等国别有用心的政客所滥用。2003 年，美国和日本在汇率问题上向人民币施压，要求人民币升值，其主要理由是根据"巨无霸指数"，当时美国主要城市麦当劳的巨无霸汉堡平均价格为 2.7 美元，在瑞士同类汉堡的售价为 4.52 美元，而中国同类产品售价仅为 1.2 美元（折合人民币 9.9 元），由此推论人民币的价值被低估了。有中国学者反驳称，如果进行比较的商品不是汉堡之类的产品，而是汽车或住房之类的大宗商品，则会得出相反的结论。比如当时广州产新款本田轿车，在中国的售价为 20 多万元人民币，而同样的产品在美国的售价折合 10 多万元人民币。也就是说，将巨无霸汉堡换成本田轿车来推算，人民币不仅没有被低估，反而还被高估了。

（三）购买力平价学说的两种形式

1. 绝对购买力平价

绝对购买力平价是指本国货币与外国货币之间的均衡汇率等于本国与外国货币

购买力或物价水平之间的比率。

公式表示：$R_a = P_a/P_b$ 或 $P_a = P_b \times R_a$

式中，R_a：代表本国货币兑换外国货币的汇率；P_a：代表本国物价指数；P_b：代表外国物价指数。

该公式说明在某一时点上汇率的决定，决定的主要因素即为两国的物价水平。因为一国物价水平的倒数就是该国单位货币的购买力，所以两国物价水平的比值就称为购买力平价，而购买力平价的数值就是汇率。假定一组商品，在美国卖 10 美元，在英国卖 5 英镑，根据绝对购买力平价公式就是 1 英镑兑 2 美元。

2. 相对购买力平价

相对购买力平价是指不同国家的货币购买力之间的相对变化，是汇率变动的决定因素。汇率变动的主要因素是不同国家之间货币购买力或物价的相对变化；同汇率处于均衡的时期相比，当两国购买力比率发生变化，则两国货币之间的汇率就必须调整。

公式表示：

$$本国货币新汇率 = 本国货币旧汇率 \times \frac{本国货币购买力变化率}{外国货币购买力变化率}$$

$$= 本国货币旧汇率 \times \frac{本国物价指数}{外国物价指数}$$

仍以前例说明，假定同一组商品在英国由原先的 5 英镑上升到 6 英镑，在美国则由原来的 10 美元上升到 15 美元，那么英镑兑美元的汇率就会从 1 英镑 2 美元上升至 1 英镑 2.5 美元。

英镑新汇率：

$$e_1 = 2 \times \left(\frac{15}{10} \middle/ \frac{6}{5} \right) = 2.5$$

绝对购买力平价与相对购买力平价（即购买力平价学说的绝对形式和相对形式）既有内在的联系，又有如下区别：（1）绝对购买力平价反映的是某一时点的汇率，而相对购买力平价则反映某段时间内的汇率；（2）绝对购买力平价反映价格的绝对水平，而相对购买力平价则反映价格的变动率；（3）绝对购买力平价主要解释汇率决定的基础，而相对购买力平价则主要解释汇率变动的原因；（4）绝对购买力平价是相对购买力平价的基础，如果绝对购买力平价是正确的，则相对购买力平价也是正确的，但相对购买力平价是正确的，并不一定表明绝对购买力平价是正确的（因为资本流动和政府干预等因素，使得汇率的水平可能不等于 P_a/P_b）。

（四）购买力平价学说的理论评价

购买力平价理论产生以来，无论在理论上还是实践上都具有广泛的国际影响。这使它成为现在最重要的汇率理论之一。

（1）购买力平价理论具有很强的合理性。两国货币的购买力可以决定两国货币汇率，这实际上是从货币所代表的价值这个层次上去分析汇率决定的。这抓住了汇率决定的主要方向，因而其方向是正确的。（2）购买力平价决定了汇率的长期趋势。不考虑短期内影响汇率波动的各种短期因素，从长期来看，汇率的走势与购买力平价的趋势基本上是一致的。因此，购买力平价为长期汇率走势的预测提供了一个较好的方法。（3）购买力平价把物价指数与汇率水平联系起来，而且研究思路相对简单明了，对指导投资有一定意义。

（五）购买力平价学说的主要缺陷

购买力平价学说的缺陷主要有：（1）把汇率的变动完全归之于购买力的变化，忽视了其他因素，如国民收入、国际资本流动、生产成本、贸易条件、政治经济局势等对汇率变动的影响，也忽视了汇率变动对购买力的反作用。（2）该理论在计算具体汇率时，存在许多困难。主要表现在物价指数的选择上，是以参加国际交换的贸易商品物价为指标，还是以国内全部商品的价格即一般物价为指标，很难确定。（3）绝对购买力平价方面的"一价定律"失去意义。因为诸如运费、关税、商品不完全流动、产业结构变动以及技术进步等会引起国内价格的变化从而使一价定律与现实状况不符。

尽管购买力平价学说并不完美，但是在中央银行计算通货之间的基本比率时仍起着重要作用。因为将根据购买力计算出的基础汇率与市场价之间进行比较，可以判断现行市场汇率与基础汇率的偏离程度，是预测长期汇率的重要手段。

三、汇兑心理学说

汇兑心理学说（Psychological Theory of Exchange）是法国学者阿夫达里昂（A. Aftalion）于 1927 年提出的。汇兑心理学说后来被演变成心理预期说，即外汇市场上人们的心理预期，对汇率的决定产生重大影响。

（一）汇兑心理学说的核心观点

汇兑心理学说认为：汇率的变动和决定所依据的是人们各自对外汇的效用所作的主观评价。人们之所以需要外国货币，除了需要用外国货币购买商品外，还有满足支付、投资或投机和资本逃避等需要，这种欲望是使外国货币具有价值的基础。外国货币的价值决定于外汇供需双方对外国货币所作的主观评价。该主观评价又是依据使用外币的边际效用（Marginal Utility）所作的主观评价。不同的主观评价产生了外汇的供应需求，供求双方通过市场达成均衡，均衡点就是外汇汇率。

（二）汇兑心理学说的理论价值

汇兑心理学说拓宽了对汇率决定进行分析的路径。在此之前的汇率学说，多忽略了心理因素。实际上，人们的心理因素对汇率的变动有着不可忽视的影响。在固定汇率时期，在官方通常许诺保持固定平价的情形下，人们对汇率的预期心理较为稳定；而一旦人们预感到官方平价会发生某种变化，预期贬值的心理会使汇率由于纷纷抽逃资本而实际贬值，这种短期资本外逃的现象主要是由心理作用所致。在浮动汇率下，预期心理的作用更为强烈。汇兑心理学说和心理预期学说在解释外汇投机、资金逃避、国际储备下降及外债累积对未来汇率的影响时，尤其值得重视。

（三）汇兑心理学说的缺陷

汇兑心理学说的根本缺点在于，它仅仅强调了心理因素的片面性。虽然主观分析是研究问题的一个角度，但如果唯一强调这一个方面，会使学说走到一个极端。同西方经济学的其他主观流派一样，汇兑心理学说最终因缺乏实质的和客观的分析基础而丧失科学性。

四、利率平价学说

利率平价学说（Theory of Interest Rate Parity）的理论渊源可追溯到 19 世纪下半叶，1923 年由英国著名经济学家凯恩斯系统阐述。利率平价学说突破了传统的国际收支和物价水平的范畴，主要从资本流动的角度研究汇率的变化。

（一）利率平价学说的核心观点

利率平价理论认为，两国之间的即期汇率与远期汇率的关系与两国的利率有密切的联系。该理论的主要出发点是，投资者投资于国内所得到的短期利率收益应该与按即期汇率折成外汇在国外投资并按远期汇率买回该国货币所得到的短期投资收益相等。一旦出现由于两国利率之差引起的投资收益的差异，投资者就会进行套利活动，其结果是使远期汇率固定在某一特定的均衡水平。同即期汇率相比，利率低的国家的货币的远期汇率会下跌，而利率高的国家的货币的远期汇率会上升。远期汇率同即期汇率的差价约等于两国间的利率差。利率平价学说可分为抛补的利率平价（Covered Interest Rate Parity）和非抛补的利率平价（Uncovered Interest Rate Parity）。

1. 抛补的利率平价

假定 i_A 是 A 国货币的利率，i_B 是 B 国货币的利率，p 是即期远期汇率的升跌水平。假定投资者采取持有远期合约的套补方式交易时，市场最终会使利率与汇率间形成下列关系：$p = i_A - i_B$。其经济含义是：汇率的远期升贴水平等于两国货币利率之差。在抛补利率平价成立时，如果 A 国利率高于 B 国利率，则 A 国远期汇率必将升水，A 国货币在远期市场上将贬值。反之则相反。汇率的变动会抵消两国间的利率差异，从而使金融市场处于平衡状态。

2. 非抛补的利率平价

假定投资者根据自己对未来汇率变动的预期而计算预期的收益，在承担一定的汇率风险情况下进行投资活动。假定，E_p 表示预期的汇率远期变动率，则 $E_p = i_A - i_B$。其经济含义是：远期的汇率预期变动率等于两国货币利率之差。在非套补利率平价成立时，如果 A 国利率高于 B 国利率，则意味着市场预期 A 国货币在远期将贬值。

（二）利率平价学说的理论价值

利率平价学说从资金流动的角度指出了汇率与利率之间的密切关系，有助于正确认识现实外汇市场上汇率的形成机制，有特别的实践价值，它主要应用于短期汇率的决定。利率平价学说不是一个独立的汇率决定理论，与其他汇率决定理论之间是相互补充而不是相互对立的。

（三）利率平价学说的缺陷

利率平价学说的缺陷是：（1）忽略了外汇的交易成本；（2）假定不存在资本流动障碍，实际上，资本在国际间流动会受到外汇率管制和外汇市场不发达等因素的阻碍；（3）假定套利资本规模是无限的，现实世界中很难成立；（4）人为地提前假定了投资者追求在两国的短期投资收益相等，而现实世界中有大批热钱追求汇率短期波动带来的巨大超额收益。

五、资产市场学说

资产市场学说（Assets Market Approach to the Exchange Rate Determination）是 20 世纪 70 年代中期以后发展起来的一种重要的汇率决定理论。资产市场学说的一个重要分析方法是一般均衡分析，它较之传统理论的最大突破在于它将商品市场、货币市场和证券市场结合起来进行汇率决定的分析。由于这种学说侧重于从金融市场均衡这一角度来考察汇率的决定，因此又被称为金融市场投资组合学说。

（一）货币学派的汇率理论

货币学派的汇率理论是货币学派的金融专家贾考伯·弗兰克尔（Jacob A. Frankel）和哈里·约翰逊（Harry G. Johnson）等在其著作《汇率经济学》中提出来的，是一种从中短期的角度分析汇率决定与汇率变动的理论。强调货币市场和货币存量的供求情况对汇率决定的影响，认为汇率的决定由各国货币存量的供求引起。汇率决定于货币市场的均衡而非商品市场的均衡，汇率的变化由两国货币供求关系的相应变化而引起。从长期看，承认购买力平价理论，即过多的货币供应所引起的通货膨胀，必然使该国货币汇率下浮；从短期看，两国金融资产的供求情况，即人们自愿持有或放弃这些金融资产的情况决定汇率。国民收入与本币汇率表现为正相关关系，国家宏观经济政策对汇率发挥着重要作用，同时强调合理预期对汇率变动的影响。

货币学派的汇率理论的可取之处是强调了各种因素的相互关系与共同作用，克服了其他一些理论的片面性；强调任何影响外汇资产预期收益率或相对风险率的因素，都可能成为汇率变动的原因；强调金融市场对各种短期影响因素的反应比在长期因素来得更敏感与尖锐；强调预期对汇率的影响，物价水平变动在短期内可能比长期中对汇率的影响来得大。缺陷是未能回答货币供求平衡时，货币价值、汇率由何决定的问题以及未能考虑国际收支的结构因素对汇率的影响，尤其否认经常项目对汇率的重要作用。

（二）汇率超调模式

汇率超调模式（Overshooting Model）是美国麻省理工学院教授鲁迪格·多恩布什于 1976 年提出的，又称黏性价格货币分析法。

汇率超调模式的核心观点是认为商品市场与资本市场的调整速度是不同的，商品市场上的价格水平具有黏性的特点，这使得购买力平价在短期内不能成立，经济存在着由短期平衡向长期平衡的过渡过程。在超调模式中，由于商品市场价格黏性的存在，当货币供给一次性增加以后，本币的瞬时贬值程度大于其长期贬值程度，这一现象被称为汇率的超调。在经济运行中出现某些变化（如货币供给增加）的短期内，汇率将发生过度的调节，很快会超过其新的长期均衡水平，然后再逐步恢复到它的长期均衡水平上。这是因为金融市场对外生的冲击可立即进行调节，而商品市场则在一段时间后才能缓慢地进行调节。

该学说同样主张只有货币需求等于货币供给，货币市场才能达到均衡的货币主义学派观点。该理论是对货币分析法模型假定所有市场都能够瞬时进行调节这一观点的修正。

（三）资产组合平衡理论

资产组合平衡理论产生于 20 世纪 70 年代中期。由勃莱逊（W. Branson）、霍尔特纳（H. Halttune）和梅森（P. Masson）等提出并完善。

资产组合平衡理论综合了传统的汇率理论和货币主义的分析方法，把汇率水平看成是由货币供求和经济实体等因素诱发的资产调节与资产评价过程所共同决定的。它认为，国际金融市场的一体化和各国资产之间的高度替代性，使一国居民既可持有本国货币和各种证券作为资产，又可持有外国的各种资产。一旦利率、货币供给量以及居民愿意持有的资产种类等发生变化，居民原有的资产组合就会失衡，进而引起各国资产之间的替换，促使资本在国际间的流动。国际间的资产替换和资本流动又势必会影响外汇供求，导致汇率的变动。

资产组合平衡理论一方面承认经常项目失衡对汇率的影响，另一方面也承认货币市场失衡对汇率的影响，这在很大程度上摆脱了传统汇率理论和货币主义汇率理论中的片面性，具有积极意义；同时它提出的假定更加贴近现实。

但该理论也存在明显的问题：（1）在论述经常项目失衡对汇率的影响时，只注意到资产组合变化所产生的作用，而忽略了商品和劳务流量变化所产生的作用；（2）只考虑目前的汇率水平对金融资产实际收益产生的影响，而未考虑汇率将来的变动对金融资产的实际收益产生的影响；（3）它的实践性较差，因为有关各国居民持有的财富数量及构成的资料，是有限的、不易取得的。

汇率决定理论博大精深，这些理论都有优点，但也都有不足。一种理论只能针对汇率决定的某一方面进行深入详尽的阐述。同一种理论在不同时期的解释能力也是不同的。到目前为止，还没有一种全能的汇率决定理论。但是已有的汇率决定理论是相互补充、相互替代的，它们一起构成了多姿多彩的汇率决定理论体系。浮动汇率制下汇率理论的新发展主要体现在将现代经济学的最新发展应用到汇率决定理论研究中，如将预期、不完全信息、博弈论、有效市场理论、GARCH 模型、行为金融学及微观市场结构理论等引入汇率决定理论研究中。

第四节　经典案例

人民币汇率将进入平稳波动阶段

2019 年 5 月，人民币汇率出现走低。笔者认为，2019 年一季度中美 GDP 同比增速均超预期，中国持平于去年四季度的 6.4%，美国较去年四季度小幅上涨 0.2 个百分点，边际变化差距不大。人民币没有持续大幅走低的基础，目前将进入平稳波动阶段，不会破"7"。

人民币汇率有支撑

展望未来，笔者认为，人民币汇率不存在持续走低的基础。首先，美国经济动能将下降，而中国依然有望实现 6% 以上的增长速度，各项政策红利也有助于加强全社会信心。从经济增长动能来看，美国后续增长动力不足。一季度美国超预期的

GDP 增速，主因是出口和存货贡献较多，二者均难以持续，消费动能依然较弱。一季度美国 GDP 实现 3.1% 的环比折年率，仅存货一项就贡献 0.6 个百分点，而存货贡献可能在下一期转为负贡献。领先指标上，5 月美国 Markit 制造业 PMI 指数降至 50.9，创下 2009 年 9 月或 116 个月以来的新低。

2018 年以来，我国积极推动减税降费，同时预调微调货币政策，防止全社会信用无序收缩，继续加大对外开放，这些政策给了企业和居民巨大信心。2019 年，我国分别实施了增值税减税以及社保降费，同时继续在结构上实施优惠的财政政策，这些举动有助于修复企业利润、稳定投资信心。从去年年底以来，社会融资和 M_2 增速都有所修复，这也有助于融资环境的稳定。

从经济"三驾马车"的角度看，外需动能有所减弱，但内需动能依然较强。2019 年前 4 个月，我国固定资产投资同比增长 6.1%，未来随着利润逐渐企稳以及政策红利发酵，制造业投资增速有望企稳，而基建投资持续发挥逆周期调节作用。前 4 个月社会消费品零售总额下降，但去年以来的降低个税红利将持续积累，中央坚持"房住不炒"、防止居民需求扭曲，未来促进消费措施也有望进一步出台，消费增速有望企稳。从库存周期的角度看，企业库存周期正在逐步探底，具体表现为进入被动去库存阶段的行业及进入主动去库存的行业均在增加。

再者，我国坚持不搞"大水漫灌"的货币政策，而美国国内降息预期很高，中美利差明显扩大。尽管 2018 年以来我国预调微调货币政策，但仍不搞"大水漫灌"的姿态，而是进行相机决策。受通胀不及预期、经济前景不乐观等影响，美国国内降息预期较高，当前全年降息一次预期已高达 90%，缩表计划也将于 2019 年 9 月结束，美国国债收益率下行也反映了上述预期。实际上，进入 2019 年以来，中美利差持续扩大，5 月以来两国国债收益率利差已经扩大至 100Bp 以上，这与人民币汇率走低的表现也不匹配。

人民币汇率不会破"7"

汇率整数关口往往也是心理关口，笔者认为，人民币汇率跌破"7"既没有基本面支撑，也是弊大于利。

首先，市场存在人民币贬值有利于出口，从而有利于经济的看法，这是短视的。我国经济亟待结构转型，2018 年人均 GDP 已接近 1 万美元，2018 年商品贸易顺差占 GDP 比重已降至 2.6%，服务逆差持续扩大，从 2009 年到 2018 年的十年时间内，商品与服务净出口对 GDP 增长的贡献率有 7 个年份为负。任何一个成功跨越"中等收入陷阱"的经济体，无一不是通过内生结构转型实现，而非长期通过货币贬值促进出口。

从某种意义上而言，长期依赖货币贬值保护的是低端产能，这将阻碍经济结构转型。有人以日本作为例子，认为"广场协议"是导致日本经济失去几十年的罪魁祸首。笔者认为，中国和日本的汇率问题没有可比性，"广场协议"是多个央行联合进行的汇率干预，继而引发汇率预期的大幅改变，美元相对日元贬值幅度达到 60%，远远超过基本面的变化。而当前美元兑人民币接近"7"，回到 2010 年的水平，人民币没有出现超越基本面变化的升值。

再者，不能理想主义地认为参与汇率汇兑的都是理性经济人，更不能忽视投机因素可能会起到推波助澜的作用。汇率不仅与企业经营有关，和居民生活也息息相关，预期在汇率变化中起到了非常关键的作用。

最后，不能用所谓连续函数来解释关键点位的重要性，整数关口往往也是心理关口。不仅是经济现象，很多日常生活也都是连续函数，但关键点位依旧很重要。人民币破不破"7"是很多研究报告、社交平台或者媒体观点争锋中频繁被讨论的对象。因此，在缺乏基本面支撑的情况下，人民币跌破整数关口一样会引起预期的自我加强，这是市场非理性心理决定的。

近期多位央行官员和学者发声稳定人民币汇率信心，经验显示这种预期管理是有效的。笔者也认为，人民币汇率没有持续大幅走低的基础，目前将进入平稳波动阶段，不会破"7"。

（资料来源：中国证券报，2019 - 06 - 04。）

阅读上述案例，结合书中所学内容，分析说明我国人民币汇率能够维持稳定的多方面原因，其中你认为最根本的原因是什么。

【本章小结】

外汇即国际汇兑，是以外币表示的，用以清偿国际间债权债务的一种支付手段。它是进行国际经贸交往中必不可少的中介。它具有动态和静态两层含义，动态的含义是国际汇兑的过程；静态的含义是指国际汇兑过程中所使用的支付手段和工具，静态的外汇又有广义和狭义之分。

汇率又称汇价，是不同的货币之间兑换的比率或比价。不同国家采取的不同的汇率标价方法。直接标价法是用一定单位的外国货币作为标准来计算可折合成多少单位的本国货币。目前世界上绝大多数国家都采用直接标价法。间接标价法是指用一定单位的本国货币作为标准来计算可折合为多少单位的外国货币。汇率按不同标准分为不同种类。

汇率制度是一国货币当局对本国汇率的变动的基本方式作出的一系列安排或规定。作为政策的重要手段和国际货币体系的核心内容，汇率制度无论是对于一国国内经济发展还是对于国际货币体系都具有重要意义。按照汇率变动的幅度，汇率制度被分为两大类型：固定汇率制度和浮动汇率制度。

一国汇率的变动要受到许多因素的影响，既包括经济因素，也包括政治因素和心理因素等。影响长期汇率变动的基本因素包括国际收支的经常项目、通货膨胀、经济增长率。影响短期汇率的变动因素包括货币供应量、利率、心理预期因素、信息因素和政府干预等。汇率变动对一国国际收支、外汇储备、国内价格水平、国内利率、国民收入和就业都会产生影响。汇率变动对国际间的资本流动和国际经济关系也会产生影响。

汇率决定理论是国际金融理论的核心内容，至今仍是国际金融关注和研究的重点领域。汇率决定理论随国际经济形势和西方经济学理论的发展而发展，为一国货币局制定汇率政策提供了依据。古典的汇率决定理论主要有国际借贷学说、购买力平价学说、汇兑心理学说、利率平价学说等，现代的汇率理论主要是20世纪70年代以后的资产市场学说。

【章后习题】

一、重点概念

外汇 汇率 固定汇率制度 浮动汇率制度 国际借贷说 购买力平价学说 汇兑心理学说 利率平价学说

二、复习思考题

1. 单选题

（1）即期外汇交易在外汇买卖成交后，原则上的交割时间是（ ）。

A. 三个营业日 B. 五个工作日 C. 当天 D. 两个营业日

（2）1994 年外汇体制改革后，我国建立的汇率制度为（ ）。

A. 固定汇率制度 B. 清洁浮动汇率制度

C. 单一的管理浮动汇率制度 D. 盯住浮动汇率制度

（3）汇率按外汇资金性质和用途划分为（ ）。

A. 商业汇率与银行间汇率 B. 复汇率与单汇率

C. 市场汇率与官定汇率 D. 金融汇率与贸易汇率

（4）1973 年春以后的国际汇率制度性质是（ ）。

A. 固定汇率制度 B. 钉住汇率制度 C. 联系汇率制度 D. 浮动汇率制度

（5）我国进行汇率并轨，实行单一汇率是在（ ）。

A. 1993 年 B. 1994 年 C. 1995 年 D. 1996 年

2. 多选题

（1）广义外汇的范畴包括（ ）。

A. 外钞 B. 外币有价证券 C. 记账外汇 D. 特别提款权

（2）外汇的作用有（ ）。

A. 国际购买手段 B. 国际支付手段

C. 弥补国际收支逆差 D. 防范汇率风险

E. 调剂国际间资金余缺

（3）按国际汇率制度来划分，汇率可分为（ ）。

A. 固定汇率 B. 商人汇率 C. 基本汇率 D. 浮动汇率

E. 联合浮动汇率

（4）汇率变动会影响一国的（ ）。

A. 国际收支 B. 工资收入 C. 外汇储备 D. 旅游收入

（5）影响汇率变动的经济因素有（ ）。

A. 国际收支 B. 外汇干预 C. 通货膨胀 D. 心理预期

E. 资本流动

3. 计算题

（1）某日中国银行报价：USD/JPY = 108.10 / 108.15，假设某进口商需从中国银行买入 100 万日元用于支付货款，其适用汇率应是多少？

（2）某日中国银行报价：EUR/USD = 1.5500 / 1.5510，假设某进口商需从中国银行买入 100 万欧元用于支付货款,其适用汇率应是多少?

(3)已知外汇市场某日即期汇率 EUR/USD = 1.1325/35,USD/HKD = 7.7757/85,求 EUR/HKD 的买入价和卖出价。

三、实训与应用

1. 2018 年 6 月 13 日,我国 A 粮油进出口公司按当时汇率 USD1 = EUR0.8583 向德国 B 商人报出销售花生的美元价和欧元价,任其选择,B 商人决定用美元计价成交,与 A 公司签订了数量为 1000 吨花生的合同,货物总价值为 750 万美元。但到了同年 9 月 6 日,美元与欧元的汇率却变为 USD1 = EUR0.8210,于是 B 商人提出改按 6 月 6 日所报欧元价计算,并以增加 5% 的货价作为交换条件。你认为我国 A 公司能否同意 B 商人的要求吗?为什么?

2. 根据该牌价进行交易,请回答下列问题:

中国银行外汇牌价

日期:2019 年 6 月 8 日   单位:人民币元/100 外币

货币名称	现汇买入价	现钞买入价	现汇卖出价	中行折算价
英镑	877.74	850.47	884.21	876.29
港元	88.01	87.31	88.36	87.93
美元	690.2	684.59	693.13	689.45

(1)一位出国旅游者到中国银行兑换 3000 元港元现钞,需要付多少人民币现钞?

(2)一位客户欲将 1000 英镑现钞兑换等值的人民币,该客户能兑换多少人民币?

(3)一家出口企业到中国银行以 10000 美元即期结汇,能兑换多少等值人民币?

(4)中国银行港元/人民币、美元/人民币的买卖差价是多少?

第二章
国际收支与国际储备

【学习目标】

- 掌握国际收支的基础理论知识及国际收支平衡表编制的基本常识；
- 能够按照基本分析方法对一国的国际收支平衡表进行简单分析；
- 知晓国际收支失衡的经济效应及政策调节机制与自动调节机制；
- 熟悉调节国际收支失衡的政策措施及对预期效果作出评价及预测；
- 简单了解国际收支的相关理论及学术流派。

【章前引例】

某法国合格境外机构在美国进行证券投资，经美国有关部门审核，将自己的投资所得股息与红利 20 万美元支票汇回法国，美国应如何将这笔记录记入国际收支平衡表？法国又应如何记入国际收支平衡表？

第一节　国际收支

随着经济全球化的发展，各国之间的经济交往日益密切，逐渐产生了各种债权和债务关系，这种债权和债务关系总需要在一定的时间内结清，因此产生了国际间货币的收付即国际收支，国际收支反映的是一个国家在一定时期的对外货币收支的综合情况。有的国家收大于支，称国际收支顺差；有的国家支大于收，称国际收支逆差。顺差与逆差都对一国经济的长远发展产生不良影响，因此，各国政府经常需要采取各种措施来平衡本国的国际收支。

一、国际收支的概念

（一）狭义的国际收支

国际收支这一概念最早出现在 17 世纪初，并且经历了从狭义概念向广义概念发展的过程。当时在国际资本流动较少的情况下，简单地将国际收支解释为一个国家的对外贸易差额，即进口与出口之比。随着国际经济关系的发展，各国之间的经济、政治、文化交流越来越密切，第一次世界大战之后，国际收支的概念也发展为：一国在一定时间的外汇收支。也就是说，凡在一定时间内涉及有外汇收支的国际经济交易都属于国际收支范畴，这就是狭义的国际收支概念，它不包括表面上没有外汇收支发生的交易。

（二）广义的国际收支

第二次世界大战之后，由于国际经济交易的内容和方式发生了很大的变化，政府间援助、私人赠与、易货贸易、补偿贸易等转移性收支的不断增加和国际间大规模的资本流动使国际收支的内涵日益丰富。各国开始广泛使用广义的国际收支的概念，这就是在一定时间内，一国居民与非居民之间经济交易的系统记录。广义的国际收支将全部对外经济交易都包括在内，而不论其是否有外汇收支。

国际货币基金组织在其 2009 年编制的《国际收支手册》中对国际收支作了如下规定：国际收支（Balance of Payments，BOP）是某个时期内居民与非居民之间的交易汇总统计表，组成部分包括货物和服务账户、初次收入账户、二次收入账户、资本账户和金融账户、官方储备等。

【知识链接 2－1】

居民（Resident）与非居民（Nonresident）：国际收支中的居民不同于法律上的公民概念，是以居住地为标准划分的。所谓居民，是指在一个国家（或地区）的居住期限达一年以上的经济单位。若居住不足一年，则该经济单位就是非居民。一国居民具体包括：（1）一国政府，不仅包括中央、地方政府，而且包括其驻外使、领馆和军事设施，即大使馆、领事馆和被派驻使领馆的国民均被视为派出国居民。（2）在领土内居住一年以上的个人，包括移民和长期逗留的旅游者。（3）服务于个人的私人非营利性机构。（4）领土内的工商企业。国际性的金融组织如国际货币基金组织等属于任何国家的非居民，但是，这些机构的雇员只要在所在国居住一年以上，就是该所在国的居民。

国际收支能够综合反映一国的整体经济实力，反映一国对外经济与国内经济的联系及相互影响的关系，因此，各国非常重视对国际收支的统计和分析，并力争通过一定的经济调控手段达到国际收支平衡。

一国国际收支主要包括：（1）一国与他国之间的货物、劳务和收益等的交易行为。指商品进出口，运输、保险、旅游等劳务，以及投资收益等国际经济交易。（2）该国所持有的货币黄金、特别提款权的变化，以及与他国债权与债务关系的变化。这是指国际间资本流动所产生的债权债务，以及由于各种原因而造成的官方储备资产的增减。（3）凡无须偿还的单方面转移的项目和对应的科目，由于在会计上必须用来平衡的尚未抵消的交易，以及不易互相抵消的交易，这是指侨民汇款、赠与、援助以及应收未收、应付未付、尚未结清的国际经济交易等。

【知识链接 2－2】

国际货币基金组织（International Monetary Fund，IMF）是联合国所属的专门负责国际货币事务的国际性合作机构，于 1946 年 3 月建立，总部在华盛顿，设立的宗旨是为了促进国际间的货币合作，促进国际贸易的扩大与平稳发展，以达到维护高水平就业和实际收入并增加成员国的生产能力，稳定汇率避免各国竞争性的外汇贬值，消除外汇管制，通过贷款调整成员国的国际收入的暂时失衡等。我国于 1980 年恢复在 IMF 的合法席位。

二、国际收支平衡表及其编制原则

（一）国际收支平衡表的概念

国际收支平衡表（Balance of Payments Statement，BOP Statement）是指按照一定的编制原则和格式，将一国一定时期国际收支的不同项目进行排列组合和对比，以反映和说明该国的国际收支状况的表式。国际收支平衡表集中地反映出该国一定时期内的国际收支状况，总括地揭示出该国对外经济活动的正常与否，是政府进行宏观经济决策和管理的重要依据。

（二）国际收支平衡表的编制原则

1. 复式记账原则

复式记账原则指任何一笔国际经济交易都应在借贷双方同时反映。居民与非居民之间的每一笔经济交易都会产生两项记录，一项借方记录和一项贷方记录。贷方反映的是一切收入项目，用正号表示货物和服务的出口、收益收入、接受的货物和资金的无偿援助、金融负债的增加和金融资产的减少；借方反映的是一切支出项目，用负号表示货物和服务的进口、收益支出、对外提供的货物和资金无偿援助、金融资产的增加和金融负债的减少。总的来说，凡是引起本国从国外获得外汇收入的交易记入贷方，凡是引起本国对国外有外汇支出的交易记入借方；而这笔货币收入或支出本身则相应记入借方或贷方。在经济交易中无论支付的是本币还是外币，只要交易发生在居民和非居民之间，都要记入国际收支平衡表。

2. 权责发生制原则

权责发生制原则指交易的记录时间应以所有权的转移为标准，这同样也是基本的会计原则。如果所有权的变更不明显，变更发生的时间可以用交易各方入账的时间来代替。

3. 市场价格原则

国际收支平衡表在编制中必须遵循统一计价原则，因为每项记载交易的借贷双方实际上可以各自从不同的来源中获得价格，假如不遵循统一计价的原则，表内就会出现不平衡。对此，国际货币基金组织提出通用的解决方法，是采用市场价格或其等值为依据来确定价值的原则。即国际收支平衡表记载的交易（无论是商品、劳务交易还是金融交易）均按实际价格来计价，如果市场价格不存在，则用同等条件下已知的市场价格来推算。比如，易货贸易下，货物的价格根据标准的市场报价来推算，非商业性交易（如政府间物资交换）的交易价格往往含有一定成分的优惠，在记录时，也必须按市场价格来计价。

4. 单一记账货币原则

单一记账货币原则指所有的记账单位要折合为同一种货币。记账货币可以是本国货币，也可以是其他国家货币。比如，我国国际收支平衡表的记账货币是美元（外国货币），美国国际收支平衡表的记账货币也是美元（本国货币）。

三、国际收支平衡表的基本内容

为了在世界范围内进行汇总和比较，国际货币基金组织提出了一套关于国际收支平衡表项目标准分类的建议，并从 2009 年开始采用《国际收支及国际投资头寸手册》（第六版）的标准格式。按照这一格式，国际收支平衡表的组成部分包括经常项目、资本和金融项目两大账户。如果考虑到误差和遗漏，国际收支平衡表的具体构成见图 2-1。

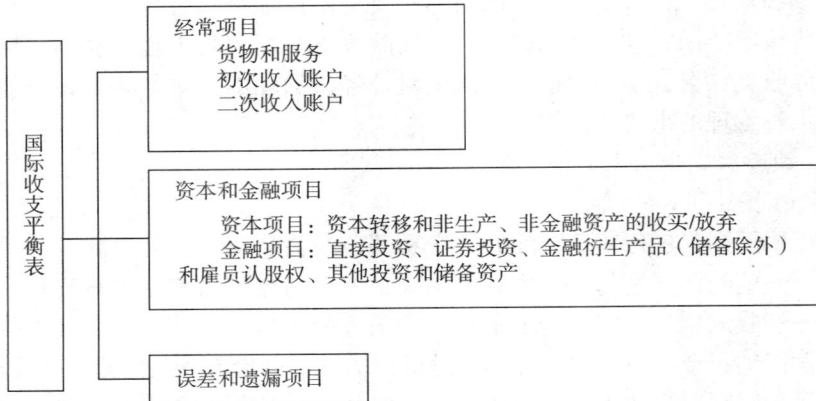

图 2-1　国际收支平衡表的项目构成

我国从 1997 年开始编制国际收支平衡表，记录所有发生在居民与非居民之间的经济交易。下面以我国 2018 年上半年的国际收支平衡表为例，说明国际收支平衡表的结构内容，见表 2-1。

表 2-1　　　　　　　　　　2018 年上半年中国国际收支平衡表

项目	行次	2018 年二季度	2018 年上半年
1. 经常账户	1	58	-283
贷方	2	7354	13828
借方	3	-7296	-14111
1. A　货物和服务	4	305	86
贷方	5	6676	12530
借方	6	-6371	-12443
1. A. a　货物	7	1042	1559
贷方	8	6086	11375
借方	9	-5044	-9816
1. A. b　服务	10	-737	-1473
贷方	11	590	1155
借方	12	-1327	-2628
1. A. b. 1　加工服务	13	41	81
贷方	14	41	82
借方	15	0	-1
1. A. b. 2　维护和维修服务	16	11	25
贷方	17	19	37
借方	18	-7	-12

续表

项目	行次	2018 年二季度	2018 年上半年
1. A. b. 3　运输	19	−175	−321
贷方	20	101	198
借方	21	−276	−519
1. A. b. 4　旅行	22	−571	−1202
贷方	23	112	209
借方	24	−683	−1410
1. A. b. 5　建设	25	14	25
贷方	26	33	69
借方	27	−19	−44
1. A. b. 6　保险和养老金服务	28	−12	−27
贷方	29	18	27
借方	30	−30	−54
1. A. b. 7　金融服务	31	3	6
贷方	32	8	16
借方	33	−6	−10
1. A. b. 8　知识产权使用费	34	−88	−165
贷方	35	15	27
借方	36	−103	−193
1. A. b. 9　电信、计算机和信息服务	37	19	35
贷方	38	77	147
借方	39	−58	−112
1. A. b. 10　其他商业服务	40	36	94
贷方	41	159	329
借方	42	−123	−235
1. A. b. 11　个人、文化和娱乐服务	43	−6	−10
贷方	44	2	4
借方	45	−8	−15
1. A. b. 12　别处未提及的政府服务	46	−9	−13
贷方	47	4	10
借方	48	−13	−22
1. B　初次收入	49	−208	−305
贷方	50	607	1154
借方	51	−816	−1459
1. C　二次收入	52	−39	−65
贷方	53	71	143
借方	54	−109	−208

续表

项目	行次	2018 年二季度	2018 年上半年
2. 资本和金融账户	55	−58	668
2.1　资本账户	56	−1	−2
贷方	57	0	1
借方	58	−1	−3
2.2　金融账户	59	−57	669
2.2.1　非储备性质的金融账户	60	182	1171
其中: 2.2.2.1　直接投资	61	299	849
2.2.2.1.1　直接投资资产	62	−287	−466
2.2.2.1.2　直接投资负债	63	586	1315
2.2.2　储备资产	64	−239	−501
2.2.2.1　货币黄金	65	0	0
2.2.2.2　特别提款权	66	0	0
2.2.2.3　在国际货币基金组织的储备头寸	67	−11	−7
2.2.2.4　外汇储备	68	−229	−494
2.2.2.5　其他储备	69	0	0
3. 净误差与遗漏	70	0	−384

注: 1. 此表根据《国际收支和国际投资头寸手册》(第六版) 编制。

2. "贷方"按正值列示,"借方"按负值列示,差额等于"贷方"加上"借方"。本表除标注"贷方"和"借方"的项目外,其他项目均指差额。

3. 2018 年上半年初步数为一季度平衡表正式数与二季度平衡表初步数累加得到。其中,2018 年二季度初步数的资本和金融账户因含净误差与遗漏,与经常账户差额金额相等,符号相反。二季度初步数的金融账户、非储备性质的金融账户同样含净误差与遗漏。2018 年一季度正式数的资本和金融账户、金融账户和非储备性质的金融账户均不含净误差与遗漏,净误差与遗漏项目单独列示。

4. 本表计数采用四舍五入原则。

国际收支平衡表项目说明如下:

1. 经常项目 (Current Account)

经常项目记载的是经常发生的国际经济交易,该项目反映一国与他国之间实际资源的转移,是国际收支平衡表中最基本和最重要的项目,与国际收支账户有密切的联系。经常项目下包括货物和服务,收入和经常转移三个项目,各项目都要列出借方总额和贷方总额。

(1) 货物和服务:包括货物和服务两个项目。

①货物 (Goods):货物一般包括居民向非居民出口或者从非居民那里进口的大多数可移动货物,也称商品贸易或有形贸易 (Visible　Trade)。贸易收支是构成国际经济的重要因素,反映一个商品在国际市场上的竞争能力,因此它是经常账户中最重要的一个项目。很多国家为了统计方便,对出口商品按 FOB 价格 (Free on Board, 离岸价格) 计算,对进口商品却按 CIF 价格 (Cost, Insurance and Freight, 到岸价格) 计算,实际上这样会影响到国际收支平衡表的精确性,有时还会引起国

家之间的贸易争端。国际货币基金组织建议，所有的进出口一律按 FOB 价格进行计算。我国根据 IMF 国际收支统计口径的要求，对国际收支平衡表中的货物，以海关进出口统计资料为基础，出口、进口都以商品所有权变化为原则进行调整，均采用 FOB 价格计价，即海关统计的到岸价进口额减去运输和保险费用作为国际收支口径的进口；出口沿用海关的统计。此项目中还包括一些未经我国海关的转口贸易等，对商品退货也在此项目中进行了调整。出口记在贷方，进口记在借方。例如，某企业向美国出口价值 200 万美元的服装，进口商将款项汇入出口企业指定的银行账户，对这一交易活动，应作如下记录：本国企业出口创汇，在货物项下，贷记"＋200 万美元"，本国企业的外汇账户余额增加，在对外短期资产项下，借记"－200 万美元"。

【实训 2 - 1】

德国向美国出口一批价值 100 万美元的货物，德国应该怎样记入国际收支平衡表？

【解析】从德国来看，引起本国外汇收入增加，则应在贷方记出口，同时将出口收入记在对外短期资产的借方，表示对外短期资产的增加。即

借方：对外短期资产（增加）　　　　　　　　　　100 万美元

贷方：出口　　　　　　　　　　　　　　　　　　100 万美元

假如这笔交易美国的进口商不是以美元支付货款，而是以欧元支付，（假定 1 美元 ＝0.9091 欧元）则德国出口获得的收入记在对外短期负债的借方，表示本国对外短期负债的减少，记录为

借方：对外短期负债（减少）　　　　　　　　　　90.91 万欧元

贷方：出口　　　　　　　　　　　　　　　　　　90.91 万欧元

②服务（Service）：也称劳务或无形贸易（Ivisible Trade），包括加工服务、维护和维修服务、运输、旅行、建设、保险和养老金服务、金融服务、知识产权使用费、电信、计算机和信息服务、其他商业服务以及个人、文化和娱乐服务。贷方表示服务输出即外汇收入，借方表示服务输入即外汇支出。

【实训 2 - 2】

我国一家外贸公司租进日本一家运输公司经营的轮船运输设备，用中国银行在日本的分行账户上的外汇余额支付 4 万美元，我国应如何记入国际收支平衡表？

【解析】从我国来看，该外贸公司租进轮船，相当于从日本进口了 4 万美元的劳务，是借方项目，记入借方，用美元支付，等于我国对外短期资产减少 4 万美元，记入贷方，即

借方：运输支出　　　　　　　　　　　　　　　　4 万美元

贷方：对国外短期资产　　　　　　　　　　　　　4 万美元

国际服务的生产和国际服务贸易不同于货物的生产和货物贸易。例如，某一经

济体生产的货物运送到另一经济体的居民那里，那里的居民可能不知道货物的生产时间，而服务的生产在发生之前就同另一经济体的消费者事先作出的一系列安排联系在一起。因此，国际服务贸易同国际服务生产紧密联系在一起，其生产过程涉及某一居民和另一非居民。然而现在货物和服务的界限已变得模糊了，列为货物的项目包括一定成分的服务，反之亦然。

【实训 2－3】

一批英国居民到加拿大旅游，在饮食、住宿、乘车等方面共花费 13 万英镑，英国应如何记入国际收支平衡表？

【解析】从英国来看，该批英国居民购买了加拿大居民提供的劳务，价值 13 万英镑，相当于英国从加拿大进口了 13 万英镑的劳务，是借方项目，记入借方，另外，由于加拿大居民得到了 13 万英镑，外国居民对英国的要求权增加，相当于外国居民在英国的资产增加，是一种负债增加，应记入贷方，即

借方：向外国居民购买劳务　　　　　　　　　　　　　　　13 万英镑

贷方：对国外私人的短期负债　　　　　　　　　　　　　　13 万英镑

（2）初次收入账户

初次收入账户显示的是居民与非居民机构单位之间的初次收入流量。初次收入反映的是机构单位因其对生产过程所作的贡献或向其他机构单位提供金融资产和出租自然资源而获得的回报。初次收入分为两类：与生产过程相关的收入，与金融资产和其他非生产资产所有权相关的收入。前者主要包括雇员报酬和对产品以及生产的税收、补贴；后者主要包括投资收益。投资收益是指提供金融资产所获得的回报，包括股息和准公司收益提取、再投资收益和利息。投资收益有其特殊性，一笔债务还本付息时，本金的流动记入金融账户，而利息则记入经常账户的投资收益。

【实训 2－4】

一法国商人在英国进行证券投资，将自己的投资所得股息与红利 20 万欧元支票汇回法国，其家人持支票到当地的一家英国银行领取账户上的欧元结余。法国应如何记入国际收支平衡表？

【解析】从法国来看，该法国居民从英国获得投资收益 20 万欧元，属于本国外汇收入的增加，记入贷方，用本国货币欧元支付，相当于法国对外负债的减少，是借方项目，记入借方，即

借方：对国外私人的短期负债　　　　　　　　　　　　　　20 万欧元

贷方：投资收益　　　　　　　　　　　　　　　　　　　　20 万欧元

（3）二次收入账户

二次收入账户表示居民与非居民之间的经常转移。各种不同类型的经常转移计入本账户，表明其在经济体之间收入分配过程中的作用。转移可以分为现金或实物。初次收入影响国民收入，二次收入与初次收入共同影响国民可支配总收入。资本转

移不影响可支配收入，因此计入资本账户。经常转移（Current Transfer）也称为无偿转移或单方面转移，指商品、劳务或金融资产在居民与非居民之间的单方面的无偿转移。

我国国际收支的该项包括侨汇、无偿捐赠和赔偿等项目，包括货物和资金形式。贷方表示外国对我国提供的无偿转移，借方反映我国对外国的无偿转移。

①各级政府：指国外的捐赠者或受援者为国际组织和政府部门。

②其他部门：指国外的捐赠者或受援者为国际组织和政府部门以外的其他部门或个人。

【实训 2 - 5】

我国政府向菲律宾政府赠送价值50万美元玉米。我国应如何记入国际收支平衡表？

【解析】从我国来看，向菲律宾出口玉米，出口增加，记入贷方，反映对外国居民提供商品；而这项出口属于馈赠，并不获得外汇收入，所以，记入单方面转移的借方，即

借方：官方单方面转移　　　　　　　　　　　　　　50万美元

贷方：商品输出　　　　　　　　　　　　　　　　　50万美元

2. 资本和金融项目（Captial and Financial Account）

资本和金融项目，是指对资产所有权在国际的流动行为进行记录的账户，包括资本项目和金融项目。这两大账户的设置是为了与国民账户体系中相同名字的两个账户一致。值得注意的是，只要国外资产和负债的计价和其他变化不反映为交易，就不反映在资本和金融项目中，而是包括在所附的国际投资头寸（International Investment Position）表中。

资本和金融项目反映资本在居民和非居民之间的转移。资本从居民向非居民转移，会增加本国对外债权或减少本国对外债务，资本从非居民向居民转移，会增加本国对外债务或减少本国对外债权。同经常账户以借方总额和贷方总额的记录方法不同，资本账户是按增减额记账的：资产的净减少以及负债的净增加记为贷方科目，资产的净增加以及负债的净减少记为借方项目。

（1）资本项目（Capital Account）主要由两部分构成，包括资本转移和非生产、非金融资产的收买/放弃。至于非生产、非金融资产的收买/放弃，总体来说包括各种无形资产，如注册的单位名称、租赁合同和其他可转让的合同和商誉。

（2）金融项目（Financial Account）包括某一经济体对外资产和负债所有权变更的所有权交易，可以分为直接投资、证券投资、金融衍生产品（储备除外）和雇员认股权、其他投资以及储备资产。

①直接投资（Direct Investment）反映某一经济体的居民单位（直接投资者）对另一经济体的居民单位（直接投资企业）的永久权益，它包括直接投资者和直接投资企业之间的所有交易。直接投资者须在外国投资的企业拥有10%或10%以上的普通股或投票权，从而对该企业的管理拥有有效发言权。直接投资项下包括股本资本，

用于再投资的收益和其他资本。我国的该项包括外国在华直接投资和我国在外直接投资两部分。

A. 直接投资资产：借方表示我国对外直接投资汇出的资本金、母子公司资金往来的国内资金流出；贷方表示我国撤资和清算以及母子公司资金往来的外部资金流入。

B. 直接投资负债：贷方表示外国投资者在我国设立外商投资企业的投资，包括股本金、收益再投资和其他资本；总投资额数据来源于外经贸部。借方表示外商企业的撤资和清算资金汇出我国。

【实训 2 - 6】

一家德国公司用 90 万欧元买进了一家美国公司 30% 的普通股，德国应如何记入国际收支平衡表？

【解析】从德国来看，该公司持有国外公司 30% 的股份，已属于对外直接投资，记入对外直接投资的项目的借方，支付 90 万欧元，属于对外短期负债的增加，记入贷方，即

借方：对外直接投资	90 万欧元
贷方：对国外私人的短期负债	90 万欧元

②证券投资（Portfolio Investment）包括股票和债券的交易，是跨越国界的股本证券和债务证券的投资。股本证券包括股票、参股或其他类似文件。债券又可以细分为期限在一年以上的中长期债券、货币市场工具和其他衍生金融工具。

A. 资产：借方表示我国持有的非居民证券资产增加；贷方表示我国持有的非居民证券资产减少。包括：（a）股本证券：包括以股票为主要形式的证券。（b）债务证券：包括中长期债券和一年期（含一年）以下的短期债券和货币市场有价证券，如短期国库券、商业票据、短期可转让大额存单等。

B. 负债：贷方表示当期我国发行的股票和债券筹资额，借方表示当期股票的收回和债券的还本。包括：（a）股本证券：包括我国发行的 B 股、H 股等境内外上市外资股。（b）债务证券：包括我国发行的中长期债券和短期商业票据等。

【实训 2 - 7】

英国居民在纽约股票交易所买进 20 万美元的普通股，纽约英国银行的美元结余减少，其减少额相当于英国银行对英国买主的出售美元的金额。美国应如何记入国际收支平衡表？

【解析】从美国来看，购买股票并不涉及控制权的问题，属于长期资本流入，记入贷方，英国居民拥有股票后，对美国的经济要求权增加，属于短期负债的增加，即

借方：对外私人短期负债	20 万美元
贷方：私人长期资本流入	20 万美元

③金融衍生产品（储备除外）和雇员认股权中，金融衍生产品包括期权和远期型

合约；雇员认股权作为一种报酬形式，是向公司雇员提供的一种购买公司股权的期权。

④其他投资（Other Investment）指除直接投资和证券投资外的所有金融交易。包括长短期的贸易信贷、贷款、货币和存款以及其他类型的应收款项和应付款项。其中长期指合同期为一年以上的金融交易，短期为一年及以下的金融交易。

A. 资产：借方表示资产增加，贷方表示资产减少。具体包括：（a）贸易信贷：借方表示我国出口商对国外进口商提供的延期收款额，以及我国进口商支付的预付货款。贷方表示我国出口延期收款的收回。（b）贷款：借方表示我国金融机构以贷款和拆放等形式的对外资产增加，贷方表示减少。（c）货币和存款：包括我国金融机构存放境外资金和库存外汇现金的变化，借方表示增加，贷方表示减少。（d）其他资产：包括除贸易信贷、贷款、货币和存款以外的其他资产，如租赁本金的收回、其他投资形式。

B. 负债：贷方表示负债增加，借方表示负债减少。具体包括：（a）贸易信贷：贷方表示我国进口商接受国外出口商提供的延期付款贸易信贷，以及我国出口商预收的货款。借方表示归还延期付款。（b）贷款：我国机构借入的各类贷款，如外国政府贷款、国际组织贷款、国外银行贷款和卖方信贷。贷方表示新增额，借方表示还本金额。（c）货币和存款：包含海外私人存款、银行短期资金及向国外出口商和私人借款等短期资金。贷方表示新增额，借方表示偿还额或流出额。（d）其他负债：其他类型的外债。

【实训 2 – 8】

2015 年"8 · 11"汇改后，人民币汇率出现了一定程度的贬值，中国跨境资本连续四个季度出现逆差。以银行代客结售汇数据为例，2015 年第三季度和第四季度，月均逆差规模分别为 5704 亿元和 3451 亿元人民币，而 2016 年前两个季度月均逆差规模分别为 3007 亿元和 1113 亿元人民币。逆差的原因是什么？

【解析】人民币汇率贬值后，以人民币表示的外汇汇率便会上升，这样，国内的债务人向国外借入资金的筹资成本就会上升，外债成本的上升，使国内的债务人尽量减少借入的外债额，从而抑制了国内债务人的需求，所以人民币汇率的贬值使我国外债的净流入出现较大的下降，同时，外国投资者在我国投资的收益以人民币计算，拿回本国后换汇会减少，所以资本会外流，从而跨境资本出现逆差。

（3）储备资产（Reserve Asset）包括某一经济体的货币当局认为可以用来满足国际收支和在某些情况下满足其他目的的各类资产的交易，它涉及的项目包括货币黄金、特别提款权、在国际货币基金组织的储备头寸、外汇储备以及其他储备。储备资产的变动情况反映的是官方部门的国际交易活动。由于往往是出于对冲私人部门国际交易影响的目的而发生，也被称作平衡项目，许多国家在编制国际收支平衡表时会将这一项目单独列示。

【实训 2 – 9】

我国 2016 年的外汇储备余额为 – 30105 亿美元，2017 年的外汇储备余额为

－31399亿美元，变化数为－1294亿美元，我国的外汇储备是增加了还是减少了？

【解析】外汇储备反映的是一种储备资产的增减额，在会计上属资金的占用。储备资产的增加记入借方，用负号表示，储备资产的减少记入贷方，用正号表示。我国储备资产的变化数为负值，说明储备资产增加了。

①货币黄金指一国中央银行作为储备持有的黄金。

②特别提款权是国际货币基金组织对成员国根据其份额分配的，可用以归还国际货币基金组织债务、弥补成员国政府之间国际收支赤字的一种账面资产，可视为该国国际收支的一项收入。

【知识链接2－3】

特别提款权（Special Drawing Rights，SDRs）是国际货币基金组织于1970年创建的一种账面资产，用于缓解美元的危机，解决国际清偿能力的不足。国际货币基金组织按成员国缴纳的"份额"大小进行分配，成员国可以借以向国际货币基金组织提用资金，并可以对其他成员国进行支付、归还国际货币基金组织的贷款以及在成员国政府间进行转账结算，但不能兑换黄金，也不能用于个人一般支付。最初的特别提款权与美元等值，后来选择了与16个在国际贸易中占有份额超过1%的成员国货币挂钩，1981年简化为5种货币，2016年10月以后，由美元、欧元、人民币、日元、英镑五种货币加权平均定值。

③在国际货币基金组织的储备头寸指在国际货币基金组织普通项目中成员国可自由提取使用的资产。

④外汇储备指一国中央银行持有的可用作国际清偿的流动性外汇资产和债权。

3. 净误差与遗漏：（Errors and Omissions）

前已述及，国际收支平衡表是按照会计学的复式记账原理编制的。按此原理记账，经常账户、资本和金融账户可形成一个借方总额相抵之后的总净值为零的报表。实际上，一国国际收支平衡表会不可避免地出现净的借方余额或净的贷方余额。这个金额是统计资料有误差遗漏而形成的。为使国际收支平衡表的借方总额和贷方总额相等，编表人员就人为地在平衡表中设立"净差错与遗漏"这个单独的项目，来抵消净的借方余额或净的贷方余额：如果经常账户、资本与金融账户的贷方出现余额，就在净差错与遗漏项下的借方列出与其金额相等的数字；如果这两个账户的借方出现余额，则在净差错与遗漏的贷方列出与其余额相等的数字。

形成净误差与遗漏的主要原因是：（1）统计资料人为造成不完整，这是当事人出于各种原因故意改变、伪造或压低某些项目的数字，或由商品走私，以隐蔽形式进行的资本外逃等人为隐瞒原因形成的；（2）统计数字的重复计算和漏算，这是由统计资料来自四面八方所致，有的统计资料来自海关统计，有的来自银行报表，还有的来自官方主管机构的统计报表，某些经济交易项目还是跨年度的，这就难免发生统计口径的不一致而造成重复计算和漏算；（3）国际短期资本流动的投机性非常强，流入、流出迅速且形式隐秘，为了躲避外汇管制超越正常的收付渠道出入国境，因此很难得到真实资料。

四、国际收支平衡表的分析方法

（一）静态分析

静态分析也称项目分析，是指分析某国在某一时期内国际收支平衡表中的各个项目及其差额，分析各个项目差额形成的原因及对国际收支总差额的影响，从而找出国际收支总差额形成的主要原因。

（二）动态分析

一国的国际收支处于一个连续不断的运动过程之中，因此，对国际收支的分析也应该用动态的方法加以考察。动态分析是指分析某国若干连续时期的国际收支平衡表。以此来考察过去一定时期该国的经济结构状态、经济发展进程及经济政策导向的综合结果。

（三）比较分析

比较分析一般是指对不同国家在相同时期的国际收支平衡表进行比较分析。随着国际间政治经济和军事关系的变化，一国与其相关国家之间的国际收支也会发生相应变化，因此必须对相关国家的国际收支平衡表进行横向的比较分析，找出其中隐藏的经济关系及其作用的结果。

第二节　国际收支平衡表的分析

一、国际收支平衡的含义

为了更正确地反映一国国际收支的真实状况，必须对国际收支的平衡定义进行严格的规范。目前对国际收支的平衡与失衡，国际上有不同的定义方法，只有主动平衡和内容平衡才是真正的国际收支平衡。

（一）主动平衡与被动平衡

这种分类方法首先将各种国际经济交易活动就其性质分为自主性交易和调节性交易，自主性交易（Autonomous Transaction）又称为事前交易，指各类微观经济主体（如进出口商、金融机构或居民个人等）出于自身的特殊目的（如追求利润、减少风险、资产保值、逃税避税、逃避管制或投机等）而进行的交易活动。这种交易活动体现的是微观主体的个体利益，具有自发性和分散性的特点。

调节性交易（Regulative Transaction）又称为事后交易，是指中央银行或货币当局出于调节国际收支逆差、维护国际收支平衡、维持本国货币汇率稳定等目的而进行的各种交易。它也可以称为弥补性交易，因为通常为弥补自主性交易差额或缺口而进行的各种经济交易活动，例如，当一国的自主性交易发生逆差时，要从国外银行获得短期资金融通或动用黄金或外汇储备进行支付等。

国际收支的主动平衡是指自主性交易的收支自动相等，不须用调节性交易来弥补，而被动平衡则是指自主性交易收支不能相抵，必须用调节性交易来轧平，这样达到的平衡则被称被动平衡。

（二）数额平衡与内容平衡

这种分类方法认为，国际收支的主动平衡有时也并非真正的平衡，仅仅是数额的平衡，必须同时实现内容的平衡。假定一国的国际收支主要表现为贸易收支，其他收支的比重皆微不足道，那么，如果该国输出的货物是本国生产能力较强的制成品，通过出口可以带动国内的经济增长；而输入的货物却是本国稀缺的资源或先进的机器设备，这种进出口结构显然是有利于本国经济长期发展的，这样达到的平衡也才是真正的内容平衡。反之，如果出口的货物是国内经济发展中本身所短缺的，而进口的货物又明显会对本国的幼稚产业的产品起打击作用，这样虽然在数额上实现了平衡，却没有在内容上达到平衡，长期来讲对该国的经济发展不利。

二、影响国际收支平衡的因素

（一）一般因素

1. 周期性因素

任何国家的经济都存在着波动周期，这个经济周期分为繁荣、衰退、萧条和扩张四个阶段，在一定的时期内，周而复始，反复循环。在不同阶段，国际收支可能出现不同的失衡情况，当一国经济处于繁荣或扩张阶段，由于国内投资和消费需求过旺，进口增长超过出口增长，可能出现逆差；当一国经济处于萧条或衰退阶段，由于国内需求萎缩，进口需求迅速消退，可能出现顺差。而且，由于国际间交往日益紧密，发达工业国家的经济状况往往影响其他国家，致使各国的国际收支发生不平衡。

2. 结构性因素

各国由于历史、自然地理及政府引导等多种原因，经济产业结构差别很大，生产力发展水平各异。一些发展中国家曾长期受到殖民统治，其经济结构非常单一，甚至某一两种初级产品成为其出口换汇的唯一或主要的手段。独立后由于多方面的原因，一旦国际市场对这些发展中国家赖以换汇的初级产品需求减少或价格下跌，这些国家的国际收支就会出现重大困难。另外一些发展中国家的经济和产业结构变动的滞后和困难也会引起国际收支失衡。例如，一国的国际贸易在一定的生产条件和消费需求下本来是均衡的，当国际市场发生变化，新产品不断地淘汰老产品，这些新的替代品性能更优，价格更低，如果该国不能及时根据国际形势调整自己的生产结构，那么，原有的贸易平衡就会被破坏，逆差就会出现。一般来说，这种由于产业结构和经济增长等因素造成的国际收支失衡具有长期持久、不易消除的特点。

3. 货币性因素

货币性因素是指在一定汇率下国内货币成本与一般物价水平上升引起国际收支的失衡。例如，某个国家内部发生通货膨胀，物价大幅度上涨，出口商品的成本提高，价格上涨，这种商品的输出必然受影响，而进口商品价格相对便宜，输入受到鼓励，引起国际收支逆差。一国国内的物价水平上升的原因一般被认为是货币供应量的过分增加，因此，这种国际收支的失衡被认为是货币性的。

4. 收入性因素

在一国经济迅速发展中，居民的收入也会相应迅速增加，从而提出更高的消费要求，除了要求进口商品迅速扩大外，还增加了原来在较低的收入水平时所没有或较少的其他消费需求，如旅游和进口奢侈品等。这种国民收入相对快速增长会导致进口需求的增长超过出口增长，引起国际收支失衡。如20世纪80年代的韩国，经济发展迅速，人均GDP从1980年的1530美元猛增至1989年的5400美元，经济实力大增，但国际收支却由顺差转为逆差，1989年还有8亿美元的顺差，1990年为逆差50亿美元，1991年逆差更增至100亿美元，主要原因就是居民的海外旅游支出迅速增加，使无形贸易逆差严重。

5. 意外事件

意外事件如国际政治、经济事变，严重的自然灾害等，会影响一段时间内的国际收支平衡。例如1990年8月，伊拉克侵占科威特，引起世界各国对伊拉克的全面经济制裁，伊拉克石油出口受阻，外汇收入骤降，国际收支严重恶化。又如2001年底美国政府公布，由于进口需求下降和"9·11"事件导致外国保险公司向美国公司支付巨额赔款（110亿美元），2001年第三季度美国的国际收支逆差比第二季度下降了11.7%。

（二）特殊因素

1. 发达国家国际收支不平衡的表现是：第一，由于发达国家之间的国际竞争力或投资回报的利润率对比有差异，所以巨额逆差的成因或者由于商品劳务输出过多、吸引外来直接投资较多，如20世纪六七十年代的日本；或者由于商品劳务输入过多、对外直接投资较多，如20世纪七八十年代的美国。第二，发达国家的资本与金融项目在其国际收支中的地位越来越重要，资本的输出与输入日益频繁且不稳定，大规模的资本流入或留出足以引起相关国家的国际收支变动。第三，在当今高度一体化的国际金融市场上，对有资信的发达国家来说资本筹措相当方便，即使贸易收支或经常项目有巨额逆差，也可以通过调节性交易如提高利率，引起资本与金融项目中的大量资本流入来加以抵消。

2. 发展中国家国际收支不平衡的表现是：发展中国家处在经济发展阶段，一方面由于国内资源和技术上的短缺，产品结构比较单一，出口的产品一时只能为传统的初级产品且停留在较低的技术水平上，故出口难以有效持久扩大；另一方面进口需求相对旺盛，进口的产品都是技术含量较高的制成品或本国还无法制造的高档消费品，其出口增长往往不及进口，从而形成国际收支的逆差。另外，由于资信低，缺乏国际金融专门人才，筹措国外资金成本高，很难通过资本与金融项目的顺差来弥补贸易逆差，所以，发展中国家的国际收支不平衡多数表现为逆差。

第三节　国际收支的调节

一、国际收支失衡

（一）国际收支中的顺差和逆差

国际收支平衡表的每一具体项目的借方和贷方经常是不平衡的，收支相抵后总会有差额。收入大于支出，出现盈余，称为顺差（Surplus）；支出大于收入出现亏损，称为逆差（Deficit）。在没有特殊说明的情况下，人们称某国的国际收支为顺差或逆差，是指总差额为顺差或逆差。总差额（Overall Balance）是经常账户差额、资本账户差额、金融账户差额和净差错与遗漏四项之和，总差额不为零时，需要变动储备资产予以调节，则为国际收支不平衡。因此总差额反映报告期内一国的国际收支状况对其储备的影响，是目前广泛使用的概念。

基本差额（Basic Balance）也是反映一国国际收支状况的差额。它是经常账户差额与长期资本差额之和。《国际收支手册》（第五版）删除了基本差额的概念。国际货币基金组织这么做主要是因为在金融创新与日益高涨的融资证券化趋势下，各种新的金融交易与金融工具的出现，使得资本交易期限长短之间的区分模糊了。

（二）国际收支失衡的消极影响

无论是长期存在的严重的国际收支逆差和顺差都会对一国经济产生不良影响。其中逆差的影响表现在：（1）一国的国际收支逆差一般会引起该国的汇率下跌，如果逆差十分严重，该国的汇率下跌的幅度也会相当大；（2）如果一国政府不愿意接受本币汇率下降和贸易条件恶化的后果，就需要在国际收支出现逆差时动用外汇储备干预市场，从而引起外汇储备的减少，而外汇储备的减少会导致国内银根紧缩和利率上升，这又对收入和就业产生不良影响；（3）如果国际收支逆差是由于贸易逆差引起的，则会通过外贸乘数造成本国收入下降和失业增加；（4）如果国际收支逆差是由资本项目逆差引起的，则它会通过加剧国内资金紧张造成本国收入下降和失业增加。

顺差的消极作用不像逆差那样明显，有时它会成为政府追求的目标。但如果顺差过大且长期存在也会有不良影响，这主要表现在：（1）顺差形成促使本币对外升值的压力，后者会鼓励进口和抑制出口，从长远来看不利于该国扩大市场和发展生产；（2）顺差导致该国黄金外汇储备增加，但是同时它也引起该国货币供应量增长，加剧该国通货膨胀；（3）由于一国的顺差意味着其他国家的逆差，容易引起逆差国家采取报复性措施，这不利于该国长期稳定地发展对外经济联系；（4）对主要面临资源约束而非需求约束的发展中国家来说，如果贸易顺差产生于过度物资出口，则会通过加强资源约束而影响该国经济的长期发展。

二、国际收支失衡的政策调节机制

由于巨额的、连续的国际收支顺差或国际收支逆差对经济的长期稳定发展都是不利的，各国都采取措施调节自己的国际收支，使其趋向平衡。

（一）外汇缓冲政策

外汇缓冲政策是指各国政府为调解国际收支平衡，将持有的一定数量的黄金外汇作为外汇平准基金（Exchange Stabilization Fund）来抵消市场的超量外汇供给或需求，从而使国际收支不平衡所产生的影响不致超过官方储备增减的限度。当一国的国际收支发生逆差或顺差时，中央银行可以通过外汇平准基金，在外汇市场买卖外汇，调节外汇供求。这种做法简便易行，既有利于避免汇率的暂时波动，又有利于本国对外贸易和投资的顺利进行，但通过外汇储备的弥补只能用来平衡一次性或季节性的国际收支逆差，不适合用来对付巨额的、长期的逆差，因为一国的外汇储备规模毕竟是有限的，过度依赖这一政策会导致储备枯竭，不能从根本上解决赤字。

（二）财政货币政策

1. 财政政策

财政政策主要是采取缩减或扩大政府的财政预算或财政支出的方式和调整税率的方式，以调节国际收支的顺差或逆差。

如果发生连续的国际收支逆差，则首先可以削减政府的财政预算、压缩财政支出，抑制公共支出和私人支出，迫使国内的物价水平下降，出口所需的投入成本也随之下降，这样就能够增强本国出口商品的竞争力，最终减少国际收支逆差。其次，提高本国相关的税率。税率一经提高，就会减少国内的投资和消费，进而减少国民收入，使国内物价水平下降，进而有条件扩大商品出口，达到缩小国际收支逆差的目的。

反之，在发生连续顺差时，调节措施首先是扩大政府的财政预算，扩大财政支出；其次是降低税率，以扩大需求，减少出口，增加进口，以此达到缩小顺差的目的。

2. 货币政策

货币政策是西方国家普遍、频繁采用的调节国际收支的政策措施，中央银行通过各种政策工具和运用来调节需求规模，进而达到调节国际收支的目的。当国际收支发生逆差时，中央银行实施紧缩的货币政策，通常采取的方式有：提高利率，以增加融资成本的方式来限制货币需求的膨胀，并吸引外资流入；提高存款准备金率，以紧缩信贷规模，从而达到制约进出口规模的目的；实行公开市场业务操作，卖出债券，回笼货币，调节货币需求规模，从而减少直至消除逆差。货币政策的局限是国际收支的改善往往与国内的经济发展目标冲突，只有在国际收支逆差是因为总需求大于总供给，同时已经实现充分就业的情况下，采取紧缩的货币政策才不至于牺牲国内的经济目标。

同理，在国际收支顺差时，可采取扩张性的货币政策，即降低利率、降低存款准备率、买入债券予以调整。

【知识链接 2－4】

中央银行及其货币政策

中央银行是一个国家银行体系的中心环节，它是统治全国货币金融的最高机构，执行国家的货币金融政策，控制全国的信用。

中央银行传统的货币政策工具有存款准备金政策、再贴现政策、公开市场业务三种，通常称为央行的"三大法宝"。它们是中央银行控制货币供应量的最主要的常规手段，用来调节货币供应总量。存款准备金政策是指中央银行在法律所赋予的权力范围内，通过规定或调整商业银行缴存中央银行的存款准备金比率，控制商业银行的信用创造能力，间接地控制社会的供应量的手段。再贴现政策是指中央银行通过提高或降低再贴现率来干预和影响市场利率及货币市场的供应和需求，从而调节市场的货币供应量的一种金融政策。公开市场业务是指中央银行为实现货币政策目标而在公开市场上买进和卖出有价证券的行为。当金融市场上资金缺乏时，中央银行就通过公开市场业务买进有价证券，向社会投入一定量的基础货币，增加货币供应量；当金融市场资金过多时，中央银行则抛出有价证券，引起信用规模的收缩和调节货币供应量。

（三）汇率政策

汇率政策即通过宣布货币法定升值或贬值的办法，公然提高或降低本币与外币的兑换比例，使国际收支失衡得到改善。一般来讲，当国际收支出现严重的逆差时，可实行货币的法定贬值，降低本币汇率，提高外汇汇率，使本国产品以外币表示的价格下跌，具有竞争力，扩大出口，以改善国际收支；当国际收支出现巨额顺差时，则在他国的压力下实行获得法定升值，以减少和消除国际收支顺差。

（四）直接管制政策

直接管制政策是指政府通过发布行政命令，对国际经济交易进行行政干预，以求平衡国际收支的政策措施。它可以分为数量性管制措施和价格性管制措施，前者包括进口配额、进口许可证、外汇管制等各种进口的非关税壁垒；后者主要是运用关税壁垒，即对本国进口数量较大的或用汇较多的商品实行高额关税，以试图减少进口支出，同时也可以采用出口补贴，进口退税、外汇留成等行政手段，增加进口收入。这一政策灵活、具体，易于有针对性地区别实施，不致引起整个经济局势的起伏。但是，它也会带来国际收支隐性赤字，招致贸易伙伴国的报复等不良后果。有的国家在国际收支逆差时，会颁布外汇管制条例，对外汇的买卖、收入、支出均实行严格的控制，借以改善国际收支。例如，禁止外汇的自由买卖，规定不同的结汇汇率和结汇条件，控制外汇的支出和使用、防止资本的外逃。

三、国际收支失衡的自动调节机制

国际收支的逆差或顺差，会引起国内某些经济变量的变动，这些变动反过来又会影响国际收支。国际收支的自动调节是指由国际收支失衡引起的国内经济变量变动对国际收支的反作用过程。自动调节机能的作用原理是：在持续逆差的情况下，因外汇供不应求，而本币相对过剩，则本币对外贬值，出口商品价格竞争力提高而进口商品价格竞争力下降，从而扩大出口，限制进口；同时在持续逆差的情况下，信用将紧缩，利率将上升，也将限制国内总需求，从而使逆差额逆转。在持续顺差的情况下则相反。自动调节机能的生效条件是净出口商品供需弹性大，对利率升降敏感，而且国家财政、金融等政策调整与之相适应，否则这一机能就难以起到预期的效果。

第四节　国际收支调节理论

国际收支的调节理论是国际金融理论的重要组成部分，用于研究国际收支的决定因素、国际收支失衡的原因以及消除失衡的调节方法等基本问题，是各国政府用于调剂国际收支平衡的理论根据。世界经济的不断演进推动了国际收支调节理论的发展，其发展过程简化如表 2 - 2 所示。

表 2-2　　　　　　　　国际收支各种理论的形成时间及其代表人物

理论（学说）	形成时间	代表人物
价格—铸币流动机制	18 世纪	大卫·休谟
弹性分析理论	20 世纪 30 年代	琼·罗宾逊
乘数分析理论	20 世纪 30 至 40 年代	马克卢普、哈罗德
吸收分析理论	20 世纪 50 年代	西德尼·亚历山大
货币分析理论	20 世纪 60 年代	哈利·约翰逊等
内外均衡理论	20 世纪 60 年代之后	米德、丁伯根等
国际收支危机理论	20 世纪 70 年代	萨兰特、亨德森和克鲁格曼等

一、早期的国际收支理论：价格—铸币流动机制

1752 年英国经济学家大卫·休谟（David Hume，1711—1776）在《论贸易平衡》中提出"价格—铸币流动机制"，认为在金本位制下国际收支具有自动调节的机制。在金本位制度下，一国国际收支出现赤字，就意味着本国黄金的净输出，由于黄金外流，国内黄金存量下降，货币供给就会减少，从而引起国内物价水平下跌。物价水平下跌后，本国商品在国外市场上的竞争能力就会提高，外国商品在本国市场的竞争能力就会下降，于是出口增加，进口减少，使国际收支赤字减少或消除。同样，国际收支盈余也是不能持久的，因为造成的黄金内流趋于扩大国内的货币供给，造成物价水平上涨。物价上涨不利于出口有利于进口，从而使盈余趋于消失。

休谟的金本位制下自动平衡国际收支的理论否定了传统的重商主义（重金主义）时期认为只要维持贸易顺差，一国就能维持金银、财富积累的论断；同时也消除了各国对逆差一定会发生金银、财富永久性的流失的恐惧。该理论反映了资本主义自由竞争时期市场价格竞争的规律，满足了各国政府制定对外经济政策的需要，可以说"价格—铸币流动机制"学说开创了系统研究国际收支调节的先河，为当代国际收支调节理论奠定了一定的基础。具体过程见图 2-2。

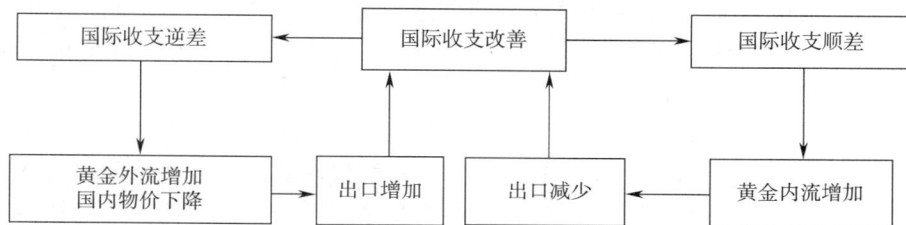

图 2-2　"价格—铸币流动机制"自动调节过程

二、现代国际收支调节理论

20 世纪 30 年代的资本主义经济大危机和金本位制的崩溃预示着"价格—铸币流动机制"不再能够指导各国对国际收支的分析，这种状况强烈呼吁新的国际收支

调节理论的出现。现代国际收支调节理论正是在这样的背景下孕育并不断趋于完善的，主要包括国际收支调节的弹性分析理论、乘数分析理论、吸收分析理论、货币分析理论及政策配合理论。

（一）弹性分析理论

弹性分析理论（Elasticity Approach）产生于 20 世纪 30 年代，是一种适用于纸币流通制度的国际收支理论。由英国经济学家马歇尔提出，后经英国经济学家琼·罗宾逊和美国经济学家勒纳等发展而形成的。该理论把汇率水平的调整作为调节国际收支不平衡的基本手段，紧紧围绕进出口商品的供求弹性来探讨货币贬值改善国际收支的条件。由于这一方法侧重于对外贸市场的分析，围绕进出口商品的供求弹性展开，故称为国际收支的弹性论。

1. 马歇尔—勒纳条件

这是由英国经济学家 A. 马歇尔和美国经济学家 A. P. 勒纳揭示的关于一国货币的贬值与该国贸易收支改善程度的关系。

一国货币相对于他国货币贬值，能否改善该国的贸易收支状况，主要取决于贸易商品的需求和供给弹性，这里要考虑四个弹性：（1）他国对该国出口商品的需求弹性；（2）出口商品的供给弹性；（3）进口商品的需求弹性；（4）进口商品的供给弹性（指他国对贬值国出口的商品的供给弹性）。在假定一国非充分就业，因而拥有足够的闲置生产资源使出口商品的供给具有完全弹性的前提下，贬值效果便取决于需求弹性。需求弹性是指价格变动所引起的进出口需求数量的变动程度。如果数量变动大于价格变动，需求弹性便大于 1；反之，数量变动小于价格变动，需求弹性便小于 1。只有当贬值国进口需求弹性大于 0（进口减少）与出口需求弹性大于 1（出口增加）时，贬值才能改善贸易收支。如果用 D_x 表示他国对贬值国的出口商品的需求弹性，D_m 表示进口需求弹性，则当 $D_x + D_m > 1$ 时，即出口需求弹性与进口需求弹性的总和大于 1 时贬值可以改善贸易收支，此即马歇尔—勒纳条件。

举例来说，假设一国出口的需求弹性为 1/4，即出口数量的增加率只有价格下降率的 1/4，如果出口价格下降 4%，出口数量仅增加 1%，结果出口总值将减少 3%。又假设进口商品的需求弹性为 3/4，即国内价格上涨 4%，进口数量就会减少 3%，进口总值也减少 3%。由于这两种弹性之和等于 1，进出口值按同一方向同一数量变动，贸易差额保持不变，即该国的贸易收支状况得不到改善。如果 $D_x + D_m > 1$，贸易收支可以改善；如果 $D_x + D_m < 1$，贸易收支反而恶化。

工业发达国家的进出口多是高弹性的工业制成品，所以在一般情况下，货币贬值的作用较大。相反，发展中国家的进出口多是低弹性的商品，货币贬值的作用不大。这就是说，发展中国家只有改变进出口的商品结构，由出口低弹性的初级产品转为出口高弹性的制成品，才能通过汇率的变化来改善国际收支的状况。

2. J 曲线效应（J – Curve Effect）

本币贬值能即刻改善国际收支吗？通常本国货币贬值后，最初发生的情况往往正好相反，经常项目收支状况反而会比原先恶化，进口增加而出口减少。这一变化被称为"J 曲线效应"。其原因在于最初的一段时期内由于消费和生产行为的"黏性作用"，进口和出口的贸易量并不会发生明显的变化，但由于汇率的改变，以外国货币计价的出口收入相对减少，以本国货币计价的进口支出相对增加，从而造成经常项目收支逆差增加或是顺差减少。经过一段时间后，这一状况开始发生改变，进口商品逐渐减少，出口商品逐渐增加，使经常项目收支向有利的方向发展，先是抵消原先的不利影响，然后使经常项目收支状况得到根本性的改善。这一变化过程可能会维持数月甚至一两年，根据各国不同情况而定。因此汇率变化对贸易状况的影响是具有"时滞"效应的。

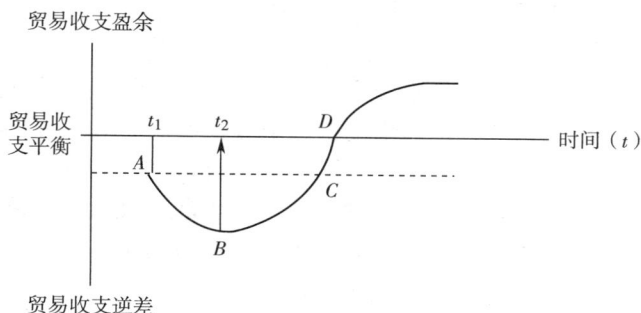

图 2 - 3　J 曲线效应

在图 2 - 3 中，$Bt_2 > At_1$，表示贬值后贸易收支首先恶化，逆差扩大，然后，随着时间的推移，再经过 C 点和 D 点得到改善。表示在短期内，贬值之后有可能使贸易收支首先恶化。过了一段时间以后，待出口供给（这是主要的）和进口需求作了相应的调整后，贸易收支才慢慢开始改善。出口供给的调整时间一般被认为需要半年到一年的时间。整个过程用曲线描述出来，呈字母 J 形。故在马歇尔—勒纳条件成立的情况下，贬值对贸易收支改善的时滞效应被称为 J 曲线效应。

为什么贬值对贸易收支的有利影响要经过一段时滞后才能反映出来呢？这是因为：第一，在贬值之前已签订合同，贬值后才被执行的贸易协议下，已经无法通过增加出口数量来冲抵出口收入外币价格的下降，也无法通过减少进口数量来冲抵进口价格的上升。于是，贸易收支趋向恶化。第二，即使在贬值后签订的贸易协议，出口增长仍然要受认识、决策、资源、生产等周期的影响。至于进口方面，进口商可能会认为现在的贬值是以后进一步贬值的前奏，从而加速订货。

弹性分析理论主要研究了货币贬值对贸易收支的影响。本币贬值具有促进出口、抑制进口的作用。本币贬值能否改善一国的贸易收支，取决于进出口商品的供求弹性。所谓进出口商品的供求弹性，是进出口商品的供求数量对进出口价格变化反映的程度：弹性大，进出口商品价格能在较大程度上影响进出口商品的供求数量；弹性小，对进出口商品供求数量的影响较小。为了使贬值有助于减少国际收支逆差，必须满足马歇尔—勒纳条件。即一国货币贬值后，只有在出口需求弹性与进口需求弹性的和大于 1 条件下，才会增加出口，减少进口，改善国际收支。

该理论的重要贡献在于：纠正了货币贬值一定有改善贸易收支作用与效果的片面看法，指出只有在一定的出口供求弹性条件下，贬值才有改善贸易收支的作用与效果。该理论的局限性在于：第一，该理论把国际收支仅局限于贸易收支，未考虑到劳务进出口与国际间的资本移动。第二，该理论以小于"充分就业"为条件，因而作出了供给具有完全的弹性的假定，不适用于经济周期的复苏与高涨阶段。第三，该理论是局部均衡分析，只考虑汇率变动对进出口贸易的影响，忽略了其他重要的经济变量对国际收支的影响以及其他一些相互关系。第四，该理论是一种静态分析，忽视了汇率变动效应的"时滞"问题，汇率变动在贸易收支上的效应是呈"J形曲线"的。没有看到贬值不是通过相对价格变动，而是通过货币供给和绝对价格水平的变动来改善贸易收支的。第五，弹性系数在该理论中是一个最重要的参数，但如何确定弹性系数是一个极为复杂和困难的问题。

（二）乘数分析理论

国际收支调节的乘数理论是由马克卢普、哈罗德等经济学家在运用凯恩斯乘数原理的基础上创建的。乘数理论的理论核心是考察收入变动对国际收支状况的影响，认为在非充分就业、价格稳定、不存在资本跨国移动的假定前提下，进口支出是国民收入的函数，自主性支出的变动通过乘数效应引起国民收入的变动，进而影响进口支出，且影响程度取决于一国边际进口倾向和进口需求弹性的大小以及开放程度的高低。

$$Y = \frac{1}{1 - c + m}(C_0 + I + G + X - M_0)$$

式中，Y 表示国民收入，c 表示边际消费倾向，m 表示边际进口倾向，C_0 表示自主性消费，I 表示投资，G 表示政府支出，X 表示出口，M_0 表示自主性进口。

乘数理论认为，外贸乘数对一国国际收支的作用体现在两个方面：其一，当出口导致国际收支顺差时，如果外贸乘数较大，则国民收入增幅相应较大，进口增幅相应较小，进而有助于维持国际收支顺差状态；如果外贸乘数较小，则国民收入增幅相应较小，进口增幅相应较大，进而将在较大程度上抵消国际收支顺差。其二，当出口缩减导致国际收支逆差时，如果外贸乘数较大，则国民收入下降较快，进口减幅较小，因而不利于改善国际收支逆差状况；反之，如果外贸乘数较小，则国民收入减幅相应较小，但进口减幅则较大，因而有助于改善国际收支逆差状况。

（三）吸收分析理论

吸收分析理论（Absorption Approach）又称支出分析法，它是1952年詹姆士·爱得华·米德和当时在国际货币基金组织工作的西德尼·亚历山大（Sidney Stuart Alexander）提出的，在凯恩斯宏观经济学的基础上，从国民收入和总需求的角度，系统研究货币贬值政策效应的宏观均衡分析。吸收分析理论约在20世纪60年代趋于系统和完整。

1. 吸收分析理论的基本内容

按照凯恩斯的理论，国民收入与国民支出的关系可以表述如下：

（1）国民收入（Y）＝国民支出（E）

在封闭经济的条件下：

（2）国民支出（E）＝消费（C）＋投资（I）＝国民收入（Y），在开放经济条件下，把对外贸易也考虑进去，则

（3）国民收入（Y）＝消费（C）＋投资（I）＋［出口（X）－进口（M）］。

移动恒等式两边，得

（4） $X - M = Y - C - I = Y - (C + I)$

式中，$X - M$ 为贸易收支差额，以此作为国际收支差额的代表。$C + I$ 为国内总支出，即国民收入中被国内吸收的部分，用 A 来表示。由此，国际收支差额实际上就可由国民收入（Y）与国内吸收（A）之间的差额来表示。设国际收支差额为 $B = X - M$，则

（5） $B = Y - A$

当国民收入大于总吸收时，国际收支为顺差；当国民收入小于总吸收时，国际收支为逆差；当国民收入等于总吸收时，国际收支为平衡。

该理论建立的基础是凯恩斯主义的宏观经济分析，他把经济活动视为一个互相联系的整体。在这个整体中最重要的分析指标是总供给、总需求、国民收入和就业总量。

2. 吸收分析理论的政策主张

根据上述理论公式，吸收理论所主张的国际收支调节政策是改变总收入与总吸收（支出）的政策，即支出转换政策与支出增减政策。当国际收支逆差时，表明一国的总需求超过总供给，即总吸收超过总收入。这时就应当运用紧缩性的财政货币政策来减少对贸易商品（进口）的过度需求，以纠正国际收支逆差。但紧缩性的财政货币政策在减少进口需求的同时，也会减少对非贸易商品的需求和降低总收入，因此，还必须运用支出转换政策来消除紧缩性财政货币政策的不利影响，使进口需求减少的同时收入能增加。这样，使贸易商品的供求相等，非贸易商品的供求也相等；需求减少的同时收入增加；就整个经济而言，总吸收等于总收入，从而达到内部平衡和外部平衡。

吸收分析理论是建立在宏观的、一般均衡的基础上的，比微观的、局部的弹性分析法有所进步，并强调了政策配合的意义，不过，它仍有不足之处，表现在：

第一，两点假设（贬值是出口增加的唯一因素、生产要素转移机制平滑）不切实际。

第二，以国际收支中的贸易项目为研究对象，而忽视日益发挥重要作用的资本项目，从而使其理论无法完整。

（四）货币分析理论

国际收支的货币分析理论也是从宏观角度进行分析的，由货币学派创立，是第二次世界大战后货币主义经济学在国际金融领域的延伸。他们认为，货币供求决定一国国际收支状况，强调国际收支本质上是一种货币现象，决定国际收支的关键是货币需求和供给之间的关系。1951 年詹姆斯·米德在《国际经济政策理论》第一卷《国际收支》中把一般模型的货币方面与金本位结合起来，被认为是国际收支调节货币理论的复兴，给后来的货币主义者以启发。哈里·约翰逊 1972 年在《国际收支货币分析论》中强调国际收支不平衡的货币性质，提出了一个完整的国际收支货币分析模型。罗伯特·蒙代尔建立了 IS - LM - BP 一般均衡理论，把国际收支作为整体来对待，把国际收支不平衡当作货币供求存量不均衡的结果，即认为国际收支本质上是货币现象。国际收支调节的货币分析理论在 20 世纪 70 年代趋于系统和完整。

1. 货币分析理论的假定前提

货币分析理论有三个基本假定:

(1) 在充分就业均衡状态下,一国的实际货币需求是收入和利率等变量的稳定函数。

(2) 从长期看,货币需求是稳定的,货币供给变动不影响实物产量。

(3) 贸易商品的价格是由世界市场决定的,从长期来看,一国的价格水平和利率水平接近世界市场水平。

2. 货币分析理论的基本理论

在上述各项假定下,货币论的基本理论可用以下公式表达:

(1) $M_S = M_D$

式中,M_S 表示名义货币的供应量,M_D 表示名义货币的需求量。从长期看,可以假定货币供应与货币需求相等。

(2) $M_D = pf(y \cdot i)$

式中,P 为本国价格水平,f 为函数关系,y 为国民收入,i 为利率(持有货币的机会成本)。$pf(y \cdot i)$ 表示对名义货币的需求;$f(y \cdot i)$ 表示对实际货币存量(余额)的需求。

(3) $M_S = m(D + R)$

式中,D 指国内提供的货币供应基数,即中央银行的国内信贷或支持货币供给的国内资产;R 是来自国外的货币供应基数,它通过国际收支盈余获得,以国际储备作为代表;m 为货币乘数,指银行体系通过转碾存贷创造货币、使货币供应基数多倍扩大的系数。货币基数又称强力货币。若将 m 忽略,可得:

(4) $M_S = D + R$

(5) $M_D = D + R$

(6) $R = M_D - D$

上述第(6)式是货币论的最基本方程式。这个方程式告诉我们:①国际收支是一种货币现象;②国际收支逆差实际上就是一国国内的名义货币供应量超过了名义货币需求量。由于货币供应不影响实物产量,在价格不变的情况下,多余的货币就要寻找出路。对个人和企业来讲,就会增加货币支出,以重新调整它们的实际货币余额;对整个国家来讲,实际货币余额的调整便表现为货币外流,即国际收支逆差。反之,当一国国内的名义货币供应量小于名义货币需求时,在价格不变的情况下,货币供应的缺口就要寻找来源。对个人和企业来讲,就要减少货币支出,以使实际货币余额维持在所希望的水平;对整个国家来说,减少支出维持实际货币余额的过程,便表现为货币内流,国际收支盈余。③国际收支问题实际上反映的是实际货币余额(货币存量)对名义货币供应量的调整过程。当国内名义货币供应量与实际经济变量(国民收入、产量等)所决定的实际货币余额需求一致时,国际收支平衡。

3. 货币分析理论的政策主张

货币分析理论的政策主张,归纳起来有以下几点:

第一,国际收支不平衡本质上都是货币性的。因此,国际收支的不平衡,都可以由国内货币政策来解决。

第二，国内货币政策主要指货币供应政策。因为货币需求是收入、利率的函数，而货币供应则在很大程度上可由政府操纵，因此，膨胀性的货币政策（使名义货币供应量增加）可以减少国际收支顺差，而紧缩性的货币政策（使名义货币供应量减少）可以减少国际收支逆差。

第三，为平衡国际收支而采取的贬值、进口限额、关税、外汇管制等贸易和金融干预措施，只有当它们的作用是提高货币需求，尤其是提高国内价格水平时，才能改善国际收支，而且这种影响是暂时的。如果在施加干预措施的同时伴有国内信贷膨胀，则国际收支不一定能改善，甚至还可能恶化。

总之，货币分析理论政策主张的核心是：在国际收支发生逆差时，应注重国内信贷的紧缩。

（五）政策配合理论

政策配合理论又称内外均衡理论。第二次世界大战后，伴随着经济全球化，西方国家经济内部均衡与外部均衡矛盾日益突出，英国经济学家詹姆斯·米德和罗伯特·蒙代尔分别于1951年和1962年提出了将两种独立的政策相互搭配来共同解决内外均衡问题。在开放经济条件下，经济增长、充分就业、物价稳定和国际收支平衡是宏观调控的四大目标。前三者属于经济的对内平衡目标，国际收支平衡属于经济的对外平衡目标。正统的国际收支理论主要讨论了国际收支的自动调节机制，但在20世纪60年代产生的政策配合理论却将国际收支的调整置于一个内外部平衡的综合性分析框架之内。这表明了国际收支调节实际上是一个政策搭配的过程。

1951年米德在分析宏观经济管理政策时揭示了一种矛盾，即米德冲突。他指出，如果一国政府只是运用开支变更政策，而不同时运用开支转换政策，不仅不能同时实现内外部平衡，而且还会导致内外部平衡之间发生冲突。因此，要同时实现内外部平衡，就必须采取两种独立的政策，并进行适当的配合。1952年，丁伯根提出了经济政策理论，即丁伯根原则，他认为一国政府要实现几种经济目标，至少需要相同数目的独立有效的政策工具。所以，为达到内外部平衡，除了开支变更和转换政策外，还必须寻找新的政策工具并进行合理配合。1960年，斯旺分析了浮动汇率下支出增减政策与汇率政策的搭配。1968年，蒙代尔在米德和丁伯根研究的基础上，进一步提出了政策指派与有效市场分派原则，即蒙代尔分派原则。他指出，分配给财政政策实现内部平衡目标；分配给货币政策实现外部平衡目标，以同时实现内外部平衡。进而，蒙代尔和弗莱明根据凯恩斯主义 IS – LM 框架，纳入外汇市场均衡条件，建立了 IS – LM – BP 模型，并考察了财政政策与货币政策实现内外部平衡的有效性。

表 2 – 3　　　　　　　　财政政策与货币政策的搭配

区间	经济情况	财政情况	货币情况
I	国际收支顺差，国内经济膨胀	紧缩性的	扩张性的
II	国际收支逆差，国内经济膨胀	紧缩性的	紧缩性的
III	国际收支逆差，国内经济衰退	扩张性的	紧缩性的
IV	国际收支顺差，国内经济衰退	扩张性的	扩张性的

政策配合理论较系统地分析了政策配合的意义和具体的机制，对一国政府的经济决策有一定的参考价值，但同时有缺陷，表现在：（1）忽略了国内支出变化对对外资本输出的影响，从而得出经常项目与国内支出之间的直接关系；（2）没有考虑到除利率以外其他因素对资本流动的影响；（3）政策的选择比较单调，仅为财政政策和货币政策；（4）两种政策对国内经济、国际收支影响的大小关系不能一概而论，而应根据不同国家及不同时期的实际情况具体分析。

经常项目收支失衡加剧是全球经济失衡的重要体现，因此对国际收支调节理论的研究不仅在理论上具有重要意义，而且在解决内外部平衡问题上具有重要的现实意义，并可以为一国制定外部平衡调节政策提供基础和依据。

三、国际收支危机理论

20世纪60年代以来，国际收支危机开始频频爆发，货币危机理论迅速成为理论界关注的焦点之一，经济学家先后建立了三代国际收支危机模型（或货币危机模型）。

20世纪70年代前，对货币危机研究较少。萨兰特、亨德森和克鲁格曼等人填补了空白，建立了第一代货币危机模型。萨兰特、亨德森（Salant和Henderson，1978）在研究黄金价格稳定机制的过程中，从理论上论证了这种价格稳定机制具有内在的不稳定性，且极易遭受毁灭性的投机冲击。克鲁格曼（Krugman，1979）首创理性投机攻击模型，分析了在固定汇率制下，由于基本面的失衡，致使国际储备枯竭而造成固定汇率制崩溃的货币危机。这是一种由实际经济决定的货币危机模型，体现了固定汇率制度与宏观政策的冲突。弗拉德、加伯（Flood和Garber，1984）用简化了的线性模型求出了具体的崩溃时间的解，对此模型进行了完善。后来，许多经济学家从不同角度对第一代货币危机模型作了进一步扩展：Flood和Garber（1984）、Cumby和Wijbergen（1989）将不确定性引入模型；Obstfeld（1986）建立了一个随机模型，论证了自我实现危机的存在；Dellas和Stockman（1993）认为当对固定汇率的攻击导致中央银行进行资本管制时就会产生多重均衡；Agenor、Bhandari和Flood（1992）从不完全替代和黏性价格角度进行分析，认为价格具有越高的灵活性，危机发生的时间就越早；Blanco和Garber（1986）、Grilli（1986）和Wyplosz（1986）研究了固定汇率制崩溃后的其他汇率安排；Wyplosz（1986）、Bachetta（1990）、Dellas和Stockman（1993）等发展了资本管制条件下的固定汇率投机攻击模型。

奥伯斯菲尔德（Obstfeld，1994）建立的模型是克鲁格曼模型的进一步发展，通常被认为是第二代货币危机模型。他认为必须存在某种机制来协调市场参与者的预期行为，才足以驱动经济从无攻击均衡点向攻击均衡点跳变，但多重均衡点的存在无法提供对协调机制的解释。后来经过Obstfeld（1996）、Drazen和Masson（1994、1995）、Ozkan和Sutherland（1995）、Bensaid和Jeanne（1997）等不断完善，第二代货币危机模型成功地解释了1992年欧洲货币体系危机，即英镑危机。第二代货币危机模型主要是与实际经济基础无关的货币多重均衡模型。认为货币危机的发生完全是一种"自我实现"式的危机，即货币危机发生的时间是随机的，一场本不会发生的货币危机也会因市场预期的作用而发生；货币危机的发生并不是要以经济的基本面状况是否恶化作为充要条件。20 世纪 90 年代有三种阐明协调机制的理论对第二代货币危机模型进行了扩展。Morris 和 Shin（1995）用投机性博弈理论说明某些不确定性情况下货币攻击将成为经济系统最终停留的唯一均衡点；1992 年 Abhijit 和 Sushil、Hishleifer、Welch 等提出信息重叠理论；1997 年 Calvo 从全球市场中众多无差异投资者同时形成决策的假定出发，认为当存在信息摩擦时，一则不起眼的小消息就能诱发群体行为，使经济由无攻击均衡点向攻击均衡点进行跳变。

1997 年亚洲金融危机的爆发及后续影响促使第三代货币危机模型产生。但从现有文献来看，第三代模型还不很成熟，实际上包含两种相互对立的假说。一个是沿着第一代模型的逻辑，也把货币危机的发生与一国实际经济基本面相联系，但是视角已经由原来的宏观基本面转向微观基本面，较为流行的是道德风险假说。它从信息不对称角度出发，着眼于对银行体系和其他金融机构的分析，代表人物主要有麦金农、皮尔和克鲁格曼。另一个是沿着第二代模型的逻辑，形成流动性不足假说（Chang 和 Velasco，1998、1999），认为由于资本市场的不稳定性和"金融恐慌"心理（Diamond 和 Dybvig，1983），在羊群效应的作用下，普通的流动性不足问题可能演变成大规模的货币危机（Radelet 和 Sachs，1998）。

第五节　我国的国际收支

一、我国国际收支的基本状况

新中国成立后相当长的时期内，我国一直未编制国际收支平衡表，只编制外汇收支计划，作为国民经济发展计划的一个组成部分。当时的外汇收支计划，包括贸易收支计划、非贸易收支计划和利用外资还本付息计划三个部分。1980 年，我国恢复了在 IMF 的合法席位，开始试编国际收支平衡表，1985 年 9 月，我国首次公布了1982—1984 年的中国国际收支概览表，从 1987 年开始我国每年定期公布上一年的国际收支状况。

从我国历年的国际收支情况来看，可以把我国的国际收支分成几个阶段：

第一阶段：1982—1984 年，国际收支顺差阶段。国际收支结余的主要决定因素是经常项目顺差。资本项目虽为逆差，且短期资本项目为净流出，但这一时期资本项目的规模在整个国际收支中占比相当小，因此，国际收支的总差额为顺差。

第二阶段：1985—1989 年，为顺差与逆差共存阶段。特别是经常项目，除 1987 年为顺差外，其余年份皆为逆差。这些年份经常项目发生逆差的原因是贸易收支的逆差，而资本项目则每年都是顺差，即资本净流入，1988 年的资本净流入数额抵消了经常贸易的逆差，所以，1987 年、1988 年为顺差，其余的几年则由于资本项目的顺差无法抵消经常项目的逆差而表现为逆差。

第三阶段：1990—1998 年，为国际收支顺差阶段。这一阶段从经常项目来看，除了 1993 年为逆差 119.02 亿美元以外，其余年份皆为顺差，而 1993 年的资本项目为顺差 234.72 亿美元，所以国际收支为顺差；从资本项目来看，只有 1992 年为 2.5

亿美元的逆差，但当年的经常项目却有 64.02 亿美元的顺差，所以国际收支仍为顺差。这一阶段的国际收支总体为顺差且以商品和劳务的顺差为主，资本项目的顺差为辅。但是我国这一时期的外汇储备数额增幅不大，主要原因是这段时间的净误差与遗漏项目数额较大，特别是 1992 年，净误差与遗漏为 82.74 亿美元。另外，在 1992 年 8 月以前公布的外汇储备中，一部分是中央银行持有的外汇储备，另一部分是中国银行的外汇结余，后一部分属于商业银行的对外负债，不属于官方可以无条件获得和使用的资产，显然不符合国际惯例，因此，1992 年 8 月取消了后一部分，与国际上通行的做法保持了一致。

第四阶段：1998—2014 年，为持续的双顺差阶段。这段时间我国国际收支始终保持经常账户与资本账户"双顺差"格局，仅 2012 年出现过一次全年资本项目逆差。由此带来了外汇储备不断攀升、巨额本币投放，国内通货膨胀压力不断加大等诸多问题。

第五阶段：2015 年至今，我国国际收支出现了经常项目顺差与金融项目逆差整体平衡、储备资产减少等"新常态"特征。随着自由结汇、藏汇于民的政策调整，我国资本和金融项目从 2014 年第二季度以来持续逆差。这表明我国国际收支运行已经从大额顺差、单边升值的"旧常态"转向一顺一逆、双向波动的"新常态"。这一变化主要是由境内企业和个人财务运作造成的。主要原因有：一是我国对外直接投资大幅增加；二是我国对外证券投资大幅增加，外国对我国的证券投资出现回落；三是我国企业与居民存有大量外币现金和存款未结汇；四是外国存在我国的外币现金与存款大量流出；五是我国对外贷款增加；六是外国对我国的贷款余额大幅减少。

二、我国国际收支新常态出现的主要原因

从 2015 年开始，我国国际收支出现了经常项目顺差与金融项目逆差整体平衡、储备资产减少等"新常态"特征。这种新常态的产生原因有以下几个。

（一）货物贸易顺差扩大，衰退型顺差特征明显

内需不足导致进口大幅回落，带动我国货物贸易顺差扩大。我国是典型的出口导向型国家，1994 年以来，我国货物出口持续保持顺差状态，导致国际收支的经常项目账户持续顺差，形成巨额外汇储备，2007 年我国货物出口占 GDP 的比重一度达到 8.8% 的高点。随后，国际金融危机爆发导致外需大幅回落，货物出口顺差也逐步回落至国际上普遍认为的"适当范围"，即占 GDP 的 2% 左右。近年来，随着我国经济进入"新常态"，内需下降导致进口增速降幅高于出口降幅，特别是 2015 年以来，进口增速下降，导致我国货物贸易顺差再次扩大。2015 年上半年我国国际收支平衡表口径下的货物出口同比下降 2.3%，进口同比则出现 14.9% 的巨幅下降，导致衰退型顺差迹象显现。

（二）服务贸易逆差扩大，国民出国旅行大幅增加

人民币升值的财富效应推动出国旅行热潮升温，服务贸易逆差扩大。改革开放初期我国曾经是服务贸易顺差国，其中顺差的主要来源是外国游客来华旅行。随着 2001 年末我国加入世贸组织以后，我国加快了服务业开放进程，服务贸易逐步转为逆差。在人民币升值的财富效应带动下，国民出国旅行热潮不断升温，2009 年开始

我国服务贸易中的旅行也开始呈现逆差格局，并导致服务贸易逆差不断扩大。

（三）对外投资收入和对外援助增加

近年来，在"走出去"战略下，我国对外投资规模不断扩大，随着对外投资收入的增加，我国初次收入逆差出现下降。国际收支平衡表中的初次收入主要包括劳务收入和投资收入。改革开放以来，由于我国外商投资头寸长期高于对外投资头寸，我国的投资收入基本表现为逆差。尽管我国劳务收入保持顺差，但与投资收入逆差相比较小，因此初次收入通常表现为逆差。近年来，随着我国对外投资的增加，以及对外投资中高收益品种的增加（不再局限于美元债券），我国投资收入出现逆差减小的趋势，带动初次收入逆差缩小。

随着"新常态"下我国国际战略出现新的变化，我国在国际中事务中更多地承担起了援助责任。二次收入主要是经常转移，包括个人转让和国际援助等，历史上我国一直是二次收入顺差国，主要来源为国际援助流入。从 2013 年开始我国二次收入转为逆差，2015 年上半年二次收入逆差占 GDP 的比重为 0.06%。

（四）"双顺差"时代结束，金融账户由顺差转为逆差

我国国际收支"双顺差"时代结束，金融账户（不含储备）不仅连续五个季度出现逆差，2015 年前两个季度逆差还扩大到与经常账户顺差基本平衡的规模。20 世纪 90 年代以来，我国一方面实施出口导向战略，长期保持经常项目顺差；另一方面，由于我国快速发展带来的高投资回报率，也激励国际资本通过直接投资、证券投资、贷款等多种途径进入我国，形成金融账户（不含储备）顺差。1994 年至 2013 年的 20 年间，除 1998 年和 2012 年出现小规模的金融账户逆差外，大部分时期我国均保持了经常账户与金融账户的"双顺差"。然而从 2014 年第二季度开始，我国国际收支的"双顺差"格局出现巨大变化，不仅连续五个季度出现金融账户逆差的情况，而且 2015 年前两个季度还出现了金融账户由小幅逆差转为大幅逆差，从而与经常账户顺差保持基本平衡的局面。在不考虑资本项目以及净误差与遗漏的情况下，金融项目（不含储备）逆差超过经常项目顺差，意味着储备资产的减少。我国金融项目逆差产生的主要原因如下：一是我国对外直接投资大幅增加；二是我国对外证券投资大幅增加，外国对我国的证券投资出现回落；三是我国企业与居民存有大量外币现金和存款未结汇；四是外国存在我国的外币现金与存款大量流出；五是我国对外贷款增加；六是外国对我国的贷款余额大幅减少。

（五）外汇储备下降，净误差与遗漏保持高位

从国际收支的复式记账法角度看，我国由于长期保持经常账户及资本金融账户的"双顺差"，需要由储备资产的增加以及净误差与遗漏两项进行平衡。从历史上看，我国"双顺差"主要通过储备资产增加来实现，这从微观上体现为进入我国的外汇通过强制结汇转化为储备资产的过程，相比之下，净误差和遗漏项通常很小。

2012 年以来，随着我国强制结汇制度的取消以及对外开放程度的不断提高，以上的传统平衡过程出现变化。一方面，企业与居民可选择不结汇，导致原本应转化为外汇储备的资金"藏汇于民"。这些未结汇资金如果形成外币存款或通过合法途径向国外投资，必然留在资本或金融项目下，在国际收支平衡表上体现为金融项目顺差下降，同时向储备资产的转化减少。另一方面，随着我国对外开放程度的提高，

一部分未结汇资金通过"不可观测"的隐蔽途径向国外流出，因此只能反映在国际收支平衡表的净误差与遗漏项下。由此，我国国际收支平衡表上便会出现储备资产下降，而净误差与遗漏项增长迅速的现象。2015年上半年，我国储备资产下降671.4亿美元，其中第一季度下降802.4亿美元，是连续第三个季度出现下降。相比之下，第一季度净误差与遗漏项出现逆差576.6亿美元，规模达到储备资产的七成以上。

（六）"热钱"流出对金融项目逆差的影响

"热钱"即投机性短期资金。通常对"热钱"的粗略算法是"增加的储备资产－货物贸易顺差－直接投资顺差"。通过对各口径的热钱进行测算，可以看出，若采用粗略口径计算热钱，仅2015年第一季度就出现净流出2495.9亿美元，相当于GDP的11.06%，第二季度净流出1598亿美元，相当于GDP的6.35%，这显然高估了热钱流出的规模。事实上，第一季度可观测到的国外热钱仅流出171.8亿美元，相当于GDP的0.76%，加上可观测的国内热钱流出，为631.6亿美元，相当于GDP的2.8%，再加上不可观测的热钱流出，大概为1208.2亿美元，相当于GDP的5.36%。但值得注意的是，尽管经调整后的热钱规模下降了，但对比往年数据来看，2015年上半年的热钱净流出仍是创纪录的，以第三层热钱口径看，若第二季度热钱与粗略口径计算下的热钱同比例变化，则上半年第三层口径的热钱流出规模在1900亿~2000亿美元，相当于4%~4.5%的GDP，而历史上最大规模的年度热钱流出在1997年，相当于GDP的3.38%。

三、我国的国际收支统计

国际收支统计是全面反映一国涉外经济发展状况的统计体系，与国民账户体系、货币金融统计、财政统计并称宏观经济四大账户。国际收支统计体系是我国宏观经济监测体系的重要组成部分，它主要反映我国与世界其他地方经济交往的基本状况和趋势，是开放经济条件下进行宏观经济决策的主要信息来源之一。

（一）我国国际收支统计的历史沿革

国际货币基金组织于1948年首次颁布了《国际收支手册》，以后又先后于1950年、1961年、1977年和1993年修改了手册，不断地补充了新的内容。编制和提供国际收支平衡表已成为国际货币基金组织成员国的一项义务，并成为参与其他国际经济组织活动的一项重要内容。此后，成员国按国际货币基金组织规定的格式和内容定期向IMF上报国际收支状况。1997年起，我国依照《国际收支手册》（第五版）进行了标准格式的调整。

随着经济环境的变化，尤其是各种金融衍生品层出不穷，2001年国际货币基金组织启动对《国际收支手册》（第五版）的修订和调整工作，并于2009年发布了《国际收支及国际投资头寸手册》（第六版）。新版手册发布后，各国都要以新版手册为标准进行国际收支平衡，我国颁布了《国务院关于修改〈国际收支统计申报办法〉的决定》，自2014年1月1日起施行。

（二）我国的国际收支统计发展历程

改革开放以来，随着我国对外交往的不断扩大，经济生活中的市场化程度日趋提高，我国从 1980 年开始试编国际收支平衡表，1985 年起对外公布国际收支平衡表，1995 年，经国务院批准，中国人民银行发布《国际收支统计申报办法》，成为我国开展国际收支统计的法律基础。在 1996 年推出金融机构间接申报国际收支的基础上，1997 年又推出了直接投资、证券投资、金融机构对外资产及损益、汇兑等四项直接申报工作。现在已经建立起完整、科学的国际收支申报、统计体系，国际收支的统计申报和分析预测工作在中国宏观经济调控体系中日益发挥重要的作用。

（三）新版《国际收支统计申报办法》的修改内容

新版《国际收支统计申报办法》修改的内容主要涉及六个方面：一是明确规定统计范围扩大至"中国居民对外金融资产、负债"；二是申报主体由中国居民扩大至非中国居民，可以更全面准确地掌握有关国际收支交易，尤其是发生在我国境内的与非中国居民的国际收支交易；三是根据电子银行、国际银行卡以及证券市场的管理和发展情况，增加对提供登记结算、托管等服务机构的申报要求；四是增加对拥有对外金融资产、负债的中国居民个人的申报义务；五是根据对申报主体的修改情况，增加了对这些申报主体的保密义务；六是删除原《国际收支统计申报办法》中的有关罚则，明确规定根据《中华人民共和国外汇管理条例》的要求进行处罚。

【知识链接 2 –5】

国务院关于修改《国际收支统计申报办法》的决定

一、第二条修改为："国际收支统计申报范围为中国居民与非中国居民之间发生的一切经济交易以及中国居民对外金融资产、负债状况。"

二、第七条修改为："中国居民和在中国境内发生经济交易的非中国居民应当按照规定及时、准确、完整地申报国际收支信息。"

三、第九条、第十条合并，作为第九条，修改为："中国境内提供登记结算、托管等服务的机构和自营或者代理客户进行对外证券、期货、期权等交易的交易商，应当向国家外汇管理局或其分支局申报对外交易及相应的收支和分红派息情况。"

四、第十一条改为第十条，修改为："中国境内各类金融机构应当直接向国家外汇管理局或其分支局申报其自营对外业务情况，包括其对外金融资产、负债及其变动情况，相应的利润、利息收支情况，以及对外金融服务收支和其他收支情况；并履行与中国居民和非中国居民通过其进行国际收支统计申报活动有关的义务。"

五、第十三条改为第十二条，修改为："中国境内的外商投资企业、在境外有直接投资的企业及其他有对外金融资产、负债的非金融机构，必须直接向国家外汇管理局或其分支局申报其对外金融资产、负债及其变动情况和相应的利润、股息、利息收支情况。"

六、增加一条，作为第十三条："拥有对外金融资产、负债的中国居民个人，应当按照国家外汇管理局的规定申报其对外金融资产、负债的有关情况。"

七、第十五条修改为："国家外汇管理局或其分支局有权对中国居民和非中国居民申报的内容进行检查、核对，申报人及有关机构和个人应当提供检查、核对所需的资料和便利。"

八、第十六条增加一款，作为第二款："银行、交易商以及提供登记结算、托管等服务的机构应当对其在办理业务过程中知悉的申报者申报的具体数据严格保密。"

九、第十七条、第十八条合并，作为第十七条，修改为："中国居民、非中国居民未按照规定进行国际收支统计申报的，由国家外汇管理局或其分支局依照《中华人民共和国外汇管理条例》第四十八条的规定给予处罚。"

十、第十九条改为第十八条，修改为："国际收支统计人员违反本办法第十六条规定的，依法给予处分。

"国家外汇管理局或其分支局，银行、交易商以及提供登记结算、托管等服务的机构违反本办法第十六条规定的，依法追究法律责任。"

此外，对条文顺序和个别文字作相应调整和修改。

本决定自 2014 年 1 月 1 日起施行。

《国际收支统计申报办法》根据本决定作相应修改，重新公布。

（资料来源：新华社，2013 - 11 - 22。）

第六节　国际储备

一、国际储备概述

（一）国际储备与国际清偿力

国际储备是一国货币当局为弥补国际收支逆差，维持本国货币汇率稳定以及应付各种紧急支付而持有的、为世界各国所普遍接受的财产。

与国际储备紧密相连的一个概念是国际清偿力。国际清偿力是指一国动用资金的能力。根据国际货币基金组织的定义，国际清偿力包括一国的自有储备和借入储备之和。自有储备即国际储备，借入储备包括备用信贷、互惠信贷、支付协议和本国商业银行的对外短期可兑换货币资产。

（二）国际储备的特征

根据国际储备的定义，一种资产必须具备以下三个特征才能成为国际储备：一是可得性，即它是否能随时地、方便地被政府得到；二是流动性，即变为现金的能力；三是普遍接受性，即它是否能在外汇市场上或在政府间清算国际收支时被普遍接受。

二、国际储备的作用

（一）调节国际收支

当一国的国际收支出现顺差，特别是经常项目出现顺差时，可以通过增加储备资产总额，发挥"蓄水池"作用。当一国国际收支出现逆差时，可以动用国际储备加以弥补。国际储备的调节作用体现在三个方面：一是在出现临时性的国际收支失衡时，可直接动用国际储备进行调节，而不必动用经济政策或管制政策调节，以避免诱发经济运行的动荡；二是即使需要动用经济政策来调节国际收支失衡，也可通过国际储备的缓冲作用，缓和调节过程，减少因采取紧急措施而付出沉重代价；三是动用国际储备，这常常是最后的手段，在特定时期内，当一切调节政策不能或暂时不能奏效时，动用国际储备是必然的选择。

（二）维护本国货币汇率的稳定，增强本国货币的信誉

国际储备是一国维持货币汇率的"干预"资产。在浮动汇率制度下，各国为了本国的利益，使本国货币汇率稳定在政府希望的水平上，就必须动用国际储备，干预外汇市场，以稳定汇率。而各国干预外汇市场的资产则来自国际储备的一部分，称为外汇平准基金，由外汇、黄金和本国货币构成。当外汇汇率下降，本币汇率上升过快时，就抛出本币，购进外汇，以稳定汇率；当外汇汇率上升，本币汇率下降，超过政府的汇率目标区间时，就向市场抛出外汇，换回相应的本币，以平抑汇率，所以充足的国际储备是支持和加强本国货币信誉的物质基础。

（三）提高一国的国际信用度

国际储备作为备用的国际支付手段，是对外举债、还本付息的保证，是一国国际资信高低的标志之一。若一国的国际储备雄厚，则该国的国际信誉就高，在国际上举债就比较容易；反之，若一国的国际储备严重不足，或者近乎枯竭，则该国的国际信誉就会一落千丈，很难在国际上借到外债和开展正常的经济往来。

三、国际储备的构成

国际储备的具体构成，在不同的历史时期有所不同。在国际金本位制时期，黄金是一国国际储备的主要构成。第二次世界大战后，根据布雷顿森林货币体系建立的《国际货币基金组织协定》规定，黄金是国际储备的基础，美元按照黄金官价自由兑换黄金，并赋予国际储备货币的特殊地位，即美元等同于黄金。20世纪70年代初期，布雷顿森林体系崩溃以后，美元继续作为国际储备货币。由于浮动汇率制取代固定汇率制，美元汇率交替地出现长期上浮或下降的波动状态。世界各国为减轻持有单一货币外汇资产的风险，逐步代之以采取分散持有其他相对稳定货币作为外汇储备，从而进入了一个国际储备多元化的时期。目前，一国的国际储备主要包括以下形式的资产。

（一）黄金储备

黄金储备是一国货币当局以金融资产形式持有的货币性黄金。黄金的贵金属性使其"天然"地具备充当国际储备资产的条件，因而成为一种重要的国际储备资产形式。在金本位制下，黄金是主要的储备形式和通货形式，但从1976年起，国际货币基金组织废除了黄金和货币的联系，黄金退出流通，成为一种普通商品。黄金储备在国际储备中的比重下降，从1948年的69.7%下降到1978年的6.2%，但是就存量而言，其基本趋势不变，全球官方储备总量一直在10亿盎司左右，黄金仍是国际储备的重要组成部分。表2-4为2018年世界黄金储备排名情况。

表 2－4 　　　　　　　2018 年世界黄金储备前十名排名

排名	国家（组织）	储备量（吨）	储量占比（%）
1	美国	8133.5	73.4
2	德国	3369.7	68.8
3	国际货币基金组织	2814.0	—
4	意大利	2451.8	65.1
5	法国	2436.0	59.1
6	俄罗斯	2036.2	16.9
7	中国	1842.6	2.2
8	瑞士	1040.0	5.0
9	日本	765.2	2.3
10	荷兰	612.5	65.5

（二）外汇储备

外汇储备是各国国际储备的主要组成部分。外汇储备是以可以自由兑换的货币表示的国际储备，其内容包括外汇存款及其他外汇金融资产。国际货币基金组织将外汇储备定义为：货币行政当局以银行存款、财政部存款、长短期政府债券等形式所保有的在国际收支逆差时可以使用的债权。能充当外汇储备的货币通常称为"储备货币"，但并不是任何国家的货币都可以作为储备货币，能够作为储备货币的必须是各国普遍愿意接受的货币。储备货币必须具备以下三个基本条件：第一，在国际货币体系中占有重要地位，在国际结算中使用较多；第二，能自由兑换成其他货币；第三，具有相对稳定的内在价值，人们对其购买力稳定性具有信心。而这三个条件最终又取决于一国的经济实力，因此，往往是经济强国的货币成为主要的储备货币。

外汇储备是各国最重要、比例最大的国际储备组成部分。由于充当各国国际储备的货币往往是一些主权国家发行的国别货币，所以主权国家的货币输出成为国际储备的重要源泉。这些货币的输出有两种途径，一种是借贷，另一种是购买外国的商品。总之是通过国际收支逆差输出货币。逆差的结果和实质就是对他国的实物资源的占有，取得铸币税收益。美元是当今各国储备中比例最大的币种，因此，美国通过美元输出，占有其他国家的大量财富，类似于用美元这种标准化的欠条来换取他国的财富。

中国人民银行公布数据显示，截至 2018 年末，中国国家外汇储备余额为3.0727 万亿美元。

（三）在国际货币基金组织的储备头寸

这部分储备又被称为普通提款权。在国际货币基金组织的储备头寸，是指国际货币基金组织的成员国按其规定可无条件动用提取的在国际货币基金组织的普通基金账户中的一部分资金份额。一国在国际货币基金组织的储备头寸包括以下三个部分：第一，成员国缴纳份额的黄金外汇部分，即该成员国向国际货币基金组织缴纳份额的 25%，这部分以前用黄金缴纳，现在必须用可兑换货币缴纳。第二，国际货币基金组织用去的成员国的本币份额部分，该成员国向国际货币基金组织缴纳份额的 75% 以本币缴纳，记入国际货币基金组织账户，由于某种需要，国际货币基金组织用去其中部分或将其借贷给他国。第三，国际货币基金组织向该成员国的借款。

（四）特别提款权

特别提款权（Special Drawing Right，SDR），亦称"纸黄金"（Paper Gold），是国际货币基金组织对成员国根据其份额分配，可以用来归还国际货币基金组织的贷款和成员国政府之间偿付国际收支赤字的一种账面资产，它是成员国在普通提款权以外的一种特别使用资金的权利。国际货币基金组织于 1969 年创造特别提款权，引入这一资产的原因是，国际货币基金组织的成员国担心，国际储备的现有存量和潜在增长可能不足以支持世界贸易的扩大，而当时主要的储备资产是黄金和美元。成员国不希望全球储备依赖于黄金的生产（因为它具有内在不确定性）和美国国际收支的持续逆差（以保证美元储备不断增长）。特别提款权是作为补充储备资产而出现的，在国际货币基金组织的成员国需要时，国际货币基金组织可以定期"分配"特别提款权，必要时也可以取消。成员国在发生国际收支逆差时，可用它向国际货币基金组织指定的其他成员国换取外汇，以偿付国际收支逆差或偿还国际货币基金组织的贷款，还可与黄金、自由兑换货币一样充当国际储备。因为它是国际货币基金组织原有的普通提款权以外的一种补充，所以称为特别提款权。

特别提款权最初发行时每一单位等于 0.888 克黄金，与当时的美元等值。发行特别提款权旨在补充黄金及可自由兑换货币以保持外汇市场的稳定。2015 年 11 月 30 日，国际货币基金组织正式宣布人民币加入 SDR（特别提款权）。2016 年 10 月 1 日，特别提款权的价值开始由美元、欧元、人民币、日元、英镑这五种货币所构成的一篮子货币的当期汇率确定，所占权重分别为 41.73%、30.93%、10.92%、8.33% 和 8.09%。

四、国际储备的管理

（一）国际储备管理的基本原则

国际储备管理的政策目标：首先，应符合本国经济发展的需要，即国际储备的规模、组成的结构以及营运策略、措施，应有利于各种生产要素的合理、优化配置，以保持经济适度、稳定发展。其次，要符合"安全性、流动性、盈利性"三者合理配置的原则。所谓安全性，是指尽可能地降低风险和损失；所谓流动性，是指容易变现及完成国际支付；所谓盈利性，是指追求最高的收益率。对于储备持有国来说，这三者不可或缺，但在实际运作中，则往往难以同时兼得。若将储备资产大部分存放于短期存款，可保证充分的流动性，也有较好的安全性，但收益率必然较低；若将储备资产做长期投资，收益率可能较高，但是流动性较差，风险也可能较大。因此，必须处理好机会成本和边际收益的关系，使国际储备资产的存放取得安全性、流动性和盈利性的最佳组合，即在保证安全性的前提下，争取以最低的成本，获得尽可能高的收益。

（二）国际储备资产的总量管理

1. 国际储备适度规模的含义

国际储备适度规模是指一国根据自身经济发展的需要，确定一个包括黄金、外汇及其他资产在内的储备总量的规模。这个总量的规模，既要满足国际支付、国家干预市场等方面的需要，又不至于造成储备资产浪费或低效运行。一国国际储备太多或太少，都会带来不良后果。

2. 确定适度国际储备规模应考虑的因素

（1）持有储备的机会成本。一国持有国际储备，实际上是将这些资源储备起来，同时牺牲了利用这些资源所带来的投资收益和经济的发展，这是国际储备的机会成本，它表明一国持有国际储备所付出的代价。一国所持有国际储备的成本等于投资收益率与储备的利息收益率之差。这个差额越大，表明持有国际储备的成本越高；差额越小，表明持有国际储备的成本越低。一般而言，持有国际储备的成本越高，对国际储备的需求量越少；反之需求量越大。

（2）金融市场的发达程度。金融市场是储备的重要渠道，发达的金融市场使得金融当局可以通过市场操作获取所需的储备，也可以通过金融机构迅速地"借入储备"，即发达的金融市场存在一种迅速地把民间资金或社会资金转换为中央银行直接持有的储备的机制，姑且称为储备转换机制。金融市场越发达，储备转换机制越完善，货币当局对储备的需求"冲动"就会减少；反之，对储备的需求"冲动"就会增加。

（3）汇率制度和外汇政策。一国在实行固定汇率制度和稳定汇率的政策条件下，为干预外汇市场平抑汇率，对国际储备需要的数量较大；反之，若实行浮动汇率制度，则对国际储备的需求的数量较少。

（4）外汇资信和融资能力。一般来说，一国有良好的对外信誉和形象，可以在必要时较容易或迅速地筹措到各种外汇资金，那么，该国对国际储备的需求会小些；反之，对国际储备的需求会大些。与此相关，一国在国际金融市场上的融资能力与国际储备需求也存在密切关系。一国融资能力较强，其国际储备水平就较低，这是因为该国的国际清偿力不会因其国际储备水平较低而降低；相反，则需要较多的国际储备。但是，如一国国际储备水平过低，就不具有较高水平的国际信誉，而其借用国外资金的能力也会降低。

（5）外汇管制的程度。若一国经济开放程度低，对外汇实行严格的管制，一切外汇收支都按计划或须要批准，则用汇量必然受到限制，在这种情况下，对国际储备的需求一般会小些；反之对国际储备的需求会大些。

（6）货币的国际地位。一国货币如果处于储备货币地位，就可以通过增加本国货币的对外负债来弥补国际收支逆差，而不需要较多的国际储备。相反地，如果一国货币处于非储备货币地位，就需要较多的国际储备。

（三）国际储备资产的结构管理

国际储备资产的结构管理，是指对四种储备资产在储备总量中所占比例的管理，但是黄金形式的储备由于不能直接用于国际支付，且金价波动较大，使其流动性和安全性较低，加之持有黄金既不能生息又需要较高的仓储费，因而盈利性也较低。

许多国家对黄金储备采取了保守的数量控制的政策，一国货币当局对本国黄金储备一般不做过多的调整，基本保持在一定的水平。而储备头寸和特别提款权的规模不是本国可以自行决定的。如此一来，国际储备资产的结构管理就演变为对外汇储备的管理，确切地说是对外汇储备货币结构的管理，包括储备货币币种的选择和安排，以及调整各种储备货币在外汇储备中的比例两个方面。

1. 储备货币币种的选择和安排、调整

一国外汇储备货币币种的选择及其结构主要取决于以下因素：（1）该国贸易与金融性对外支付所需币种；（2）该国外债的币种构成；（3）该国货币当局在外汇市场干预本国货币汇率所需币种；（4）各种储备货币的收益率，要在对汇率与利率走势进行研究的基础上，选择收益率较高的储备货币；（5）一国经济政策的要求。在布雷顿森林体系于20世纪70年代初瓦解之后，美元的储备地位虽然削弱了，但仍是最主要的储备货币，多数国家都将美元作为其外汇储备构成的主体。首先，美元是国际结算中使用最多的货币，多数国家将美元作为主要储备货币是同国际支付中使用货币的情况一致的。其次，由于美国的货币市场和证券市场最为发达，特别是美国政府每年发行巨额政府债券，为其他国家外汇储备的投资提供了便利的条件，因而美元是多数国家外汇储备中最主要的储备货币。

2. 外汇储备资产形式的结构管理

外汇储备资产形式结构管理的目标，是确保流动性与盈利性恰当结合。由于国际储备的主要作用是弥补国际收支逆差，因而在流动性与盈利性中，各国货币当局更重视流动性。按照流动性的高低，外汇储备资产可分为三个部分。

（1）一级储备，流动性最高，但盈利性最低，包括在国外银行的活期存款、外币商业票据和外国短期政府债券。其中，在国外银行的活期存款，可随时开出支票进行对外支付，流动性最高。由于储备货币发行国一般都有发达的二级市场，短期政府债券和商业票据容易变现，但是这些流动性很高的资产的盈利性却是比较低的。鉴于这种情况，货币当局需根据季节或特定时期对外支付的需要安排一定数量的一级储备，但要控制其在外汇储备资产中所占的比例。

（2）二级储备，盈利性高于一级储备，但流动性低于一级储备，如2~5年期的中期外国政府债券。二级储备是在必要时弥补一级储备不足以应付对外支付需要的储备资产，准确预测短期对外支付的金额是难以做到的，任何一国货币当局必须持有一定数量的二级储备。

（3）三级储备，盈利性高于二级储备，但流动性低于二级储备，如外国政府长期债券。此类储备资产到期时可转化为一级储备，如提前动用，将会蒙受较大损失。一国货币当局可以根据对外举债的结构持有一定数量的三级储备，并可提高持有外汇储备资产的盈利性。国情不同，各国货币当局持有上述三级储备的结构也就互不相同。一般来说，国际收支逆差国必须在其储备资产中保留较大比例的一级储备，而顺差国则保留小比例的一级储备和较大比例的三级储备。国际储备管理要符合"安全性、流动性、盈利性"三者合理配置的原则，从规模与结构两方面进行管理。

第七节　经典案例

2019，中美贸易是打还是和？

中美经贸关系一直是中美两个大国关系的"压舱石"和"稳定器"。但是 2018 年以来，美国采取单边主义措施，挑起贸易战，导致中美之间贸易摩擦和争端不断升级。2018 年 3 月，美国炮制出所谓的"301 调查报告"。7 月 6 日，美国不顾多方面反对，对中国 340 亿美元输美产品加征 25% 的关税。8 月 23 日，美国对另外 160 亿美元中国输美产品加征关税。中国政府为维护正当权益，及时采取了相应的反制措施。美国单方面挑起贸易战，不仅严重威胁中美双边经贸关系，而且对世界经济也有负面影响。如何认识当前的中美贸易摩擦？如何应对美国挑起贸易战的行为？这些问题引起社会各界关注。

一、中美经贸合则两利，斗则俱伤

1979 年中美建交以来，双边关系全面发展，经贸合作快速推进，已经形成了优势互补、利益交融、互利互惠的贸易格局。中美经贸关系本质上是互利共赢的，共同利益远大于分歧，合则两利，斗则俱伤。中美经贸关系稳定与否，不仅事关中美双方利益，也事关世界发展。

中美经贸合作具有全面性。首先，中美互为重要的货物贸易伙伴。美国是中国最大货物出口市场和第六大进口国，对美出口占我国总出口的 19%。2017 年中美双边货物贸易额达到 5837 亿美元，是 1979 年两国建交时的 233 倍。中国是美国出口增长最快的市场。据联合国统计，2017 年美国对华货物出口 1299 亿美元，比 2001 年增长了 557%，远高于美国对全球 112% 的出口增幅。美国出口的 62% 的大豆、25% 的飞机、17% 的汽车、15% 的集成电路和 14% 的棉花，都销到了中国市场。其次，服务贸易在双边经贸合作中的地位日益上升。据美方统计，中美双边服务贸易额从 2007 年的 249.4 亿美元增至 2017 年的 750.5 亿美元。其中美国对华服务出口额从 131.4 亿美元增至 576.3 亿美元，增长了 3.4 倍。美国是中国第二大服务贸易伙伴，中国是美国第二大服务出口市场。最后，中美之间投资规模巨大。截至 2017 年底，美国对华直接投资累计超过 830 亿美元，在华美资企业约为 6.8 万家。中国对美投资存量约为 670 亿美元。另外，中国大量投资于美国金融资产，持有超过 1 万亿美元的美国国债，是持有美国国债最多的国家。

中美经贸合作具有互惠性。中美经贸合作的互惠性体现在多个方面。首先，双边经贸合作为双方企业提供了巨大的市场机会。双方企业通过出口或投资，分享了对方的市场机会。中国在中美货物贸易领域有 2700 多亿美元顺差。而美国在中美服务贸易领域有大额顺差，2016 年美国对华服务贸易顺差约为 550 亿美元。还有不少美资企业通过对华投资而非出口方式进入中国市场。按照美国经济分析局的统计，2015 年美资企业在华销售额为 4814 亿美元，比中资企业在美国 256 亿美元的销售额高出 4558 亿美元。因此，从利用对方市场机会的角度看，双方受益大体平衡。其次，双边经贸合作为两国创造了大量就业机会。据美中贸易委员会估算，2015 年对华出口和双向投资支持了美国 260 万个就业岗位。另据有关研究，自华进口货物在美下游产业链创造约 400 万个就业岗位。由于中国劳动生产率远低于美国，对美经贸合作创造的就业岗位更多，据有关研究估算，对美货物出口为中国创造了大约 1750 万个就业岗位。考虑到两国人口总量差距，双方在就业岗位方面的受惠程度基本相当。最后，中美双边经贸合作助推两国产业结构升级，并为两国消费者提供了性价比更高的商品与服务，增加了消费者福利。

美方把中美货物贸易失衡归因于"中方的不公平做法"，据此认为美国在双边经贸合作中"吃亏了"。这是片面的认识。美国储蓄率过低、政府财政赤字过高，是导致其整体贸易出现逆差的宏观经济原因。换言之，美国整体贸易逆差是由其内部经济结构问题造成的，无论其贸易伙伴中有没有中国，其整体贸易都必然是逆差。目前的中美双边货物贸易失衡，是双方比较优势与国际分工地位的反映。还有一个不可忽视的原因是，美国长期对华高科技产品出口实行限制政策，一定程度上削弱了美国产品在中国市场的竞争力：美国产品在中国高技术产品进口市场的比重已从 2001 年的 16.7% 下降到 2016 年的 8.2%，在中国高达 2270 亿美元的芯片进口中，美国产品仅占 4%。再加上美方统计方法存在一定问题，导致其明显高估了双边货物贸易失衡程度。实际上，中国并未刻意追求贸易顺差，近年来经常项目国际收支基本平衡。

中美经贸合作具有互补性。中美两国分别是最大的发展中国家和发达国家，两国的资源禀赋、发展阶段、产业结构和国际分工地位不同。尽管双边经贸关系中竞争性在上升，但以互补性为主的基本格局并没有改变。从产业竞争力看，美国服务业竞争力强，在双边服务贸易领域有大额顺差。中国作为制造业大国，在货物贸易领域有大额顺差。从技术水平上看，美国企业在高技术产业上具有强大竞争力。如果美国政府取消或减少对华高技术出口限制，美国高技术产品在中国市场的份额可能会迅速扩大。中国对美国出口产品仍以劳动密集型产品为主，尽管近年来中国出口结构不断升级，海关统计中"高新技术产品"出口占比约为三分之一，但大多数这类产品在中国的增值主要集中在劳动密集环节。从资源禀赋看，美国地大物博，中国为美国农产品和天然气等能源产品提供了巨大的市场空间。

二、美国发动贸易战的真正原因

中美经贸合作内容广，利益交融深，难免会出现各种各样的经贸摩擦，但以往的这类摩擦并没有影响中美经贸合作大局。近年来，双方在经贸合作中有各自的关切，中方关切美方履行中国加入世界贸易组织议定书第十五条义务（在对华反倾销调查中全面停止使用"替代国"做法）、对华高技术出口限制、滥用贸易救济措施和歧视中国企业对美投资等问题。美方关切货物贸易逆差、知识产权保护、产能过剩、产业政策等问题。过去，两国通过谈判磋商，回应对方关切，解决经贸摩擦，推动双边经贸合作向前发展。然而这一次，美方抛弃双方达成的合作协定，出尔反尔，采取单边主义措施，悍然发动有史以来最大规模的贸易战，并威胁继续扩大加税范围与幅度。贸易战没有赢家，对双方的出口、就业都会带来冲击，也会增加双方企业和消费者的生产生活成本，还会冲击全球生产价值链正常运行，对多边贸易体系带来深远的负面影响。那么，美方明知要付出如此代价，为何还要发动贸易战？

美方发动贸易战的原因是复杂而深刻的，概括而言有以下三点：

利益敲诈。通过贸易战或发动贸易战的威胁，迫使贸易伙伴开放市场、让渡经济利益，是美国的惯用伎俩，以往曾经对多个国家使用过。尽管美国从中美双边合作中取得了巨大经济利益，但美国政界一些人却以零和博弈观点看待双边经贸合作，把国内收入差距扩大等内部问题归咎于"中国抢夺了就业机会"，把由于储蓄率过低等内部结构性问题导致的贸易逆差归咎于中国的政策，认为美方"吃亏了"。近年来，美国从倡导"自由贸易"转向保护主义，无视世界贸易组织针对发展中国家的授权原则，曲解"对等开放"，无理地要求各国在每个具体产品的关税水平和每个行业的投资准入都应与美国完全一样，把广大发展中国家置于非常不利的贸易地位。在解决中美经贸问题方面，美国更是无视中国表现出的极大诚意，背弃双方达成的共识，单方面发起贸易战，其直接动机就是企图迫使中国在贸易投资上进一步对美扩大市场准入，增加购买美国产品，从而使美国获取更多经济利益，同时对外转移美国国内矛盾。

战略遏制。第二次世界大战后，美国成为西方世界的主导国。冷战结束后，美国以遥遥领先他国的科技、经济、军事、金融实力成为世界唯一超级大国。为了维护其世界霸权地位，美国一直防范任何可能的追赶国家。当年的苏联、日本都曾遭到美国多措并举的遏制。随着中国经济快速发展和综合国力上升，美国对华认知与情绪全面转向，重新定义了中美关系。2018年版美国国防战略报告提出，"国家间的战略竞争现在是美国国家安全的首要问题"，把中国定义为美国长期的"战略竞争对手"。这一报告还提出，经济安全是国家安全的基础，就是国家安全。2018年8月13日，美国总统签署了《2019财年国防授权法案》，其中包含两个重要法案：《出口管制改革法案》和《外国投资风险审查现代化法案》，进一步加强了高技术出口限制和防范外国企业通过投资获取技术。因此，贸易战不仅是美国获取更多经济利益的手段，也是美国遏制中国的重要手段。美国加征关税的500亿美元中国出口产品，主要针对的是《中国制造2025》中包含的高科技领域，反映了美国遏制中国技术追赶的意图。

模式打压。美国从维护其全球霸权的角度出发，对中国发展模式横加指责。美国污蔑中国发展模式是"国家资本主义"，无端指责中国对外商投资企业存在强制性技术转让要求、中国支持企业"走出去"是获取先进技术的政府行为、中国政府支持网络盗取美国商业机密与知识产权，肆意批评中国实行产业政策。其实，美国自成立以来，一直在实质上实行产业政策。美国首任财政部长汉密尔顿提出了促进制造业发展计划，是幼稚产业保护政策的始作俑者。近年来，美国政府仍然出台了大量产业政策，如《重振美国制造业框架》(2009)、《先进制造业国家战略计划》(2012)、《国家制造业创新网络（NNMI）项目战略计划》(2016)，等等。在自己推行产业政策的同时，却对别国正常的产业政策横加指责，这体现了美国的霸道心理。在国际经济领域，美国把国内法置于国际法之上，不是通过世界贸易组织的争端解决机制而是用单边主义措施处理中美经贸分歧，公然违反世界贸易组织规则加征关税。美国有意阻挠世界贸易组织上诉机构新法官的任命，影响世界贸易组织的正常运转。美国无视中国信守入世承诺、遵守多边经贸体系规则和倡导推动贸易投资自由化便利化的努力，却称中国是国际规则的"修正主义"，挑战了美国主导的国际经贸体系。为此，美国在发动贸易战时施展舆论战、关税战、科技战等组合拳，究其动机，就是要通过舆论战把中国发展模式污名化，通过关税战、科技战等逼迫中国改变原有发展模式。

不难看出，美方发动贸易战的动机是多元的，理由是不正当的，行为是不符合世界贸易组织规则的，影响是恶劣而深远的。

（资料来源：《人民日报》，2018－08－29。）

阅读上述案例，联系我国实际谈谈我国应如何妥善应对中美贸易摩擦？

【本章小结】

国际收支是以统计报表的方式，系统地总结特定时期内一国的经济主体与他国的经济主体之间的各项经济交易。国际收支包括狭义的国际收支和广义的国际收支，狭义的国际收支指在一定时间内涉及外汇收支的国际经济交易。广义的国际收支是指在一定时间内，一国居民与非居民之间经济交易的系统记录。

国际收支平衡表是系统地记录一定时期内一国与其他国家的各项经济交易的统计报表。国际收支平衡表集中地反映出该国一定时期内的国际收支状况，总括地揭示出该国对外经济活动的正常与否，是政府进行宏观经济决策和管理的重要依据。国际收支平衡表是按照"有借必有贷，借贷必相等"的复式簿记原理来系统记录每笔国际经济交易的，凡是引起本国从国外获得外汇收入的交易记入贷方，凡是引起本国对国外有外汇支出的交易记入借方；而这笔货币收入或支出本身则相应记入借方或贷方。

国际收支平衡表的结构内容分为经常项目、资本与金融项目、储备资产、净误差与遗漏几个大的项目。下设若干个小项目。国际收支平衡表的每一具体项目的借方和贷方经常是不平衡的，收支相抵后总会有差额。如果收入大于支出，出现盈余，称为顺差，支出大于收入出现亏损，称为逆差。

连续的国际收支顺差或逆差对经济的长期稳定发展都是不利的，各国都采取措施调节自己的国际收支，使其趋向平衡。所采取的政策有：外汇缓冲政策、财政货币政策、汇率政策、直接管制政策等。另外，国际收支的逆差或顺差，会引起国内某些经济变量的变动，这些变动反过来又会影响国际收支，这就是国际收支的自动调节机能，自动调节机能的生效条件是净出口商品供需弹性大，对利率升降敏感，而且，国家财政、金融等政策调整与之相适应。

国际储备是一国货币当局为弥补国际收支逆差、维持本国货币汇率稳定以及应付各种紧急支付而持有的，为世界各国所普遍接受的财产。与国际储备紧密相连的一个概念是国际清偿力。国际清偿力是指一国动用资金的能力。

国际储备的具体构成在不同的历史时期有所不同。目前，一国的国际储备主要包括以下形式的资产：黄金储备、外汇储备、在国际货币基金组织的储备头寸、特别提款权。

【章后习题】

一、重点概念

国际收支　国际收支平衡表　经常项目　经常转移　自主性交易　调节性交易

二、复习思考题

1. 单选题

（1）投资收益在国际收支平衡表中应列入（　　）。

A. 经常账户　　　　B. 资本账户　　　　C. 金融账户　　　　D. 储备与相关项目

（2）根据国际收支理论，影响外汇供求的决定性因素是（　　）。

A. 贸易收支　　　　B. 经常项目收支　　C. 国际储备量　　　D. 资本项目收支

（3）在未特别指明的情况下，某国的国际收支差额是指（　　）。

A. 总差额　　　　　B. 基本差额　　　　C. 官方结算差额　　D. 贸易差额

（4）下列不属于官方储备的是（　　）。

A. 中央银行持有的黄金储备

B. 商业银行持有的外汇资产

C. 成员国在国际货币基金组织的储备头寸

D. 中央银行持有的外汇资产

2. 多选题

（1）经常项目是国际收支平衡表中最基本和最重要的项目，记载的是经常发生的国际经济交易，该项目反映一国与他国之间实际资源的转移，经常项目下包括（　　）项目。

A. 服务　　　　　　B. 货物　　　　　　C. 经常性转移　　　D. 收益

（2）服务项目也称劳务或无形贸易，以下各项中属于服务的项目是（　　）。

A. 证券投资　　　　B. 建筑　　　　　　C. 旅游　　　　　　D. 保险

（3）当国际收支发生逆差时，央行实施紧缩的货币政策，调节货币需求规模，从而减少直至消除逆差。通常采取的手段是（　　）。

A. 提高利率　　　　　　　　　　B. 降低利率

C. 提高存款准备金率　　　　　　D. 降低存款准备金率

（4）外汇缓冲政策只能用来平衡（　　）的国际收支逆差，不适合用来对付（　　）逆差，过度依赖这一政策会导致储备枯竭。

A. 一次性　　　　　B. 长期的　　　　　C. 巨额的　　　　　D. 季节性

3. 简答题

（1）国际收支平衡表中的借方和贷方的经济含义是什么？

（2）国际收支失衡的原因有哪些？

（3）如何采取政策措施调节国际收支的失衡？

（4）居民与非居民的区别是什么？

（5）为什么说主动平衡和内容平衡才是真正的国际收支平衡？

（6）长期的国际收支的失衡对经济产生的不良影响有哪些？

三、实训与应用

1. 美国×××年度国际收支平衡表的编制：

（1）一美国出口商出口了价值 100 万美元的商品，3 个月后收到货款。

（2）一批美国居民到伦敦旅游，在饮食、住宿等方面花费了 30 万美元。

（3）美国石油进口商租进希腊经营的油轮，支付 40 万美元使用其在瑞士银行的存款支付。

（4）美国人获取英国证券所得的利息与红利共 25 万美元，持所得的支票，可到纽约的英国银行账户上领取美元结余。

（5）美国公司从日本公司买进 50 万美元的照相机，美元支票用来增加纽约日本银行的美元结余。

（6）美国向印度赠送价值 30 万美元的小麦。

（7）一家美国公司买进一家日本公司的 51% 的普通股，用去 100 万美元，付款是用美国银行的支票。

（8）法国中央银行从美国纽约银行买进 35 万美元，以兑换等值的法国法郎。

（9）英国居民在纽约的股票交易所买进 20 万美元的普通股。纽约英国银行的美元结余减少，其减少额相当于英国银行对英国买主出售美元票据的金额。

（10）德国中央银行从美国财政部买进价值 15 万美元的黄金，付款是用支票提取在纽约的美元存款。

要求：根据所提供的交易资料，编制美国×××年的国际收支平衡表。

（资料来源：魏秀敏. 国际汇兑实务 ［M］. 北京：对外经济贸易大学出版社，2002. ）

2. 阅读下面案例，分析如下问题：

某年泰国国际收支平衡表中有如下数据：

单位：亿美元

商品输出 FOB	60.93
商品输入 FOB	−61.54
劳务收入	9.44
劳务支出	−30.69
私人单方面转移	0.11
政府单方面转移	0.17
直接投资	13.41
证券投资	—
其他长期投资净额	27.56
其他短期投资净额	0.03
净误差与遗漏	
特别提款权的价值变动	−0.67
对外官方债务	—
外汇储备变化	−22.30

问题:

(1) 净误差与遗漏项目的数额是多少?

(2) 泰国该年的国际收支是逆差还是顺差? 金额是多少?

(3) 表中是通过哪些措施取得平衡的?

(4) 外汇储备的变化数为 -22.30 亿美元, 外汇储备是增加了还是减少了?

第三章
传统的外汇交易

【学习目标】

- 了解传统外汇市场的几种外汇交易类型；
- 掌握即期外汇交易的类型及报价；
- 掌握远期外汇交易的类型、报价及远期汇率的计算方法；
- 通过判断不同外汇市场汇率差异和预期外汇波动趋势，利用套汇和套利工具在外汇市场赚取汇率差异的利润。

【章前引例】

假设你听到一则消息后认为英镑将对澳大利亚元升值。于是你决定在 GBP/AUD 为 1.41703 的价位买入 10000 英镑并花了 141703 澳大利亚元。几周后，该价位变为 1.52703，意味着你持有的 10000 英镑现在增值了。然后你决定获利了结，将你手中的英镑重新兑换成澳大利亚元，取得 1100 澳大利亚元的盈利（152703 – 141703）。在这笔交易中，你就是利用了外汇市场外汇汇率不断变化挣了钱。

第一节　即期外汇交易

一、即期外汇交易的含义

即期外汇交易（Spot Exchange Transaction）又称现汇交易，指外汇买卖成交后，在两个营业日内办理交割的外汇业务。即期外汇交易可以满足买方临时性的付款需要，也可以帮助买卖双方调整外汇头寸的货币比例，规避外汇率风险，因此是外汇市场上最常用的一种交易方式。

交易双方进行资金交割的日期称为交割日（Delivery Date）或起息日（Value Date）。根据交割日的不同，即期外汇交易可以分为以下三种类型。

（1）标准交割日（Value Spot or VAL SP）：指在成交后第二个营业日交割。目前大部分的即期外汇交易都采用这种方式。

（2）隔日交割（Value Tomorrow or VAL TOM）：指在成交后第一个营业日交割。如港元对日元、新加坡元、马来西亚林吉特、澳大利亚元就是在次日交割。

（3）当日交割（Value Today or VAL TOD）：指在成交当日进行交制。如香港外汇市场用美元兑换港元的交易（T/T）可以在成交当日进行交割。

营业日的确定问题是即期外汇交易中的重要问题，一般遵循"价值抵偿原则"。

即一项外汇合同的双方，必须在同一时间交割，以免任何一方由于交割时间的差异而遭受损失。例如，伦敦和香港的银行都在星期六和星期日休息，所以，如果一家伦敦的银行和一家香港的银行之间即期交易是发生在星期五，两个营业日后就是星期二，即应在星期二交割。如果星期二又是某国的公共假日，则交割日要顺延到下一个营业日。

二、即期外汇交易的报价

即期外汇交易的报价是交易双方达成交易的基础和关键。在外汇市场上，通常把提供交易价格的机构称为报价者，一般由外汇银行充当这一角色。与之相对应的，把向报价者索价并在报价者所提供的汇价上成交的其他外汇银行、外汇经纪商、个人和中央银行等称为询价者。即期外汇报价如表 3 – 1 所示。

表 3 – 1　　　　　　　　　即期外汇报价

币种	现价	涨跌幅	涨跌	开盘	最高	最低	买价/卖价
AUD/USD	0.7052	– 0.28	– 0.0020	0.708	0.7087	0.7039	0.7052/0.7057
EUR/USD	1.1522	0.08	0.0009	1.1515	1.1549	1.1482	1.1522/1.1525
GBP/USD	1.3122	0.80	0.0104	1.3022	1.3124	1.3001	1.3122/1.3127
USD/JPY	113.7	– 0.18	– 0.2000	113.88	114.09	113.53	113.7000/113.7400

资料来源：和讯外汇，2018 – 10 – 07。

在即期外汇交易中，外汇银行在报价时都遵循一定的惯例。

（一）双向报价

在外汇交易成交之前，询价者通常不会向报价者透露其交易意图，因此，报价银行必须同时报出买入价和卖出价。买入价和卖出价的差额称为差价。汇率一般用 5 位有效数字表示，由大数和小数两个部分组成，大数是汇价的基本部分，小数是汇价的最后两位数字。报价的最小单位，市场称为基点。每个基点为万分之一，即 0.0001；或者百分之一，即 0.01。

表 3 – 1 中，即期外汇报价为 EUR/USD = 1.1522/1.1525。其中，1.15 是大数，22 和 25 是小数，22 和 25 之间的差额 3 为 3 个基点的差价。

（二）简洁报价

在国际外汇市场上，外汇交易员非常紧张和繁忙，因此，他们会尽可能简化报价，在通过电讯（如电话、电传）报价时，报价银行只报汇价的最后两位数。只有在须证实交易或是在变化剧烈的市场，报价银行才会报出大数。

如上述汇率简洁报价为：EUR/USD：22/25。

（三）美元报价

一般所有货币的汇价都是针对美元的，在外汇市场上，外汇交易银行所报出的买卖价格如没有特殊说明，均是指所报货币与美元的比价。

（四）直接标价法报价

报价汇率斜线左边的货币称为基准货币（Base Currency），右边的货币称为标价货币（Quoted Currency）。除欧元、英镑、澳大利亚元、新西兰元和爱尔兰镑的汇率报价采用间接标价法，美元为标价货币外，其他可兑换货币的汇率报价均采用直接标价法，美元为基准货币。

（五）数字1代表100万

由于外汇市场交易金额巨大，百万经常被省略，用简单的数字1、2等数字代表100万、200万。

三、即期外汇交易的操作

一笔完整的即期外汇交易一般包括四个步骤：询价（Asking 或 Calling）、报价（Quotation）、成交（Done）及确认（Confirmation）。

（1）询价。主动发起外汇交易的一方，在自报家门之后询问有关货币的即期汇率的买入价和卖出价。询价的内容主要包括交易币种、交易金额、合同的交割期限等。

（2）报价。接到询价的外汇银行的交易员，应迅速完整地报出被询问的有关货币的即期汇率的买入价和卖出价。

（3）成交。询价者接到报价后，表示愿意以报出的价格买入或卖出某个期限的多少数额的某种货币，然后由报价银行对此交易承诺。

（4）确认。当报价银行的外汇交易员说"成交了"，外汇交易合同即成立，双方都应遵守各自的承诺。但依照惯例，交易得到承诺后，双方当事人都会将交易的所有细节以书面形式相互确认一遍。

一旦成交，汇价水平、交易金额、交易币种等细节已经确定，对交易双方都具有约束力，不可以返回或撤销。确认交易后，要对交易进行记录并交割。询价者或报价者需要在询价和报价过程中协商价格规避各自风险。

【实训 3 – 1】

直接询价成交

A：Hi, BANK OF CHINA, SHANGHAI, Calling For Spot JPY For USD PLS.

A：您好，中国银行上海分行，请问即期美元兑日元报什么价？

B：MP 92. 43/63.

B：稍等，1美元兑92.43/63日元。

A：Taking USD10.

A：买进1000万美元。

B：OK. Done. I Sell USD 10 Mio Against JPY At 92. 63 Value July 20, JPY PLS To ABC BANK TOKYO For A/C No. 123456.

B：好的，成交啦。我卖给你1000万美元买进日元，汇率为92.63，起息日为7月20日，我们的日元请付至东京ABC银行，账号为123456.

A：OK. All Agree USD To XYZ BANK N. Y For Our A/C 654321. CHIPS UID09123，TKS.

A：好的，我们的美元请付至纽约的XYZ银行，账号为654321，清算系统会员编号为09123。谢谢您的交易，再见。

【实训 3 - 2】

<h3 style="text-align:center">再次询价成交 A</h3>

A：GBP 6 Mio.

A：询价，金额为 600 万英镑兑美元。

B：1.4426/33.

B：报价 GBP1 = USD1.4426/33。

A：My Risk.

A：A 不满意 B 的报价，不做交易，B 所报价格不再有效；A 在数秒内可以再次向 B 询价。

A：NowPLS

A：现在再次询价。

B：1.4430 Choice.

B：1.4430 选择价，你可选择买或卖（一般当报价银行报出选择价时，一定要做交易，询价者不可以价格不好为借口不做交易）。

A：Sell PLS MyUSD To ABC N. Y.

A：按照再次询价价格卖出 600 万英镑，美元付至我在纽约 ABC 银行的账户。

B：OK Done. At 1.4430 I Buy GBP 6 Mio AG USD Val July 20. GBP To My LONDON TKS for Deal，BIBI.

B：好的，成交。在 1.4430 我买进 600 万英镑兑美元，起息日为 7 月 20 日，我的英镑请付至我在伦敦的英镑账户，谢谢，再见。

【实训 3 - 3】

<h3 style="text-align:center">再次询价成交 B</h3>

A：CHE/JPY 7 CHF.

A：询价瑞士法郎兑日元的交叉汇率，金额为 700 万瑞士法郎。

B：CHF/JPY 81.426 7/73.

B：报价 CHF1 = JPY81.4267/73。

B：OUR Risk Off Price.

B：由于询价者 A 作出决定略显迟疑，报价者 B 取消所报价格，可以重新询价。

A：Now PLS5 CHF PLS.

A：再次询价，但金额改为 500 万瑞士法郎。

B：81.4269/71.

B：报价 CHF1 = JPY81.4269/71。

A：Sell CHF 5 My JPY To My Tokyo.

B：Done. At 81. 4291 Buy CHF5 Mio AGJPY Val 20. CHF To My Frankfurt.

A：卖出 500 万瑞士法郎，日元请付至我在东京的账户。

B：交易成交。价位 81. 4269，我买进瑞士法郎 500 万兑日元，7 月 20 日起息，瑞士法郎汇入我在法兰克福的瑞士法郎账户。

四、即期外汇交易的应用

（一）满足客户临时性的支付需要

通过即期外汇买卖业务，客户可以将手上的一种外币即时兑换成另一种外币，用于应付进出口贸易、投标、海外工程承包等的外汇结算或归还外汇贷款。

【实训 3 - 4】

某公司星期四需要偿还某外国银行贷款 100 万美元，现持有瑞士法郎，它可以在星期二按 USD1 = CHF 1. 1328 的即期汇率向外汇银行购入 100 万美元，同时出售瑞士法郎。星期四，该公司通过转账将 113. 28 万瑞士法郎交付给外汇银行，同时外汇银行将 100 万美元交付给公司，该公司可用美元偿还到期贷款。

（二）帮助客户调整外币币种结构

如果某企业外汇存款中美元比重较大，为了防止美元下跌带来的损失，可以卖出一部分美元，买入欧元、英镑等其他货币，调整外币币种结构。

（三）通过即期外汇买卖实现外汇投机

【实训 3 - 5】

纽约外汇市场上，美元的即期汇率为 USD/JPY = 92. 80/90，某投机者预测 1 个月后美元的即期汇率将下跌，于是卖出 100 万美元，买入 9280 万日元。如果 1 个月后美元汇率下跌，跌至 USD/JPY = 90. 30/50，则他可以再次在即期外汇市场上卖出 9280 万日元，买入 102. 5 万美元。通过投机交易，他可赚得 2. 5 万美元。但是，如果投机者预测错误，1 个月后美元汇率上升，那他会遭受损失。

第二节　远期外汇交易

一、远期外汇交易的含义

（一）远期外汇交易的概念

远期外汇交易（Forward Exchange Transaction）又称期汇交易，是指外汇交易成交时，双方先约定交易的细节，到未来的约定日期再进行交割的外汇交易。远期外汇交易的期限较长，一般为 1 个月、2 个月、3 个月或 6 个月，也可以长达 12 个月，但通常为 3 个月。

远期外汇交易交割日的推算需要遵循一定的规则，具体如下：

（1）整月原则。通常按照即期交割日（起息日）后整月或整月的倍数推算，而不管各月的实际天数差异。

（2）不跨月原则。假设整月后的起息日不是有效营业日，则按惯例顺延到下一个营业日。但如果顺延后的交割日到了月底，须遵循不跨月原则，即往回推算到该月的最后一个营业日确定为有效交割日，而不能跨到下个月。

（3）最后营业日原则。假定即期交易的起息日是当月的最后一个营业日，则所有的远期起息日是相应各月的最后一个营业日。

（二）远期外汇交易的类型

远期外汇交易根据交割日的不同，可以分为固定交割日的远期外汇交易和选择交割日的远期外汇交易。

固定交割日的远期外汇交易（Fixed Forward Exchange Transaction）是指交易的交割日期是确定的，交易双方必须在约定的交割日期办理外汇的实际交割，此交割日不能提前也不能推后。

选择交割日的远期外汇交易（Optional Forward Exchange Transaction）又称择期外汇交易，是指在做远期外汇交易时，不规定具体的交割日期，只规定交割的期限范围。在规定的交割期限范围内，客户可以按预定的汇率和金额自由选择日期进行交割。交割的范围可以包括从成交后的第二个工作日至到期日的整个期间，也可以定于该期间内某两个具体日期之间，或具体的月份中。交割的期限越长，银行承受的风险越大。例如，一位英国出口商在 9 月 28 日向美国出口价值 12500 美元的货物，他预计美国进口商可能在 10 月 28 日至 12 月 28 日支付货款，但具体日期尚不能确定。因此，该出口商在签订贸易合约时与银行签订一项卖出美元的择期交易，择定期限在 10 月 28 日至 12 月 28 日。

二、远期外汇交易的报价

（一）远期汇率报价方法

1. 完整汇率报价方式

完整汇率（Outright Rate）报价方式又称为直接报价方式，银行按照期限的不同直接报出某种货币的远期外汇交易的买入价和卖出价。这种报价方式一目了然，通常用于银行对顾客的远期外汇报价。完整汇率报价方式如表 3 - 2 所示。

表 3 - 2　　　　　　　　　　中国银行人民币部分远期外汇牌价

日期：2018 - 10 - 08　　　　　　　　　　　　　　　　　　　　　单位：人民币/100 外币

期限		美元	欧元	英镑	澳大利亚元	加元
7 天	买入	688. 70875	789. 8072	898. 509122	483. 741338	528. 88475
	卖出	696. 45045	803. 5954	913. 330722	493. 568938	537. 80365
1 个月	买入	688. 645	791. 2903	899. 355531	483. 732719	528. 981
	卖出	696. 5367	805. 4124	914. 506531	493. 809719	538. 1874

续表

期限		美元	欧元	英镑	澳大利亚元	加元
3 个月	买入	688.5926	795.44925	902.146866	483.979388	529.5753
	卖出	696.514	809.64885	917.365866	494.092088	538.8106
6 个月	买入	688.3776	801.48645	905.799091	484.548251	530.203
	卖出	696.4785	816.02305	921.437591	494.804951	539.6197

注：中国银行的远期汇率所报币种包括英镑、港元、美元、瑞士法郎、日元、加拿大元、澳大利亚元七个币种，期限包括一周、二十天、一个月、两个月、三个月、四个月、五个月、六个月、七个月、八个月、九个月、十个月、十一个月、一年。

资料来源：中国银行网站。

2. 掉期率报价方式

掉期率（Swap Rate）也称为远期汇水，是指某一时点远期汇率与即期汇率的汇率差，通常表现为升水、贴水和平价。升水是指某种货币的远期汇率大于即期汇率，贴水是指某种货币的远期汇率小于即期汇率，平价是指某种货币的远期汇率等于即期汇率。升水和贴水是一个相对概念，例如，即期汇率 USD/CNY = 6.1942，远期汇率为 USD/CNY = 6.1960，则表明远期美元升水，人民币贴水。

掉期率报价方式的好处是简明扼要，因为远期差价通常比较稳定，因此用掉期率来报价比直接报价方式要简便。

在实务中，报价银行通常只报出远期汇率的升水和贴水"点数"，并不标明升水还是贴水，远期汇率由即期汇率加减远期差额得到，询价者需要根据报价规则自行判断远期汇率变化。计算远期汇率的方法为：首先判断即期汇率报价中的基准货币；其次看远期汇水数字的大小，如前小后大，基准货币远期为升水；如前大后小，基准货币远期为贴水。即在银行使用直接标价法的情况下，远期差价点数前小后大表示远期外汇升水，前大后小表示远期外汇贴水；在银行使用间接标价法的情况下，远期差价点数前小后大表示远期外汇贴水，前大后小表示远期外汇升水。

（1）在直接标价法下

远期汇率 = 即期汇率 + 升水

远期汇率 = 即期汇率 – 贴水

（2）在间接标价法下

远期汇率 = 即期汇率 – 升水

远期汇率 = 即期汇率 + 贴水

其实，无论银行使用何种标价方法，在计算远期汇率时，都可以遵循以下规则：

远期汇率 = 即期汇率 + 远期差价点数（远期差价点数前小后大）

远期汇率 = 即期汇率 – 远期差价点数（远期差价点数前大后小）

【实训 3 – 6】

某日香港外汇市场的外汇报价：即期汇率为 USD/HKD = 7.7810/20，3 个月远期差价为 30/50，计算美元兑港元 3 个月远期汇率。

分析：因为香港外汇市场采用直接标价法，且所报点数的小数在前，大数在后，所以美元远期升水，港元远期贴水。即前小后大，基准货币美元远期升水。

远期汇率 = 即期汇率 + 升水 3 个月远期汇率

$$
\begin{array}{cc}
7.7810 & 7.7820 \\
+\ 0.0030 & +\ 0.0050 \\
\hline
7.7840 & 7.7870
\end{array}
$$

即美元兑港元 3 个月远期汇率 7.7840/70。

【实训 3 – 7】

某日纽约外汇市场的外汇报价：即期汇率为 USD/CHF = 1.1328/33，6 个月远期差价为 40/20，计算美元兑瑞士法郎 6 个月远期汇率。

分析：因为纽约外汇市场采用间接标价法且所报点数的大数在前，小数在后，所以瑞士法郎远期升水，美元贴水。即前大后小，基准货币美元远期贴水。

远期汇率 = 即期汇率 – 升水 6 个月远期汇率

$$
\begin{array}{cc}
1.1328 & 1.1333 \\
-\ 0.0040 & -\ 0.0020 \\
\hline
1.1288 & 1.1313
\end{array}
$$

即美元兑瑞士法郎 6 个月远期汇率为 1.1288/1.1313。

（二）远期汇率的决定

根据利率平价理论，一种货币相对于另一种货币是升水还是贴水，以及升水、贴水的幅度如何，是由两种货币的利率决定的。

假设英镑年利率为 2%，美元年利率为 4%，外汇市场上的即期汇率为 GBP/USD = 1.4465。这时客户将会卖掉手中的英镑买入美元，赚取较高存款利息。同时为规避美元汇率变化风险，客户会向银行购买远期英镑。这时外汇银行就会按照即期汇率用美元购买英镑，存放在银行以便远期交割英镑。银行放弃了高利率的美元而存放低利率的英镑，将会遭受损失。银行会通过影响远期汇率的方式把此损失转嫁到客户身上。因此，远期美元汇率下跌，英镑升值。远期汇率的变动结果使投资于英镑和美元在相同时期内的获利状况是一样的。

假如客户买入美元存放银行 1 年，并卖出 1 年期的远期美元，则投资 1 英镑在 1 年内的收益为 $1 + 1 \times 2\% = 1.02$ （英镑）。

将英镑转换成美元投资在 1 年内的收益为 $1 \times 1.4465 \times （1 + 4\%） = 1.5044$ （美元）。

1 年期的远期汇率为 1.5044/1.02 = 1.4749，即 GBP/USD = 1.4749。

上述计算过程表明，在其他因素不变的情况下，利率对远期汇率的影响是：利率高的货币远期贴水，利率低的货币远期升水；远期汇率的升贴水率大约等于两种货币的利率差。

（三）远期汇率的计算

在远期外汇交易中，外汇银行远期汇率的报价主要是遵循一价定律。一价定律是指在完全竞争的市场上，相同的交易产品或金融资产，经过汇率调整后，在世界范围内其交易成本是相等的。根据利率平价理论可知，远期汇率由两种货币的利率

差决定，同时，远期汇率是在即期汇率的基础上加、减升贴水得到的。因此，外汇银行所报远期汇率升贴水的计算公式为

升水（贴水）数 ＝ 即期汇率 × 两种货币的利率差 × 天数 /360

或者

升水（贴水）数 ＝ 即期汇率 × 两种货币的利率差 × 月数 /12

【实训 3 – 8】

已知日元年利率为 8%，美元年利率为 5%，某日东京外汇市场即期汇率报价 USD/JPY ＝ 92.30，计算 USD/JPY 3 个月的远期汇率。

分析：

升水（贴水）数 ＝ 即期汇率 × 两种货币的利率差 × 月数 /12

　　　　　　　＝ 92.30 × （8% － 5%） × 3/12

　　　　　　　＝ 0.69

即 3 个月远期汇率 USD/JPY ＝ 92.30 + 0.69 ＝ 92.99。

（四）远期汇率的套算

当客户需要知道远期套算汇率时，需先分别计算两种货币的远期汇率，再按照即期汇率套算的方法计算远期套算汇率。

【实训 3 – 9】

某日法兰克福外汇市场即期汇率报价 EUR/USD ＝ 1.2620/50，1 个月远期汇水 20/30，东京外汇市场即期汇率报价 USD/JPY ＝ 96.40/70，1 个月远期汇水 40/20。计算 EUR/JPY 1 个月远期汇率。

分析：

（1）计算 EUR/USD 1 个月远期汇率

1.2620 + 0.0020 ＝ 1.2640；1.2650 + 0.0030 ＝ 1.2680。

即 1 个月远期汇率 EUR/USD ＝ 1.2640/80。

（2）计算 USD/JPY1 个月远期汇率

96.40 － 0.40 ＝ 96.00；96.70 － 0.20 ＝ 96.50。

即 1 个月远期汇率 USD/JPY ＝ 96.00/50。

（3）按一般交叉汇率计算方法计算 EUR/JPY 1 个月远期汇率

1.2640 × 96.00 ＝ 121.34；1.2680 × 96.50 ＝ 122.36

即 1 个月远期汇率 EUR/JPY ＝ 121.34/122.36。

三、远期外汇交易的操作

远期外汇交易同即期外汇交易一样，也包括询价、报价、成交及确认四个步骤。

【实训3－10】

远期外汇交易流程

A：Bank of China GUANGDONG Calling Yen Forward Outright Value 6th July for 5 USD.

A：我方是中国银行广东省分行，请报7月6日交割的美元/日元远期汇率，金额为500万美元。

B：Swap 138/132 Spot 23/28.

B：远期点数为138/132，即期汇率为23/28（注：即期汇率92.23/92.28中的大数取自当时路透社的即期行情）。

A：3 Mio.

A：我方买入300万美元。

B：OK Done at 90.96 We Sell USD 3 Mio Against Yen Value 6th July. Yen to Bank of Tokyo for A/C 12345.

B：好，成交了。按1美元等于90.96日元我方卖出300万美元，交割期为7月6日。日元划到我方在东京的东京银行账户12345。

A：USD to Bank of China NY for Our A/C 54321.

A：美元划到中国银行纽约分行我方往来账户54321。

四、远期外汇交易的应用

（一）利用远期外汇交易规避外汇风险

在国际贸易中，进出口商从签订贸易合同到执行合同、收付货款通常需要经过一段相当长的时间，在此期间进出口商可能因汇率的变动遭受损失。因此，对未来有外汇支出（空头）的进口商而言，可以通过与银行签订远期合约买入期汇的方式，即通过远期外汇市场上的多头对已知的外汇空头交易进行抵补，对未来外汇的支出进行保值。与此相对应，对未来有外汇收入（多头）的出口商而言，可以通过与银行签订远期合约卖出期汇的方式，即通过远期外汇市场上的空头对已知的外汇多头交易进行抵补，对未来的外汇收入进行保值。

同样，资金借贷者持有净外汇债权或债务时，汇率的不利变动也会引起本币计值的收入减少或成本增加。因此，资金借贷者也会通过远期外汇交易在收取或支付款项时按成交时的汇率办理交割。

【实训3－11】

某年3月12日，外汇市场上的即期汇率为USD/JPY＝92.06/20，3个月远期差价点数30/40。假定当天某日本进口商从美国进口价值100万美元的机器设备，需在3个月后支付美元。若日本进口商预测3个月后（6月12日）美元将升值到

USD/JPY = 94. 02/18。

在其预期准确的情况下：

（1）如果日本进口商不采取保值措施，则6月12日需支付多少日元？

（2）如果日本进口商采用远期外汇交易进行保值时避免的损失为多少？

分析：

（1）如果日本进口商不采取保值措施，6月12日，按当日即期汇率买入美元时，需支出的日元为1000000 × 94. 18 = 94180000。

（2）如果日本进口商采取保值措施，即在签订进货合同的同时，与银行签订3个月的远期协议，约定在3个月后的6月12日买入100万美元，从而锁定日元支付成本。

3个月的远期汇率：92. 06 + 0. 30 = 92. 36；　92. 20 + 0. 40 = 92. 60

6月12日进口商按远期汇率买入美元时，需付出的日元为1000000 × 92. 60 = 92600000。

因此，日本进口商进行远期交易时，避免的日元损失为94180000 - 92600000 = 1580000。

（二）利用远期外汇交易进行外汇投机

与保值者利用市场轧平风险头寸、规避风险的动机不同，投机者是有意识地持有外汇头寸以获得风险利润。外汇投机者与保值者的区别主要是前者没有已发生的商业或金融交易与之对应。外汇投机者往往相信自己比大多数市场参与者更了解市场趋势，自己对汇率趋势的预期更为正确，从而进行外汇交易操作，因此，外汇投机能否获得利润主要依赖于其预期是否正确。若预期正确，就可以获得收益，否则将会蒙受损失。

利用远期外汇交易进行投机，有买空和卖空两种基本形式。买空是指投机者在预期某种货币的未来即期汇率将会高于远期汇率的基础上进行单纯买入该种货币远期的交易。卖空是指投机者在预期某种货币的未来即期汇率将会低于远期汇率的基础上进行单纯卖出该种货币远期的交易。

【实训 3 - 12】

加拿大某投机商预期6个月后美元兑加元有可能大幅度下跌至 USD1 = CAD 1. 1370/90，当时美元6个月远期汇率为 USD/CAD = 1. 1530/60。如果预期准确，不考虑其他费用，该投机商进行500万美元的远期卖空交易，可获得多少投机利润？

分析：

（1）6个月后投机商按即期汇率买入500万美元，需支付加元为5000000 × 1. 1390 = 5695000。

（2）6个月后投机商履行远期合约卖出500万美元，可获得加元为5000000 × 1. 1530 = 5765000。

（3）投机商通过卖空获利加元为5765000 - 5695000 = 70000。

（三）利用远期外汇交易平衡外汇头寸

当外汇银行接受了客户为避免和转嫁风险而发生的远期外汇交易时，外汇银行就会产生相应的外汇"综合持有额"或称总头寸，其间难免会出现期汇或现汇的超买或超卖，这时，外汇银行就处于汇率变动的风险之中。因此，为避免外汇风险，外汇银行需对不同期限、不同货币头寸的盈亏进行抵补，来平衡外汇头寸。

【实训 3 – 13】

某日苏黎世外汇市场的报价即期汇率为 GBP/CHF = 1.6650/70，6 个月的远期汇率为 GBP/CHF = 1.6820/50。瑞士某银行卖给客户 6 个月期的远期英镑 200 万。如果 6 个月后英镑交割日的即期汇率为 GBP/CHF = 1.6930/60，那么，该行听任外汇敞口存在，其盈亏状况如何？

分析：

（1）如该行为履行合约在 6 个月后按即期汇率买进英镑，需支付瑞士法郎为 2000000 × 1.6960 = 3392000。

（2）银行履行 6 个月期的远期合约，收入瑞士法郎为 2000000 × 1.6850 = 3370000。

（3）银行如果听任外汇暴露存在，将会亏损瑞士法郎为 3392000 – 3370000 = 22000。

可见，客户将外汇风险通过远期外汇交易转嫁到了银行身上，如果银行不愿承担这种外汇风险，可以将超卖的远期外汇反向买入，或将超买的远期外汇反向卖出，通过平衡外汇头寸，规避外汇风险。如实训 3 – 13 中，外汇银行在接受了此业务后，可以同时买入 6 个月远期英镑 200 万来锁定成本。

五、掉期外汇交易

（一）掉期外汇交易的含义

掉期外汇交易者（Swap Contracts）是指外汇交易者在买进或卖出一定交割期限和数额的某种货币的同时，卖出或买进另一种交割期限、相同数额的同种货币的活动。也就是说，掉期外汇交易实际由两笔外汇交易组成，两笔交易买卖方向相反，交割期限不同，而交易的币种和金额完全相同。因为银行在办理掉期交易时，只收取一次手续费，所以对客户来说，掉期交易的成本比较低。

（二）掉期外汇交易的分类

按照两笔交易的交割期限，掉期交易可以分为即期对远期、即期对即期、远期对远期三种情况，其中最常见的是即期对远期的掉期交易。

1. 即期对远期（Spot – Forward Swap）

即期对远期的掉期交易，是指买进或卖出某种即期外汇的同时，卖出或买进相同币种的远期外汇。即期对远期的掉期交易广泛应用于客户调整资金的期限结构、进行抵补套利、银行轧平头寸、调整交割日等外汇交易活动中，以避免汇率变动的风险。在国际外汇交易市场上，常见的即期对远期掉期交易有以下三种。

（1）即期对次日（S/N，Spot/Next）：自即期交割日算起，至下一个营业日为止的掉期交易。

（2）即期对一周（S/W，Spot/Week）：自即期交割日算起，为期一周的掉期交易。

（3）即期对整数月掉期：如1个月、2个月、3个月、6个月等。第一个交割日在即期，后一个交割日是1个月或其整数倍的远期。

2. 即期对即期（Spot – Spot Swap）

即期对即期的掉期交易，是指买进或卖出一笔即期外汇的同时，卖出或买进相同货币或金额但交割日期不同的另一笔即期外汇，主要用于大银行之间的短期资金拆借，目的在于避免敞口头寸导致的外汇风险。

（1）今日对明日掉期（O/N，Over – Nigt）：也叫隔夜交易，将第一个交割日安排在成交的当天，后一个交割日是明天，即交易日后的第一个工作日。

（2）明日对后日掉期（T/N，Tom – Next）：又称隔日交易，前一个交割日是明天，即交易日后的第一个工作日，后一个交割日是交易后的第二个工作日。

3. 远期对远期（Forward – Forward Swap）

远期对远期的掉期交易，是指同时做不同交割期限的两笔远期外汇交易，币种和金额相同而买卖方向相反，远期对远期交易能够使银行利用较为有利的时机，在汇率变动中获利，这种掉期交易只是偶尔使用。

（三）掉期外汇交易的操作

掉期外汇交易也包括询价、报价、成交及确认四个步骤。

【实训 3 – 14】

掉期外汇交易流程

A：CHF Swap USD 10 Mio AG CHFSpot/1 Month.	A：询问关于瑞士法郎掉期交易的价格，美元1000万兑瑞士法郎，即期对1个月远期。
B：CHF Spot/1 Month 53/56.	B：报出即期对1个月远期的双向掉期率为53/56（即期汇率1.1323/1.1335）。
A：53 Pls My USD to ANY My CHF to A Zurich.	A：53成交。我的美元请汇入A银行纽约分行。我的瑞士法郎请汇入A银行苏黎世分行。

B：OK. Done. We Sell/Buy USD 10 Mio AG CHF May 20/June 22. Rate at 1.1335 AG 1.1388 USD to My B N. Y. CHF to My B Zurich Tks for Deal, BI BI.

B：同意。我们卖/买美元 1000 万，交割日为 5 月 20 日及 6 月 22 日，汇率为 1.1335/1.1388。美元汇入 B 银行纽约分行，瑞士法郎汇入 B 银行苏黎世分行。谢谢惠顾，再见。

A：OK, All Agreed, BI BI.

A：同意，再见。

（四）掉期外汇交易的应用

1. 利用掉期外汇交易进行保值

掉期交易可以被用来轧平不同期限的外汇头寸，调整交割日，从而达到保值的目的。

【实训 3 – 15】

某港商 1 个月后有一笔 100 万欧元的应付账款，3 个月后有一笔 100 万欧元的应收账款。在掉期市场上，1 个月欧元远期汇率为 EUR/HKD = 9.8070/90，3 个月期欧元汇率为 EUR/HKD = 9.8750/80，该港商可以进行 1 个月对 3 个月的远期对远期掉期交易：买入 1 个月期的 100 万欧元，并卖出 3 个月期的 100 万欧元进行保值。计算该港商的贴水收益。

分析：

1 个月后买入欧元 100 万，需支付港元为 $1 \times 1000000 \times 9.8090 = 9809000$。

3 个月后卖出欧元 100 万，可获得港元为 $1 \times 1000000 \times 9.8750 = 9875000$。

通过掉期交易的港元贴水收益为 $9875000 - 9809000 = 66000$。

2. 利用掉期外汇交易从事货币转换

掉期交易可以使投资者将闲置的货币转换为所需要的货币，并得以运用，从中获得利益。

【实训 3 – 16】

假设：即期汇率为 USD/HKD = 7.8040，3 个月远期汇率为 USD/HKD = 7.8070。

银行承做了两笔外汇交易：

（1）卖出 3 个月远期美元 100 万，买入相应港元。

（2）买入即期美元 100 万，卖出相应港元。

问银行应如何规避外汇敞口风险？

分析：

为了轧平两种货币的资金流量，银行可以承做一笔即期对远期的掉期交易：卖出即期美元 100 万，买入相应港元，买入 3 个月远期美元 100 万，卖出相应港元，从而调整两种货币的资金缺口。

3. 利用掉期外汇交易投机获利

掉期率主要通过即期汇率与市场利率决定，其中即期汇率对掉期率变动幅度的影响较小，影响掉期率的主要因素是两种货币之间的利率差，未来的市场利率随时都可能发生变化，当利差扩大时，掉期率上升；当利差缩小时，掉期率下跌。因此，投机者可以根据对利率变化的预期，作出对未来某个时刻市场汇率的预期，并根据这种预期进行投机性的掉期交易，从中获得利润。

【实训 3 – 17】

假设 5 月某外汇市场报价为 GBP/USD 3 个月掉期率为 30/32，GBP/USD 6 个月掉期率为 59/61。试分析交易员可以通过何种掉期交易投机获利？

分析：

掉期率为升水，表明英镑利率水平低于美元利率水平。预期在未来 3 个月内英镑和美元之间的利差将会缩小，这意味着英镑兑美元的掉期率将下跌。

根据预期，交易员可以承做两笔掉期交易：

（1）即期卖出英镑买入美元，按升水 32 点，买入 3 个月远期英镑，卖出美元；

（2）即期买入英镑卖出美元，按升水 59 点，卖出 6 个月远期英镑，买入美元。

交易员可以从 3 个月和 6 个月的汇率差额中获得 27（59 – 32 = 27）点收益。

3 个月后，如真像预期的那样，英镑和美元之间的利差缩小，则英镑兑美元的掉期率水平下跌。假设 8 月该外汇市场报价为 GBP/USD 3 个月掉期率为 18/20。则原持有 3 个月的远期头寸在此时已经变成即期头寸，原持有 6 个月的远期头寸相应成为 3 个月远期头寸。

交易员再承做一笔掉期交易，将原有头寸轧平：

即期卖出英镑买入美元，按升水 20 点，买入 3 个月远期英镑，卖出美元。

交易员从即期和 3 个月远期的汇率差价中损失 20 点。

通过前后两次操作，交易员可以实现 7（27 – 20 = 7）点盈利。

六、汇率折算与进出口报价

在国际贸易活动中，经常会发生需要改变进出口报价的情况，熟练掌握汇率的计算以及进出口报价的原则，能提高企业效益，规避风险。

（一）即期汇率与出口报价

1. 本币折算外币时用买入价

出口商对外报价时，原以本币报价，现改报外币，需以所收取的外币向银行兑换本币，即银行买入外币，付出口商本币，所以按买入价折算。

【实训 3 – 18】

我国出口商报价一批货物 100 万元人民币（本币），美国进口商想知道需支付多少美元，即要求我国出口商改为美元（外币）报价，当我国出口商收取了美元货款后，需向银行卖出美元并买入人民币，获得与所报 100 万元人民币等值的货款。

所以，如果当时市场即期汇率为 USD1 = CNY6.8220/6.8260，那么我国出口商改成外币报价应为 100/6.8220 = 14.6585 万美元。即当我国出口商收取 14.6585 万美元时，才相当于收回价值 100 万元人民币的货款。

2. 外币折算本币时用卖出价

出口商对外报价时，原以外币报价，现改报本币，出口商需计算以所收取的本币卖给银行后获得与原外币报价等值的货款，即银行买入本币，付出口商外币，所以按卖出价折算。

【实训 3 - 19】

我国出口商报价一批货物 100 万美元（外币），美国进口商要求改用人民币报价，当我国出口商收取了人民币货款后，经过折算应等于 100 万美元的价值。所以，如果当时市场即期汇率为 USD1 = CNY6.8220/6.8260，那么我国出口商改为本币报价应为 100 × 6.8260 = 682.6 万元人民币。即当我国出口商收取 628.6 万元人民币时，相当于收回价值 100 万美元的货款。

3. 以一种外币折算成另一种外币时按国际外汇市场牌价折算后再行报价

折算应遵循的基本原则是：无论是直接标价市场的牌价，还是间接标价市场的牌价，均将外汇市场所在地国家的货币视为本币，而将其他国家的货币视为外币。然后按照上述两个原则进行：本币折算为外币时，按买入价折算；外币折算为本币时，按卖出价折算。

【实训 3 - 20】

我国某出口商原以美元报价，每件 80 美元，现英国进口商要求改以英镑报价。当日纽约外汇市场即期汇率为 GBP1 = USD1.440/70。这时我国出口商应将美元视为本币，英镑视为外币。将美元报价改为英镑报价即为将本币报价折算为外币报价，应使用买入价，报价 80/1.4440 = 55.40 英镑。如果以当日伦敦外汇市场的牌价作为依据，则美元视为外币，英镑视为本币。把美元报价改为英镑报价，就是外币报价折算为本币报价，应使用卖出价折算。如果当日伦敦外汇市场报价也为 GBP1 = USD1.4440/70，为间接标价法，所以 1.4440 为美元的卖出价，则报价 80/1.4440 = 55.40 英镑。

可见，一种外币改为另一种外币报价时，无论以哪个外汇市场作为基准，只要不同外汇市场的汇率相同，折算出的同一货币表示的进出口报价亦是相同的。

（二）即期汇率与进口报价

在进口贸易中，外国进口商如果以两种货币对同一商品进行报价，进口商应尽力选择较低支付的方式接受报价。

1. 将进口商品的两种报价按人民币汇价折算成人民币进行比较

【实训 3 – 21】

我国某公司从法国进口商品，法国出口商给出了两个报价：以欧元报价的单价为 500 欧元，以美元报价的单价为 600 美元，当时外汇市场的即期汇率为 EUR1 = CNY8.3810，USD1 = CNY 6.8200。我国应在欧元报价和美元报价中选择一个相对较低的价格，这时需分别将两个报价折算成人民币报价进行比较。欧元报价折算为人民币 8.3810×500 = CNY4190.5；美元报价折算为人民币 6.8200×600 = CNY4092。可见，美元报价的人民币成本低于欧元报价的人民币成本，因此该公司应该接受美元的报价。

2. 将进口商品的两种报价按国际外汇市场的即期汇率统一折算进行比较

【实训 3 – 22】

接上例，参照上述法国商品的欧元和美元报价，如果以当天纽约外汇市场的美元与欧元的比价进行折算，也可得出应该以何种货币报价较为合理。假设同日，纽约外汇市场的报价为 EUR/USD = 1.1268/78，按此汇价，欧元的报价折算为 500×1.1278 = 563.9 美元，但以美元的报价为 600 美元。所以，在不考虑其他因素的情况下，该公司应接受欧元的报价。

（三）远期汇率与出口报价

1. 在出口报价时，应参考汇率表中远期升贴水（点）数

远期汇率表中升水货币为增值货币，贴水货币为贬值货币。我方在出口贸易中，国外进口商在延期付款条件下，要求我方以两种外币报价。假如甲币为升水，乙币为贴水。如以甲币报价，则按原价报出；如以乙币报价，应按汇率表中乙币对甲币贴水后的实际汇率报出，以减少乙币贴水后的损失。

【实训 3 – 23】

某日纽约外汇市场即期汇率报价 USD1 = CHF1.1580/90，3 个月远期汇率贴水 135/140，我国公司向瑞士出口机床，如即期付款每台报价 2000 美元，现瑞士进口商要求我出口商改以瑞士法郎报价，并于货物发运后 3 个月付款，所以我方改报时，应首先计算 3 个月远期汇率 1.1580 + 0.0135 = 1.1715；1.1590 + 0.0140 = 1.1730。

考虑到我方要 3 个月后才能收款，因此需要将 3 个月瑞士法郎贴水的损失加在货价上，又根据纽约外汇市场报价折算，美元应判断为本币，瑞士法郎为外币，根据本币折算外币按买入价折算的原则，应报的瑞士法郎价 = 2000×1.1730（瑞士法郎的买入价）= 2346 瑞士法郎。

2. 在出口报价中，汇率表中的贴水年率，也可作为延期收款的报价标准

远期汇率表中的贴水货币，是具有贬值趋势的货币。该货币的贴水年率，即贴水货币（对升水货币）的贬值年率。如某商品原以较硬（升水）货币报价，但国外

进口商要求改以贴水货币报价，出口商根据即期汇率将升水货币金额换算为贴水货币金额的同时，为弥补贴水损失，应再将一定时期内贴水率加在折算后的货价上。

【实训 3 – 24】

我国某公司向英国出口商品原报即期价款为 USD500/箱，英国进口商要求改用英镑报价，并延期 3 个月付款。伦敦市场即期汇率报价为 GBP1 = USD1.2740/70；3 个月远期差价 200/240 点。英国进口商如果即期付款，我方需要按伦敦外汇市场汇率将外币折算为本币，应按卖出价折算。我方报价应为 500/1.2740 = 392.46GBP。如果外商延期 3 个月付款，根据远期升贴水年率，远期英镑升水，美元贴水，按远期汇率的卖出价折算，我方报价 500/（1.2740 + 0.02）= 386.40GBP。这样同即期收款相比，延期收款不利于我方资金周转，而报价又低了 6.06（392.46 – 386.4 = 6.06）英镑。故我方报价的标准应按即期收款的升水货币报价，即 392.46 英镑/箱。

（四）远期汇率与进口报价

在进口业务中，某一商品从合同签订到外汇付出约需 3 个月，国外出口商以硬（升水货币）、软（贴水货币）两种货币报价，其以软币报价的加价幅度，不能超过该货币与相应货币的远期汇率，否则我方可接受硬币报价。只有这样，才能达到货价与汇价均不吃亏的目的。

【实训 3 – 25】

某日苏黎世外汇市场即期汇率报价为 USD1 = CHF1.1430，我国某公司从瑞士进口机械零件，3 个月后付款，瑞士出口商报的单价为 100 瑞士法郎，如我方要求瑞士出口商改以美元报价，则其报价水平不能超过瑞士法郎对美元的 3 个月远期汇率，即 100/1.1430 = 87.49 美元，则我方不应接受，仍应接受 100 瑞士法郎的报价。因为接受瑞士法郎硬币报价后，我方以美元买进瑞士法郎 3 个月远期进行保值，以防瑞士法郎上涨的损失，其成本也不过 87.49 美元，硬币对软币的远期汇率是核算软币加价可接受幅度的标准。

第三节　套汇交易

一、套汇交易的含义

套汇（Arbitrage）是指套汇者利用两个或两个以上外汇市场在同一时刻货币的汇率差异进行外汇交易，在汇率较低的市场上买入一种货币，在汇率较高的市场上卖出该货币，从中赚取差价利润的活动。

一般要进行套汇必须具备以下三个条件：（1）存在不同外汇市场的汇率差异；（2）套汇者必须拥有一定数量的资金，且在主要外汇市场拥有分支机构或代理行；（3）套汇者必须具备一定的技术和经验，能够判断各外汇市场汇率变动及其趋势，并根据预测采取行动。所以，在西方国家，大型商业银行是最大的套汇投机者，它们在海外广设分支机构和代理行，消息灵通、资金雄厚、套汇便捷。

套汇交易结束后，原先汇率较低的外汇市场上，该种货币的需求大于供给，从而该货币的汇率上升；原先汇率较高的外汇市场上，该种货币的供给大于需求，使得货币汇率下降。这使各个市场的汇率差异减小，趋于消失。

套汇交易一般可分为时间套汇和地点套汇。时间套汇（Time Arbitrage）是指套汇者利用不同交割期限所造成的汇率差异，在买入或卖出即期外汇的同时，卖出或买入远期外汇；或者在买入或卖出远期外汇的同时，卖出或买入期限不同的远期外汇，借此获取时间收益，以获得盈利的套汇方式。因此，实质上时间套汇与掉期交易相同。地点套汇（Space Arbitrage）是利用两个或两个以上外汇市场中某种货币在汇率上的差异进行外汇交易。从中套取汇差利润的外汇交易。地点套汇一般可以分为直接套汇和间接套汇。

二、直接套汇交易

直接套汇（Direct Arbitrage）又称两点套汇、两地套汇或两角套汇。它是套汇者利用两个外汇市场之间在同一时间的汇率差异，同时在两个外汇市场买卖同一种货币，以赚取汇差利润的外汇交易。其交易准则是：在汇率较低的市场买进，同时在汇率较高的市场卖出，亦称贱买贵卖。

【实训 3 – 26】

假定某一时刻伦敦和纽约外汇市场的汇率如下：

伦敦的外汇市场：GBP1 = USD1.4200/10

纽约的外汇市场：GBP1 = USD1.4310/20

试用美元进行套汇。

分析：显然，英镑在伦敦外汇市场的价格比在纽约外汇市场的价格低。

根据贱买贵卖的原则，套汇者在伦敦外汇市场按 GBP1 = USD1.4210 的汇率用 142.10 万美元买进 100 万英镑。同时在纽约外汇市场以 GBP1 = USD1.4310 的汇率卖出 100 万英镑，收入 143.10 万美元，这样套汇者通过上述两笔外汇业务就可以赚取 1 万美元的收益。

三、间接套汇交易

间接套汇（Indirect Arbitrage）又称三地套汇或三角套汇，是套汇者利用三个或三个以上不同地点的外汇市场在同一时间的汇率差异，在多个市场间调拨资金，贱买贵卖，从中获取利润的外汇交易。间接套汇涉及多个外汇市场，情况复杂，所以必须判断是否存在套汇机会，然后再进行套汇操作。

套汇的步骤可遵循如下规则：

第一步：统一标价方法，判断是否存在套汇的机会。

方法是首先将三地的三种货币汇率统一成一种标价法（直接标价法或间接标价

法），然后连乘，如果乘积等于 1，说明不存在汇率差异和套汇获利机会；如果乘积不等于 1，说明存在汇率差异和套汇获利机会，可以从事套汇交易。

第二步：判断三地汇率差异。

通过套算汇率的方法，将一个市场的外汇汇率与另外两个市场套算出的同种货币汇率进行比较，找到某种货币在不同市场上的贵贱结果。

第三步：套汇。在该种货币价格比较贵的市场上将其卖掉，然后经过三个市场的转换在相对比较便宜的市场上买回来，完成套汇过程。

【实训 3 - 27】

某日，香港、纽约、法兰克福三地的外汇市场报价如下：

香港外汇市场：USD1 = HKD7.8；

纽约外汇市场：EUR1 = USD1.4；

法兰克福外汇市场：EUR1 = HKD10；

试用 100 万美元套汇。

分析：

（1）统一标价方法

香港外汇市场：USD1 = HKD7.8（直接标价法）；

纽约外汇市场：EUR1 = USD1.4（直接标价法）；

法兰克福外汇市场：HKD1 = EUR1/10（直接标价法）；

将汇价连乘：$7.8 \times 1.4 \times 1/10 = 1.092 \neq 1$；乘积不为 1，有套汇机会。

（2）判断三地汇率差异

由纽约和法兰克福两个市场的汇率套算出美元和港元之间的汇率：$10/1.4 = 7.14$；USD1 = HKD7.14。

与香港外汇市场的汇率进行比较，纽约和法兰克福两地外汇市场美元对港元的汇价相对比较低。

（3）套汇路线

由于香港外汇市场的美元较贵，首先在香港外汇市场卖出 100 万美元，得到港元，金额为 $1000000 \times 7.8 = 7800000$。

再在法兰克福外汇市场卖出 7800000 港元，得到欧元，金额为 $7800000/10 = 780000$。最后在纽约外汇市场卖出 780000 欧元，收回美元，金额为 $780000 \times 1.4 = 1092000$。

投资者的套汇美元收益为 $1092000 - 1000000 = 92000$（美元）。

在现实套汇交易中，外汇银行报价为双向报价，不像上例中均假设为中间汇率。因此，套汇者在实际交易中，将会损失一定的汇率差。

【实训 3 - 28】

某日，香港、纽约、伦敦三地的外汇市场报价如下：

香港外汇市场：USD1 = HKD7.7804 ~ 7.7814；

纽约外汇市场：GBP1 = USD1.4205 ~ 1.4215；

伦敦外汇市场：GBP1 = HKD11.0723 ~ 11.0733；

试用 100 万美元套汇。

分析：

（1）统一标价方法

香港外汇市场：USD1 = HKD7.7804 ~ 7.7814（直接标价法）

纽约外汇市场：GBP1 = USD1.4205 ~ 1.4215（直接标价法）

伦敦外汇市场：HKD1 = GBP1/11.0733 ~ 111.0723（直接标价法）

$7.7804 \times 1.4205 \times 1/11.0733 = 0.999808 \neq 1$，乘积不为 1，有套汇机会。

（2）判断三地汇率差异

由纽约和伦敦两个市场的汇率套算出美元和港元之间的汇率为 USD/HKD =（11.0723/1.4215）/（11.0733/1.4205）= 7.7892/7.7954。与香港外汇市场的汇率进行比较，纽约和伦敦两地外汇市场美元对港元的汇价相对比较高。

（3）套汇路线

由于纽约外汇市场的美元较贵，首先在纽约外汇市场卖出 1000000 美元，得到英镑，金额为 1000000/1.4215 = 703482。

再在伦敦外汇市场卖出 703482 英镑，可得到港元，金额为 703482 × 11.0723 = 7789164。

最后在香港外汇市场卖出 7789164 港元，收回美元，金额为 7789164/7.7814 = 1000998。

投资者的套汇收益为 1000998 - 1000000 = 998 美元。

需要注意的是，在当今世界，由于现代通信设备的迅速发展与完善，各大外汇市场交易已由国际卫星通信网络紧密联系起来，加之电脑在外汇交易中的广泛使用，外汇市场与外汇交易已日趋全球化、同步化。因此，对于套汇来说，其赖以存在的基础——汇率差异在迅速减少，套汇的机会也大大减少了，取而代之的是诸如期权交易、现汇套汇交易等创新的业务形式。

第四节　套利交易

一、套利交易的含义

套利交易（Interest Arbitrage Transaction）也叫利息套汇，是指投资者利用不同国家或地区短期利率的差异，将资金由利率较低的国家或地区转移到利率较高的国家或地区进行投资，以从中获得利息差额收益的外汇交易。

套利也是外汇市场上重要的交易活动。由于目前各国外汇市场联系十分密切，一有套利机会，大银行或大公司便会迅速投入大量资金，最终促使各国货币利差与货币远期贴水率趋于一致，使套利无利可图。套利活动使各国货币利率和汇率形成了一种有机的联系，两者互相影响制约，推动国际金融市场的一体化。

按照套利者在套利的同时是否做远期外汇交易进行保值，套利交易可分为非抵补套利和抵补套利。

二、非抵补套利交易

非抵补套利（Uncovered Interest Arbitrage）是指单纯把资金从利率低的货币转向利率高的货币，从中谋取利率差额收入。这种交易不同时进行反方向交易，要承担高利率货币贬值的风险。

【实训 3 – 29】

英国短期市场的存款年利率为 8%，美国年利率为 10%。英国一套利者有 100000 英镑闲置 6 个月，即期外汇市场报价 GBP1 = USD1.4770/80，他将如何进行套利活动？

分析：

英国某套利者把 100000 英镑存入伦敦的银行 6 个月，到期利息为 100000 × 8% × 6/12 = 4000（英镑），本息和为 104000 英镑。

如果按当时市场汇率将 100000 英镑兑换成美元存放在美国 6 个月，到期利息为 100000 × 1.4770 × 10% × 6/12 = 7385（美元），本息和为 147700 + 7385 = 155085（美元）。

假设 6 个月到期时汇率无变化，将 155085 美元汇回英国可得英镑 155085/1.4780 = 104928.96，比存放在英国产生的利息多 928.96（104928.96 – 104000）英镑。

三、抵补套利交易

抵补套利（Coverd Interest Arbitrage）是指套利者把资金从低利率国家调往高利率国家的同时，在外汇市场上卖出高利率货币的远期，以避免汇率风险。这实际上是将远期和套利交易结合起来。

【实训 3 – 30】

假设某美国投资者手中有暂时闲置的资金 10 万美元，此时，美国货币市场 1 年期利率为 5%，德国货币市场 1 年期利率为 10%，市场即期汇率报价为 EUR1 = USD1.2260，1 年期远期汇率报价 EUR1 = USD1.2200，投资者在一年的时间里将如何套利？

分析：

（1）计算掉期成本率，把升贴水的幅度转化为年化收益率，并与年利率比较，以确定在给出的条件下是否可以套利。如果掉期成本率小于利率差，则套利可以获利；如果掉期成本率大于利率差，则套利不能获利。掉期成本率计算方法如下：

掉期成本率 =（升水或贴水 × 12）/（远期汇率 × 远期月数）× 100%

（2）把低利率货币换成高利率货币，并计算换回的本利和。

卖出高利率货币本利和的远期。或者直接做掉期交易，内容为即期卖出低利率货币，远期买入相同金额的低利率货币。这种做法虽然简便，但是有一个弊端，就是只能为本金保值，不能为利息保值。

（3）计算盈亏

衡量套利交易是否获利主要比较如果不进行套利，手中的低利率货币存在银行一段时间之后的本利和（机会成本）与进行套利换回的本利和之间的大小，如果前者大于后者，没有盈利，如果后者大于前者则可以盈利。

计算如下：

（1）第一步计算掉期成本率＝（1.2260－1.2200）×12／（1.2200×12）×100%＝0.49%

0.49%＜5%（利差＝10%－5%）

（2）该投资者将美元存放美国银行1年，可获得的利息为100000×5%＝5000，本息和为105000美元。

（3）如果先将美元按即期汇率兑换成欧元，存放在德国银行1年，同时为了防止汇率变动风险，卖出1年期的欧元：

兑换欧元：100000/1.2260＝81566.07（欧元）

欧元本息和：81566.07×10%＋81566.07＝89722.677（欧元）

卖出1年期欧元：89722.677×1.2200＝109461.67（美元）

该投资者在套利过程中，锁定风险比存放美国银行多获利美元为109461.67－105000＝4461.67（美元）。

套利者在套利时需注意以下几点：（1）套利活动必须以有关国家对货币的兑换和资金的转移不加任何限制为前提；（2）所谓两国货币市场上利率的差异，是就同一性质或同一种类金融工具的名义利率而言，否则不具有可比性；（3）套利活动涉及的投资是短期性质的，期限一般都不超过1年；（4）抵补套利是市场不均衡的产物，然而随着抵补套利活动的不断进行，货币市场与外汇市场之间的均衡关系又会重新得到恢复；（5）抵补套利也涉及一些交易成本，如佣金、手续费、管理费、杂费等，它们将降低套利者的套利收益；（6）由于去国外投资会冒很大的政治风险或国家风险，投资者一般对抵补套利持谨慎态度，特别是在最佳资产组合已经形成的情况下，除非抵补套利有足够大的收益来补偿资产组合的重新调整所带来的损失，一般不轻易进行抵补套利。

第五节　经典案例

日本公司的远期外汇交易

远期外汇交易是在即期外汇交易的基础上发展起来的，其最大的优点在于能够转移风险，因而可以用来进行套期保值和投机。远期外汇交易是指外汇的买卖双方通过协议价格锁定未来某一天的外汇价格，今后按照协议价格进行实际的交付。按其交割日是否固定可分为定期交易和择期交易。

日本某一贸易公司，每月外币交易量为2000万美元左右。在远期外汇交易中，公司规定买方持有或卖方持有只能为200万美元。而未结算外汇余额（相反交易完毕部分除外）买卖各为1000万美元。交易期间是7月到11月，共5个月。不考虑实际需要的预约保证金部分。这家公司进行了以下几次远期外汇买卖交易：

1. 7月3日，订立美元期货买进预约（买进持有200万美元）。合约内容：200万美元，1个月期货（8月6日交付），远期汇率1美元=238.60日元。买进远期美元的理由是：美日利率差距甚大，故判断目前美元将持续坚挺，依据对强势货币以期货折价买进的原则。

2. 7月24日，订立美元期货卖出预约400万美元（卖出持有200万美元）。合约内容：（1）采取7月3日买进外汇期货预约的相反交易，即卖出远期外汇200万美元，8月6日交割，远期汇率为1美元=245.50日元。这两个买卖合约8月6日到期结算时可获得利益（245.50−238.60）×200万=1380万日元。（2）新卖出外汇期货200万美元，期限3个月，10月26日交割，远期汇率为242.40。卖出远期美元的理由是：1美元兑换247日元为1983年9月2日以来的最高价格，首先予以谋利，并具有支援其后的买进操作之意而重新卖出。

3. 8月30日，买进远期外汇预约200万美元（买卖持有为0），期限为1个月，10月3日交割，远期汇率1美元=239.70日元，买进理由：8月上旬美元行情虽为243日元，但当时未决定，故已来不及，以后再未突破240日元。由于从日本流出资本颇巨，因此月底出现240日元时就把握此机会。

4. 9月4日，买进一个月期远期外汇预约200万美元（买方持有200万美元）远期汇率1美元=241.90。理由：7月发表了日本流出的长期资本净额为71.4亿美元，以致基本收支、综合收支均有大量的逆差，由于认为美元仍将趋坚，乃考虑预约增加买进。

5. 9月18日，卖出远期美元预约400万美元（卖出持有200万美元）。合约内容：（1）采取第三笔预约买进部分的相反交易，即卖出远期外汇200万美元，10月3日交割，远期汇率1美元=247.80日元。到期结算时，可获得利益为（247.30−239.70）×200万=1520万日元。（2）新卖出远期外汇合约200万美元，期限2个月，11月20日交割，远期汇率1美元=246.00日元。卖出理由：显示248日元的美元高价，预约买进的部分已获利，乃决定重新卖出。

6. 9月25日，买进远期外汇预约400万美元（买进持有200万美元），其中200万为1个月期远期外汇，10月29日交割，远期汇率1美元=243.70日元；200万为2个月期远期外汇，11月27日交割，远期汇率1美元=247.80日元。买进理由：从9月18日的高价下跌近4日元所致。

7. 10月1日，卖出远期外汇预约200万美元，此为预约买进部分的相反交易（持有为0）。因为第四笔远期外汇预约买进部分获利，所以预约卖出约200万美元，10月8日交割，远期汇率1美元=246.50日元，到期结算可获得收益（246.50−241.90）×200万=920万日元。

8. 10月18日，卖出远期外汇预约200万美元（预约买进部分套利，卖出持有

200万美元）。由于10月17日汇率到达250日元大关后，认为目前美元价位已达顶点，而且9月25日第六笔预约买进部分已获利，于是卖出远期外汇200万美元，10月29日交割，远期汇率1美元=249.00日元。

9. 10月24日，从即期市场买进现货外汇预约200万美元（持有为0）。第二笔的卖出预约10月26日到期，必须在到期2日前以现货买回200万美元，2个营业日后即10月26日交割，即期汇率1美元=244.20日元，结算时损失为（244.20 - 242.40）×200万=360万日元。

10. 11月8日，买进远期外汇预约（卖出预约部分得买回）200万美元（买进持有200万美元）。此为9月18日第五笔预约卖出部分的买回相反交易，11月20日交割，远期汇率1美元=240.70日元，到期结算时可获得收益为（247.30 - 240.70）×200万=1320万日元。买进理由是现货240日元显示日元偏高，已获收益。

11. 11月26日，预约卖出（预约买进部分得结算）远期外汇200万美元（持有为0）。此为第六笔预约买进的余额部分的相反交易，11月27日交割，汇率为1美元=245.70日元，结算时可获利益（245.70 - 242.80）×200万=580万日元。

从以上多次外汇远期交易的总体来看，先买进后卖出的操作共1000万美元，而先卖后买的操作仅400万美元，综合结果获利6160万日元。先预约卖出远期美元，是为了防止万一美元下跌时所造成的损失。而从上例的美元、日元行情分析，以事先预约买进逐期美元的期货操作，则可获得上述程度的操作收益。

总结：远期合约是相对简单的一种金融衍生工具。远期合约是20世纪80年代初兴起的一种保值工具，它是一种交易双方约定在未来的某一确定时间，以确定的价格买卖一定数量的某种金融资产的合约。合约中要规定交易的标的物、有效期和交割时的执行价格等项内容。合约双方约定在未来某一时刻按约定的价格买卖约定数量的金融资产。远期合约存在的一个重要作用就是使交易者自由选择其最佳风险位置。那些通过在市场上买卖期货合约来锁定其现货交易风险的个别投资者就被称为"套期保值者"。远期合约使资产的买卖双方能够消除未来资产交易的不确定性。

【本章小结】

1. 即期外汇交易是指外汇买卖成交后，在两个营业日内办理交割的外汇业务。即期外汇交易是外汇市场上最常用的一种交易方式，其报价通常采用美元标价法，并且采取双向报价方式。

2. 远期外汇交易是指外汇买卖双方成交时，双方约定交易的细节，到未来的约定日期再进行交割的外汇交易。远期汇率的报价通常有完整汇率报价法和掉期率报价法两种方式。远期外汇交易可以被用来进行套期保值或投机。

3. 掉期外汇交易指外汇交易者在买进或卖出一定交割期限和数额的某种货币的同时，卖出或买进另一种交割期限、相同数额的同种货币的活动。根据交割日的不同，掉期交易可分为即期对远期、即期对即期和远期对远期的掉期交易。掉期交易可以被用来轧平不同期限的外汇头寸、调整外汇交易的交割日，从而起到套期保值的作用。

4. 套汇是指套汇者利用两个或两个以上外汇市场在同一时刻货币的汇率差异进行外汇交易，在汇率较低的市场上买入一种货币，在汇率较高的市场上卖出该货币，从中赚取差价利润的活动。套汇交易一般可分为时间套汇和地点套汇。时间套汇与掉期交易相同。地点套汇是利用两个或两个以上外汇市场中某种货币在汇率上的差异来进行外汇交易，从中套取汇差利润的外汇交易。地点套汇一般可以分为直接套汇和间接套汇。

5. 套利交易（Interest Arbitrage Transaction）也叫利息套汇，是指投资者利用不同国家或地区短期利率的差异，将资金由利率较低的国家或地区转移到利率较高的国家或地区进行投资，以从中获得利息差额收益的外汇交易。按套利者在套利的同时是否做远期外汇交易进行保值，套利交易可分为抵补套利和非抵补套利两种形式。

【章后习题】

一、单选题

1. 一般情况下，即期外汇交易的交割日定为（　　　　）。

A. 成交当天　　　　　　　　　　　B. 成交后第一个营业日

C. 成交后第二个营业日　　　　　　D. 成交后一个星期内

2. 以下（　　　　）是外汇掉期业务。

A. 卖出一笔期汇

B. 买入一笔期汇

C. 卖出一笔现汇的同时，卖出等金额的期汇

D. 卖出一笔现汇的同时，买入等金额的期汇

3. 某银行报出即期英镑兑美元的汇率的同时，报出 3 个月英镑远期差价为 10/20，则可以判断，3 个月远期英镑（　　　　）。

A. 升值　　　　　B. 贬值　　　　　C. 贴水　　　　　D. 升水

4. 有远期外汇收入的厂商与银行订立远期外汇合同，是为了（　　　　）。

A. 防止因外汇汇率上涨而造成的损失

B. 防止因外汇汇率下跌而造成的损失

C. 获得因外汇汇率上涨而带来的收益

D. 获得因外汇汇率下跌而带来的收益

5. 其他条件不变，远期汇率的升贴水率与（　　　　）趋于一致。

A. 国际利率水平　　　　　　　　　B. 两国公司债券的利率差

C. 两国政府债券的利率差　　　　　D. 两国货币的利率差

二、判断题

1. 即期外汇交易也称现汇交易，是指外汇买卖双方按照业务惯例在外汇买卖成交的同时进行交割的交易。（　　　　）

2. 只要有足够数量的套汇资金在国际间自由流动，套汇活动将使不同市场上、不同货币间的汇率趋于一致。（　　　　）

3. 间接套汇是指利用两个外汇市场的汇率差异，通过外汇买卖差价赚取利润。（　　　　）

三、计算题

1. 某年某月某日加拿大外汇市场：USD/CAD 即期汇率为 1.4764/1.4784，3 个月远期点数：20/40，计算 USD/CAD 3 个月远期汇率。

2. 某年某月某日纽约外汇市场：GBP/USD 即期汇率为 1.5657/1.5659，3 个月远期点数：30/20，计算 GBP/USD3 个月远期汇率。

3. 即期汇率为 EUR1 = USD1.0528，美元年利率为 6%，欧元年利率为 9%，求欧元 6 个月远期升贴水和远期汇率。

4. 某日外汇市场行情为：即期汇率 EUR/USD = 0.9210，3 个月欧元升水 20 点。假设美国一进口商从德国进口价值 100 万欧元的机器设备，3 个月后支付。如 3 个月后市场汇率变为 EUR/USD = 0.9430，问：

（1）若美进口商不采取保值措施，3 个月后损失多少美元？

（2）美进口商如何利用外汇市场进行保值？可避免多少损失？

5. 某年 2 月 10 日，一美国出口商向英国出口价值 10 万英镑的货物，3 个月后收款。签约日的市场汇率为 GBP/USD = 1.6260/90。美国出口商预测 3 个月后英镑将贬值为 GBP/USD = 1.6160/90。问：

（1）若预测正确，3 个月后美出口商少收多少美元？

（2）若 3 个月掉期率为 50/30，美出口商如何利用期汇市场进行保值？

（3）若已保值，但预测错误将会如何？

四、名词解释

1. 即期外汇交易
2. 远期外汇交易
3. 掉期交易
4. 套汇
5. 套利

五、简答题

1. 即期外汇交易中的交割日及报价是如何规定的？
2. 什么是远期外汇交易？远期外汇交易的基本动机是什么？
3. 举例说明远期外汇交易的报价。
4. 掉期外汇交易的种类有哪些？
5. 掉期外汇交易主要应用于哪些方面？
6. 什么是套汇交易？其主要类型有哪些？

案例分析

国家外汇管理局公布 2018 年 8 月银行结售汇和银行代客涉外收付款数据。数据显示，我国外汇市场供求继续保持总体平稳态势。8 月末，我国外汇储备余额为 31097 亿美元，较 7 月末下降 82 亿美元，降幅为 0.26%。8 月，银行结售汇逆差 149 亿美元，2018 年以来累计逆差 105 亿美元，较上年同期收窄 91%；境内企业等非银行部门涉外收支逆差 44 亿美元，环比收窄 63%。

国家外汇管理局新闻发言人表示，当前我国资本市场扩大对外开放继续吸引国际资本流入我国，企业、个人等购汇行为较为理性有序。这位发言人表示，当前国际贸易摩擦加剧，地缘政治局势紧张，部分新兴市场国家经济金融动荡加大，我国外汇市场在诸多不利的外部环境下依然保持了总体稳定的局面。

问题：

1. 了解我国外汇市场开展的外汇业务种类。

2. 了解我国外汇市场外汇业务开展与全球外汇市场相比较，差距体现在哪些方面？

第四章
衍生的外汇交易

【学习目标】

- 了解衍生外汇交易市场的几种基本交易类型；
- 掌握外汇期货交易及其主要制度，与远期外汇交易的区别；
- 掌握外汇期权交易及其主要类型；
- 了解互换的含义及其主要类型。

【章前引例】

受美联储持续加息等因素影响，2018 年人民币汇率波动加剧，进出口企业在汇率方面面临较大风险。目前我国境内企业规避汇率风险主要是通过银行间市场，企业本身对于汇率走势的研究并不是很深入。虽然银行目前提供了即期、远期、掉期和期权四种人民币汇率风险管理工具，但大部分企业采用的是随收随结、随用随买的即期交易方式。统计数据显示，即期交易在四类外汇交易中占比在 70% 以上，有些特殊月份甚至可达 90%，其次是远期。随着衍生品的日渐普及，期权也被越来越多的企业所接受，外汇期权交易逐步增多，有时候甚至会超过远期。但目前缺乏一个统一公开透明的外汇衍生品交易市场为企业提供多元化的外汇避险工具，因此有必要发展境内外汇风险对冲工具，比如期货、期权等场内衍生交易工具。

第一节　外汇期货交易

一、金融期货的含义

期货是指在未来某个特定日期购买或出售的实物商品或金融凭证，与之相对的是现货。金融期货（Financial Futures）是指交易者在特定的交易所通过公开竞价方式成交，承诺在未来特定日期或期间内，以事先约定的价格买入或卖出特定数量的某种金融商品的交易方式。金融期货主要包括外汇期货、利率期货、股价指数期货和黄金期货。本节主要介绍外汇期货交易。

二、外汇期货的含义

外汇期货交易又称货币期货交易，是指在期货交易所内，根据成交单位、交割时间标准化的原则进行的外汇期货合约买卖。外汇期货合约是交易双方承诺在未来某个确定的日期、按事先确定的价格交割特定标准数量外汇的合约。

20 世纪 70 年代开始，布雷顿森林体系崩溃以后，国际金融市场上汇率波动频繁，出现了大量的外汇保值和外汇投机的需求，外汇期货业务也随之迅速发展。

三、外汇期货交易市场的组织结构

虽然世界各地的外汇期货市场的组织结构不尽相同，但都是参照芝加哥国际货币市场（IMM）而来的，因此这里着重介绍 IMM 的组织结构。芝加哥外汇期货市场的组织结构由以下四部分组成。

（一）外汇期货交易所

外汇期货交易所是进行标准化外汇期货合约买卖的场所，是以会员制或公司制的组织形式设立的一个非营利性机构。外汇期货交易所的中心是交易厅，交易厅周围一圈设有众多交易亭。会员代表在这里通过电话、电传等先进的通信工具时刻与总部或客户保持联系。交易所的经纪人和场内交易员在交易场内通过喊价和固定的手势进行交易。

期货交易所的主要功能如下：

（1）提供固定的交易场所和交易设备；

（2）订立并监督执行标准的期货合约与交易规则；

（3）收集和传播最新的市场行情与影响市场行情的重要信息；

（4）仲裁交易活动中所发生的争执和纠纷。

由于大多数会员是交易者，因此，对于交易所内重大决策的制定与监督工作，他们都会积极参与。会员之间除了互选董事之外，还成立另外的机构以协助日常管理和交易活动，如仲裁委员会、交易厅委员会及经纪商行业委员会等。

（二）清算所

清算所的主要功能在于撮合买卖双方在交易所完成期货合约成交，并进行买卖双方的合约和保证金的划拨。清算所采用保证金制度，为所有在交易所内达成的期货合约交易提供履约保证。一笔交易完成后，经纪商负责向买卖双方收取保证金并由结算所的会员存入清算所，作为买卖双方履行其未结算的期货合约所需的财力保证。清算所执行严格的保证金制度，其目的是规避外汇期货交易中的信用风险和价格风险，确保外汇期货市场稳定、有序地进行。所以，清算所既是作为会员账户向买卖双方提供资金流动与转移的场所及资金存放的中心，又是买卖双方履行外汇期货合约的保证。

（三）出市经纪公司

出市经纪公司即经纪商，是接受客户委托，按照客户指令，以自己的名义为客户进行期货交易并收取交易手续费的中介机构。外汇期货交易所实行会员制，会员资格是通过向有关部门申请，经过其批准取得的，每年向交易所缴纳会费。因此，经纪商必须是注册登记的外汇期货交易所会员公司，但交易所的会员资格只能归个人所有，经纪商通过向交易所派驻具有会员资格的员工进行场内期货交易活动，经纪商通过自己的经纪人与客户联系。

在交易所内，会员可以进行两类交易：一是代客买卖，充当经纪人，收取佣金；二是作为交易商，进行自营，赚取利润。所以，经纪商按其职能的不同也可分为场内经纪商和场内交易商两种。

场内经纪商的主要职能如下：

（1）代客户下达指令，办理买卖商品期货的各项手续；

（2）向客户介绍和解释期货合约的内容和交易规则；

（3）征收客户履约保证金；

（4）经常向客户传递市场信息，提供市场研究报告，并在可能的情况下提出有利的交易策略；

（5）报告合约的执行情况及盈亏结果。

当然，场内经纪商也可以从事自营外汇期货交易。场内交易商通常只为自己从事外汇期货交易，以赚取买卖差价利润为主。

（四）商业交易者

商业交易者本身主要以从事现货市场交易为主，其之所以参与外汇期货市场的交易，主要出于规避汇率风险的动机，也可利用期货市场来调整资产配置，以满足其对风险的偏好与达到预期收益的目标。此类交易者主要是进出口商和商业企业等。商业交易者按交易类型可以分为以下五种。

（1）"抢帽子"交易商：他们在场内眼观六路，耳听八方，寻找机遇，及时买进和卖出，很少持有头寸超过几分钟，试图从合约价格的微小波动中获利。

（2）日交易商：在一个交易日内既买期货合约又卖期货合约，当天轧平头寸的商业交易者。

（3）头寸交易商：这类商人热衷于长期行情的预测和投资，专做长线买卖，对于短期如几分钟、几小时的行情变化和买卖不感兴趣，通常购进头寸后，至少持仓几天，多为几个星期乃至几个月。

（4）跨市交易商：在不同市场买卖某种外汇期货，利用不同市场之间的价格差异赚取利润。其交易的前提是市场出现异常情况，在一个市场买进，在另一个市场卖出。

（5）小投机商：这种商人主要是根据对行情的预测自己进行买卖，还常雇用日交易商、"抢帽子"交易商、头寸交易商和跨市交易商在场内交易。他们从事外汇期货交易的主要目的是投机，从中赚取高额利润，也愿意承担较高的汇率风险。

四、外汇期货交易的主要制度

（一）外汇期货合约规格

不同交易所的期货合约的规格不尽相同，但其内容基本相同。IMM 外汇期货合约的规格如表 4 -1 所示。

表 4 -1 　　　　　　　　　IMM 外汇期货合约的规格

期货合约类型	澳大利亚元	英镑	加元	欧元	日元	瑞士法郎
交易单位	10 万	6.25 万	10 万	12.5 万	1250 万	12.5 万
最小变动价位	0.0001	0.0001	0.0001	0.0001	0.000001	0.0001

续表

期货合约类型		澳大利亚元	英镑	加元	欧元	日元	瑞士法郎
最小变动值		10 美元	6.25 美元	10 美元	12.5 美元	12.5 美元	12.5 美元
每日价格波动	7：20～7：35	150	400	150	100	150	150
	7：35以后	无	无	无	无	无	无
合约月份		3 月、6 月、9 月、12 月					
交易时间		7：20～14：00；到期合约最后交易的时间截止到上午 9：16					
初始保证金		1200	2800	900	2100	2100	2100
维持保证金		900	2000	700	1700	1700	1700
最后交易日		合约月份的第三个星期三往回数的第二个营业日上午 9：16					
交割日期		合约月份的第三个星期三					
交割地点		结算所指定的货币发行国银行					

注：本表所列时间为芝加哥时间。

（二）订单或指令制度

所谓订单或指令，是指客户决定在进行外汇期货交易时向期货经纪商下达的买进或卖出某种外汇期货合约的指示。其主要内容包括买进或卖出、合约数量、交割日期、货币类别、交易地点、交易价格及委托书有效期等。客户通常通过电话或电传等方式通知期货经纪商，然后期货经纪商根据客户的要求通知期货交易所场内的交易员进行交易。一旦成交，则交易员通知期货经纪商，期货经纪商再通知客户。根据订单上限制场内交易员买卖期货合约的条件，可将订单分为两类。

第一类是根据在价格方面的限制条件将订单分为以下几种。

（1）市价订单：客户愿意按照现行市场行情的最好汇价买进或卖出某一特定交割日期的一定数量期货合约的订单。此种订单客户不规定具体的成交价格，只规定交割日期和合约数量，是期货市场上客户经常使用的订单。

（2）限价订单：按客户规定的汇价买进或卖出某一特定交割日期的一定数量期货合约的订单。此种订单的灵活性比市价订单差，因此客户在选择限价订单时，要把握好现行市场汇价。一般而言，买进限价订单的汇价比现行市场汇价低，卖出限价订单的汇价比现行市场汇价高。

（3）到价订单（也称止损订单）：客户发出的高于现行市场汇价某一既定水平时停止买进、低于现行市场汇价某一既定水平时停止卖出的指令。此种订单常用于对冲和形成期货头寸，其目的是减少损失或取得好价位。例如，一交易商买入价格为 1.4830 美元的英镑合约 1 份，想要把损失限制在每份合约 62.5 美元，则卖出停止价格定为 1.4820 美元。如果市价上升，将不履行到价订单；如果市价下跌，将执行订单，交易商以 62.5 美元的亏损退出市场。"止损"一词不出现在订单里，只使用"停止"一词。

（4）停止订单：在市价高于某指定价格水平时买入或在市价低于某指定价格水

平时卖出的一种订单。下达停止订单的目的有两个：一是通过规定市价背向运动时进行平仓的价格来限定某项交易的风险；二是在市价超出正常水平时入市。停止订单可以分为买入停止订单和卖出停止订单。买入停止订单指示在比现有市价高的特定价格时买入。买入停止订单用于在市场强劲时入市成为多头。例如，英镑的外汇期货价格一直是 1 英镑 = 1.2370 ~ 1.2460 美元区间，而交易商认为一旦价格超出 1.2460 美元阻力点，价格将可能上升到很高，于是可以买入停止订单指示价格 1.2460 美元价位，当市场价格上涨到 1.2465 时，订单生效，达成交易。如果市场行情真如交易商预测继续上升，则交易商就可以从中获利。同样，卖出停止订单用于在市场疲软时做空头，交易商预测当市场价格下跌到某特定价格时，市场将大幅下挫，于是下达卖出停止订单指令，避免更多的损失。

（5）触发市价订单：当市场价格达到预定水平后执行订单的指令。该订单规定的价格通常在销售订单时比现有市场价格高，而在购买时比现有市价低。即交易商希望以比市价更高的价格出售订单，而以比市价更低的价格买入订单。比如订单是在 1.3780 美元买欧元触发市价，那么只有价格达到 1.3780 美元时，订单才生效。当订单生效时，经纪商一定会尽力在市场中达成一个最好的价格，但实际情况是，由于市场变化，经纪商实际成交价格既可能比 1.3780 美元的价格高也可能低，1.3780 只是一个执行订单的前提条件而已。

第二类是根据在有效期间方面的限制条件将订单分为开盘订单或收盘订单、除非客户撤销否则一直是有效订单等。

（1）开盘订单：在开盘后相当短的时间内按市场价格执行订单的指令。这种订单应在开市铃响之前到达出市经纪人那里。许多交易商认为，开盘价不能很好地反映市场状况而倾向于避免下达这类订单。

（2）收盘订单：出市经纪人在收市前一段相当短的时间内执行订单的指令。在活跃的市场中，这种订单常能带来好的协议，但有时成交价格会与标出的收盘价相差几个最小的变动单位。

（3）除非顾客撤销否则一直是有效订单：这类订单在被执行或被取消之前，将一直保留在交易台。除了这类订单，大部分经纪公司在每个交易日收市时将清除所有未执行订单。一张这样的订单在交易台上留 7 天或几周并不少见，但交易商应时刻记住已下达了这一订单，防止遗忘。

（三）公开喊价制度

外汇期货市场交易是通过公开喊价来表示客户买进或卖出某种外汇期货合约的要求的。买方总是报出比较低的价格，卖方总是报出比较高的价格。如果双方谈不拢就要互相退让，买方喊价调高，卖方喊价调低，直至有人愿意接受为止。当然买卖双方并不是对等退让，而是根据双方力量强弱对比而定。买方市场时，卖方让价幅度要大一些；卖方市场时，买方报价提高的幅度要大一些。在激烈竞争的外汇期货市场上，通过公开喊价竞争达成外汇期货合约买卖，有利于维护外汇期货市场的公平、公开与公正的竞争原则，保护参与者利益。

交易大厅内人头攒动、喧哗嘈杂，面对面说话都很难听清楚，必须借助手势来报价谈交易，于是每个进场交易员必须熟练掌握和运用约定俗成的交易手势。

（四）保证金制度

外汇期货交易采取保证金制度，即买类双方都需缴纳保证金，其目的在于保障买卖双方的权利，以作为买卖双方都能履行其权利和义务的保证。因为外汇期货市场通常会存在信用风险，若买卖双方直接达成交易，如果市场汇价出现不利于一方的情况，则会出现亏损，亏损达到一定程度时，亏损方很可能会选择违约。因此，期货市场采用保证金制度来防止买卖双方违约行为的发生，使外汇期货市场能正常、有序地进行下去。所以，保证金制度是外汇期货市场的核心机制。保证金可分为初始保证金、维持保证金和变动保证金三种。

1. 初始保证金

初始保证金是指当每张外汇期货合约交易成交时，买卖双方均需依照各类合约的有关规定缴纳一定金额的保证金。初始保证金缴纳多少在不同的交易所内并不一样，一般是合约金额的 5% ~ 10%，且初始保证金缴纳多少通常也随着合约金额的大小及参与客户的身份不同而不同。

2. 维持保证金

维持保证金是指经逐日清算后，保证金所必须维持的最低水平。维持保证金通常为初始保证金的 75%。在缴纳初始保证金后，交易所的清算所根据外汇期货价格的变动，逐日清算未交割合约的盈亏，并通知客户补缴或撤回部分保证金。当客户的保证金余额经清算后低于维持保证金时，客户则必须补足差额以恢复到初始保证金的水平，否则交易所便可公开拍卖其外汇期货合约。当市场汇价有利于客户时，交易所会自动将盈余加到客户的保证金账户上，客户便可提领超过初始保证金部分的金额。

3. 变动保证金

变动保证金是指当客户的保证金余额经清算后低于维持保证金时，客户必须补足差额以恢复到初始保证金的水平，此笔必须补足的差额就称为变动保证金。由于外汇期货市场上实行逐日清算制度，使客户的变动保证金随着市场汇价每日都在变动。因此，客户根据变动保证金金额的大小，可随时进行反方向对冲交易，以控制自己的盈亏。

（五）逐日盯市制度

逐日盯市制度是指清算所对会员经纪商的保证金账户根据每日的收益与损失进行调整，以便反映当日汇价的变化给其带来的损益情况，其目的是控制期市风险。会员的保证金通常是以持有合约净头寸计算的。因此，清算所在每日收市后就会对会员经纪商计算出应有的保证金及变动的保证金，以便经纪商及时掌握自己持有期货合约的净头寸和应有的保证金。同样的道理，经纪商也采用此法对客户的保证金账户根据当日汇价的变化进行每日调整，以便及时掌握客户每日损益情况。如果保证金出现不足，则立即通知客户补足；如果出现盈余，则可提走或继续增仓。

【实训 4 - 1】

某年 11 月 24 日，星期一，一位投资者买入 1 份次年 6 月到期的瑞士法郎期货合约。目前，期货价格为 CHF1 = 0.8630USD，IMM 瑞士法郎期货合约的每份合约价值为 125000CHF。初始保证金要求为 2100USD，维持保证金要求为 1700USD。期货价格的变化见表 4－2。

表 4－2 　　　　　　　　　　　逐日盯市制度 　　　　　　　　　　　单位：美元

日期	期货价格	当期损益	累计损益	保证金金额	补缴保证金
11 月 30 日 11 月 30 日	0.8630 0.8622	－100	－100	2100 2000	—
12 月 1 日	0.8606	－200	－300	1800	
12 月 2 日	0.8594	－150	－450	1650	450
12 月 3 日	0.8598	50	－400	2150	—
12 月 4 日	0.8604	75	－325	2225	
12 月 7 日	0.8618	175	－150	2400	
12 月 8 日	0.8616	－25	－175	2375	—

其中，2100 美元为初始保证金，1700 美元为维持保证金。当客户的瑞士法郎期货合约的保证金至 12 月 2 日降至 1650 美元，低于维持保证金 1700 美元时，客户必须缴纳 450 美元，使保证金达到初始保证金的水平，450 美元被称为变动保证金。上述清算所计算保证金账户增减变动的过程称作逐日盯市制度。

（六）现金交割制度

大多数外汇期货交易者并非以实际买卖期货为目的，其目的在于投机。因此，大多数期货合约都在交割日以前以反方向交易方式冲销掉，即买进再卖出或卖出再买进。据估计，只有 5% 左右的外汇期货合约等到交割日到期时进行实际交割。因此，当合约进行现金结算时，就按冲销的汇价进行清算，计算出头寸了结的损益情况。

五、外汇期货交易的基本流程

外汇期货交易在专营或兼营外汇期货的交易所进行，任何企业和个人都可通过外汇期货经纪人或交易商买卖外汇期货。

客户欲进行外汇期货交易，首先必须选定代理自己交易的经纪公司，开设账户存入保证金。然后，客户即可委托经纪公司办理外汇期货合约的买卖。在每一笔交易之前客户要向经纪公司发出委托指令，说明他愿意买入或卖出外汇期货合约的种类、成交的价格和数量等，指令以订单的形式发出。经纪公司接到客户订单后，便将此指令用电话或其他通信设备通知交易厅内的经纪人，由他执行订单。成交后，交易厅内的经纪人一方面把交易结果通知经纪公司和客户，另一方面将成交的订单交给交易所，进行记录并最后结算。每个交易日末，清算所计算出每一个清算会员的外汇头寸。芝加哥外汇期货的交易程序见图 4－1。

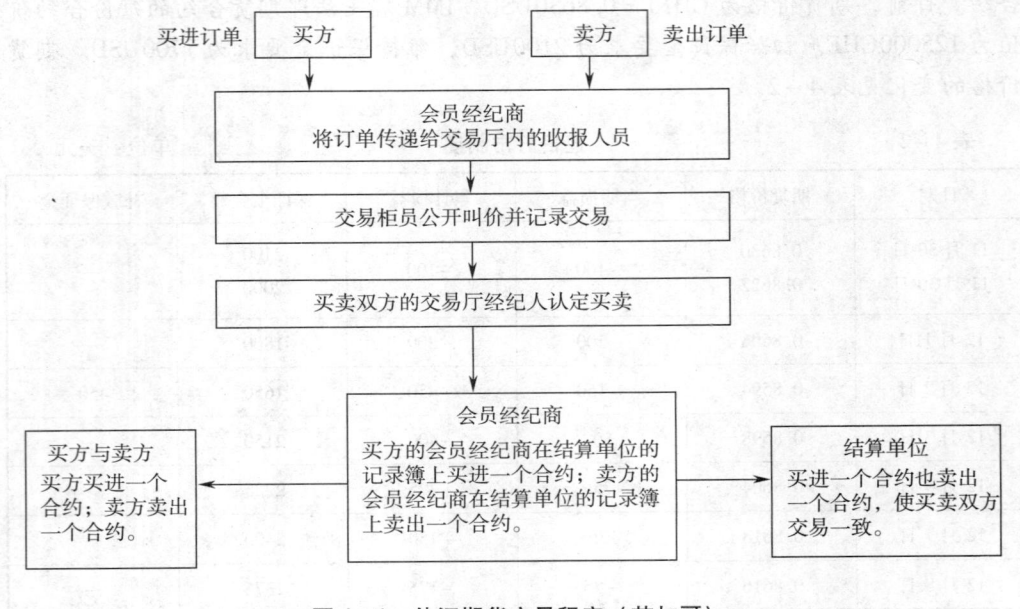

图 4 - 1　外汇期货交易程序（芝加哥）

六、外汇期货交易的应用

（一）套期保值

套期保值（Hedging）是指为了避免实际的或预期的现货头寸汇率变动的风险，而进行与现货头寸相反方向的外汇期货交易。根据套期保值所采取的方向不同，外汇期货的套期保值可以分为买入套期保值、卖出套期保值和交叉套期保值。

1. 买入套期保值

买入套期保值又称多头套期保值，是指将来的用汇者，采取在现货市场上买进，期货市场上先买进后卖出的交易方式进行保值的方法。如果买进外汇期货合约后汇价下跌，虽然外汇期货交易受到损失，但相应的外汇现货交易却可以获得盈利；如果卖出外汇期货后汇价上涨，外汇现货交易虽然发生亏损，但外汇期货交易却可获得盈利，从而对冲了外汇现货交易的亏损，多头套期保值一般应用于在未来某日期将发生外汇支出的场合，如从国外进口商品、出国旅游、跨国公司的母公司向其设在外国的子公司供应资金及债务人到期偿还贷款等。

【实训 4 - 2】

假设 6 月 10 日，美国通用公司从法国进口价值 125000 欧元的货物，3 个月后支付货款，市场即期汇率为 EUR1 = USD1.2200。为防止 3 个月后欧元升值，而使进口成本增加，该公司便买入 1 份 9 月到期的欧元期货合约，面值为 125000 欧元，约定价格为 EUR1 = USD1.2300。3 个月后，欧元果然升值，9 月市场即期汇率为 EUR1 = USD1.2400，期货价格为 EUR1 = USD1.2450。套期保值过程如表 4 - 3 所示。

表 4 - 3　　　　　　　　　　　　　　　多头套期保值

日期	现货市场	期货市场
6 月 10 日	现汇汇率 EUR1 = USD1. 2200 125000 欧元兑换美元：USD152500 125000 × 1. 2200 = 152500	买入 1 份 9 月到期的欧元期货合约（开仓） 期货价格：EUR1 = USD1. 2300 期货合约价值：USD153750 1 × 125000 × 1. 2300 = 153750
9 月 10 日	现汇汇率 EUR1 = USD1. 2400 125000 欧元兑换美元：USD155000 125000 × 1. 2400 = 155000	卖出 1 份 9 月到期欧元期货合约（平仓） 期货价格：EUR1 = USD1. 2450 期货合约价值：USD155625 1 × 125000 × 1. 2450 = 155625
结果	损失 155000 - 152500 = USD2500	盈利 155625 - 153750 = USD1875

结论：如果不做期货套期保值，由于欧元升值，美国通用公司支付的 125000 欧元的货款多支付 2500 美元。但由于做了套期保值，在期货市场上盈利 1875 美元，减去在现货市场上的损失 2500 美元，只亏损 625 美元。

2. 卖出套期保值

卖出套期保值又称空头套期保值，是指将来的售汇者，采取在现货市场上卖出，期货市场上先卖出后买进的交易方式进行保值的方法，是买入套期保值的相反模式。如果买进外汇现货后汇价下跌，虽然外汇现货交易会受到损失，但相应的外汇期货合约可获得盈利；若买进外汇现货后汇价上涨，外汇期货合约则发生亏损，但外汇现货交易却可以获得盈利。这种空头套期保值一般应用于在未来某个日期有外汇收入的公司、银行和个人，如向国外出口商品、提供服务、回收到期对外贷款等。

【实训 4 - 3】

假设 6 月 12 日，美国 IBM 公司向加拿大出口价值 100 万加元的货物，3 个月后以加元结算货款。市场即期汇率为 CAD1 = USD0. 7590。为了防止 3 个月后加元贬值带来的损失，于是该公司便以 CAD1 = USD0. 7580 的价格卖出 10 份 9 月到期的加元期货合约（每份 10 万加元）避险。3 个月后，如果加元贬值，9 月市场即期汇率为 CAD1 = USD0. 7570，期货价格 CAD1 = USD0. 7560，其套期保值过程如表 4 - 4 所示。

表 4 - 4　　　　　　　　　　　　　　　空头套期保值

日期	现货市场	期货市场
6 月 12 日	现汇汇率 CAD1 = USD0. 7590 1000000 加元兑换美元：USD759000 1000000 × 0. 7590 = 759000	卖出 10 份 9 月到期的加元期货合约（开仓） 期货价格：CAD1 = USD0. 7580 期货合约价值：USD758000 10 × 100000 × 0. 7580 = 758000
9 月 12 日	现汇汇率 CAD1 = USD0. 7570 1000000 加元兑换美元：USD757000 1000000 × 0. 7570 = 757000	买入 10 份 9 月到期加元期货合约（平仓） 期货价格：CAD1 = USD0. 7560 期货合约价值：USD756000 10 × 100000 × 0. 7560 = 756000
结果	损失 759000 - 757000 = USD2000	盈利 758000 - 756000 = USD2000

结论：如果不做期货套期保值，由于加元贬值，美国 IBM 公司收到的 1000000 加元的货款将少收入 2000 美元。但由于做了套期保值，在期货市场上盈利 2000 美元，企业规避了汇率波动的风险。

3. 交叉套期保值。外汇期货市场上一般有多种形式的外币对美元的期货合约，而很少有两种非美元货币之间的期货合约。在发生两种非美元货币收付的情况下，就要用到交叉套期保值。交叉套期保值是指利用相关的两种外汇期货合约为一种外汇保值。

【实训 4 – 4】

假设日本某公司向加拿大出口一批货物，预计 3 个月后将支付 5000000 加元的货款，如果在这 3 个月中，加元对日元汇率下跌，则该日本公司收到这 5000000 加元后，只能兑换到较少的日元。为了避免这种加元贬值风险，这家日本公司应利用外汇期货交易进行套期保值。这家日本公司只有通过实行加元期货合约和日元期货合约交叉套期保值，才能规避外汇风险。

(二) 投机获利

1. 多头投机：投机者预测外汇期货价格将要上升，从而先买后卖，希望低价买入、高价卖出进行对冲。

【实训 4 – 5】

6 月 10 日，某投机者预测瑞士法郎期货将进入牛市，于是在 CHF1 = USD0.8387 的价位买入 2 份 6 月期瑞士法郎期货合约。到 6 月 20 日，瑞士法郎期货价格果然上升，该投机者在 CHF1 = USD0.8487 的价位卖出 2 份 6 月期瑞士法郎期货合约平仓。其盈亏为 (0.8487 – 0.8387) ×125000×2 =2500 美元。

在不计算手续费的情况下，该投机者在瑞士法郎期货的多头投机交易中获利 2500 美元。

2. 空头投机：投机者预测外汇期货价格将要下跌，从而先卖后买，希望高价卖出、低价买入进行对冲。

【实训 4 – 6】

3 月 10 日，某投机者预测英镑期货将进入熊市，于是在 GBP1 = USD1.4930 的价位卖出 4 份 3 月期英镑期货合约。到 3 月 15 日，英镑期货价格果然下跌，该投机者可以在 GBP1 = USD1.4880 的价位买入 2 份 3 月期英镑期货合约平仓。其盈亏为 (1.4930 – 1.4880) ×62500×2 =625 美元。

在不计算手续费的情况下，该投机者在英镑期货的空头投机交易中获利 625 美元。

七、外汇期货交易与远期外汇交易的比较

外汇期货交易与远期外汇交易极其相似。其相同之处是：首先，都是通过合同的形式把购买或出售外汇的汇率固定下来；其次，都是一定时期以后交割，而不是即期交割；再次，目的都是保值或投机；最后，交易市场互相依赖。外汇期货市场与远期外汇市场虽然分别为两个独立的市场，但由于市场交易的标的物相同，一旦两个市场出现较大差距，就会出现套利行为，因此，两个市场的价格互相影响、互相依赖。但作为两种不同的外汇交易方式，外汇期货交易和远期外汇交易在诸多方面也都存在很大差异。

（一）合同的规范程度

外汇期货交易是一种标准化的合约交易，一般期货合同可以归纳为三个标准化：一是交易单位标准化，每次交易量只能是合同金额的整数倍；二是交割期限标准化，如芝加哥国际货币市场外汇期货合同的交割期分别为3月、6月、9月、12月的第3个星期三；三是交割地点标准化，外汇期货的交割地点一律在清算所，一笔交易完成后，清算所就成为买卖双方的对方。对买方而言，它是卖方；对卖方而言，它是买方。所以交割清算的对象不是当初成交时的对方，而是清算所。而在传统的远期外汇交易中，交易金额、交割日期、交割地点等均是买卖双方根据每笔交易的具体情况，逐一谈判解决的。

（二）交易场所与方式

外汇期货交易必须在固定的期货交易所，在特定的时间内，由有资格的经纪人以公开喊价的方式进行交易。交易双方不直接接触，银行也不直接介入市场，由清算所承担信贷风险。而远期外汇交易没有规范化的交易场所，它的市场大多是由各银行间、银行与外汇经纪商之间通过电话、电报、电传等组成的电讯网络，交易时间不受任何限制，买卖双方也可直接接触成交。

（三）市场参与者

外汇期货市场中，任何投资人只要依规定缴纳保证金均可通过外汇经纪商进行外汇期货交易，在远期外汇市场上参与者大多是专业化的证券交易商或与银行有良好往来关系的大客户，需要在外汇银行取得相应的信用额度。

（四）实际交割率

在外汇期货交易中，绝大多数合同在到期前就已对冲了结，实际交割率通常在5%以下；而远期外汇交易一般是以实际交割为目的，在成交的远期合约中，90%以上将于到期日被实际交割。

（五）保证金制度

参加外汇期货交易的各方都具有缴纳一定比率保证金的义务，并根据逐日盯市的计算结果调整保证金金额，基本没有信用风险；而远期外汇交易一般以客户的信用作为履约的保证，交易者不缴纳保证金，存在一定的信用风险。

（六）佣金制度

外汇期货合同在购买和出售时均需支付佣金，费率无统一规定，一般由经纪人与客户协商决定，在远期外汇交易中一般不收取佣金费用。

两者的不同之处见表 4 - 5。

表 4 - 5 　　　　　　　　　外汇期货交易与远期外汇交易的区别

比较项目	外汇期货交易	远期外汇交易
标准化程度	标准化的合约价值、交割期限、交割地点	无固定的标准和规定
交易场所	有形的期货交易所	无形市场
交易货币的种类	少数几种	无固定的标准
交易时间	交易所营业的时间	24 小时都可以
交易者的资格	交易所的会员；非会员须通过会员经纪人	虽无资格限制，但受交易额限制
买卖双方关系	买卖双方分别于期货交易所的清算所签订合同，双方之间无直接合约责任关系	买卖双方签订远期合约，具有合约责任关系
标价方式	标准化的标价方式：美元/外币	多数使用美元标价法
报价方式	买方只喊买价，卖方只喊卖价，买方或卖方只报出一种价格	同时给出买入价和卖出价，它们都可以是成交价
合约风险	一般不存在信用风险	可能产生信用风险
保证金	保证金是交易的基础	一般不收取保证金
佣金	双向征收	一般不收取佣金
现金流动的时间	每日都有	到期日一次性交割，交割时才会有现金流动
合约的流动性	强，实际交割的不到 5%，绝大多数提前对冲	差，90% 以上到期交割

第二节　外汇期权交易

一、金融期权的含义

期权（Option）又称选择权，是指赋予其买方在规定的期限内按双方约定的价格买进或卖出一定数量的某种资产的权利。对于期权的买方来说，期权合约给予其交易的选择权，在有效期内，期权买方可以行使其购买或出售标的资产的权利，也可以放弃这个权利。但对于期权的卖方来说，则必须承担履行合约的义务，没有选择的权利。当期权买方按合约规定行使买进或卖出标的资产的权利时，期权卖方必须依约相应卖出或买进该标的资产。

在期权交易中，作为给期权卖方承担义务的报酬，买方通常应事先支付给卖方一定的费用，称为期权价格或期权费。期权与远期外汇交易及货币期货合约最显著的区别就在于上述期权买卖双方权利和义务的非对称性，以及由此产生的买方向卖方支付的前端费用（期权费）。

金融期权是期权的一种，是指以金融商品或金融期货合约为标的物的期权交易形式。1973 年，芝加哥期货交易所成立了世界上第一个期权交易所（Chicago Board of Options Exchange，CBOE）。CBOE 在成立初期，仅进行股票期权的交易，之后以相当快的速度增长，不但各主要工业国纷纷建立期权市场，而且各期货交易所陆续推出了各种交易标的物的期权交易。1982 年 12 月，美国费城股票交易所率先推出了标准化的货币期权交易合同，随后芝加哥等交易所立即效仿，不久标准化的交易方式又传到其他西方国家。现在金融期权已经成为一种应用广泛、交易活跃、挑战性强的衍生金融工具。金融期权交易已经覆盖利率、外汇、股票、股指等各种基础资产，形成了全球性的交易网络。本节主要介绍外汇期权。

二、外汇期权的含义

外汇期权（Foreign Currency Option）又称货币期权，是指期权的购买者在支付给期权的出售者一笔期权费后，获得的一种可以在合同到期日或期满前按预先确定的汇率（即执行价格）购买或出售某种货币的权利。在期权行使期内，当行市有利时，期权买方有权执行期权，买进或卖出约定的外汇资产；而当行市不利时，可以放弃买卖该种外汇资产，不执行期权。但是，期权的卖方有义务在买方要求履约时卖出或买进约定的外汇资产。

在外汇期权交易中，每笔外汇期权都需要确定执行价格和期权费。

执行价格（Strike Price or Exercise Price），又称协定价格或履约价格，即期权交易双方在期权合约中事先约定的双方买卖外汇资产的价格。当期权购买方要求执行期权或行使期权时，双方会根据此约定汇率进行实际的货币收付。

期权费（Premium），又称期权价格或保险费、权利金，是指期权合约成交后，由期权的购买方向期权的出售方支付的合同费用。无论合同购买者最终是否执行合同，这笔费用都归合同出售者所有。

三、外汇期权的分类

（一）按履约方式划分为欧式期权和美式期权

1. 欧式期权：规定外汇期权买方只能在期权合约有效期的最后一天（即交割日）才能执行合同。

2. 美式期权：允许外汇期权买方在期权合约到期日之前的任何时间执行期权。

（二）按双方权利的内容划分为看涨期权、看跌期权和双向期权

1. 看涨期权也称择购期权、买权，是指外汇期权的买方有权按协定价格在期权到期日或之前，享有向期权出售者买进相关外汇期货合约的权利，而不承担必须买进的义务，一般当进口商或投资者预测某种货币有上涨趋势时，购买看涨期权避免汇率上涨的风险。

2. 看跌期权也称择售期权、卖权，是指外汇期权的买方有权按协定价格在期权到期日或之前，享有向期权出售者卖出相关外汇期货合约的权利，而不承担必须卖出的义务；一般出口商或有外汇收入的投资者在预测某种货币有下跌趋势时，购买看跌期权避免汇率下跌的风险。

3. 双向期权是指外汇期权的买方，在同一时间内、以同一执行价格同时买入看

涨期权和看跌期权。买方之所以购买双向期权，是因为他预测该种外汇未来市场价格将有较大波动，但波动的方向是涨是跌难以断定，所以只有既买看涨期权又买看跌期权，以保证无论是涨是跌都有盈利的机会。卖者之所以会出售双向期权是因为他预测未来市场价格变化的幅度不会太大。双向期权的保险费高于前者中的任何一种，故卖方愿意承担外汇波动的风险。

（三）按执行价格与市场价格的关系划分为溢价期权、折价期权和平价期权

1. 溢价期权：对看涨期权来说，溢价期权是指合约执行价格低于市场汇率的期权；对看跌期权来说，溢价期权是指合约执行价格高于市场汇率的期权。

2. 折价期权：对看涨期权来说，折价期权是指合约执行价格高于市场汇率的期权；对看跌期权来说，折价期权是指合约执行价格低于市场汇率的期权。

3. 平价期权：期权合约的执行价格等于市场汇率的期权。

（四）按交易方式划分为交易所内交易的期权和场外交易的期权

通常情况下，期权交易在交易所内进行，交易的期权都是合约化的，交易规则由交易所事先确定，参与者只需同意交易中合约的价格和数量。在交易所交易的期权由于已经标准化，因此可以进入二级市场买卖，具有流动性。在场外交易市场（柜台市场）交易的期权主要是适合个别客户的需要，其合约不像交易所那样标准化，通常通过协商达成，且根据客户的需要可以进行特制。目前，场外交易市场的期权合同也在向标准化方向发展，其目的是提高效率、节约时间。

四、外汇期权的特征

（一）买卖双方的权利和义务不对称

外汇期权的交易对象是一种将来可以买卖某种货币的权利，而不是货币本身。因此，期权的买方有权利但不承担义务，期权的卖方只有义务但没有权利。

（二）买卖双方的收益与风险不对称

对于外汇期权的购买方而言，其所承担的最大风险就是所支付的期权费。当外汇期权的购买者在价格对其有利的情况下执行期权时，收益可能是无限的。外汇期权的出售者获得的最大收益就是所收取的期权费，而一旦外汇期权购买者在价格对其有利时执行了期权，那么外汇期权的出售者就要遭受无限的风险损失。因此，外汇期权具有杠杆效应。

（三）期权费不能收回且费率不固定

期权交易的买方获取期权，意味着卖方出售了这种权利，所以卖方要收取一定金额作为补偿。期权费在期权交易成交时由合约买方支付给合约卖方，无论买方在有效期内是否行使期权，期权费均不能收回。

期权费在期权交易中扮演着重要的角色，期权费的制定主要依据以下五个因素。

（1）期权内在价值。内在价值是立即履行该期权合同所获取的利润，取决于期权执行价格与市场价格之间的差价。

$$看涨期权的内在价值 = 期权金额 \times（市场价格 - 协定价格）$$
$$看跌期权的内在价值 = 期权金额 \times（协定价格 - 市场价格）$$

如果期权规定了以低于即期价格的价格买入或以高于即期价格的价格卖出，那

么这个期权是具有内在价值的。因此，对于看涨期权而言，较低的执行价格可能要收取较高的期权费；较高的执行价格其期权费可能就会少些。反之，看跌期权较低的执行价格可能要收取较低的期权费，较高的执行价格要收取较高的期权费。

（2）期权合约的到期时间。合约时间越长，期权费越高，因为时间越长，汇率波动的可能性就越大，期权卖方遭受损失的可能性也就越大。对于美式期权，由于买方选择执行合约的日期更加灵活自由，合约买方也就需要支付相对更多的期权费。

（3）货币汇率的波动性。通常来说，汇率较为稳定的货币收取的期权费比汇率波动大的货币低，因为前者的风险相对后者较小。

（4）市场利率。利用期权交易可比远期外汇交易节省更多资金（避免到期交割）。因此，市场利率越高，这部分被节省的资金利息收入越高，期权卖方有理由要求更高的期权费，反之则越低。

（5）期权供求状况。一般而言，外汇期权市场上的供求关系对期权费也有直接影响，期权买方多卖方少，期权费自然收得高些，期权卖方多买方少，期权费就会便宜一些。

（四）外汇期权交易的对象是标准化的合约

通常，期权交易中期权合约的内容已实现标准化，如货币数量、到期日等。在费城股票交易所，每个期权合约的金额分别为 62500 瑞士法郎、50000 加元、31250 英镑、50000 澳大利亚元、6250000 日元。期权合约的到期日分别为每年的 3 月、6 月、9 月、12 月。

五、外汇期权交易的基本规则

（一）合约的规格

期权合约是期权交易的对象，场内交易市场的期权合约是一个标准化合约，场外交易虽不是标准化合约，但是也需要参照场内交易合约来制定。外汇期权标准化合约除了期权费之外，其他条件都是固定的，见表 4-6。

表 4-6　　　　　　　　　　　外汇期权标准化合约的规格

市场	币种	基础资产	标准代码	合约规模	协定汇率间隔	最小价格变动
芝加哥商业交易所（CME）	欧元	期货	EUR	125000	0.01	0.01
	日元	期货	JPY	12500000	0.0001	0.0001
	加元	期货	CAD	100000	0.005	0.01
	英镑	期货	GBP	625000	0.02	0.02
费城股票交易所（PHLX）	欧元	现货	EUR	62500	0.02	0.01
	日元	现货	JPY	6250000	0.05	0.0001
	加元	现货	CAD	50000	0.005	0.01
	英镑	现货	GBP	31250	0.01	0.01

（二）保证金制度

外汇期权交易的保证金与外汇期货交易的保证金的性质与作用相同，但执行却有很大差别。在外汇期货交易中，无论是期货买方还是期货卖方，都要按交易所的规定开立保证金账户，缴纳履约保证金。而在外汇期权交易中，交易所只要求外汇期权卖方开立保证金账户并缴纳保证金。即使是外汇期权的卖方，也并不是非要以现金缴纳保证金不可，如果他在出售某种外汇看涨期权时，实际上拥有该期权的标的外汇资产，并预先存放于经纪人处作为履约保证，则可以不缴纳保证金。交易所之所以不要求外汇期权的购买者——买方缴纳保证金，是因为保证金的作用在于确保履约，而外汇期权的买方没有必须履约的义务。

（三）头寸限制

在外汇期权中，交易所实行头寸限制制度。所谓头寸限制，是指交易所对每一账户在市场行情看涨看跌中可持有的某种外汇期权合约的最高限额。期权交易所之所以要实行头寸限额制度，作出每个账户可持有期权合约头寸最高限额的规定，主要是为了防止某一投资者承受过大的风险或对市场有过强的操纵能力。在实际交易活动中，不同期权交易的交易所都有头寸限额的规定，有的以外汇期权合约的数量作为实行头寸限额的标准，有的则以外汇期权合约的总值作为实行头寸限额的标准。

（四）对冲与履约制度

为了保证外汇期权交易的正常进行，期权交易所要求参与外汇期权交易的投资者必须遵守对冲与履约制度。按照交易所的规定，在场内外汇期权交易中，如果交易者不想继续持有未到期的期权头寸，就必须在最后交易日之前或在最后交易日，通过反向交易即对冲加以结清。如果在最后交易日或在最后交易日之前，期权的购买者所持有的期权仓位没有平仓，可行使其享有的权利，要求履约，而期权的卖方必须按外汇期权合约的规定无条件履约，并按期权交易所的清算制度进行清算。

（五）清算制度

在场内外汇期权交易中，无论是对冲还是履约，按照期权交易所的规定，都要通过期权清算公司加以配对和清算。在这种配对和清算过程中，期权清算公司充当了期权买卖双方的中介。

在外汇期权交易中，当期权的购买者想要执行期权时，首先，需要通知其经纪人；其次，由经纪人再通知负责结清其交易的期权清算公司的会员，由该会员向期权清算公司发出指令。

这时，期权清算公司需要在所有出售该种期权的投资者的经纪商中随机选择一个加以配对，向其发出期权执行通如单。当该经纪商接到通知后，则应从其出售该种期权的顾客中选择一个或几个加以配对，向其发出期权执行通知单。该顾客一旦被选中，就要采取一定的方式进行履约清算。这种履约清算，对外汇现货期权来说，就是要以协定价格进行现货交割；而对外汇期货期权来说，则是要以协定价格将外汇期权现货仓位转化为相对应的外汇期权期货仓位。

六、外汇期权交易的应用

（一）外汇看涨期权的套期保值

购买看涨期权可以对将来要支付的外汇进行套期保值，避免汇率上涨的风险。

【实训 4 - 7】

美国某进口商从英国进口一套价值 100 万英镑的机器设备，3 个月后交货付款。当时的即期汇率为 GBP1 = USD1.4500，那么美国进口商需花 145 万美元进口这套设备。为了避免 3 个月后货到付款时由于英镑升值使购买这套设备的美元价格上升的风险，该美国进口商决定购买英镑看涨期权进行保值。他查了一下行情表得知：执行价格为 GBP1 = USD1.4500、期限为 3 个月的英镑看涨期权，期权费为每英镑 2 美分，于是他买进 40 份（每份交易金额为 2.5 万英镑）期权合约，共计 100 万英镑，花去期权费 2 万美元。那么以后 3 个月无论即期汇率如何变化，他始终可以按 GBP1 = USD1.4500 的价格从期权卖者手中买进 100 万英镑。在该进口商买进英镑看涨期权至期权到期的 3 个月内，会出现以下 5 种情况：

（1）英镑贬值，即期汇率 < 执行价格，应该放弃期权，损失全部期权费，但实际支付的美元货款比按签订购货合同时汇率计算的要少。

假如市场即期汇率变为 GBP1 = USD1.4200，那么美国进口商可直接到即期外汇市场买进 100 万英镑，付出 142 万美元，比签订购货合同时的美元价格少 3 万美元，但买入的英镑期权合约到期自动作废，损失 2 万美元期权费。当然这是该进口商没有看准行情所发生的情况。

（2）英镑汇率不变，即期汇率 = 执行价格。这时客户执行或不执行合约没有差别，都将损失期权费。

（3）英镑升值，但升值幅度较小，执行价格 < 即期汇率 <（执行价格 + 期权费），如上例中 1.45USD < GBP1 < 1.47USD，这时可以行使期权，追回部分或全部期权费。

假如即期汇率变为 GBP1 = USD1.46，那么若从市场买进 100 万英镑需花 146 万美元，而从英镑期权卖者手中买进 100 万英镑需花 145 万美元，节省了 1 万美元，但由于购买期权支付了 2 万美元期权费，实际还要损失 1 万美元。假如即期汇率变为 GBP1 = USD1.47，那么行使期权的盈利恰好弥补了期权费的损失。因此，这一汇率水平为购买该期权的保本点或称盈亏平衡点，当然这种情况也不是该进口商所期望的。

（4）英镑升值且升值水平达到：即期汇率 =（执行价格 + 期权费）。这时执行合约将不亏不盈，也就是说，执行合约所赚得的利差刚好付了期权费，不执行合约则损失期权费，因此这时应执行合约。

（5）英镑升值且升值水平达到：即期汇率 >（执行价格 + 期权费），如上例中 GBP1 > USD1.47，这时可以行使期权并获取利润，英镑升值越大，获取利润也就越多。假如英镑从 GBP1 = USD1.45 上升到 GBP1 = USD1.49，那么美国进口商从现汇市场买入 100 万英镑需花 149 万美元，但从英镑期权卖方手中按协议价格买进 100 万英镑只需支付 145 万美元，加上期权费 2 万美元，其花 147 万美元，与没有套期保值相比，节省（或获利）了 2 万美元。

在此过程中，看涨期权的收益与损失可以通过表 4 - 7 来反映。

表 4 - 7   外汇看涨期权的收益与损失

GBP 即期汇率	期权实施情况	单位损失与收益（美元）	
		买方	卖方
1.4200	不实施	- 0.02	0.02
1.4500	不实施	- 0.02	0.02
1.4600	实施	- 0.01	0.01
1.4700	实施	0	0
1.4800	实施	0.01	- 0.01
1.4900	实施	0.02	- 0.02
…	…	…	…

表 4 - 7 的情况如图 4 - 2 所示。

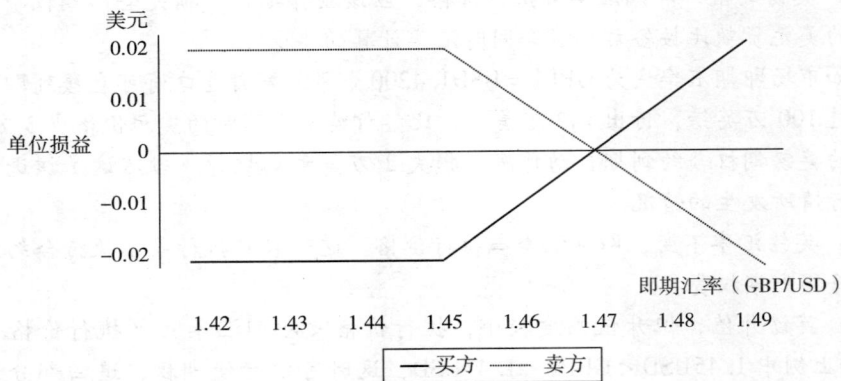

图 4 - 2   外汇看涨期权损益

购买了外汇期权后，可以在期权到期日前流通转让。如果即期汇率上升，期权保险费也会上升，此时将期权转让出去，可以获取期权费差价；如果即期汇率下跌，期权费也会下跌，此时将期权转让出去，可以追回部分期权费。由上可知，购买外汇看涨期权对将来要支付的外汇套期保值的最大代价是损失全部期权费，最大损失是固定的、有限的，而且是事先知道的，但最大收益或者避免的汇率风险从理论上说却是无限的。这是外汇期权交易优于远期外汇交易和外汇期货交易之处。

（二）外汇看跌期权的套期保值

购买外汇看跌期权可以对将来收进的外汇进行套期保值。

【实训 4 - 8】

美国某出口商 3 个月后将收到一笔欧元货款，如果他预期欧元将贬值，于是购买欧元看跌期权，执行价格为 EUR1 = USD1.30，期权费为 0.02USD/EUR。至到期日，该公司视到时的即期汇率与执行价格之间的关系，决定是否执行期权。基本原则是：若执行价格 > 市场即期汇率，则执行看跌期权；反之，不执行。期权买方的收益和损失恰好是期权卖方的损失与收益，可通过表4-8进一步说明。

表4-8　　　　　　　　　外汇看跌期权的收益与损失

EUR 即期汇率	期权实施情况	单位损失与收益（美元）	
		买方	卖方
1.2600	实施	0.02	-0.02
1.2700	实施	0.01	-0.01
1.2800	实施	0	0
1.2900	实施	-0.01	0.01
1.3000	不实施	-0.02	0.02
1.3100	不实施	-0.02	0.02
……	…	…	…

表4-8的情况如图4-3所示。

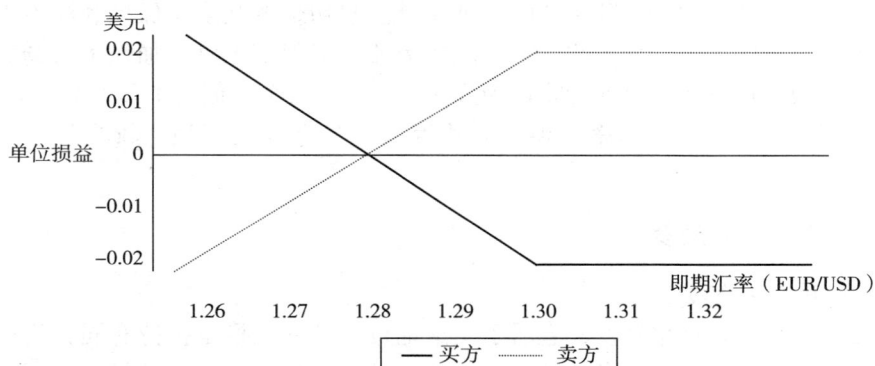

图4-3　看跌期权损益

第三节　互换交易

一、金融互换的含义

金融互换市场出现于20世纪80年代初期，是布雷顿森林体系崩溃后利率和汇率多变环境下的产物。金融互换起源于20世纪70年代初英国公司为了逃避英国当局的外汇管制而安排的对外贷款业务，即不同国家的两个交易者向对方分别提供一笔等值、放款日和到期日相同，分别以贷方国货币标价的贷款。其最初的形式是平行贷款和背对背贷款，也就是不同国籍的两个公司相互为对方在本国的子公司提供贷款的互换。例如，一家美国母公司和一家英国母公司都需要向其海外子公司融资，如果直接用本币汇出，需要经过外汇市场，还要受到外汇管制。若有关的两个母公司签订一个平行贷款协议，按商定的汇率折算成对方的货币金额，按商定的利息贷款给对方在本国的子公司，便可以回避外汇管制，也无须担保。如果一方违约，可以用另一方的债务抵销，见图 4 - 4。

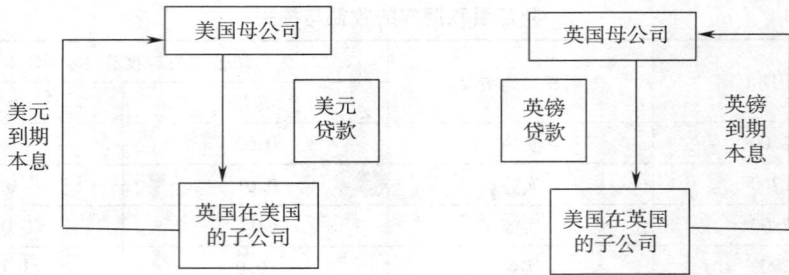

图 4 - 4　平行贷款操作流程

1979 年英国取消外汇管制后，平行贷款作为一个金融创新和长期有效的保值工具而继续流行，并演变为后来的货币互换交易。

可见，互换交易是交易双方预先约定汇率和利率等条件，在一定期限内相互交换一组资金，以达到回避风险目的的一种交易。起初金融互换是保护利润不受汇率和利率波动损害的风险管理方法，很快就成为流行的保值工具，加强了市场的流动性。金融互换市场也成为目前为止最为成功的场外交易金融创新工具市场。

金融互换主要包括：利率互换和货币互换。另有其他互换，较为复杂，暂不介绍。

二、利率互换交易

（一）利率互换的含义

在互换市场上，利率互换一直居于支配地位。利率互换是指持有同种货币的交易双方，以协定的本金为计息基础，一方以一种利率换取另一方的另一种利率。双方仅交换利息，而不进行本金的互换。通过这种交易，当事人可将某种利率的资产或负债换成另一种利率的资产或负债。交易双方的目的都在于降低借用资金的利息开支，并得到自己所希望的利息支付方式（固定或浮动）。利率互换同时需要以银行或其他金融机构为媒介进行。

利率互换交易中，双方的现金支付利（利息）是受事先签订的法律合同制约的，而且本金不动，双方的信用风险仅被限制在从对方收到的利息总额之内，如果一方违约，另一方也可停止支付。如果双方彼此对对方的信誉不放心，也可以借助信用证、抵押或其他担保方式得到额外的保护。因此，这种交易比较安全，简便易行，很受客户欢迎。

（二）利率互换的原理与应用

利率互换的依据是比较优势原理，互换当事人使用利率互换的最直接动因在于，能够以比债券市场利率或银行贷款利率更低的利率水平筹集资金，从而获得成本利益。

利率互换有固定利率和浮动利率互换以及浮动利率和浮动利率互换两种基本形式。两种互换的交易过程相同，本节重点介绍固定利率和浮动利率互换的交易过程和原理。

【例 4 - 9】

假设有 A 公司在欧洲美元市场筹资，固定利率为 12%，浮动利率为 6 个月期 LIBOR（伦敦银行同业拆借利率）加 10 个基本点（即 6 个月期 LIBOR 加 0.1%），B 公司筹资的固定利率为 13%，浮动利率为 6 个月期 LIBOR 加 30 个基本点，它们的筹资成本见表 4 - 9。

表 4 - 9　　　　　　　　　　　　　利率互换

	A 公司	B 公司
固定利率	12%	13%
浮动利率	LIBOR + 0.1%	LIBOR + 0.3%

为了与已发放的浮动利率贷款相匹配，A 公司需要浮动利率的负债；B 公司为了锁定财务成本，要筹集固定利率的负债。两公司同时发现尽管 A 公司在两个市场上都具有绝对优势，但在固定利率市场更具有相对优势。于是他们在中介人的安排下，进行了固定利率和浮动利率互换。首先，A 公司在欧洲美元市场以发行利率为 12% 固定利率的 1 年期债券筹资 5000 万美元。B 公司按 LIBOR + 0.3% 借入 5000 万美元 1 年期贷款，确定了利率互换的本金基础。然后 A 公司向投资人支付 6 个月 LIBOR 并从中介人收取 12% 的固定利率，B 公司向银行支付 12.5% 的固定利率并从中介人收取 LIBOR + 0.25% 的浮动利率。中介人收取一定的手续费，利率水平由双方共同商定，互换过程如图 4 - 5 所示。

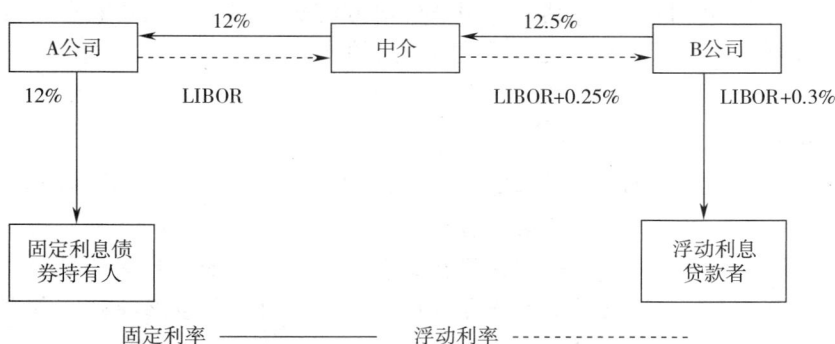

图 4 - 5　固定利率和浮动利率互换

互换以后两公司的实际筹资成本发生了变化，具体情况见表 4 - 10。

表 4 - 10　　　　　　　　　　　利率互换后的融资成本

	A 公司	B 公司	中介
互换前	直接借浮动利率 LIBOR + 0.1%	直接借固定利率 13%	无收益
互换后	浮动利率 LIBOR	固定利率为 12.55%〔12.5% + LIBOR + 0.3% - （LIBOR + 0.25%）= 12.55%〕	收益为 0.25%〔12.5% - 12% + LIBOR - （LIBOR + 0.25%）= 0.25%〕
结果	节约利率成本 0.1%	节约利率成本 0.45%	获利 0.25%

可见，固定利率和浮动利率互换不仅能方便地改善资产负债结构，而且还可以利用交易者筹资成本的差异，共同降低筹资成本。

三、货币互换交易

（一）货币互换的含义

货币互换（Currency Swap）是指交易双方当事人各以固定或浮动利率筹措资金，在一定期限内将筹措货币进行互换，以避免各方所承担的风险，并降低成本。

（二）货币互换的原理与应用

货币互换的基础也是比较优势原理，一个公司如果在某种货币的融资中具有相对优势，通过互换可以转换成所需要的货币。

货币互换包括固定利率货币互换、固定利率与浮动利率货币互换和浮动利率与浮动利率货币互换三种情况。本节重点介绍固定利率货币互换的原理。

固定利率货币互换，是指交易双方当事人各以自己持有货币的固定利率的利息与对方持有的另一种货币的固定利率的利息相交换，以便把一种货币的债务有效地转换为另一种货币的债务。这种交易一般包括"本金初期互换—利息互换—到期本金再次互换"三个基本步骤。按照互换市场的标准做法，第一步是双方按商定的汇率互换本金。这种互换可以是名义上的，也可以是真实本金的相互划拨。最重要的是确定各自本金的金额，以便将来计付利息或再换回该本金。第二步是交易双方按交易开始时商定的各自的固定利率，相互用对方的货币向对方支付利息，合约到期日，再进行第三步，双方换回交易开始时互换的本金。

【实训 4 – 10】

假定 A 公司是美国的一家跨国公司。它想利用货币互换的方式资助其在英国的子公司 B，向 B 公司提供一笔英国英镑的优惠贷款，而美国跨国公司并无英镑优惠利率的筹资能力。与此同时，一家英国 C 公司需用美元资金进行海外投资，却无美元优惠利率的筹资能力，这时，A 公司与 C 公司即可通过货币互换得到各自所需的货币和低成本的融资条件，并可有效地避免汇率和利率变动可能遭受的风险损失。其基本操作流程如图 4 – 6、图 4 – 7 和图 4 – 8 所示。

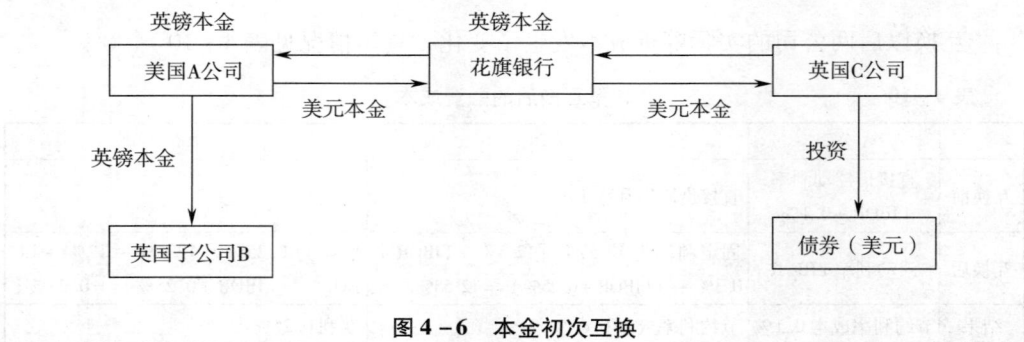

图 4 – 6　本金初次互换

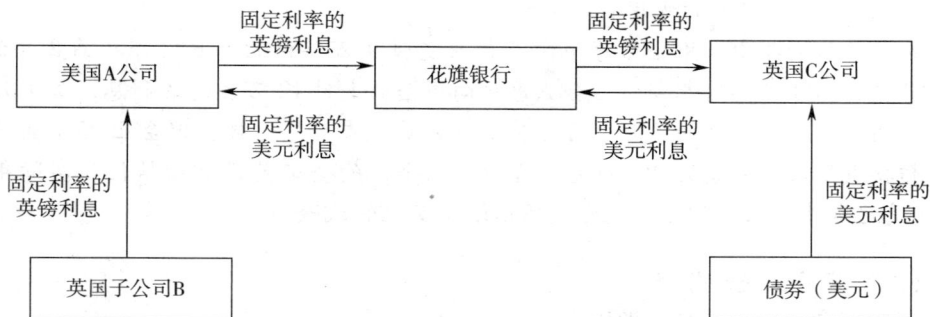

图 4 - 7 利息互换

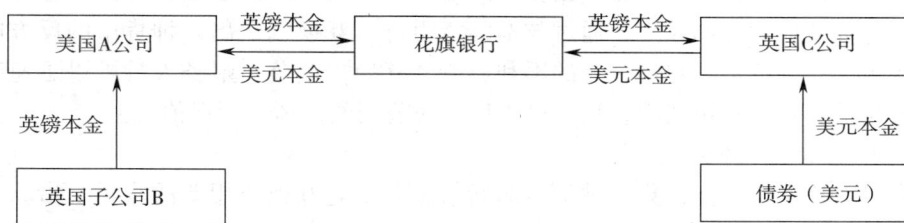

图 4 - 8 到期本金再次互换

交易当天，A 公司按即期汇率以美元同花旗银行调换相当于将要贷给 B 公司的本金金额的英镑，然后以公司间贷款方式转拨给 B 公司。作为交易媒介的花旗银行在与 A 公司互换货币的同时又安排了与英国 C 公司的资产互换交易，即代理 C 公司购买由 A 公司提供的美元资产，然后通过固定利率货币互换交易，将其转换为充分保值的固定利率英国英镑。

互换期间，A 公司将向 B 公司贷款获得的利息额，在付息日完全支付给花旗银行，向后者收取相应固定利率的美元利息（实际由 C 公司提供，花旗银行只是起媒介作用）。

货币互换中，重要的是考虑两种货币间存在的利差，银行可以从中得利，A、C 两公司也可满足各自需要。

【实训 4 -11】

甲企业有一笔 2 年期的美元负债，本金为 200 万美元，到期一次偿还，年息为 8%，付息日为每年 7 月 1 日。乙企业有一笔 2 年期英镑负债，本金为 100 万英镑，到期一次偿还，年息为 9%，付息日为每年 7 月 1 日。由于开展业务的需要，甲企业希望将负债换成固定利率的英镑，乙企业希望将负债换成固定利率的美元。因为两项债务都是过去发生的，开始时可以不交换本金。以第一个付息日为互换的开始日。假设为 2010 年 7 月 1 日，英镑/美元的汇率为 1.5。因此，互换的本金金额为 100 万英镑和 150 万美元。这样，乙企业将其全部英镑负债换为美元负债，而甲企业将其部分（75%）美元负债换为英镑负债。由于乙企业美元需求强烈，同意每年向甲企业支付本金1%的费用。

在以后的两年中，甲企业每年向乙企业支付9万英镑的利息，并在第2年的7月1日支付100万英镑本金。乙企业每年向甲企业支付12万美元的利息，加1万英镑的费用，并在第2年的7月1日支付150万美元本金。这样，甲企业75%的美元债务转换成了实际年息为9%的英镑负债；乙企业的全部英镑负债转化为实际年息8%的美元负债。双方都可以规避两年内汇率变化的风险。

（三）货币互换的作用

一般而言，货币互换通常用来实现下列目标。

1. 对货币敞口头寸进行保值或投机

世界上许多公司都产生非本国货币的现金流，为了最大限度地降低一种货币在将来升值或贬值的长期风险，通过与本国货币进行互换创造出该种货币的反方向现金流，可以有效抵消特定现金流的不利影响。互换也使公司财务人员可以迅速改变一个公司的负债的货币状况，从而可以用来对公司的负债进行保值。

2. 以更低的成本筹集资金

通过在资本市场上筹集一种货币的新借款并把它互换成想要的货币，借款人可以降低筹措资金的成本。

3. 获得进入一个受限制的市场的途径

直接进入国际资本市场的某个特定部分，常常会受到这样或那样的限制。在某些国家中，对于可以在债券市场上筹措新资金的借款人类型有各种限制。在这种情况下，货币互换可以用来将一种货币的借款转换成想要的货币的负债。

第四节　经典案例

外汇期权交易失败案例分析

外汇期权是理想的外汇避险产品，但其产品特点促使其也成为拥有很高收益的投机产品，当然其背后有巨大的风险，投资者需要警惕。

中信泰富是中信集团的子公司，在香港联合交易所上市。公司三大主营业务为钢铁、航空、地产。

由于铁矿石是钢铁产业的主要成本，中信泰富采取了直接在澳大利亚西部经营铁矿的方式以降低成本。同时为了锁定从澳大利亚和欧洲购买的设备和原材料款的外汇开支的成本，中信泰富投资累计外汇期权进行对冲。

那么中信泰富到底失败在什么地方呢？

首先是错误地选择了投机工具。对于中信泰富而言，为了开发澳大利亚西部的铁矿石项目，其目标应是锁定购买澳大利亚元的成本。在绝大多数情况下，通过对远期、期货、互换、期权等进行简单的组合，就可以达到企业特定的套期保值需求。中信泰富却选择了复杂的、自己并不精通累计期权。这类合约，无论从定价到对冲机制上都很复杂，一般投资者根本不知道产品应如何估值、如何选择行使价，不知道如何计算与控制风险，因此，很容易约定过高的行权价，同时低估其潜在的风险。

另一个错误是量的错配。中信泰富在2008年7月签订了16份合约。当澳大利亚元兑美元的价格走势对其有利时，中信泰富最少也必须购买36亿澳大利亚元；而当价格大幅下跌时，则要被迫购买90亿澳大利亚元。而中信泰富的真实澳大利亚元需求却只有16亿。其套期保值头寸远远超过了需要的套保产品头寸，这样做不仅加大了公司保证金，从而扩大了对现金流的需求，而且价格波动所带来的风险也随之放大。

期权虽然给予了投资者更加多样的套保方式，也对于投资者的风险控制以及对于新工具的了解提出了更高的要求。我们在利用期权做套保的时候应当吸取历史的教训，充分了解金融工具的使用，才能达到套保的目标。

（资料来源：http：//blog. sina. com. cn/s/blog _ 161475c640102wvtj. html。）

【本章小结】

1. 外汇期货交易又称货币期货交易，是指在期货交易所内，根据成交单位、交割时间标准化的原则进行的外汇期货合约买卖。外汇期货交易属于金融期货，金融期货还包括利率期货、黄金期货和指数期货等。

2. 外汇期权（Foreign Currency Option）又称货币期权，是指期权的购买者在支付给期权的出售者一笔期权费后，获得的一种可以在合同到期日或期满前按预先确定的汇率（即执行价格）购买或出售某种货币的权利。在期权行使期内，当行市有利时，期权买方有权执行期权，买进或卖出约定的外汇资产；而当行市不利时，可以放弃买卖该种外汇资产，不执行期权。但是，期权的买方有义务在买方要求履约时卖出或买进约定的外汇资产。

3. 互换交易是交易双方预先约定汇率和利率等条件，在一定期限内相互交换一组资金，以达到回避风险目的的一种交易。金融互换主要包括利率互换和货币互换。利率互换的依据是比较优势原理，互换当事人使用利率互换的最直接动因在于，能够以比债券市场利率或银行贷款利率更低的利率水平筹集资金，从而获得成本利益。货币互换的基础也是比较优势原理，一个公司如果在某种货币的融资中具有相对优势，通过互换可以转换成所需要的货币。

【章后习题】

一、判断题

1. 期货交易和远期交易都采取保证金制度。（　　）

2. 期货交易采取当日结算制度，如果保证金账户差额低于维持保证金，那么交易所会发出催付通知，要求将保证金账户差额恢复到维持保证金水平。（　　）

3. 在期货交易中，大约有95%的期货合约都不会在到期日进行外汇实际交割。（　　）

4. 在外汇看涨期权中，只要市场即期汇率大于执行汇率，买方一定会选择执行期权。（　　）

5. 外汇期权价值其他条件一定时，时间越长，期权费越高。（　　）

6. 当企业未来有外币应收账款时，应该买入看涨期权进行套期保值。（　　）

7. 互换的原理是交易各方利用各自在国际金融市场上筹集资金的绝对优势而进行对双方有利的安排。（　　）

二、名词解释

1. 外汇期货

2. 保证金制度

3. 逐日盯市制度

4. 套期保值

5. 外汇期权

6. 看涨期权

7. 看跌期权

8. 美式期权

9. 欧式期权

10. 货币互换

三、简答题

1. 外汇远期合约与外汇期货合约的异同点有哪些？

2. 简述外汇期货交易的逐日盯市制度。

3. 简述外汇期货交易保证金的类型及含义。

4. 简述外汇期权的类型。

5. 简述外汇期权交易的特点。

6. 简述影响外汇期权中期权费的因素。

7. 举例说明货币互换的比较收益原理。

案例分析

适合做外汇期货卖出套期保值的情形主要包括：（1）持有外汇资产者，担心未来货币贬值。（2）出口商和从事国际业务的银行预计未来某一时间将会得到一笔外汇，为了避免外汇汇率下跌造成损失。某美国投资者发现欧元的利率高于美元利率，于是他决定购买 50 万欧元以获高息，计划投资 3 个月，但又担心在此期间欧元对美元贬值。为避免欧元汇价贬值的风险，该投资者利用芝加哥商业交易所外汇期货市场进行空头套期保值，每手欧元期货合约为 12.5 万欧元。该投资者通过套期保值，结果如何？

第五章
外汇风险管理

【学习目标】

- 正确掌握外汇风险的概念；
- 熟悉企业面临的外汇风险种类及其成因；
- 熟悉各种主要的防范外汇风险的方法和策略；
- 组合应用各种防范外汇风险的策略；
- 结合实际情况对各种避险策略的效果进行评价。

【章前引例】

2018 年 10 月 26 日，Alphabet（谷歌）公布第三季度财报，在纳斯达克市场盘后交易中，公司股价大幅下跌逾 5%，市值减少 365 亿美元。市场认为，尽管公司盈利增长超出此前市场预期，但是收入增长逊于预期。收入不及预期的原因很多，在公告后的投资者见面会中，管理层专门提到汇率波动对海外销售收入的影响，比如美洲地区（不含美国）第三季度同比增长 28%，但是受汇率影响降到 19%。谷歌公司该如何进行外汇风险管理？

第一节　外汇风险概述

在越来越多的国家选择浮动汇率制度的情况下，汇率的波动给跨国企业的国际经营带来了风险，使它们的现金流不确定，企业的价值受到不利影响。因此，外汇风险是跨国企业必须面对的经营风险。每个企业都应该根据本企业的实际情况及对国际外汇市场的预测，来选择适当的外汇风险管理工具防范风险。当然，欧元区国家内部的跨国经营，由于它们统一使用欧元，不涉及货币兑换问题，大大降低了企业的外汇风险。

一、外汇风险的界定

（一）外汇风险的概念

外汇风险（Foreign Exchange Risk），也称汇率风险（Exchange Rate Risk），是指在一定时期内的经济交往中，经济实体或个人以外币计价的资产（债权、权益）或负债（债务、义务）由于汇率变动而引起的价值变动。外汇风险有广义和狭义之分：狭义的外汇风险仅指汇率风险；广义的外汇风险包括汇率风险，也包括信用风险、国家风险、会计风险等。本章讨论的外汇风险主要是指狭义的外汇风险。

（二）外汇风险的对象

需要注意的是，不是个人或企业持有的、所有的外币资产或负债都要承担外汇风险，只有其中一部分承担外汇风险，这部分承担外汇风险的外币资金通常称为"受险部分"或"外汇敞口"或"风险头寸"。具体来说，在外汇买卖中，受险部分表现为外汇持有额中"超买"或"超卖"的部分。例如，外币资产不等于外币负债，或者虽然外币资产和外币负债相等，但是二者期限的长短却不同。

外汇风险的承担者有直接从事国际经济活动、使用外汇的部门，也有间接从事国际经济活动、不使用外汇的部门。例如，若人民币大幅升值，导致直接从事对外生产的出口企业面临直接的外汇风险，出口订单可能会减少，这会导致给这些企业提供原材料的部门也受到出口减少的损失，这是一种间接受险。

在考虑外汇风险时通常还需注意，外汇风险通常是由于汇率变化的不确定性而产生的。不确定性表明汇率有可能向有利于当事人的方向发展，也有可能向不利于当事人的方向发展，因此汇率的变化是双向的，由此而产生的结果也是双向的。既有可能由于汇率的变化给当事人带来收益，也有可能使当事人遭受损失。但在实际经营中，人们谈到防范风险时，主要是指防范损失这一含义。

（三）外汇风险的构成要素

外汇风险是由本币、外币和时间三个要素构成的。企业在核算盈亏的时候往往使用本币，但是在经济交易的时候又经常使用外汇，这就存在着把外汇兑换成本币或把本币兑换成外汇的兑换行为，这种由于货币兑换行为而带来的风险叫作价值风险，需要兑换的货币数量越大，价值风险越大。由于是企业等经济主体未来要收入或付出以外币表示的资产或负债，因此会产生由于收付时间不同导致的风险，这种风险叫做时间风险。从合同签订日到实际收付外汇日的间隔时间越长，风险越大。在防范外汇风险时，既要注意价值风险，又要考虑时间风险。

例如，某中国企业与巴基斯坦开展进出口业务，只用人民币计价并结算，根本不涉及货币兑换问题，因此不可能出现外汇风险。又如某企业因进出口业务需要，同一天收入一笔外汇，并支出币种相同、金额相同、期限相同的另一笔外汇，则虽然发生了货币兑换活动，但并不存在风险头寸，因而同样不受外汇风险影响。再如，我国90%以上的进出口活动会选择美元计价，即使是与日本、欧盟国家进行贸易也不例外。即使人民币对美元汇率水平基本不变，而美元与日元、欧元的汇率波幅比较大，意味着人民币对这两种货币的波幅也比较大，选择美元有利于企业规避外汇风险。

二、外汇风险的种类

在国际市场中，企业面临着各种风险，如国际政治风险、国际筹资风险、国际结算风险等，其中最显著的是汇率变动带来的外汇风险。根据外汇风险的作用对象、表现形式，可以将外汇风险划分为三种类型，即交易风险、会计风险和经济风险。

（一）交易风险

外汇交易风险（Transaction Exposure）是指以外币计价的国际经济交易中，从合同签订日到其债权债务得到清偿这段时间内，由于该种外币与本币间的汇率变动而导致该项交易的本币价值发生变动的风险。交易风险是一种常见的外汇风险，这种风险起源于已经发生但尚未结清的以外币计值的应收款项或应付款项，同国际贸易和国际资本流动有着密切关系。开办外汇买卖业务的银行面临大量的外汇交易风险；以外币进行贸易结算、贷款或借款等外汇交易的工商企业面临大量的外汇交易风险。

北京奥林匹克饭店就是一个典型案例。在饭店成立初期申请了50亿日元的贷款，利率很优惠。放贷时的汇率水平是1美元兑换240日元左右，而此后不久，日元就开始在美国的逼迫下不断升值，最高时达到1美元兑换80日元以下。恰在那时（1994年），人民币汇率也进行调整，从1美元兑5.7元人民币调到8.7元左右。也就是说，人民币对日元的汇率在短短几个月内贬值了近6倍。奥林匹克饭店的经营收入基本都是用人民币或美元计价的，却要用日元还贷，日元的升值令其蒙受了巨大的损失，最后不得不申请破产。该饭店不是所处地理位置不好，也不是经营管理问题，最主要的原因是没有合理规避汇率风险最终导致破产。

（二）会计风险

会计风险（Accounting Exposure），又称折算风险或转换风险，这是一种根据会计制度的规定，对企业经营活动进行统一的财务报告时，由于汇率变化而引起资产负债表中某些项目价值的变化。企业在一国注册，根据主权原则，会计报表应该使用注册国货币作为记账货币，这就要求本国企业实际发生的外汇收支项目按某一汇率折算为本国货币。另外，本国企业设在国外的分公司，按合并报表原则，也应该折算为本国货币。由于汇率在不断波动，按不同汇率折算的财务状况也不尽相同，企业的折算风险在会计上暴露无遗，因而折算风险是涉外企业无法回避的账面风险。虽然折算风险所产生的损益并不是实际损益，但它会影响到企业向股东和社会所公布的营业报告书的结果。

例如，黑龙江某公司在某国有一家分公司，该分公司2018年12月31日的资产负债表如表5-1所示。

表5-1　　　　　　2018年12月31日某国分公司的资产负债表　　　单位：外币元

资产	金额	负债和所有者权益	金额
现金	40000	负债	100000
应收账款	60000	权益	160000
厂房及设备	120000		
存货	40000		
合计	260000	合计	260000

黑龙江某公司在准备编制合并财务报告时，先要按某个特定的汇率将该资产负债表折算为以人民币计价的资产负债表。假定人民币兑换某国货币的当天汇率是1:1.5，那么折算后的资产负债表如表5-2所示。

表 5-2　　　　　**2018 年 12 月 31 日某国分公司的资产负债表**　　　单位：人民币元

资产	金额	负债和所有者权益	金额
现金	26666	负债	66666
应收账款	40000	权益	106666
厂房及设备	80000		
存货	26666		
合计	173332	合计	173332

假如：2019 年 1 月 1 日，人民币兑换某国货币的汇率变为 1:1.25，那么折算后的资产负债表如表 5-3 所示。

表 5-3　　　　　**2019 年 1 月 1 日某国分公司的资产负债表**　　　单位：人民币元

资产	金额	负债和所有者权益	金额
现金	32000	负债	80000
应收账款	48000	权益	128000
厂房及设备	96000		
存货	32000		
合计	208000	合计	208000

从上述两个资产负债表中可以看出，由于汇率的变动，资产由 173332 元人民币增加到 208000 元人民币。

（三）经济风险

经济风险（Economic Exposure）是指由于意料之外的汇率变化导致企业产品成本、价格等发生变化，从而导致企业未来经营收益增减的不确定性。这种潜在的经济风险会直接关系到企业在海外的经营成果。企业收益变化幅度的大小，主要取决于汇率变动对企业产品数量、价格成本可能产生影响的程度。例如，当一国货币贬值时，出口商一方面因出口货物的外币价格下降，有可能刺激出口使其出口额增加而受益；另一方面如果出口商在生产中所使用的主要原材料为进口商品，因本国货币贬值会提高本币表示的进口商品的价格，则该国出口产品的生产成本增加。结果该国出口商在将来的纯收入可能增加，也可能减少，该出口商的市场竞争能力、市场份额将发生相应的变化，进而影响到该国出口商的生存与发展潜力，此种风险就属于经济风险。

经济风险是由意料之外的汇率变动所造成的，它对企业未来现金流量有直接影响，继而影响企业未来的收支，最终影响企业未来的获利能力。企业获利能力的变化反过来又影响企业自身的资产、负债和权益的价值。可以说，经济风险是对企业整体价值的影响。

经济风险较前两类风险更为重要。会计风险是指因汇率变化而引起的汇总财务报表的变化；交易风险主要是指汇率变化前签订而未曾偿付的交易款项在汇率变化后对结算的影响。它们都是一次性的，都只是对过去的回顾。经济风险则是由于意料之外的汇率变化引起的未来现金流量的变化，经济风险分析是从整体上进行预测、规划和分析的过程。经济风险分析在很大程度上取决于公司的预测能力，而预测的准确程度将直接影响到该公司在融资、销售和生产等方面的战略决策。

【案例 5 – 1】

中兴通讯公司面临的汇率折算风险

折算风险主要来自将各个地区的子公司的外币报表折算成人民币为基础计量的财务报告时所产生的汇兑损益。跨国公司的折算风险与企业在国外设立子公司的数量及跨国化程度、所使用的外汇种类以及子公司选择的会计计算方法相关。

中兴通讯公司在国外的市场占有较强的优势。按照国际会计准则，企业所在的主权国家对公司经营纳税进行监管，企业需要使用本国的货币计量方法进行财务报表的编制，因为币种的不同以及历史阶段的不同，汇率会产生不同的波动性，所以折算风险也会受到国外子公司的所在地的影响。中兴通讯公司在非洲设有多个公司，子公司的资产、负债、利润等多以印度卢比计量。中兴通讯公司按照我国会计准则的要求，必须编制季度合并报表，需要将子公司的财务报表转化为以人民币为基础的财务报表进行核算。2011—2014 年人民币对印度卢比升值，使得中兴通讯公司的合并报表出现了较大的折算风险，体现为积极收益。中兴通讯公司在欧洲也设有子公司并以欧元计量。2011—2014 年人民币兑欧元升值，在计算集团公司合并财务报表时，使中兴通讯公司有很大的正向汇兑收入。与此相反的是，中兴通讯公司在香港的子公司以美元计量。2014—2015 年美元兑人民币升值，中兴通讯香港子公司的财务报表转化成以人民币计量的财务报表，出现较大的负面汇兑损益。

三、外汇风险管理的原则

外汇风险是涉外经济中不可避免的一种市场风险，对一国政府、企业乃至个人都会产生很大的影响，外汇风险管理因此成为企业经营管理的重要组成部分。外汇风险管理的目标是充分利用有效信息，力争减少汇率波动带来的现金流量的不确定性，控制或者消除业务活动中可能面临的由汇率波动带来的不利影响。为了实现这一目标，在外汇风险管理中应该遵循一些共同的指导思想和原则。

（一）保证宏观经济原则

在处理企业、部门的微观经济利益与国家整体的宏观利益的问题上，企业部门通常是尽可能减少或避免外汇风险损失，而转嫁到银行、保险公司甚至是国家财政上去。在实际业务中，应把两者利益尽可能很好地结合起来，共同防范风险损失。

（二）全面重视原则

外汇风险有不同的种类，有的企业经营活动中只有交易风险，有的还有经济风险和会计风险。不同的风险对企业的影响不同，有的是有利影响，有的是不利影响。因此，涉外企业和跨国公司需要对外汇买卖、国际结算、会计折算、企业未来资金运营、国际筹资成本及跨国投资收益等项目下的外汇风险保持清醒的头脑，做到胸有成竹，避免顾此失彼，造成重大的损失。

（三）分类防范原则

对于不同类型和不同传递机制的外汇汇率风险，应该采取不同适用方法来分类防范，以期奏效，但切忌生搬硬套。对于交易结算风险，应以选好计价结算货币为主要防范方法，辅以其他方法；对于债券投资的汇率风险，应采取各种保值为主的防范方法；对于外汇储备风险，应以储备结构多元化为主，又适时进行外汇抛补。

（四）收益最大化原则

该原则要求涉外企业或跨国公司精确核算外汇风险管理的成本和收益。在确保实现风险管理预期目标的前提下，支出最少的成本，追求最大化的收益。这是企业进行外汇风险管理的基本点和出发点，也是企业确定具体的风险管理战术、选择外汇风险管理方法的准绳。外汇风险管理本质上是一种风险的转移或分摊，例如采用远期外汇交易、期权、互换、期货等金融工具进行保值，都要支付一定的成本，外汇风险管理支付的成本越小，进行风险管理后得到的收益越大，企业对其外汇风险进行管理的积极性就越高，反之则相反。

四、外汇风险管理的一般策略

外汇风险管理一般有以下五种策略。

（一）采用货币保值措施

买卖双方在交易谈判时，经协商，在交易合同中订立适当的保值条款，以防止汇率变化的风险。货币保值措施主要有黄金保值条款、硬货币保值条款和一篮子货币保值条款。

（二）选择有利的计价货币

应遵从以下原则：第一，在实行单一货币计价的情况下，付款使用软货币，收款使用硬货币。软货币就是趋于贬值或贬值压力较大的货币。硬货币就是趋于升值或币值稳定的货币。第二，在进出口贸易中，以多种货币作为计价结算货币，使各种货币的汇率变动风险互相抵消。第三，在贸易实务中，通过协商、谈判等方式尽可能地用本币进行支付，即出口商获得本币资金，进口商用本币支付货款。

（三）提前或延期结汇

在国际收支中，企业通过预测支付货币汇率的变动趋势，提前或延迟收付外汇款项，来达到抵补外汇风险的目的。

（四）进口、出口贸易相结合

一是对销贸易法，把进口贸易与出口贸易联系起来进行货物交换。二是自动抛补法，在某进出口商进行出口贸易的同时，又进行进口贸易，并尽量用同种货币计价结算，设法调整收汇、付汇的时间，使进口外汇头寸轧抵出口外汇的头寸，以实行外汇风险的自动抛补。

（五）利用外汇衍生产品工具

如签订远期外汇交易合同，即进出口企业在合同签订后，同银行叙做远期买进或卖出外汇货款的合同，通过锁定汇率波动来消除外汇风险。

第二节　银行的外汇风险管理

外汇银行是外汇市场的主要参与者，它不仅可为客户买卖充当经纪人，还可自营买卖，赚取差价利润，因此，银行加强外汇风险管理是十分重要的。

一、银行的外汇头寸管理

外汇头寸（Foreign Exchange Position），又称外汇持有额，是指银行在一定时间所持有的外汇差额。银行对客户的外汇交易，不可避免地会发生买入多于卖出、卖出多于买入或者买卖大致相等的情况。这种情况经常因外汇交易的超买超卖而发生变动。

（一）银行外汇头寸的产生原因

1. 外汇银行应客户的要求进行外汇买卖

从原则上来说，外汇银行在代客户买卖外汇业务过程中，银行只充当中介人，即时平盘，赚取一定的手续费，并无外汇风险。但由于买卖的时间差或者银行的交易员加减一定点数的汇差而做盘，使银行将持有一定时间的外汇头寸。这相当于客户把外汇风险转嫁给了银行。

2. 外汇银行自营买卖业务

外汇银行的外汇交易是根据它对汇价的走势预测，采取低价买进高价卖出的操作，并在汇价有利于自己的时候平仓，以期获利的投资行为。在这种情况下，会因为买卖之间的时间差异，使外汇银行形成持有外汇头寸的情况。

3. 外汇信贷资金的借出和收回以及外汇贷款收付时间不一致

外汇银行在从事外汇信贷业务及代理进出口商的外汇贷款收付业务时，因外汇信贷资金的借出和收回及外汇贷款收付时间的不一致，使银行持有一定时间的外汇头寸。

汇率风险是外汇交易中最普遍和最严峻的风险，银行所处的外汇市场的汇率每时每刻都在变化，如果银行想用现在的汇价结束头寸，会产生汇率风险，很可能会给银行带来损失。

银行外汇风险的一个主要表现形式就是外汇敞口风险。外汇敞口（Foreign Exchange Exposure）是指，在某一时段内，银行某一币种的多头头寸与空头头寸不一致时所产生的差额。外汇敞口风险是交易风险的主要形式。银行的外汇资产和外汇负债币种头寸不匹配、外汇资金来源与外汇资金运用期限不匹配均会导致汇率风险。外汇敞口主要来源于银行外汇业务中的货币币种、期限等的错配。在存在外汇敞口的情况下，汇率变动可能会给银行的当期收益或经济价值带来损失，形成汇率风险。

【实训 5 - 1】

某银行买进 100 万美元，卖出 13500 万日元，当时美元的即期汇率为 USD/JPY = 135.00。当汇率变化为 USD/JPY = 125.00 时，银行按市价平仓将会受益还是遭受损失？其金额为多少？

【解析】银行在美元上是多头，在日元上是空头。这种多头和空头就是银行的受险部分，当汇率变化为 USD/JPY = 125.00 时，银行按市价平仓将遭受损失，即银行将 100 万美元卖出，只能得到 12500 万日元，损失 1000 万日元。

【实训 5 - 2】

某银行买进远期 1 个月 100 万美元，卖出 13500 万日元（远期汇率为 USD/JPY = 135.00），同时卖出远期 3 个月 100 万美元，买入 12580 万日元（远期汇率 USD/JPY = 125.00），当 3 个月远期交割时，银行会受益还是遭受损失？其金额为多少？

【解析】银行买进和卖出的美元金额是相等的，但由于买进和卖出的时间不匹配，仍然存在汇率风险。假设 1 个月远期交割时，汇率变为 USD/JPY = 125.00，银行卖出 100 万美元。只获得 12500 万日元，亏损 1000 万日元。当 3 个月远期交割时，市场汇率为 USD/JPY = 120.00，银行买入 100 万美元，卖出 12000 万日元，盈利 580 万日元，这样，银行合计亏损 420 万日元。

（二）银行外汇头寸管理方法

1. 外汇头寸限额管理

银行及监管部门对银行所持有的外汇敞口的规模进行限制，从而防止外汇风险的大量发生。在制定外汇敞口头寸限额时应注意银行的风险承受能力。风险承受能力越大，限额也就越大。因此，银行应该制定总的外汇账面价值限额，目的是防止过分的交易活动，使的风险限制在合理的范围内。在总的限额条件下，银行应根据对汇率变动走势的分析预测，结合本行的优势币种进行币种分配，分配原则是：优势币种的交易额大于一般币种的交易额，非优势币种交易额保持最小或不进行交易；交易总额度按业务情况分为即期交易额度、远期交易额度、掉期交易额度和交易员个人交易总额度。此外，还可以根据某种货币的软硬程度，设定该币种的头寸额度。例如，对于贬值走势的币种，超买额度应当小于超卖额度；对于升值走势的币种，超卖额度应当小于超买额度。

2. 即期头寸管理

即期头寸管理是以即期头寸为对象，随时抛出或补进敞口头寸，把敞口头寸变为零，从而使外汇风险得以消除的管理方法。例如，银行在汇率为 GBP1 = USD1.60 时，买进 1000000 英镑；之后在汇率为 GBP1 = USD1.70 时，卖掉了 800000 英镑。买卖双方做成了 800000 英镑的交易，还剩下 200000 英镑的多头，该英镑多头将来卖掉时会因汇率水平的变化而发生盈亏。

由于银行 200000 英镑的多头对应的美元价值为 240000 美元（1600000 美元 - 1360000 美元），因此银行收支平衡的轧抵汇率为 GBP1 = USD1.20（240000 美元/200000 英镑）。银行将来如果能以比此汇率更高的汇率（例如 GBP1 = USD1.45）将 200000 英镑多头卖掉，就会从外汇买卖中得到利润；如果以比此汇率更低的汇率（例如 GBP1 = USD1.18）将 200000 英镑多头卖掉，就会蒙受损失。

反过来，如果银行持有英镑的空头，一旦英镑升值超过轧抵汇率，空头补进时该银行会出现亏损；如果英镑贬值超过轧抵汇率，空头补进时该银行会得到利润。

将敞口头寸变为零或者尽量减少敞口头寸,以规避外汇风险,确保其基础性的外汇交易收入,这是银行经营的基本原则。因此,银行需要卖出多头或是买入空头,一种常见的方法是在银行间市场上买卖;另一种方法是向客户提供有利的报价,特别对大额交易推出更优惠的报价,以吸引客户即期外汇交易和远期外汇预购。

3. 远期头寸管理

在远期外汇交易中即使买卖的金额相等,如果到期日不一致,也需要进行头寸管理或资金调整。例如,先到期的买入期汇,需要筹措本币资金去交割;后到期的卖出期汇也有外币资金的筹措问题。通常的做法是对先到期的头寸即期抛补,筹措资金去交割,然后对后到期的头寸进行抛补,这些抛补交易需要与远期交易的交割日一致。例如,某银行远期买进 100000 英镑,远期卖出还有 500000 英镑,如果这两笔远期交易的交割日期完全一样,而且补进交易的远期买进 400000 英镑也在同一日期交割的话,则这种做法是完美的头寸管理,同时在资金方面也完全不需要调整。

4. 外汇头寸综合管理

外汇银行每天既有即期买卖,也有远期买卖,业务量都很大,将这些交易严格区分然后分别加以管理,管理成本较高,并且即期头寸的调整有时需要远期交易加以配合,而远期抛补受到金额和到期日的限制,往往需要先通过即期抛补,然后通过掉期交易进行调整。因此,银行头寸管理时,通常不区分即期头寸和远期头寸,而是制定"综合外汇头寸表",对综合差额进行抛补。

例如,一家银行与顾客的买卖英镑情况见表 5-4。

表 5-4　　　　　　　　　　某银行进行风险管理前的头寸　　　　　　　单位:英镑

	买进	卖出	头寸
即期	1000000	800000	200000
远期	100000	500000	-400000
综合	1100000	1300000	-200000

即期交易有 200000 英镑的多头,远期交易有 400000 英镑的空头,综合头寸为 200000 英镑的空头。剩下 200000 英镑的空头部分,该银行要承担英镑升值可能带来的亏损风险。另外,该银行的每一笔远期外汇交易都有固定的期限,存在买进和卖出金额相同,但是交割期限不一致的问题。

该银行决定通过银行间市场的外币买卖,使外汇头寸为零,进行敞口头寸管理,它可以采取即期、远期头寸分别管理方法:即期卖出 200000 英镑,远期买进 400000 英镑,使即期与远期头寸分别为零。由于银行进行抛补之前已经远期买进了 100000 英镑,远期卖出了 500000 英镑,如果这两笔远期交易的交割日期完全一样,而且补进交易的 400000 英镑远期也在同一日期交割的话,则这种做法是完美的头寸管理,同时在资金方面也完全不需要调整。

但是,由于银行不可能做到与远期交割日期完全吻合,完美的头寸管理几乎是不可能的,因此,大多数银行实际上不得不以综合头寸为对象进行抛补管理。

通常达成远期交易比即期交易需要更多时间,为了防止在达成远期交易前汇率波动可能带来的风险,银行最常用的管理方法是,首先即期买进 200000 英镑,使综合头寸为零；紧接着卖出同额的即期英镑，买进同额的远期英镑，即采取掉期交易的方法。在这种方法下，该银行仍然持有一定金额的即期和远期头寸，但是综合头寸为零。

为了买进 200000 即期英镑，银行需要支付自有的英镑资金，或者在美元不足时暂时借入美元。一旦银行的掉期交易到期，卖出即期英镑就可以收回所支付的美元，或立即偿还当初的美元借款。采用即期交易与掉期交易相结合的综合头寸管理方法，银行不仅可以很快消除风险头寸，而且还可以在资金市场上广泛地采取调整措施进行灵活的配合。

5. 预测汇率变动趋势，积极制造预防性头寸

汇率波动是产生外汇风险的主要因素，因此要把握汇率波动方向，对波动幅度进行准确的预测。没有准确的预测，外汇风险管理就成了无本之木、无源之水。从原则上讲，银行的头寸管理会使受险部分减少，但实际上市场的形势瞬息万变，有时会使敞口头寸无法平仓，因此银行有必要对汇率做一个基本的预测，如银行预计美元会出现供不应求的状况，它可以预先在市场上买进大量美元，积极地制造头寸，这种头寸称为预防性头寸。

【知识链接 5 – 1】

权责发生制原则

权责发生制原则是指，银行将对客户结售汇业务、自身结售汇业务和银行间外汇市场交易在交易订立日计入结售汇综合头寸；而收付实现制原则下的交易是在资金实际收付日计入综合头寸。

在收付实现制的管理原则下，银行每日填报的结售汇综合头寸报表中，仅包括当日发生的银行对客户即期结售汇头寸、银行自身的结售汇头寸和银行参与银行间外汇市场交易形成的头寸。远期外汇交易则只在履约当日（实际收付资金日）才计入当日的头寸表中。

而在实行权责发生制的管理办法后，远期外汇交易在签约时就被计入当日的外汇头寸表中，与即期头寸一并纳入银行的整体敞口头寸中，受到外汇当局规定的头寸限额的限制。

【知识链接 5 – 2】

汇率预测

汇率预测是指对货币间比价关系的波动范围及变化趋势作出判断与推测。汇率波动是造成外汇风险的决定性因素，把握汇率波动的方向，对其波动幅度进行准确的预测，是确定风险大小、风险危害程度的首要工作。离开准确的汇率预测，外汇风险管理就会失去科学依据，走上缘木求鱼的歧途。早在金本位制盛行时期，欧洲的经济学家就开始对汇率的波动规律进行研究，认为流动性国际借贷的供求关系引

起汇率波动。20世纪30年代，经济学家又总结了金汇兑本位制下的汇率波动因素。布雷顿森林体系崩溃后，经济全球化、货币区域一体化、信息技术普及等使国际经济格局发生了重大调整，汇率决定因素也相应发生变化。

汇率预测最常用的方法是基础因素分析法，即根据影响汇率波动的主要经济变量的变化来预测汇率未来波动方向及波动幅度。基础因素分析法的主要步骤是：确定预测汇率的经济变量及其关系；建立具体的汇率预测模型；对所建汇率预测模型进行检验；依据模型进行预测。熟练地掌握统计学和计量经济学的基本原理和技术，是进行汇率预测的基本保证。

非金融企业主要使用的一种方法是市场预测法。这是一种直接根据市场中的汇率价格预测未来汇率的一种方法。市场预测法的成本非常低，如果对预测的精度要求不高，用此方法预测非常经济划算。市场预测法包括即期汇率预测法和远期汇率预测法。

【案例5-2】

个人需要预测汇率吗？

1. 汇率波动会影响个人的国外旅游。杨女士年初制订了耗资4000英镑的全家英国旅游计划，旅行日期定在9月。为此，按照年初1英镑＝12.3元人民币的汇率，杨女士准备了49200元人民币。但是到了9月，英镑汇率发生变化：1英镑＝13.5元人民币。如果要继续英国之行，杨女士需要追加4800元人民币。受到资金不足的限制，杨女士很可能取消预定的旅行计划。即使杨女士能够携带4000英镑现金或旅行支票赴英国旅游，按原计划还要到法国旅行2天，但英镑对欧元下跌了15%，这表明杨女士手头的英镑兑换成欧元后，也无法保障全家在法国的开支，所以恐怕不得不取消法国之行。

2. 汇率波动会影响个人消费国外商品与劳务。李先生通过互联网向北京的一家书店订购一套日本出版的图书，并注意到书店的公告中有下列注意事项："标价均是当前的人民币价格，由于进口图书时汇率波动等原因，可能会变更人民币价格，特此预先通知。"向外国订购书刊，通常需要一定时间，由于此间日元币值急剧上升，李先生得到这套日本书籍时，所支付的书款竟然比当初的预定金额高出50%。

上面的例子表明，汇率风险对个人财务安排、个人的生活都会产生影响，与普通人的生活息息相关。当然，与企业相比，由于个人持有的外汇规模有限，汇率风险带来的危害并不大。

二、银行外汇资产负债管理

银行面临的外汇风险类型非常复杂，在银行的日常经营中，除了敞口头寸的存在所导致的外汇风险，银行还要注意外汇资产负债的管理。

（一）增加人民币持有形成新的资产组合，有效规避汇率风险

当前国内金融市场运行平稳，外汇储备充实，人民币汇率稳定，人民币国际声誉提高，在境外的认可度有所提升，国内企业跨境贸易以人民币计价结算意愿明显

上升。在此形势下，我国通过扩大人民币计价结算应用范围、与有关国家签署货币互换协议，加大了人民币区域化、国际化进程的推进力度。对我国商业银行而言，适应人民币国际化、区域化的趋势，运用人民币调整投资组合，创新产品进行套期保值也不失为一项规避外汇风险的对策。

（二）改进外汇资产负债配对管理

我国商业银行外汇买卖风险主要来源于以下两点：一是经营对企业、个人的外汇买卖业务而形成的风险；二是外汇资产与负债不平衡需要买卖调控形成的风险。前一种买卖风险的管理可以通过头寸管理实现，后一种买卖风险则应通过外汇资产负债的配对管理实现。配对管理的实质是通过对外汇资产和负债时间、币别、利率、结构的配对，从而尽量减少由于经营外汇存贷款业务、投资业务等需要进行的外汇买卖，以避免外汇风险。

资产负债配对管理一是做好远期头寸的到期日搭配，使在未来的任一时点上，都尽可能地使到期的资产能够并且恰好抵付到期的负债；二是在外汇的贷款上做好币别配对；三是做好存贷到期日搭配；四是做好存贷款的利率搭配；五是合理调整外汇资产负债期限结构。

三、银行的外汇投机

外汇投机是指以赚取利润为目的的外汇交易，投机者利用汇率差异，贱买贵卖，从中赚取差价。

外汇投机总体来说有两种形式：

1. 先买后卖，即买多。当投机者预期某种货币将升值，就在外汇市场上趁该外币价格相对较低时，先买进该种货币，待该货币汇率上升时，将其卖出。例如，2月美元兑日元汇率为 USD/JPY = 110，投机者认为 4 月美元将升值，则他花 110 万日元买进 10000 美元，4 月如他所料，汇率为 USD/JPY = 120，投机者将手中的美元卖出，获得 120 万日元，则他赚了 120 − 110 = 10 万日元。

2. 先卖后买，即卖空。当投机者预期某种货币将贬值，就在外汇市场上趁该外币价格相对较高时，先行卖出该货币，到该货币真正下跌时，再买进该货币，赚取差价。例如上例中，投机者认为 4 月美元将贬值，投资者将手中的 1 万美元卖出，获得 110 万日元，4 月如他所料，1 美元兑 100 日元，投资者将手中的日元卖出，买进 11000 美元，则他赚了 11000 − 10000 = 1000 美元。

近年来，外汇市场之所以能为越来越多的人所青睐，是因为外汇市场本身的特点导致的。西方国家的金融业基本上有两套系统，即集中买卖的中央操作和没有统一固定场所的行商网络。股票买卖是通过交易所买卖的，如纽约证券交易所、伦敦证券交易所、东京证券交易所，分别是美国、英国、日本的主要股票交易场所。集中买卖的金融商品，其报价、交易时间和交收程序都有统一的规定，并成立了同业协会，制定了同业守则。投资者则通过经纪公司买卖所需的商品，这就是"有市有场"。而外汇买卖则是通过没有统一操作市场的行商网络进行的，它不像股票交易有集中统一的地点。但是，外汇交易的网络却是全球性的，其交易市场是由大家认同的方式和先进的信息系统所联系，交易商也不具有任何组织的会员资格，但必须获得同行业的信任和认可。这种没有统一场地的外汇交易市场被称为"有市无场"。全球外汇市场平均每天有上万亿美元的交易。如此庞大的巨额资金，就是在这种既无集中的场所又无中央清算系统的管制，以及没有政府的监督下完成清算和转移的。

　　由于全球各金融中心的地理位置不同，亚洲市场、欧洲市场、美洲市场因为时差的关系，连成了一个全天 24 小时连续作业的全球外汇市场。早上 8 点半（以纽约时间为准）纽约市场开市，9 点半芝加哥市场开市，10 点半旧金山开市，18 点半悉尼开市，19 点半东京开市，20 点半香港、新加坡开市，凌晨 2 点半法兰克福开市，3 点半伦敦市场开市。如此 24 小时不间断运行，外汇市场成为一个不分昼夜的市场，只有星期六、星期日以及各国的重大节日，外汇市场才会关闭。这种连续作业，为投资者提供了没有时间和空间障碍的理想投资场所，投资者可以寻找最佳时机进行交易。比如，投资者若在上午纽约市场上买进日元，晚间香港市场开市后日元上扬，投资者在香港市场卖出，不管投资者本人在哪里，他都可以参与任何市场、任何时间的买卖。因此，可以说，外汇市场是一个没有时间和空间障碍的市场。

第三节　企业的外汇风险管理

　　外汇资产持有者通过风险识别、风险衡量、风险控制等方法，预防、规避、转移或消除外汇业务经营中的风险，从而减少或避免可能的经济损失，实现在风险一定条件下的收益最大化或收益一定条件下的风险最小化。

一、企业外汇风险防范的原则

　　通常情况下，企业外汇风险管理也应遵循相应的外汇风险管理的原则，主要的外汇管理原则除了前面提到的保证宏观经济的原则、全面重视原则、分类防范的原则、收益最大化之外，还应遵循以下原则。

　　1. 保守原则

　　涉外企业进行汇率预测，并进行一定的避险操作，其目的并不在于利用风险进行外汇的投机活动，而是在于规避可能的汇率风险。所以按照本原则，企业在进行外汇避险活动的时候，应坚持保守原则，不能为了获得较高的收益而采用激进的冒险措施使公司的理财活动成为投机赌博。

　　2. 预测先导原则

　　要成功地回避汇率风险，必须建立在对汇率变动走势科学预测的基础之上。涉外企业在选择具体的避险操作方法时，必须充分咨询相关外汇专业人士，尤其是具有丰富经验和较高专业技能的外汇研究团队和机构。对汇率走势从基本面和技术面进行定性与定量的分析，采用理论与实际相结合的方法，对汇率的走势进行预测，以确保采取方法的准确有效性。

　　3. 成本最低原则

　　采取外汇避险操作都将产生操作成本，所以在选择操作方法时应进行相关成本的比较，根据实际情况进行判断。如果采用了避险措施所获得的收益小于因此而产生的操作成本，那么情愿不进行避险操作。当然，这样的分析和判断要建立在对汇率准确的预测基础之上。还有要加强与专业外汇研究机构的合作，因为专业的外汇研究和操作机构不仅能帮助企业选择恰当的金融工具，同时也能为企业提高谈判能力，降低操作成本。

4. 灵活操作原则

外汇避险操作很多时候都是将汇率风险转嫁给交易对方，是一种零和博弈。如果对方也充分考虑到了汇率风险并在交易过程中坚持有利于自己的避险措施，那么交易双方就可能僵持不下，无法达成协议。此时就必须要从全局战略的角度出发来衡量考虑，具体情况具体分析。如果企业进口材料是市场上紧俏且无相关替代产品，且对方处于谈判中较优势地位时，就要在交易失败所产生影响与所承担汇率风险之间进行比较。在达成交易之后，再采取其他避险措施降低自身风险（这时就要依托外汇专业机构的支持来参与谈判和避险工具与方法的选择）。所以，在风险防范过程中，既要有风险防范意识，也要顾全大局促成交易。

二、企业外汇风险防范的方法

企业的日常业务都会直接或间接地受外汇风险的影响，如果不能及时发现风险和控制风险，外汇风险给企业带来的就有可能是无法估计的损失，甚至可以完全削减企业的利润空间，因此外汇风险管理方法在企业的日常经营中有着广泛的应用。

（一）企业外汇风险防范的一般方法

1. 选择货币法

企业可以通过选择货币来降低交易风险。如果预计计价货币将长期贬值，则企业不应该通过调整销售价格来避险，而是彻底改变计价货币本身。例如，20 世纪 80 年代初，市场预期在很长一段时间内德国马克将对美元贬值，因此，德国企业在签订出口协议时纷纷要求使用美元而非德国马克计价。结果，到 1984 年马克价值下降了 45%，而德国企业因此避免了较大的交易风险损失。

（1）本币计价法

外汇交易双方有两种计价货币的选择方法：一是以第三国货币计价，二是以任意交易方的本国货币计价。一般而言，外汇交易中应尽量选择以本国货币计价。企业在对外贸易中选择以本币计价可以消除外汇风险，但是在实际操作中，并不是所有的企业在进行对外贸易活动时都可以实现以本币计价结算。因为如果以本币作为计价货币，外汇风险则转移到交易对手一方，因此，如果出口以本币计价的比例过高，说明海外对本国商品的需求强烈。

储备货币，发行国通常能够使用本币计价结算，比如美元、欧元、英镑、日元等，并且要对方能够接受才可以。从国际惯例来说，目前使用国际关键货币——美元的情况较多，特别是各种原材料和原油的交易，而对于工业制成品来说，如果出口国的货币为可自由兑换货币，则以出口国货币为计价货币的机会较多。

如果在外贸谈判中，有一方采用本币计价结算，则为了能够达成贸易，使用本币计价结算的一方应该在价格或期限上做一些让步，作为给对方的风险补偿。目前，人民币总的来说在国际贸易中使用有限。我国很多进出口企业在对外贸易和引进技术设备时不得不采用其他货币。

【案例 5 – 3】

宁波外贸企业均可采用本币结算

在美元、欧元等主要国际储备货币汇率剧烈波动的情况下，以人民币作为支付手段的呼声越来越高，尤其是与港澳、东盟地区有贸易往来的企业更希望早日实行人民币结算，降低企业换汇成本。开展出口货物贸易人民币结算有什么好处呢？

通俗地说，它的好处就是帮助出口企业锁定接单收益，帮助进口企业锁定成本。

举例来说，有一家出口企业接到一个 500 万美元的大订单，当前汇率为 6.40 左右，如果这家企业现在结汇，则可换得人民币 3200 万元。若 3 个月后，外商付款，如果到时人民币对美元升值，汇率为 6.33，则结汇获得人民币 3165 万元。可见，这家企业仅汇率损失就达 35 万元人民币。

跨境人民币结算如何让进口企业受惠？假设进口企业与外商签订合同时，约定美元结算，货款共计 50 万美元，当时汇率为 6.40，预计最后要支付 320 万元人民币，而在货物 10 天后送达时的即时汇率为 6.60，进口企业最后需要实际支付 330 万元人民币；而如果进口企业与外商约定人民币结算，则合同签订时和最后实际支付货款都为 320 万元。

中国人民银行宁波市中心支行人士称，宁波外向型经济特征明显，进出口企业数量众多，此次出口货物贸易人民币结算的全面放开对促进宁波市开放型经济发展具有十分重要的意义。出口货物贸易人民币结算的全面放开能够帮助企业有效规避汇率风险。目前欧债危机正持续深化，美元、欧元等汇率大幅波动，采用本币结算能够帮助企业有效锁定成本，提高接单决策效率，对稳定全市进出口增长有着重要的推动作用。企业开展出口货物贸易人民币结算还能够有效降低财务成本，节省套期保值费用，提升资金周转效率，提升金融对实体经济的服务水平。

（资料来源：http：//news.cnfol.com/120613/101，1281，12574263，00.shtml。）

（2）出口以硬货币计价，进口以软货币计价

当出口（或构成债权）时，应尽量争取使用硬货币，即汇率呈上浮趋势的货币。这样，对出口商没有风险。例如，美国出口商向日本出口一批商品，计价 1500000 日元，即期汇率为 1 美元 = 150 日元，到期应收回 10000 美元。然而到期支付时，汇率变成 1 美元 = 125 日元，美国出口商到期可收回 12000 美元，比签订合同时多收入 2000 美元。

当进口（或构成债务）时，应尽量采用软货币，即汇率呈下降趋势的货币。例如，中国某公司借入 10 万加拿大元，折合人民币 61.7 万元，期限为 90 天。若到期时加拿大元的汇率发生变化，此时购买 10 万加拿大元需要人民币 60 万元，该企业可以节省 1.7 万元。

在实际业务中，货币选择并不是一厢情愿的事情，因为交易双方都希望选择对自己有利的货币，从而将风险转嫁给对方。因此，这样做会给谈判带来很大的困难，甚至会产生僵局的情况。为了打开僵局，促成交易，使用"收硬付软"原则要灵活

多样，由于双方争取的目标是相反的，因此在双方相持不下时，可互作让步，采取软货币、硬货币搭配的方案，由双方共同承担风险或采用一篮子货币避险。

（3）软硬货币搭配法

货币的软和硬是有时间性的。在实际交易中，由交易的一方独自承担风险一般是难以接受的。折中的做法是一半用硬货币、一半用软货币，使买卖双方均不吃亏。这种方法考虑了交易双方的利益，也中和了汇率波动，容易被各方主体所接受，是一种简便的规避外汇交易风险的方法。

值得注意的是，选择货币法是一种比较明显的损人利己行为。除非跨国公司在交易中占据绝对的主导地位，否则，如此行动很难收到预期效果。

2. 提早收付或延迟收付

提早收付包括提前付汇和提前收汇两种。提前付汇是指在企业的应付外汇账款中的计价货币可能出现升值时使用的方法；提前收汇是指在企业的应收外汇账款中的计价货币可能出现贬值时使用的方法。这种方法使用的原理主要是通过缩短外汇敞口的时间期限来规避交易风险。

在国际交往中，如果当事人对汇率变化预测有较大把握，就可以通过更改外汇资金的收入日期来抵补或转嫁风险。例如，美国进口商与日本商人签订了一个以日元计价、3个月后付款的贸易合同。假设在合同订立后，美元兑日元大幅贬值，而且这种局面在半年之内不会得到改观。这时，美国进口商就可以适当地提前用美元兑成日元付给日本商人，因为这样做，它虽然会受一些利息损失，但和美元大幅度贬值将要遭受的损失相比，还是合算的。

延迟收付与提早收付相反，是当企业的应付外汇账款中的计价货币出现贬值或企业的应收外汇账款中的计价货币出现升值时使用的方法。上述做法可用表5-5简略表示。

表5-5　　　　　　　　　　　提前收付或延迟收付法

汇率预测　　　　企业行为	本币升值	本币贬值
出口企业	提前收汇	推迟收汇
进口企业	推迟付汇	提前付汇

实际交易中，如果一方申请提前收付或者延迟收付，一般会给对方一定的折扣来弥补对方的损失，折扣的多少由双方协商而定。

3. 平衡法

平衡法是指交易主体在一笔交易发生时，再进行一笔与该笔交易在货币、金额、收付日期上完全一致，但资金流向相反的交易，使两笔交易面临的汇率变化影响抵消。例如，某公司在3个月后有100000美元的应付货款，该公司为了防止美元汇率上浮，可设法出口同等美元金额的货物，使3个月后有一笔相同货币、相同金额的美元应收货款，借以消除3个月后的美元应付款项，从而消除外汇风险。

在一般情况下，一个国际性公司取得每笔交易的应收应付外汇货币完全平衡是难以实现的。企业采用平衡法避险，还有赖于公司各个部门的密切合作。在金额较大时，存在一次性外汇风险的贸易尚可采用平衡法避险。

4. 采取保值条款

（1）黄金保值条款

黄金保值条款是指根据签订合同时计价货币的金平价对原货币进行支付。如果计价货币贬值，则其支付金额应根据货币贬值的幅度进行调整。很显然，黄金保值条款适用于固定汇率时期。

【实训 5 – 3】

甲、乙两国签订借贷合同，金额为 1000 万美元，借贷期限为两年，并在合同中加列黄金保值条款。借款时 1 美元 ＝0.8 克黄金，还款时 1 美元 ＝0.7 克黄金，则还款人应偿还的本金为多少？（此处不考虑利息）

【解析】借款时

1 美元 ＝0.8 克黄金

1000 万美元 ＝800 万克黄金

还款时若美元贬值为　　　　　　　1 美元 ＝0.7 克黄金

还款人应偿还的本金为　　　　　　800 万克黄金 ÷0.7 ＝1142.86 万美元

在上述例子中，借贷交易无论成交时还是偿还时，本金始终是与 800 万克黄金等值的美元，避免了合同货币美元价值变化给借贷双方带来的不合理的利益重新分配。

【实训 5 – 4】

中国化工进口总公司向美国出口某种化工原料 2000 吨，以美元计价结算，每吨 300 美元，合同订立日是 5 月 10 日，实际收款日为 12 月 10 日。如果在结算日黄金的价格由 5 月 10 日的每盎司 320 美元上升到每盎司 352 美元或下降到每盎司 300 美元，则美国进口商应支付的货款金额分别为多少？

【解析】$300 \times 2000 \div 320 = 1875$（盎司）

（1）12 月 10 日当黄金价格涨到每盎司 352 美元，合同金额相应调整为
$$1875 \times 352 = 660000（美元）$$

（2）12 月 10 日当黄金价格降到每盎司 300 美元，合同金额相应调整为
$$1875 \times 300 = 562500（美元）$$

黄金保值条款由于只适用于固定汇率时期，所以现在基本不用。

（2）价格调整保值条款

在外汇交易中坚持收汇用硬货币、付汇用软货币计价的原则无疑是正确的。然而，在实际交易中计价货币的选择要受交易意图、市场需要、商品质量、价格条件等因素的制约，造成出口有时不得不用软货币计价、进口有时不得不用硬货币计价。这样就有潜在的外汇风险。在这种情况下，为弥补风险，有关企业就要考虑选用价格调整保值条款方法。价格调整保值条款包括加价保值和压价保值两种。

①加价保值法

加价保值法主要用于出口贸易上，是指出口企业接受以软货币计价成交时，将

汇价变动所造成的损失摊入出口商品的价格中以转嫁汇率风险（或在合同中订入保值条款）。根据国际惯例，国际贸易中的即期交易和远期交易的加价保值有固定的公式。有关企业可以结合实际业务予以运用。按国际惯例，即期交易加价公式为

加价后的商品单价 = 原单价 × （1 + 计价货币贬值率）

计价货币贬值率和下述的货币（计价货币）预期贬值率主要是根据该货币在近期或未来一定时期内的变动情况来推算的。要做到准确无误（或少失误）地推算计价货币的变动情况，企业有关专业人员必须密切注意各国经济变动及汇率变动的趋势，并借助国内外有关专业报刊的报道和金融机构的信息。

例如，我国某厂家出口商品以美元计价结算，现在成交，1 年后结汇。美元为软货币。年贬值率预计为 5%，每单位商品的原价格为 500 美元，则

加价后的商品价格 = 500 × （1 + 5%） = 525（美元）

远期交易的加价方法较为复杂，要考虑到货币预期贬值的因素和货币的时间值（即因延期收汇而造成的利息损失）。按国际惯例，远期交易加价公式为

加价后商品单价 = 原单价 × （1 + 计价货币贬值率 + 利率） × 期数

根据上面的例子，其他条件不变，远期交易期限为 5 年，5 年之内计价通货年贬值率为 5%，年平均利率为 10%，则

加价后的商品价格 = 500 × （1 + 5% + 10%） × 5 = 1005（美元）

如果这笔远期交易不是一次付清货款，而是采用分期付款方式，则应逐期剔除所收回货款部分的时间值和预期的汇率风险损失。设 I 为利率，R 为货币贬值率，n 为期数，其加价公式为

$$付款期内商品单价 = \frac{原单价 × (1 + R + I)^n × n × (R + I)}{(1 + R + I)^n - 1}$$

②压价保值法

压价保值法主要用于进口贸易上，是指进口企业进口时接受硬货币计价成交时，将汇价变动可能造成的损失从进口商品价格中剔除，以转嫁汇率风险，或在合同中订入保值条款。此外，压价保值还可通过其他方法来实现，如要求对方同时以硬货币和软货币两种货币报价，并通过比较后，确定双方可以接受的较低的货价；或缩小支付条款中的预付定金比例，减少其他费用开支等。

根据国际惯例，压价保值也分即期交易和远期交易两种。其计算公式与加价保值公式正好相反。按国际惯例，即期交易压价公式为

压价后的商品单价 = 原单价 × （1 − 计价货币升值率）

远期交易压价公式为

压价后商品单价 = 原单价 × （1 − 计价货币升值率 + 利率） × 期数

这里需要强调的是，加价或压价后的进出口交易并不等于没有风险，实际上汇率风险仍然存在，只不过风险程度相对减轻而已。此外，运用这种方法往往要与商品的购销意图、市场需求、商品质量等因素结合起来考虑，如果出口商品是滞销品，加价不易成交，出口企业就应该放弃加价或少加价；如果进口商品是我方急需且是畅销的商品，进口企业则不应过分强调压价或少压价。

③硬货币保值法

硬货币保值法就是用硬货币保值,用软货币支付。常见的做法是在贸易合同中,规定某种软货币为结算货币,某种硬货币为保值货币,签订合同时,按当时软货币与硬货币的汇率,将货款折算成一定数量的硬货币,到货款结算时,再按此时的汇率,将硬货币折回成软货币来结算。

【实训5-5】

中国某外贸公司与英国进口商签订了一项货物买卖合同,双方经过洽谈商定,用人民币计价,英镑支付。签订合同时 CNY1 = GBP0.0740,合同总金额 17138.4 英镑,到支付日,CNY1 = GBP0.0840,则中方实收英镑应为多少?

【解析】17138.4÷0.0740=231600(元人民币)

231600×0.0840=19454.4(英镑)

则中方实收英镑应为19454.4英镑,相比签订合同时要多收2316英镑。

【实训5-6】

某年中国纺织品进出口公司对香港出口纺织品,在港元计价成交合同中,订明了一条硬货币美元保值条款,条款载明:若港元兑美元的汇价比合同订立日汇价1美元=8港元上下浮动达到3%以上时,要按港元兑美元的汇价变化幅度相应调整港元价格;如果上下浮动达不到3%,价格不变。如果出口单价为16港元,若支付日市场汇率发生如下变化,出口单价应为多少?

①市场汇率 USD1 = HKD9;②市场汇率 USD1 = HKD8.1

【解析】出口单价16港元,按合同订立日的汇率折合2美元

①市场汇率 USD1 = HKD9,美元升值12.5%,出口单价应调整为 2×9=18(HKD)

②市场汇率 USD1 = HKD8.1,美元升值1.25%,没有达到3%,所以出口单价维持不变,仍为16港元。

④用"一篮子"货币保值

"一篮子"货币保值法也称为多种货币组合法,是指在进出口合同中使用两种以上的货币来计价以分散外汇汇率波动带来的风险。在浮动汇率制度下,各种货币的汇率时时刻刻在变动之中,而且变化的方向和幅度并不一致,由于是多种货币的组合,各种货币的汇率有升有降,汇率的风险得以分散。在使用"一篮子"货币保值时,首先确定"一篮子"货币是由哪几种货币组成的;其次在签订合同时,确定支付货币与"一篮子"保值货币之间的汇率,并规定各种保值货币与支付货币之间的汇率变化的调整幅度。到期支付时,汇率的变动超过了规定的幅度,则按合同规定的汇率进行支付,从而到达保值的目的。

【实训5-7】

进口商与出口商签订了一份贸易合同,金额为500万美元,并约定以美元、日

元、英镑作为保值货币，其中美元、日元各占30%，英镑占40%。签约时汇率为：USD1＝JPY120；GBP1＝USD1.5。到货款支付日，进口商需向出口商支付多少美元？

【解析】500万美元按比例折算成保值货币为

$$500 \times 30\% \times 1 = 150 \text{ 万美元}$$
$$500 \times 30\% \times 120 = 18000 \text{ 万日元}$$
$$500 \times 40\% \div 1.5 = 133.34 \text{ 万英镑}$$

由此可知，签约时，合同货币与"一篮子"货币的关系为

500万美元＝150万美元＋18000万日元＋133.34万英镑

若支付时，市场汇率变为

USD1＝JPY130；GBP1＝USD1.43

则将各保值货币再折算为合同货币：

$$150 \text{ 万美元} \div 1 = 150 \text{ 万美元}$$
$$18000 \text{ 万日元} \div 130 = 138.46 \text{ 万美元}$$
$$133.34 \text{ 万英镑} \times 1.43 = 479.14 \text{ 万美元}$$

货款支付日，由于美元升值，进口商只需向出口商支付479.14万美元即可。

【实训5－8】

德国一公司签订一份100万美元的出口合同，并在合同中规定以美元、澳大利亚元和英镑以40%、30%和30%的比重组成一个货币篮子。订立合同时USD1＝AUD2，USD1＝0.5GBP；如果在支付日汇率变为USD1＝AUD1.5，USD1＝0.4GBP，则德国公司实收金额应为多少？

【解析】货币篮子：40万美元、60万澳大利亚元、15万英镑

按支付日的汇率，合同金额应调整为

$$40 + 60 \div 1.5 + 15 \div 0.4 = 117.5 \text{ 万美元}$$

【实训5－9】

如果某商品的原价为100美元，为防止汇率波动，采用"一篮子货币保值法"用瑞士法郎与日元进行保值，其中瑞士法郎占60%，日元占40%，在签订合同时汇率为 USD1＝CHF1.7600，USD1＝JPY124.50，如支付日汇率变为：USD1＝CHF1.6030，USD1＝JPY120，请问该商品的价格应变为多少美元？

【解析】一篮子货币：105.6瑞士法郎、4980日元

按支付日的汇率，商品价格应调整为

$$105.6 \div 1.6030 + 4980 \div 120 = 107.38 \text{ 美元}$$

5. 借款法

借款法是指有远期外汇收入的企业通过向银行借入一笔与远期收入相同币种、相同金额和相同期限的贷款而防范外汇风险的方法。借款法的特点在于能够改变外汇风险的时间结构，把未来的外汇收入现在就从银行借出来，以供支配，这就消除了时间风险，届时外汇收入进账，正好用于归还银行贷款。但因为是要从银行借款，

所以借款法防范外汇风险是有成本的，即借款利息。但如果利息的支出小于汇率波动带来的损失，则这种方法仍可以起到规避风险的作用。此外，借款法只适用于有应收外汇账款的企业。

例如，我国某企业向美国出口价值800万美元的货物，半年后收回货款。该企业可在签订贸易合同后首先从银行借款800万美元，然后将800万美元在现汇市场出售，收回本币资金，半年后收回800万美元货款，以此偿还银行借款。

6. 投资法

投资法是指有应付外汇账款的企业通过将一笔资金（一般为闲置）投放于某金融市场，一定时期之后连同利息收回，从而使该笔资金增值，并降低外汇风险。投资法的特点也是通过改变时间结构来降低风险，但与借款法不同的是，借款法是将未来的收入转移到现在，投资法是将未来的支付转移到现在。因此，投资法只适用于有应付外汇账款的企业。

例如，某公司从英国进口价值500万英镑的货物，半年后货到付款。该公司即可在签订贸易合同后先在现汇市场买进500万英镑，然后在金融市场将500万英镑做半年期投资。半年后收回英镑投资本息，然后以收回的投资支付货款。

7. 金融工具法

（1）即期合同法

即期合同法是指具有近期外汇债权或债务的公司与外汇银行签订出卖或购买外汇的即期合同，以消除外汇风险的方法。即期交易防范外汇风险需要实现资金的反向流动。企业若在近期预定时间有出口收汇，就应卖出手中相应的外汇头寸；企业若在近期预定的时间有进口付汇，则应买入相应的即期外汇。

例如，英国一公司在两天内要向美商支付一笔货款，货款金额为100万美元，英国公司可直接与其开户银行签订以英镑购买100万美元的即期外汇买卖合同。两天后，英国公司的开户银行交给英商100万美元的款项，英商则用这100万美元支付美商货款，即期汇率为1英镑=1.5美元，交割日汇率为1英镑=1.48美元，则英商通过签订外汇买卖合同少支出0.9万英镑（100/1.48100 – 100/1.5＝0.9英镑），避免了英镑贬值的风险。

（2）远期合同法

远期合同法是指具有远期外汇债权的公司与银行签订卖出或购买远期外汇的合同，以消除外汇风险。企业若在远期预定时间有出口收汇，就应卖出手中相应的远期外汇；企业在远期预定的时间有进口付汇，则应买入相应的远期外汇。出口商在签订贸易合同后，按当时的远期汇率预先卖出合同金额和币种的远期，在收到货款时再按原定汇率进行交割。进口商则预先买进所需外汇的远期，到支付货款时按原定汇率进行交割。这种方法优点在于：一方面将防范外汇风险的成本固定在一定的范围内；另一方面，将不确定的汇率变动因素转化为可计算的因素，有利于成本核算。该方法能在规定的时间内实现两种货币的风险冲销，能同时消除时间风险和价值风险。

例如，一家意大利企业向美国某公司出口货物，该企业3个月后将从美国公司获得80000美元的货款。为了防范3个月后美元汇率价格的波动风险，意大利企业可与该国外汇银行签订卖出 80000 美元的 3 个月远期合同。假设签订此远期合同时美元对欧元的远期汇率为 USD1.0000 = EUR0.8900，3 个月后，意大利公司履行远期合同，与银行进行交割，将收进的 80000 美元售予外汇银行，获得本币 71200 欧元；如此操作就消除了时间风险与货币风险，最后得到了本币的流入。

（3）期货合同法

期货合同法是指拥有外汇债权或债务的公司在期货交易所以公开喊价方式成交后，承诺在未来某一特定日期，以当前所约定的汇率交付（或收取）一定数量外币的方法。例如，中国公司 6 月 1 日向美商进口一批货物，付款日期是 9 月 1 日，货款金额为 100 万美元，6 月 1 日即期汇率为 1 美元 = 8.5 元人民币，3 个月交割的远期汇率为 1 美元 = 8.57 元人民币，专家们预测在 6 月后美元会升值，中国公司为避免美元升值的风险，从外汇期货市场中买进远期美元 100 万元。9 月 1 日公司在支付货款时，汇率为 1 美元 = 8.57 元人民币，如果公司不购买外汇期货，那么为支付 100 万美元的货款，需支出人民币 860 万元，比 6 月 1 日时的远期汇率多支出 3 万元，即由于汇率变动，公司损失了 3 万元人民币。但是，公司在外汇交易所买进美元期货，保证以 1 美元 = 8.57 元人民币的汇率将人民币兑换成美元，这时兑换成 100 万美元，只需支付人民币 857 万元，公司立刻再将 100 万美元按 1 美元 = 8.6 元人民币的汇率换成人民币，这时可得人民币 860 万元，这一笔外币期货合同使公司又赚回 3 万元，从而消除了汇率变动带来的风险。同样地，当公司有外币收入时，为避免外汇风险，可在外汇期货市场中签订卖出外币的合同。

（4）期权合同法

期权合同法是指具有外汇债权或债务的企业，通过外汇期权市场进行外汇期权交易以消除或降低外汇风险的做法。它分为进口商买进看涨期权和出口商买进看跌期权。进口商买进看涨期权是指进口商在签订贸易合同时签订看涨期权合同，若付款日计价结算货币汇率高于协定汇率，进口商就执行期权合约，即按约定汇率买进该货币，从而消除该货币汇率上升带来的损失；若付款日计价结算货币的汇率下跌并且跌至协定汇率以下，进口商可执行不按协定汇率买进的权利，而是在现汇市场上按较低的汇率买进该货币，从而获得因汇率下跌带来的利益。

当然，无论汇率如何变动该企业都要承担期权费用。出口商买进看跌期权是指出口商在签订贸易合同时签订一份看跌期权合同，若收款日计价结算货币汇率下跌，并且低于期权合约中的协定汇率，出口商就履行卖出外汇期权合约，按约定好的协定汇率卖出其出口收汇，从而避免汇率下跌带来的损失；若收款日计价结算货币汇率上升，并且高于期权合约中的协定汇率，出口商就行使不按协定汇率卖出外汇的权利，而是把出口收汇按现汇市场汇率卖出，从中获取汇率上升带来的利益。该法与远期外汇合同法相比，更具有保值作用。因为远期法届时必须按约定的汇率履约，保现在值不保将来值。但期权合同法可以根据市场汇率变动作任何选择，即既可履约，也可不履约。最多损失期权费。

例如，一个美商从英国进口一批货物价值 100 万英镑，3 个月后支付。当时外汇汇率为 1 英镑 = 1.5 美元。该美商为了固定进口成本，防止外汇风险，花费 2 万美元的期权费，用 150 万美元按 1 英镑 = 1.5 美元的协定汇率，买入 100 万英镑的欧式期权。假定 3 个月后发生了以下情况：

①英镑升值，汇率为 1 英镑 = 1.65 美元，在这种情况下，如果美商未曾签订期权合同，此时需支付 100 万 × 1.65 = 165 万美元，比原来货价 150 万美元多支付 15 万美元。但通过签订期权合同，使得公司免遭巨大损失，15 万美元扣除 2 万美元的期权费后，公司仍可减少 13 万美元的汇价损失。②英镑贬值，汇率为 1 英镑 = 1.4 美元，在这种情况下，美商会放弃行使权利，如行使该权利，则美商要支付 150 美元；而放弃行使权利，只需支付货款 140 万美元，加上期权费 2 万美元，较行使期权少支付 8 万美元。③汇率仍维持在原水平，1 英镑 = 1.5 美元，在这种情况下，汇率仍维持在原来水平，美商没有产生损失或收益，仅以 2 万美元的期权费为代价来减少或避免风险，固定进口成本。

（5）掉期交易法

掉期交易主要分为两种：即期对远期掉期交易和远期对远期掉期交易。远期对远期掉期交易是指在较短的远期卖出 A 货币买进 B 货币的同时，反方向买进较长时间的 A 货币卖出 B 货币。即期对远期掉期交易是指在即期卖出 A 货币买进 B 货币的同时，反方向买进远期 A 货币、卖出远期 B 货币的外汇交易。

例如，假定美国一家投资公司需 1 万英镑进行投资，预计在 3 个月收回投资。因此，这家公司要在即期市场上买进 1 万英镑现汇。为了避免英镑汇率变动的风险，公司还要同时在远期市场地上卖出 1 万英镑的 3 月期期汇。假如纽约即期汇率为 1 英镑 = 2.0845/2.0855 美元，三个月期远期汇率升水是 0.15/0.25 美分，那么买进现汇需 20855 美元，卖出远期汇率可收回 20860 美元，因此进行掉期交易只需承担有限的掉期率差额，这样就避免了汇率风险带来的损失。

8. 调整货币资产负债

如果跨国公司通过分析与预测，认为某一国货币将贬值，则可尽量减少这种货币的资产，同时扩大这种货币的负债，这是由于币值下降有利于净借方而不利于净贷方；反之，如果认为某一国货币将升值，则可尽量扩大这种货币资产，同时减少这种货币的负债，因为币值提高有利于净贷方而不利于净借方。企业也可采取措施，使某种汇率不稳的货币资产（如现金、可卖出的股票、应收账款等）与货币负债（如应付账款、贷款等）保持等额，以便一旦汇率变化发生，货币资产和货币负债的影响总和为零，企业不致蒙受损失。

9. 调整价格法

货币贬值国企业可以通过经常调整产品销售价格的方式降低外汇风险。例如，一家美国公司在德国的子公司一直以欧元作为交易货币。如果预测未来三个月内欧元兑美元将贬值 5%，则尽管不会给德国子公司带来损失，但还是会影响企业整体的美元价值。所以，美国总公司可以指令德国子公司提高其欧元销售价格。当然，提高销售价格可能相当困难。因为价格的提高可能伴随销售量的下降，可能使该子公司产品在当地市场暂时失去竞争力。

一般来说，企业对销售价格的调整不可能与汇率波动保持同一幅度和同一频率。通常的做法是，交易双方经过协商，为了达成商品与服务的交易，各自分担一部分外汇交易风险，以避免其中一方承担过多风险。这种方法被称为外汇风险分担法。

交易各方通常在合同中订立"价格调整条款",通过调整基本价格来反映汇率的变动。双方在合同中确定了一个汇率波动区间,作为双方不分担风险的"中立区"。一旦汇率波动超过这个"中立区",双方将调整价格,共同分担外汇交易风险。

(二)企业外汇风险防范的综合管理方法

1. BSI 法

BSI 法(Borrow – Spot – Invest),是"借款—现汇交易—投资法"的缩写,是指有关经济主体通过借款、即期外汇交易和投资的程序,争取消除外汇风险的风险管理办法。

BSI 法在应收外汇账款中的应用:拥有应收账款的出口商,为了防止汇率变动,先借入与应收外汇币种相同、金额相同、期限相同的外币(以此消除时间风险);同时,通过即期交易把外币兑换成本币(以此消除价值风险);然后,将本币存入银行或进行投资,以投资收益来贴补借款利息和其他费用。届时应收款到期,就以外汇归还银行贷款。

例如,德国 C 公司在 90 天后有一笔 100000 美元的应收款。为防止将来收汇时美元贬值带来损失,该公司向银行借入 90 天期限的 100000 美元借款。设外汇市场的即期汇率为 USD1 = EUR0. 7482/0. 7490,该公司借款后用美元在外汇市场兑换成本币欧元,随即将所得欧元进行 90 天的投资。90 天后,C 公司以收回的 100000 美元应收款归还银行贷款。C 公司在签订贸易合同时,通过借款、即期外汇交易和投资三种方法的综合运用,消除外汇风险。90 天后收回应收账款 100000 美元,正好用来归还银行借款(以上操作均未考虑利息因素)。

BSI 法在应付外汇账款中的应用:在签订贸易合同后,进口商借入与应付账款相同期限的本币,同时以此购买与应付账款币种相同、金额相同的外币,然后以这笔外币在国际金融市场上做相应期限的短期投资。付款期限到期时,进口商收回外币投资并向出口商支付货款。当然,若进口商进行外币投资的收益低于本币借款利息成本,进口商则付出了防范风险的代价,但这种代价的数额是极其有限的。在这种方法中,企业把借来的本币兑换成外币,消除了价值风险;而把未来的外币应付账款用于投资,又改变了外汇风险的时间结构。

用 BSI 法消除外汇应付款和应收款的原理一样,但币种的操作顺序有别。前者借款是借本币,而后者借款是借外币;前者投资用外币,后者投资用本币。

2. LSI 法

LSI 法(Lead – Spot – Invest),就是"提早收付—即期合同—投资法"的缩写,是指有关经济主体通过提早收付、即期外汇交易和投资的程序,争取消除外汇风险的风险管理办法。

LSI 法在应收外汇账款中的应用:具有应收外汇账款的公司,在征得债务方同意后,以一定折扣为条件提前收回货款(以此消除时间风险);并通过在即期外汇市场上将外汇兑换成本币(以此消除价值风险);然后,将换回的本币进行投资,所获得的收益用于抵补因提前收汇的折扣损失。

LSI 法在应付外汇账款中的应用:具有应付外汇账款的公司,先借入一笔与应付账款金额相等的本币,然后通过与银行即期交易将本币兑换成外币,最后将即期交易兑换的外币提前支付并要求对方提供一定的折扣来弥补提前支付的货币的成本损失。整个过程是"借款—即期外汇交易—提前支付"，但是国际传统习惯不把它称为 BSL，而称为 LSI。

第四节　经典案例

【案例 1】

对于外汇交易风险，某企业有三种管理办法可供选择

（1）不从事套期保值，即投机；

（2）利用远期外汇市场进行套期保值；

（3）利用货币市场进行套期保值。

假定 1 月，一家美国公司向一家英国客户出口一批商品。商品的交易价为 3750000 英镑，信用期为 3 个月（即公司可望在 4 月收到货款）。

外汇市场和货币市场上相关的资料如下：

即期汇率（GBP/USD）1.4000

3 个月远期汇率（GBP/USD）1.4175

美国 3 月期国库券利率 9.05%（年率）

英国 3 月期国库券利率 4.00%（年率）

在费城证券交易所，4 月到期的英镑期权交易价为 1.40 美元，期权交易费为每镑 2.50 美分，标准合约为 2.5 万英镑。

在双方直接交易市场（银行）上，4 月到期的英镑期权交易价为 1.40 美元，期权交易费为 2.00%，标准合约为 2.5 万英镑。

期货交易的价格为 1.40 美元，标准合约为 2.5 万英镑。

根据外部预测公司和本企业财务人员的预测，3 个月后美元与英镑的可能汇率为：

最高预期汇率（GBP/USD）1.4500

最可能的预期汇率 1.4300

最低预期汇率 1.3700

假定企业的资本成本为 10%。

分别计算说明以上五种办法的具体运用并作盈亏分析。

【分析】

（一）投机（目前什么都不做）

1. 若到期汇率为 1.45 美元/英镑，则汇率上升，得到收益：375000 ×（1.45 - 1.40）= 18750

2. 若到期汇率为 1.43 美元/英镑，则汇率上升，得到收益：375000 ×（1.43 - 1.40）= 11250

3. 若到期汇率为 1.37 美元/英镑，则汇率下跌，遭受损失：3750008 ×（1.37 -

1.40) = −11250

评价：采用这种方法可能获取风险收益，也可能蒙受风险损失。

（二）远期外汇市场进行套期保值

现在与银行签订一份远期合同，远期汇率为 1.4175 美元/英镑，3 个月后出售英镑得美元 375000 × 1.4175 = 531562.5 美元

1. 如到期汇率为 1.45 美元/英镑，则应得美元 375000 × 1.45 = 543750 美元

亏损：531562.5 − 543750 = −12187.5 美元

2. 如到期汇率为 1.43 美元/英镑，则应得美元 375000 × 1.43 = 536250 美元

亏损：531562.5 − 536250 = −4687.5 美元

3. 如到期汇率为 1.37 美元/英镑，则应得美元 375000 × 1.37 = 513750 美元

盈利：531562.5 − 513750 = 17812.5 美元

评价：这是一种保守的交易方式，既放弃了风险收益，也回避了风险损失。

（三）货币市场的套期保值

1. 借英镑、换美元、购买美元国债

1 月借入英镑 375000/（1 + 4%/4）= 371287.13 英镑，将英镑换成美元 371287.13 × 1.40 = 519801.98 美元，投资美元国债。

4 月收回 375000 英镑，刚好还清 1 月所借英镑本利之和 375000 英镑。再从银行取出 1 月存入的美元本金和利息，即为它的总收益。

本金：371287.13 × 1.40 = 519801.98 美元

利息收益：519807.98 × 9.05%/4 = 11760.52 美元

本利合计：531562.50 美元

该套期保值收益为：利息收益 11760.52 美元

评价：由于 531562.50 ÷ 375000 = 1.4175 英镑/美元，相当于三个月期远期汇率。因此这种套期保值的方式与签订三个月远期外汇合约的方式具有相同的保值功能。

2. 借英镑、换美元、用于企业本身投资

1 月借入英镑 375000/（1 + 4%/4）= 371287.13 英镑，将英镑换成美元 371287.13 × 1.40 = 519801.98 美元，用于企业本身投资。

4 月收回 375000 英镑，刚好还清 1 月所借英镑本利之和 375000 英镑。而用于企业投资，可节省企业资本成本 10%。

本金：371287.13 × 1.40 = 519801.98 美元

利息收益：519801.98 × 10%/4 = 12995.05 美元

本利合计：532797.03 美元

该套期保值收益为：利息收益 12995.05 美元

评价：由于用于企业本身投资，可节省 10%的资本成本。

【案例 2】

外汇风险管理实务中，一家公司或者企业要想成功地做好外汇风险管理工作，一方面需要专业的外汇风险知识以及外汇风险防范意识，同时更为重要的是在外汇

风险产生时，有正确而且切实的措施和方法做好外汇风险管理。

　　某公司为一家生产型的涉外企业，原材料大部分从国外进口，生产的产品约有三分之一销往国外。企业出口收汇的货币主要是美元，进口支付的货币除美元外，主要还有欧元和英镑。该企业每个月大约还有 100 万美元的外汇收入，400 万美元左右的非美元（欧元、英镑）对外支付。2002 年年中，欧元兑美元汇价在平价下方，英镑兑美元也在 1.5 美元左右，而 2003 年上半年欧元兑美元不仅突破了平价，而且最高时甚至达到 1 欧元兑 1.18 美元，该公司因此而蒙受了巨大的汇率风险损失。

　　该公司出口收汇的金额小于进口付汇金额，每月收付递差约 300 万美元，且进口付汇与收入外汇的币种也不匹配，存在非美元货币在实际对外支付时，与签订商务合同或开立远期信用证时的成本汇率相比升值的风险。因此，该公司迫切需要进行外汇风险防范和规避。

　　【分析】该公司的外汇风险管理方法

　　1. 采取货币选择法：争取在进口合同中使用与出口合同一致的货币，这样，可消除约 100 万美元的敞口头寸。

　　2. 采取"提前错后"法：如预测美元汇率继续看跌，欧元、英镑汇率继续看涨，则可争取提前收取出口货款，提前支付进口货款，以消除出口远期收汇和进口远期付汇的汇率风险。

　　3. 采取外汇交易法：上述两种方法一方面可能存在与对方谈判结算条件上的困难，另一方面也只能规避部分汇率风险。因此，该公司可选择外汇交易法来防范汇率风险。在这种情况下，外汇交易法是一种比较现实、经济和有效的防范方法。

　　4. 利用外汇期权来防范汇率风险，这样，欧元和英镑的汇率就锁定在协定汇率水平。如英镑和欧元汇率在协定价以下，则不行使期权，而是从市场上以更优惠的市场汇率买入欧元和英镑。

　　5. 利用期权套期保值，在到期日，期权买方既可选择执行期权合同，也可选择不执行合同，从而可以在欧元和英镑下跌时利用市场的有利汇率，但购买期权需付出一笔较可观的期权费。而远期交易则不管汇率如何变化都必须进行实际交割，但远期交易除可能需存入一笔保证金之外，无须缴纳费用。

【本章小结】

　　本章主要分为两个部分，第一部分介绍了外汇风险的基本概念、成因和分类。第二部分分别从银行和一般企业两个方面介绍了常用的外汇风险管理方法。

　　外汇风险是指在一定时期内的经济交往中，经济实体或个人以外币计价的资产（债权、权益）或负债（债务、义务）由于汇率变动而引起的价值变动。从定义中可以看出，外汇风险来自外币、本币和时间三个方面。外汇风险在企业的经营过程中主要有交易风险、会计风险和经济风险。其中，交易风险是企业经营过程中的风险，是最常见的风险类型；会计风险是企业经营结果中的风险；交易风险和会计风险对企业的影响是一次性的，而经济风险会对企业的各个方面产生影响。

为了防范外汇风险，人们使用了很多种方法防范外汇风险。其中，有的可以消除时间风险，如提前收付法；有的既可以消除时间风险也可以消除价值风险，如平衡法、金融工具避险法等；有的方法成本较高，但是保值功能比较强，比如期权合同法；有的方法成本比较低，如远期合同法和期货合同法。

【章后习题】

一、重点概念

外汇风险　　交易风险　　折算风险　　经济风险　　提前收付法　　BSI 法　　LSI 法

二、复习与思考

1. 单选题

（1）按照货币选择原则，在签订进出口合同时，应尽量选择（　　　）计算。

A. 本国货币　　　　B. 外币　　　　　　C. 一篮子货币　　　D. 美元

（2）一笔应收外汇账款的时间结构对外汇风险的大小具有直接影响，时间越长，外汇风险就越（　　　）。

A. 大　　　　　　　B. 小　　　　　　　C. 没有影响　　　　D. 无法判断

（3）在预期本币贬值的情况下，公司的做法是（　　　）。

A. 进口商拖后付汇，出口商拖后收汇

B. 进口商提前付汇，出口商拖后收汇

C. 进口商拖后付汇，出口商提前收汇

D. 进口商提前付汇，出口商提前收汇

（4）某公司有一笔远期美元收入，同时创造了一笔美元支出业务，该公司使用的防范外汇风险的方法是（　　　）。

A. 平衡法　　　　　B. 期货合同法　　　C. 选择货币法　　　D. 软硬货币搭配法

2. 多选题

（1）外汇风险的不确定性是指（　　　）。

A. 外汇风险可能发生，也可能不发生

B. 外汇风险给用汇者或持汇者带来的可能是损失也可能是盈利

C. 给一方带来的是损失，给另一方带来的必然是盈利

D. 外汇汇率可能上升，也可能下降

（2）外汇风险的构成因素包括（　　　）。

A. 本币　　　　　　B. 外币　　　　　　C. 时间　　　　　　D. 地点

（3）常见的外汇风险的综合管理方法有（　　　）。

A. BSI 法　　　　　B. LSI 法　　　　　C. 远期合同法　　　D. 平衡抵消法

（4）BSI 法消除外汇分析的原理是（　　　）。

A. 在有应收账款的条件下，借入本币

B. 在有应收账款的条件下，借入外币

C. 在有应付账款的条件下，借入本币

D. 在有应付账款的条件下，借入外币

3. 简答题

（1）什么是外汇风险？它的构成要素及类型有哪些？

（2）外汇风险管理的一般方法有哪些？其与综合管理方法有哪些区别？

（3）BSI 法是怎样消除应收账款外汇风险的？

（4）BSI 法是怎样消除应付账款外汇风险的？

（5）LSI 法是怎样消除应收账款外汇风险的？

（6）LSI 法是怎样消除应付账款外汇风险的？

（7）简述外汇风险的种类。

三、案例分析

1. 阅读下面案例并填下表。

某跨国公司的母公司在美国，一个子公司在英国，一个子公司在德国，如果预测欧元兑美元上浮，英镑兑美元下浮，为消除外汇风险，跨国公司在进口与出口业务中，将如何运用提前结汇和推迟结汇？

	英国	美国	德国
英镑计价（对英国收付）	—	进口： 出口：	进口： 出口：
美元计价（对美国收付）	进口： 出口：	—	进口： 出口：
欧元计价（对德国收付）	进口： 出口：	进口： 出口：	—

2. 阅读下面案例并回答问题。

新贸易局势下企业汇率风险把控能力亟须加强

2018 年以来，伴随着全球贸易局势的不稳定，人民币汇率也出现了较大的波动。回顾全年，人民币对美元中间价累计贬值 3290 个基点，幅度达到 5.04%。在 2017 年扬眉吐气的人民币对美元汇率，在 2018 年重回贬值，破 7 险情频频出现，最终在央行的连番出手下，全年以 5.04% 的贬值幅度收官，略好于 2015 年及 2016 年。

人民币汇率波动的加大，对外贸企业来说无疑是一个需要面对的难题。面对复杂多变的外汇市场新形势，国家外汇管理部门也更加积极地开始引导企业树立风险中性意识和健全汇率风险管理，几次三番提醒"中国企业避险意识亟待加强，要善于利用套期保值的工具"。而对于企业来说，经营者必须从主观方面提升对汇率风险的重视程度、充分领会市场风险管理基本理念、清晰识别企业汇率风险，并设立明确的汇率风险管理计划，将企业的汇率风险控制在可以承受的范围之内。

一、企业为什么要进行外汇避险？

近几年来，人民币双向区间波动的转变给不少外贸企业带来了一定的风险。根据中国银行全球市场部对人民币外汇客户的 2018 年度问卷调查结果，随着人民币汇率波动幅度的增大，相当数量的客户表示开展保值业务所面临的问题集中在"看不

美元/人民币，1周 ⬜⬜ 开盘 6.8513 最高 6.8614 最低 6.7390 收盘 6.7630 ●实时

资料来源：FX168 财经网。

美元/人民币汇率 2018 年走势

清市场方向"和"因市场波动导致出现亏损"两个方面。随着人民币汇率波动性的加大，对于进出口贸易公司及持有外汇资产负债的企业而言，合理有效应对汇率风险的重要性已毋庸置疑。合理对冲外汇敞口使得汇率风险可控，有助于公司专注于主营业务，保持利润相对稳健。

二、企业进行外汇避险，主要有三点考量

第一，有助于平滑现金流，使企业报表更加稳健，估值更具优势，对企业投融资业务的拓展大有裨益。汇率波动不仅会影响企业外币营收和成本，而且会通过企业持有的外币资产和负债影响企业的财务费用支出。

第二，防范"黑天鹅"事件带来的极端冲击。"黑天鹅"事件的特点就在于其不可预测性以及所造成的剧烈市场波动。即使企业自认为对于汇率市场变化"了如指掌"，也无法有效规避每一只黑天鹅，而极易造成巨大损失。

第三，在锁定风险的情况下，可以通过灵活使用适当的衍生品、利用不同市场的定价差异博取收益。

企业经营者应当明确的是，外汇套期保值作为对当前汇率风险管理方式，其有效与否取决于衍生品对外汇资金价格波动的规避程度，而不是锁定汇率与到期日即期汇率的差异。

从管理工具来看，远期、掉期、期权和期货是有外汇买卖需求的企业的主要套保工具，从交易情况来看，外汇和货币掉期是最大的交易品种（占比57%），其次是即期交易（占比40%）。从我国当前外汇代客市场的情况来看，远期品种交易量最大；银行等金融机构则更青睐掉期交易，但企业对掉期的直接使用一直不温不火；

外汇期权虽然起步较晚，但交易量增长迅速，已超过掉期成为代客市场的第二大衍生品品种。

（资料来源：https：//industry. fx168. com/news/1901/2894856. shtml。）

阅读上文并回答：近年来，伴随着全球贸易局势的发展以及在中美两国货币政策分化的背景下，众多外贸企业纷纷面临着汇率风险管理的巨大挑战。结合实际分析我国企业应如何应对外汇市场波动的新常态？

第六章
汇率制度

【学习目标】

- 掌握固定汇率制度和浮动汇率制度各自的优点与不足；
- 熟悉介于固定汇率与浮动汇率之间的各种汇率安排；
- 了解外汇管制的措施以及西方主要国家外汇管制的状况；
- 了解我国外汇体制改革的目标与采取的措施；
- 了解人民币的自由兑换问题。

【章前引例】

　　当前人民币汇率机制是"收盘价＋一篮子货币汇率＋逆周期调节因子"中间价形成机制，其符合当前的实际情况，有利于保持汇率稳定，抑制市场非理性行为。长期来看，人民币汇率机制改革还应坚定不移地坚持市场化方向，不断增强市场力量在人民币汇率形成机制中的主动作用。政策调节和干预主要应起到在特定时期抑制追涨杀跌、投机套利等非理性和不规范行为，以积极引导市场，防止汇率长时期明显偏离经济基本面。

　　常态化市场干预已基本退出，汇率市场化程度已得到大幅提升。考虑到外部不确定性大幅上升，外汇市场影响因素错综复杂和变幻莫测，未来不应排斥所有形式的政策调节和干预。政策干预应努力驾驭市场力量，有机结合市场的基本因素，促进人民币汇率在双向波动、弹性增加中保持基本稳定。

　　广义地看，货币当局和外汇管理部门调节汇率的方式涉及多个维度，包括调节供求关系（包括离在岸市场）、调整汇率机制、增减交易成本、直接参与交易、影响引导预期等。狭义上的所谓干预，主要是指直接参与外汇市场交易。从目前来看，有关部门运用的方式，主要是平衡包括离在岸市场上的外汇需求、增加交易成本、调整汇率形成机制和引导市场预期。在外汇形成机制方面，逆周期因子参数调整、收盘价和货币篮子构成、汇率波动幅度等，都有调整空间。

　　如何理性看待汇率调节和干预行为？一段时期以来，有关部门已经退出了常态化的市场干预，未来将不会直接参与外汇交易。但是，如果汇率过度超调、引发市场恐慌时，运用外汇储备适当干预，也是合理的。当然，动用外汇储备干预市场，必然会导致外汇储备相应减少，还会给市场带来有关部门干预能力削弱的印象，从而可能带来汇率的进一步贬值。因此，通常情况下不宜轻易动用外汇储备干预市场交易。一定规模且又稳定的外汇储备，是汇率稳定的"压舱石"。

　　当前，由于国际贸易摩擦加剧，发达国家货币政策持续分化，外汇市场上顺周期行为和"羊群效应"明显，非理性市场预期抬头，我国央行如何坚持和完善有管理的浮动汇率制度？

第一节　汇率制度概述

一、汇率制度的内涵及演变

（一）汇率制度的内涵

汇率制度（Exchange Rate Regime/Exchange Rate System），又称汇率安排（Exchange Rate Arrangement），是一国货币管理当局对本国汇率的形成和变动机制所作出的一系列安排或规定。

汇率制度的内容一般包括：

1. 确定汇率的原则和依据，例如，以货币本身的价值为依据，还是以法定代表的价值为依据等。

2. 维持与调整汇率的办法，例如，是采用公开法定升值或贬值的办法，还是采取任其浮动或官方有限度干预的办法。

3. 管理汇率的法令、体制和政策等，如各国外汇管制中有关汇率及其适用范围的规定。

4. 制定、维持与管理汇率的机构，如外汇管理局、外汇平准基金委员会等。

（二）汇率制度的演变

最基本的汇率制度类型是固定汇率制度和浮动汇率制度。在固定汇率制（Fixed Exchange Rate System）下，两国货币的含金量之比（平价）决定两国货币的兑换率。平价一经确定基本保持不变，在市场的自发调节或货币管理部门干预下，市场汇率围绕平价在很小的范围内上下波动。固定汇率制度经历了两个时期，一是1880—1914年的国际金本位制下的汇率制度，二是1944—1973年布雷顿森林体系下的汇率制度，这两者都属于固定汇率制度，但前者通过市场自发调节来保持汇率相对稳定，而后者则通过货币当局的干预来促成汇率趋于稳定。

在浮动汇率制（Floating Exchange Rate System）下，货币当局一般不规定本国货币与外国货币的比价，不限制汇率波动的上下限，汇率随外汇市场供求状况而变动。鉴于各国对浮动汇率的管理方式和宽松程度不一样，该制度又有诸多分类。按政府是否干预，可以分为自由浮动及管理浮动。按浮动形式，可分为单独浮动和联合浮动。按被钉住的货币不同，可分为钉住单一货币浮动以及钉住合成货币浮动。

二、汇率制度的分类与特征

（一）固定汇率制度

1. 固定汇率制度的含义

固定汇率制度是指货币当局把本国货币兑换其他货币的汇率加以固定，并把两国货币比价的波动幅度控制在一定的范围之内。固定汇率制度包括金本位下的固定汇率制度和布雷顿森林体系下的固定汇率制度。

2. 金本位制下的固定汇率制度

1880—1914 年的 35 年间，西方主要国家通行金本位制，即各国在流通中使用具有一定成色和重量的金币作为货币，金币可以自由铸造、自由兑换及自由输出入。在金本位体系下，两国之间货币的汇率由它们各自的含金量之比——金平价（Gold Parity）来决定，例如一个英镑的含金量为 113.0015 格林，而一个美元的含金量为 23.22 格林，则

$$1 \text{ 英镑} = 113.0015/23.22 = 4.8665 \text{ 美元}$$

在金本位制度下，参考物为黄金，各国货币规定含金量，铸币平价是汇率决定的基础，汇率围绕铸币平价上下波动，并受黄金输送点的制约。黄金输送点（Gold Point）是指汇价波动而引起黄金从一国输出或输入的界限。汇率波动的最高界限是铸币平价加运金费用，即黄金输出点（Gold Export Point）；汇率波动的最低界限是铸币平价减运金费用，即黄金输入点（Gold Import Point）。黄金输送点的计算公式为

$$黄金输送点 = 铸币平价 \pm 1 \text{ 个单位黄金运送费用}$$

在金本位制度下，实际汇率围绕平价浮动，只要黄金自由流进、流出，对其买卖不加以限制，就不会出现银行券超过黄金储备的过量发行，银行券不会贬值，汇率将在黄金输送点之间波动。如果因供求变化，使得汇率波动超过黄金输送点，货币兑换就不如直接运送黄金再换取其他货币，因此黄金输送点是实际汇率波动的范围。但当纸币大量发行，其名义含金量与实际代表的金量不符时，自由兑换遭到破坏，以黄金输送点为基础的汇率便也会遭到破坏。黄金输出量或输入量的增加，将减轻外汇市场供给和需求的压力，缩小汇率上下波动的幅度，并使其逐渐恢复或接近铸币平价，这样就起到了自动调节汇率的作用。

当一国国际收支发生逆差，外汇汇率上涨超过黄金输出点，将引起黄金外流，货币流通量减少，通货紧缩，物价下降，从而提高商品在国际市场上的竞争能力。输出增加，输入减少，导致国际收支恢复平衡；反之，当国际收支发生顺差时，外汇汇率下跌低于黄金输入点，将引起黄金流入，货币流通量增加，物价上涨，输出减少，输入增加，最后导致国际收支恢复平衡。由于黄金输送点和物价的机能作用，把汇率波动限制在有限的范围内，对汇率起到自动调节的作用，从而保持汇率的相对稳定。在第一次世界大战前的 35 年间，美国、英国、法国、德国等国家的汇率从未发生过升贬值波动。

综上所述，金本位制下的固定汇率制度的特点可以总结为：

（1）在国际金本位制下，黄金充当本位货币，金币的含金量是汇率决定的基础，两国货币的重量和成色之比（铸币平价）决定两国货币的兑换率。

（2）汇率非常稳定（波动幅度极小），市场汇率围绕铸币平价在黄金输送点的范围内上下波动。

（3）在金币可以自由铸造、自由兑换、自由输出入的条件下，汇率水平通过黄金的流出流入自发调节。

3. 布雷顿森林体系下的固定汇率制度

1944 年，在美国布雷顿森林召开了一次国际货币金融会议，确定了以美元为中

心的汇率制度，被称为布雷顿森林体系下的固定汇率制度。

（1）布雷顿森林体系下的固定汇率制度的核心内容

第一，美元与黄金挂钩。各国确认 1944 年 1 月美国规定的 35 美元一盎司的黄金官价，每一美元的含金量为 0.888671 克黄金。各国政府或中央银行可按官价用美元向美国兑换黄金。为使黄金官价不受自由市场金价冲击，各国政府需协同美国政府在国际金融市场上维持这一黄金官价。

第二，其他国家货币与美元挂钩。其他国家政府规定各自货币的含金量，通过含金量的比例确定同美元的汇率。

第三，实行可调整的固定汇率。《国际货币基金组织协定》规定，各国货币对美元的汇率，只能在法定汇率上下各 1% 的幅度内波动。若市场汇率超过法定汇率 1% 的波动幅度，各国政府有义务在外汇市场上进行干预，以维持汇率的稳定。1971 年 12 月，这种即期汇率变动的幅度扩大为上下 2.25% 的范围，决定"平价"的标准由黄金改为特别提款权。

（2）布雷顿森林体系下各国货币管理部门稳定汇率的主要手段

①动用国际储备平抑外汇价格。当外币价格下浮可能超出波幅下限时，在外汇市场购进外汇；当外币价格上浮可能超出波幅的上限时，在市场抛售外汇。

②利用贴现政策控制外汇价格上涨。即当外币价格上浮时，通过提高贴现率吸引外资流入，增加市场外汇供给来抑制外汇价格上涨。

③实施外汇管制或举借外债。当有限的国际储备难以平抑外币汇率过度上浮时，可采取直接管制措施限制外汇支出或举借外债，以减少外汇需求或增加外汇供给。

④货币法定贬值或升值。如果通过上述措施均不能平抑外币汇率上浮时，货币管理部门可以宣布本币贬值，即降低本币的金平价，以抑制对外汇的需求。例如 1971 年 12 月，在国内通货膨胀和国际收支逆差的压力下，美国被迫对外宣布美元贬值 7.89%，美元含金量降为 0.818513 克纯金。货币法定贬值后，可以重新调整与其他货币的金平价，继续在官定浮动范围内波动。

（3）两种固定汇率制的比较

①两种固定汇率制的相似之处。在汇率决定的基础和汇率波动幅度方面，两种固定汇率制度很相似，中心汇率都是按两国货币的金平价确定，市场汇率围绕平价上下浮动。

②两种固定汇率制的形成基础差异。金本位制度下的固定汇率制，是在主要资本主义国家普遍实行金本位制的基础上自发形成的，金币本身具有价值。而布雷顿森林体系下的固定汇率制，则是在信用货币的基础上，由国际货币基金组织人为建立起来的，且纸币本身没有价值。

③汇率调节机制的差异。在金本位制度下，汇率的稳定是通过黄金的自由输出和输入自动调节的；而在布雷顿森林体系下，汇率的稳定主要是通过各国货币管理部门对外汇市场的干预来实现的。

④汇率稳定程度的差异。金本位制度下汇率的波动受制于黄金输送点，通过金币的自由铸造、自由兑换、自由输出输入保持汇率稳定，波动幅度一般在 5‰ ~ 7‰，是典型的固定汇率制。而在布雷顿森林体系下，汇率波动幅度在 ±1% 范围内

（1971 年 12 月调整为 ±2.25%），同时国际货币基金组织还允许成员国变更货币的含金量，实行货币的法定贬值或升值。严格地说，布雷顿森林体系下的固定汇率制只能称为"可调整的钉住汇率制"。

4. 固定汇率制度的优缺点

（1）固定汇率制度的优点

①有利于国际贸易和国际投资活动的开展。一般认为，固定汇率的最大优点就是消除了个人和厂商从事对外经济交往时可能面对的汇率风险，而且因为不必投入大量资金进行套期保值活动，自然为微观主体带来了数目可观的资金节约，以及更多的收益机会。从这个意义上来讲，固定汇率制度显然有利于经济效率，对国际贸易和国际投资的发展都有促进作用。

②有利于国际合作和各国政策的协调。固定汇率制本身就是靠各国在既定的合作框架下维系的，如果各国不协调配合，固定汇率制就会瓦解。

（2）固定汇率制的缺点

①汇率不能发挥对国际收支的自动调节作用。因汇率波动幅度被限制在一定范围内，在国际收支出现逆差时，不能在本币的自发贬值下刺激出口和限制进口，改善国际收支状况。

②不利于国内经济平衡发展。各国货币管理部门为维持汇率的稳定，都会尽力保持国际收支平衡。当一国的国际收支逆差导致外币汇率上浮时，往往通过抛售外汇回笼本币、限制进口和国内开支等紧缩性政策措施来调节，如此可能带来国内生产下滑、失业增加等牺牲国内经济协调发展的负面影响。

③容易在国与国之间传递通货膨胀。在固定汇率制下，如一国出现通货膨胀，其出口商品的本币价格上涨，折算成外币表示的价格也相应上浮，从而影响贸易伙伴国的物价上涨。

④不易防范国际游资冲击。布雷顿森林体系下的固定汇率制度，使汇率不能随着国际收支和市场供求的变化而自发调节。当一国出现巨额国际收支逆差或顺差，本币被明显高估或低估时，国际游资都可能大规模地单方面转移，对该国的金融体系造成巨大的冲击。

【案例 6-1】

在第二次世界大战结束时建立全球金融体系的一个重要组成部分，也就是"布雷顿森林体系"——美元和黄金直接挂钩，而且实行固定比例兑换，35 美元兑换 1 盎司黄金。在 1971 年美国放弃金本位制货币体系之前，各国央行，如美联储或英格兰银行等遵循此体系规定，不得不买卖黄金。

不过，随着国际贸易的繁荣，对黄金的需求也随之增加。这就是为什么各国中央银行在 20 世纪 50 年代和 60 年代增加了大量的黄金储备。纽约大宗商品咨询公司 CPM 的数据显示，截至 1965 年的 16 年里，世界各国中央银行每年都会增加至少 500 万金衡盎司的黄金储备，有些年份增加的黄金超过 2000 万盎司。

而这 16 年，世界可能低估了中央银行对黄金储备的长期需求。对此，CPM 集团的管理合伙人、创始人兼总裁克里斯蒂安（Jeff Christian）解释称："这是一种长期趋势的延续，因为黄金在货币体系中扮演着重要角色，它被用作当时各国货币价值的分母，并用于结算国际贸易结算。"

值得注意的是，第二次世界大战后，黄金的价格定为每盎司 35 美元，其他货币，如英镑、法国法郎或日元，对美元的汇率（大部分）是固定汇率。

1971 年，当时的美国总统尼克松突然宣布，不再继续实行或允许各国将美元兑换成黄金。对此，克里斯蒂安警告称，黄金在贸易中的重要作用于 1966 年结束，当时个人开始要求黄金来换取他们的美元。最终，当这些国家被美国拒绝兑换，所以它们自然也被拒之门外。

这一切都意味着，自 1965 年金本位制开始变得不确定以来，各国中央银行主要出售了它们的金属。CPM 数据显示，到 1966 年，各国中央银行"倾销"了超过 4500 万盎司的黄金，甚至很多年份里，年销售额超过 1000 万盎司。

在 1966 年至 2007 年期间，各国主要的中央银行放弃持有黄金。直到 2008 年国际金融危机真正冲击美国，他们才开始重新购买。

（资料来源：一牛财经。）

（二）浮动汇率制度

浮动汇率制度是在固定汇率制度之后，主要西方国家从 1973 年开始普遍实行的一种汇率制度。

1. 浮动汇率制度的含义

浮动汇率制度（Floating Exchange Rates Regimes），是指政府对汇率不加以固定，也不规定上下波动的界限，汇率完全由市场的供求决定的汇率制度。外国货币供过于求时，外国货币的价格就下跌，外币的汇率就下浮；外国货币供小于求时，外国货币的价格就上涨，外币汇率就上浮。

2. 浮动汇率制度的类型

（1）按政府是否干预划分

按照政府是否干预汇率变动，可以将浮动汇率制度划分为自由浮动和管理浮动两种。

①自由浮动。政府任凭外汇市场供求状况决定本国货币同外国货币的兑换比率，不采取任何措施。

②管理浮动。政府采取有限的干预措施，引导市场汇率向有利于本国利益的方向浮动。

（2）按汇率浮动方式划分

按汇率浮动方式划分，可分为单独浮动、联合浮动、钉住浮动和联系汇率四种类型。

①单独浮动。单独浮动是指一国货币不与任何国家货币发生固定联系，其汇率根据外汇市场供求变化而自动调整。如美元、日元、加拿大元、澳大利亚元和少数发展中国家的货币采取单独浮动。

②联合浮动。联合浮动又称共同浮动或集体浮动（Group Floating），是指国家集团内部成员间的货币实行固定比价，并规定波动幅度，各有关成员有义务维持该

比价，而对集团外部国家的货币则采取同升共降的浮动汇率。

某些国家由于经济关系或其他原因，组成某种形式的经济联合体，建立相对稳定的货币区或货币集团。成员国货币之间实行固定汇率制，并规定货币平价和波动幅度，而对非成员国的货币实行共同升降的浮动汇率。当联合体内货币汇率的波动超出波幅上下限时，有关国家政府有义务单独或联合进行干预。当联合体外任何国家的货币对成员国的货币发生冲击时，参加联合浮动的各国政府一般都须采取一致行动加以制止，以维持联合浮动。

20 世纪 70 年代以来，以美元危机为主要内容的资本主义货币危机时断时续，对世界经济的发展产生了不利影响。1973 年 3 月 11 日，欧洲经济共同体九国财政部长会议达成协议，率先建立联合浮动集团，3 月 19 日开始实行联合浮动。参加该共同体成员国有比利时、丹麦、法国、联邦德国、荷兰、卢森堡及非成员国瑞典和挪威。另外三个共同体成员国英国、爱尔兰和意大利则因货币极不稳定和其他原因，暂不参加联合浮动，继续实行单独浮动。参加联合浮动的国家货币之间仍保持固定比价，汇率上下波动幅度定为 2.25%。当成员国间汇率波动超过这一限幅时，有关国家中央银行就要进行干预。对集团以外其他货币的汇率，则随市场供求关系变化，任其自由浮动。成员国中任何一国货币汇率一旦受到抛售或抢购等冲击时，参加联合浮动的各国则采取一致行动。

由于参加联合浮动的各国经济实力存在差异，利害关系并不完全一致，联合浮动的基础比较脆弱。例如，法国、挪威和瑞典就先后退出了联合浮动。1979 年 3 月 13 日，欧洲共同体九国布鲁塞尔会议达成的建立欧洲货币体系的协议正式生效。根据该协议，除英国外的 8 个共同体成员国都参加联合浮动集团，各成员国货币之间确立中心汇率，其上下总波动幅度仍为 2.25%；意大利里拉为 6%；1989 年 6 月 19 日，西班牙正式加入欧洲货币体系，其货币对中心汇率的波幅也规定为 6%。欧洲货币体系内部汇率先后多次调整，以保证成员国之间汇率联合浮动的长期稳定。

③钉住浮动。钉住浮动是指一国货币与另一种货币保持固定汇率，随后者的浮动而浮动。按照钉住货币的不同，钉住汇率制可分为钉住单一货币和钉住一篮子货币。钉住单一货币，是指有些国家由于历史上的原因，对外经济往来主要集中于某一发达国家，或主要使用某种外国货币，为了使这种贸易金融关系得到稳定发展，这些国家通常使本国货币钉住该发达国家货币，如巴哈马货币钉住美元等。

钉住一篮子货币的汇率制度产生于 20 世纪 70 年代。在钉住一篮子货币的汇率制度下，给篮子中的各种货币赋予一定的权重，让本国货币的汇率根据篮子中各货币的汇率变动而加权变动，可以实现本国货币加权平均的稳定汇率。假如人民币钉住某个货币篮子，这个篮子由三种货币构成，有美元、欧元和日元，这三种货币在该篮子中的权重分别为 50%、25% 和 25%。现在我们来看欧元和日元相对美元均升值 10% 的情况。如果人民币实行单一钉住美元的汇率制度，则欧元和日元对美元的升值不会影响人民币和美元之间的汇率。但是，欧元和日元对美元升值 10%，意味着欧元和日元对人民币也升值了 10%。而如果人民币钉住上述一篮子货币，则欧元和日元相对美元升值 10% 会导致人民币相对美元升值 5%。此时，人民币与美元的汇率不再稳定。但是，人民币在对美元升值 5% 的同时，对欧元和日元则会贬值

5%。这样，人民币通过对美元汇率一定程度的波动，换得了加权平均汇率的稳定。

可见，钉住一篮子货币的汇率制度最主要的优点是：第一，能够有效规避世界上其他货币的汇率变动带来的冲击和引发的结构失衡，实现本币汇率的相对稳定。第二，在钉住一篮子货币的汇率制度下，被钉住的货币虽然对货币篮子的汇率是不变的，但对各种单一货币的汇率都会有一些波动，这种波动就会有利于居民和企业形成比较强的汇率风险意识，也有利于远期市场的培育和外汇市场避险工具的产生，如果没有汇率波动的话，远期市场和外汇市场避险工具就不会产生或者是产生也用不上。第三，采用货币篮子以后，汇率会更加具有弹性，会经常波动，这样有利于向更加灵活的汇率制度过渡。第四，也许在当前是最重要的一点，即钉住一篮子货币的汇率制度有助于稳定汇率预期。

实际上，钉住一篮子货币的汇率制度给定了一个汇率变动的规则，在这个规则中，汇率变动将不以一国的国际收支基本状况为依据，而是以货币篮子其他货币的汇率变动为依据。因而将对汇率变动的预期转嫁到对其他货币的汇率变动预期上，避免将一国的国际收支状况作为形成汇率变动预期的基础。

当然，钉住一篮子货币的汇率制度也有其固有的缺陷：首先，严格的钉住一篮子货币会丧失调整汇率的主动性，本币汇率的变化是根据篮子中货币的汇率被动进行调整。其次，本币的汇率变动不反映本币的市场供求状况。因此，钉住一篮子货币的汇率制度不符合市场化的改革方向，或者以市场为基础的改革方向。最后，钉住一篮子货币不能规避非汇率因素对国际收支的冲击。

④联系汇率。联系汇率制度是一种货币发行局制度。根据货币发行局制度的规定，货币基础的流量和存量都必须得到外汇储备的十足支持。换言之，货币基础的任何变动必须与外汇储备的相应变动一致。19 世纪末，英国为殖民地提出并设立了联系汇率制。香港作为英国殖民地而采用此汇率制度，与英镑联系，1972 年取消，1983 年再度启用，与美元联系，7.8 港元兑 1 美元。

香港的联系汇率制度，又称货币局制度。香港没有中央银行，是世界上由商业银行发行钞票的少数地区之一。而港元则是以外汇基金为发行保证金的。外汇基金是香港外汇储备的唯一场所，因此是港元发行的准备金。发钞银行在发行钞票时，必须以百分之百的外汇资产向外汇基金交纳保证金，换取无息的负债证明书，以此作为发行钞票的依据。换取负债证明书的资产，先后是白银、银元、英镑、美元和港元，实行联系汇率制度后，则再次规定必须以美元换取。在香港历史上，无论以何种资产换取负债证明书，都必须是十足的，这是港元发行机制的一大特点，实行联系汇率制则依然沿袭。

联系汇率制度规定，汇丰银行、渣打银行和中国银行三家发钞银行增发港元时，须按 7.8 港元等于 1 美元的汇价以百分之百的美元向外汇基金换取发钞负债证明书，而回笼港元时，发钞银行可将港元的负债证明书交回外汇基金换取等值的美元。这一机制又被引入了同业现钞市场，即当其他持牌银行向发钞银行取得港元现钞时，也要以百分之百的美元向发钞银行进行兑换，而其他持牌银行把港元现钞存入发钞银行时，发钞银行也要以等值的美元付给它们。这两个联系方式对港元的币值和汇率起到了重要的稳定作用，这是联系汇率制的另一特点。

　　但是，在香港的公开外汇市场上，港元的汇率却是自由浮动的，即无论在银行同业之间的港元存款交易（批发市场），还是在银行与公众间的现钞或存款往来（零售市场），港元汇率都是由市场的供求状况来决定的，实行市场汇率。联系汇率与市场汇率、固定汇率与浮动汇率并存，是香港联系汇率制度最重要的机理。一方面，政府通过对发钞银行的汇率控制，维持着整个港元体系对美元汇率的稳定联系；另一方面，通过银行与公众的市场行为和套利活动，使市场汇率一定程度上反映现实资金供求状况。联系汇率令市场汇率在 1:7.8 的水平上做上下窄幅波动，并自动趋近之，不需要人为去直接干预；市场汇率则充分利用市场套利活动，通过短期利率的波动，反映同业市场情况，为港元供应量的收缩与放大提供真实依据。

　　联系汇率真正成为香港金融管理制度的基础，是在经历了一些金融危机和 1987 年股灾之后的事情。香港金融管理当局为完善这一汇率机制，采取了一系列措施来创造有效的管理环境，如与汇丰银行的新会计安排，发展香港式的贴现窗，建立流动资金调节机制，开辟政府债券市场，推出即时结算措施等；此外，还通过货币政策工具的创新，使短期利率受控于美息的变动范围，以保障港元兑美元的稳定。而对于联系汇率制最有力的一种调节机制，还在于由历史形成的、约束范围广泛的和具有垄断性质的"利率协议"，其中包括举世罕见的负利率规则，它通过调整银行的存、贷利率，达到收紧或放松银根，控制货币供应量的目的，因此至今仍然是维护联系汇率制度的一项政策手段。

　　2005 年香港金管局推出优化措施，将"弱方兑换保证"由 7.8 港元调至 7.85 港元，该制度将港元兑美元的汇价定在 7.8 港元兑 1 美元，但汇价可在 7.75 港元至 7.85 港元之间浮动。如果汇价升至 7.75 港元，即反映港元需求增加，同时触及强方兑换保证水平，香港金管局便需要卖出港元买入美元以维持港元汇率，反之则相反。香港金管局要守住这个联系汇率的关键是要有足够的外汇储备即美元储备。

　　联系汇率制的最大优点在于有利于香港金融的稳定，而市场汇率围绕联系汇率窄幅波动的运行也有助于香港国际金融中心和国际航运中心地位的巩固和加强，增强市场信心。但是，这一汇率制度也存在一些缺点。它使香港的货币供应量指标过分依赖和受制于美国，从而严重削弱了运用货币供应量杠杆调节本地区经济的能力。同时，联系汇率制度也使通过汇率调节国际收支的功能无从发挥。此外，联系汇率制度还被认为促成了香港高通货膨胀与实际负利率并存的局面。

【案例 6－2】

　　香港金管局于 2018 年 4 月 19 日在纽约时段两度入市，到 4 月 23 日，香港金管局共计买入超 500 亿港元，而银行体系结余降至 1285.2 亿港元。3 个月港元 HIBOR 升至 2008 年 12 月以来新高。4 月 19 日上午，港元兑美元大幅拉升，一度报 7.8441，为 4 月 9 日以来新高。近日港元多次触及弱方兑换保证并有逾 500 亿港元资金流走。尽管如此，联系汇率制度运作畅顺，未发现大规模沽空港元活动。HIBOR 已开始作出反应，香港金管局预计拆息会继续慢慢上调。

　　1998 年香港汇率保卫战至今仍历历在目。1997 年下半年美国著名金融投机家索罗斯旗下的对冲基金在亚洲各国和地区发起了连番狙击，获得极大成功，使得泰国、马来西亚、印度尼西亚等国家和地区几十年来积存的外汇一瞬间化为乌有，由此引发了亚洲金融危机。1998 年 6 月 – 7 月，索罗斯及国际对冲基金巨头携 2000 亿港元资产开始做空港股港元，矛头直指香港。而此时离 1997 年 7 月 1 日香港回归祖国怀抱仅仅过了一年。

索罗斯等做空港元汇率，港元出现大幅度贬值，当触及 1 美元兑换 7.85 港元底线时，香港金管局用外汇储备美元大肆买进港元，拉升港元汇率，守住 7.85 港元的底线。这时，如果没有足够的美元储备或者被瞬间耗干美元储备时，汇率体制就会崩盘，港元就会一泻千里，索罗斯等就会大赚特赚。这就是这次香港金管局买入500 亿港元的目的，是时隔 10 年后的又一次香港汇率保卫战。

这次香港金管局虽然买入 500 亿港元使得 4 月 19 日上午港元兑美元拉升，一度报 7.8441，为 4 月 9 日以来新高，但是，离底线仅仅回升 59 个基点，仍在危险区域。

1998 年的香港汇率保卫战是在中国外汇储备极度困难的情况下支持香港最终击溃索罗斯的。而如今的中国外汇储备高达 3 万亿美元以上，有充足的储备支持香港汇率保卫战，索罗斯等试图再次做空港元有点不识时务、以卵击石的味道。

3. 浮动汇率制度的优缺点
（1）浮动汇率制度的优点
第一，防止外汇储备的大量流失。在浮动汇率制度下，各国货币当局没有义务维持货币的固定比价。当本币汇率下跌时，不必动用外汇储备去购进被抛售的本币，这样可以避免这个国家外汇储备的大量流失。汇率随着外汇供求的涨落而自动达到平衡，政府在很大程度上听任汇率由外汇市场支配，减少干预行动，国家需要的外汇储备的需求量自然可以减少。这就有助于节省国际储备，使更多的外汇能用于本国的经济建设。

第二，自动调节国际收支。在浮动汇率制度下，汇率取决于市场供求力量的变化，通过汇率水平的变动可以保持国际收支平衡。逆差国货币汇率下浮，从而引起商品劳务出口价格下跌，刺激出口。反之，顺差国货币汇率上浮，因而出口减少，进口增加。市场力量自发调节国际收支。

第三，维持经济政策的独立性。浮动汇率制度使各国可以独立地实行自己的货币政策、财政政策和汇率政策。在固定汇率制度下，各国政府为了维持汇率的上下限，必须尽力保持其外部的平衡。如一国的国际收支出现逆差时，往往采取紧缩性政策措施，减少进口和国内开支，使生产下降，失业增加。这样国内经济有时还要服从于国外的平衡。在浮动汇率制度下，通过汇率杠杆对国际收支进行自动调节，在一国发生暂时性或周期性失衡时，一定时期内的汇率波动不会立即影响国内的货币流通，一国政府不必急于使用破坏国内经济平衡的货币政策和财政政策来调节国际收支。

第四，减轻通货膨胀的影响。浮动汇率制度使经济周期和通货膨胀的国际传递减少到最小限度。贸易上有密切联系的国家间容易通过固定汇率传播经济周期或通货膨胀。1971 年至 1972 年发生的国际性的通货膨胀，就是同固定汇率制密切相关的。在浮动汇率制度下，若一国国内物价普遍上升，通货膨胀严重，则会造成该国货币对外币汇率下浮，该国出口商品的本币价格上涨便会被汇率下浮抵消，出口商品折成外币的价格因而变化不大，从而贸易伙伴国少受国外物价上涨压力。但在固定汇率制度下，为了维持固定汇率，各国不得不经受相同的通货膨胀。

第五，缓解国际游资的冲击。在固定汇率制度下，由于要维持货币的固定比价，汇率与货币币值严重背离，各种国际游资竞相追逐可以用来保值或用来谋求汇率变动利润的硬货币，这会导致国际游资的大规模单方面转移。在浮动汇率制下，汇率因国际收支、币值的变动等频繁调整，不会使币值与汇率严重背离，某些硬通货受到巨大冲击的可能性减少。

(2) 浮动汇率制度的缺点

第一，汇率剧烈波动助长投机，加剧动荡。在这种制度下，汇率变动频繁且幅度大，为低买高抛的外汇投机提供了可乘之机。不仅一般投机者参与投机活动，连银行和企业也加入了这一行列。1974 年 6 月，德国最大的私人银行之一赫斯塔特银行因外汇投机损失 2 亿美元而倒闭，其他如美国富兰克林银行、瑞士联合银行等也都曾因外汇投机而导致信用危机。这种为牟取投机暴利而进行的巨额的、频繁的投机活动，加剧了国际金融市场的动荡。

第二，汇率波动不稳定增加了国际贸易和国际投资的风险。汇率波动导致国际市场价格波动，使人们普遍产生不安全感。外贸成本和对外投资损益的不确定性加大，风险加大，使人们不愿意缔结长期贸易契约和进行长期国际投资，使国际商品流通和资金借贷受到严重影响。

第三，加剧了货币战争。实行汇率下浮政策的主要目的是刺激出口，减少进口，改善贸易收支，进而扩张国内经济，增加生产和就业。浮动汇率可能导致竞争性贬值，各国都以货币贬值为手段，输出本国失业，或以他国经济利益为代价扩大本国就业和产出，这就是以邻为壑的政策。而实行汇率上浮政策，则主要是为了减少国际收支顺差，减少国内通货膨胀压力。例如，从 1980 年第四季度起，美元汇率上浮，到 1983 年 9 月，美元对十大工业国的币值平均上升了 46%。实行高汇率使美国的通货膨胀率急剧下降，1979—1980 年通货膨胀率高达 12% ~ 13%，1983 年则降为 3.9%。据估算，1981—1983 年美元汇率上浮使美国通货膨胀率下降 45%。当然，高汇率也不利于美国的出口，其间美国同西欧各国贸易逆差扩大，这又迫使美国加强贸易保护措施，使其与西欧和日本的矛盾和摩擦加剧。

第四，提高了世界物价水平。在浮动汇率制度下，国际货币基金组织对国际储备的控制削弱了，以致国际储备的增长超过了世界经济发展和国际贸易增长所需的程度。总的来讲浮动汇率制度提高了世界物价水平。

第五，在某种程度上，对发展中国家不利。汇率上升时，使广大发展中国家进口工业制成品价格上涨，而这些产品又是发展中国家经济建设所必需的，故进口成本上升。外汇汇率下跌时，出口初级产品价格下跌，而初级产品需求弹性小，不会在价格下跌时使外贸收入增加，贸易收支得不到改善。浮动汇率还加剧了外债管理的难度，增大了风险。

固定汇率制度与浮动汇率制度在特定条件下均能发挥好的作用，条件改变后其缺点可能又很明显或突出。当今的浮动汇率制度，主要是防止浮动过度。从长期讲，以货币购买力平价作为浮动汇率的平均线，浮动幅度偏离均衡线就是"过度"。从短期看，要从货币资产的行市中去找均衡线，因为金融市场的行市变化快，对汇率的反应十分灵敏。

三、汇率制度选择的相关理论

在汇率制度的选择问题上，理论界是没有一致意见的，而研究汇率制度理论就是为了给现实经济选择汇率制度提供指导。

（一）影响一国汇率制度选择的主要因素

1. 本国经济的结构性特征

如果一个国家是小国，那么它就较适宜采用固定性较高的汇率制度，因为这种国家一般与少数几个大国的贸易依存度较高，汇率的浮动会给它的国际贸易带来不便；同时，小国经济内部价格调整的成本较低。相反，如果一个国家是大国，则一般以实行浮动性较强的汇率制度为宜，因为大国的对外贸易多元化，很难选择一种基准货币实施固定汇率制度；同时，大国经济内部调整的成本较高，并倾向于追求独立的经济政策。

2. 特定的政策目的

这方面最突出的例子之一就是固定汇率有利于控制国内的通货膨胀。在政府面临着高通胀问题时，如果采用浮动汇率制往往会产生恶性循环。例如，本国高通胀使本国货币不断贬值，本国货币贬值通过成本机制、收入工资机制等因素反过来进一步加剧了本国的通货膨胀。而在固定汇率制下，政府政策的可信性增强，在此基础上的宏观政策调整比较容易收到效果。又如，一国为防止从外国输入通货膨胀而往往选择浮动汇率政策，因为浮动汇率制下一国的货币政策自主权较强，从而赋予一国抵御通货膨胀于国门之外，同时选择适合本国的通货膨胀率的权利。可见，政策意图在汇率制度选择上也发挥着重要的作用。再如，出口导向型与进口替代型国家对汇率制度的选择也是不一样的。

3. 地区性经济合作情况

一国与其他国家的经济合作情况也对汇率制度的选择有着重要影响，例如，当两国存在非常密切的贸易往来时，两国间货币保持固定汇率比较有利于相互间经济关系的发展。尤其是在区域内的各个国家，其经济往来的特点往往对它们的汇率制度选择有着非常重要的影响。

4. 国际国内经济条件的制约

一国在选择汇率制度时还必须考虑国际条件的制约。例如，在国际资金流动数量非常庞大的背景下，对于一国内部金融市场与外界联系非常紧密的国家来说，如果本国对汇率市场干预的实力因各种条件限制而不是非常强的话，那么采用固定性较强的汇率制度的难度无疑是相当大的。

（二）蒙代尔的"最适合货币区"理论

1961 年，蒙代尔发表了《论最适度货币区理论》一文，提出了最适度货币区理论。蒙代尔认为，应该根据生产要素可否自由流动来划分区域。在某些区域内，如果生产要素可以自由流动，即可作为一个最适度的货币区。以蒙代尔的生产要素标准为例。假设有 A 和 B 两个国家，分别生产汽车和玩具。当 A 国居民的消费偏好从汽车转向玩具时，该国会因为对玩具的消费提高而出现贸易收支逆差，同时因为对汽车的需求降低而出现劳动力与资本的供给过剩；而 B 国会相应地出现贸易收支顺差和劳动力与资本的过度需求。不考虑资本项目时，如果劳动力与资本等生产要素不能在国家之间无成本地流动，A 国货币就将相对于 B 国货币贬值，通过相对价格的调整来消除两国贸易收支不平衡。也就是说，对于要素流动性低的国家来说，如果不希望改变各自国内价格水平，则比较适合实行浮动汇率制，通过汇率调节来改变相对价格。如果生产要素可以从 A 国自由廉价地转移到 B 国，就可以缓解 A 国失业和 B 国通货膨胀的压力，通过各自价格水平的调整恢复两国的内外均衡。所以，生产要素高度流动的国家之间适合实行固定汇率制度，甚至可以考虑实行单一货币。

1. 欧洲货币体系

美元汇率的剧烈波动，严重冲击着欧共体的联合浮动机制，对关税同盟、统一贸易政策和农业政策等构成极大威胁。对此，德国、法国提议通过区域货币一体化来抗衡美元。经过反复磋商和谈判，欧洲货币体系（European Monetary System，EMS）于 1979 年 3 月正式成立。

EMS 的主要成就之一就是创立了欧元。1999 年 1 月 1 日，欧洲单一货币——欧元正式启动。欧元启动后，首批 11 个国家在国际货币基金组织的份额合并达到 37%。与美国不足 20% 的基金份额相比，欧盟国家有望在此后的国际经济政治舞台上掌握更大的话语权，改变国际政治力量对比，从根本上打破美国一家主宰国际货币和金融事务的局面。受到欧元成功启动的鼓舞，建立区域共同货币的议题也被许多其他国际经济组织提上日程，甚至已经有学者开始设想，未来是否会在亚欧大陆的另外一端诞生东亚区域共同货币——亚元。

2. "美元化"道路

在汇率制度选择的争论中，许多学者认为对那些国内经济形势极不稳定、官方制定和实施货币政策以调控经济的能力又比较差的国家来说，实行固定汇率制度，以汇率目标替代货币目标，将是一个比较理想而且可行的选择。为解决公众对货币当局的不信任，增强抑制国内通货膨胀的效果，一些国家特别采取了货币委员会制。然而，与货币委员会制放弃了自主货币政策相比，实践中还有更激进的做法：将本币发行权一并放弃，直接使用其他货币作为本国流通中的法定货币。这种行为被称作美元化。

一些发展中国家在国内通货膨胀居高不下，或是本币贬值预期强烈的背景下，依然选择美元化道路。这些国家不仅放弃了货币政策独立性，不再承担对国内金融体系的存款准备要求和最后救助责任，而且也放弃了货币发行权而不再享有信用货币巨大的发行收益。显然这笔巨额收益完全由该国流通中法定货币的发行主体享有，而发行国的经济状况和货币政策也自然传输到美元化国家。厄瓜多尔和巴拿马等小国属于典型的美元化国家。

第二节　外汇管制

一、外汇管制的概念

外汇管制（Foreign Exchange Control），又称外汇管理，有狭义和广义之分。在国际金融中，广义的外汇管理包括汇率制度的选择、外汇直接管制和外汇市场干预三类。而狭义的外汇管理特指国家对外汇的直接管制，即国家通过法律、法令、条例等形式，对外汇资金的收入和支出、汇入和汇出、本国货币与外国货币的兑换方式及兑换比价所进行的限制。

外汇管制的主要目的是维持本国国际收支的平衡，保持汇率的有序安排，维持物价和金融的稳定，提高本国的竞争能力和经济发展水平。但是，在经济高速发展、涉外经贸往来频繁、国内外经济金融情况发生较大变化的时候，外汇管制经常会同实际经济的发展产生矛盾。改进外汇管制，使之不断适应形势的发展，就成为国际金融研究的一个重大课题。

外汇管制始于第一次世界大战期间。当时国际货币制度陷入崩溃，美国、法国、德国、意大利等参战国都发生了巨额的国际收支逆差，本币对外汇率剧烈波动，大量资本外逃。为集中外汇资财进行战争，减缓汇率波动及防止该国资本外流，各参战国在战时都取消了外汇的自由买卖，禁止黄金输出，实行了外汇管制。1929—1933 年世界经济危机时期，很多在战后取消外汇管制的国家又重新实行外汇管制，一些实行金块和金汇兑本位制的国家也纷纷实行外汇管制。1930 年土耳其首先实行外汇管制，1932 年，德国、意大利、奥地利、丹麦、阿根廷等 20 多个国家也相继实行了外汇管制。第二次世界大战爆发后，参战国立即实行全面严格的外汇管制。1940 年，在 100 个国家和地区中，只有 11 个国家没有正式实行外汇管制，外汇管制范围也比以前更为广泛。战后初期，西欧各国基于普遍存在的"美元荒"等原因，继续实行外汇管制。20 世纪 50 年代后期，西欧各国经济有所恢复，国际收支状况有所改善，从 1958 年开始，各国不同程度地恢复了货币自由兑换，并对国际贸易收支解除外汇管制，但对其他项目的外汇管制仍维持不变。1961 年，大部分国际货币基金组织的成员国表示承担《国际货币基金组织协定》第八条所规定的义务，即避免外汇限制而实行货币自由兑换。但时至 20 世纪 90 年代，绝大多数国家仍在不同程度上实行外汇管制，即使名义上完全取消了外汇管制的国家，仍时常对居民的非贸易收支或非居民的资本项目收支实行间接的限制。

二、外汇管制的主要机构与类型

（一）外汇管制的主要机构

一般由政府授权财政部、中央银行或另外成立专门机构作为执行外汇管制的机构。如 1939 年英国实施外汇管制后指定英国财政部为决定外汇政策的权力机构，英格兰银行代表财政部执行外汇管制的具体措施，日本由大藏省负责外汇管制工作；意大利设立了外汇管制的专门机构——外汇管制局。除官方机构外，有些国家还由其中央银行指定一些大商业银行作为经营外汇业务的指定银行，并按外汇管制法令集中办理一切外汇业务。

（二）外汇管制的类型

根据外汇管制内容和严格程度的不同一般分为三种类型：

1. 实行严格外汇管制的国家和地区

有些国家和地区对贸易、非贸易收支和资本项目收支，都实行严格的外汇管制。这类国家和地区的典型特征是外汇极为缺乏，经济不发达或对外贸易落后，大多数发展中国家和实行中央计划经济的国家，比如印度、秘鲁、巴西等均属于这一类。

2. 实行部分外汇管制的国家和地区

有些国家和地区对贸易和非贸易收支，原则上不加以管制，但对资本项目却加以限制。这类国家经济比较发达，市场机制在经济活动中起主导作用，并已承诺《国际货币基金组织协定》的第八条款，不对经常项目收支加以限制，不采取有歧视性的差别汇率或多重汇率，比如法国、英国、意大利等。

3. 名义上取消但仍在不同程度上实行外汇管制的国家

有些国家和地区经济发达，黄金和外汇储备充足，国际收支整体状况良好，所以这些国家和地区对经常项目和资本项目的外汇交易不实行普遍的和经常性的限制，但不排除对某些特定项目或国家采取包括冻结外汇资产和限制外汇交易等制裁手段。比如美国、德国、加拿大等。

三、外汇管制的主要内容

实行外汇管制的国家和地区，一般对贸易外汇的收支、非贸易外汇的收支、资本输出与输入、黄金和现钞、汇率采取一定的管制。

1. 对出口外汇收入的管制

在出口外汇管制中，最严格的规定是出口商必须把全部外汇收入按官方汇率结售给指定银行。出口商在申请出口许可证时，要填明出口商品的价格、数量、结算货币、支付方式和支付期限，并交验信用证。

2. 对进口外汇的管制

对进口外汇的管制通常表现为进口商只有得到管汇当局的批准，才能在指定银行购买一定数量的外汇。管汇当局根据进口许可证决定是否批准进口商的买汇申请。有些国家将进口批汇手续与进口许可证的颁发同时办理。

3. 对非贸易外汇的管制

非贸易外汇涉及除贸易收支与资本输出入以外的各种外汇收支。对非贸易外汇收入的管制类似于对出口外汇收入的管制，即规定有关单位或个人必须把全部或部分外汇收支按官方汇率结售给指定银行。为了鼓励人们获取非贸易外汇收入，各国政府可能实行一些其他措施，如实行外汇留成制度，允许居民将个人劳务收入和携入款项在外汇指定银行开设外汇账户，并免征利息所得税。

4. 对资本输入的外汇管制

发达国家采取限制资本输入的措施通常是为了稳定金融市场和稳定汇率，避免资本流入造成国际储备过多和通货膨胀。它们所采取的措施包括：对银行吸收非居民存款规定较高的存款准备金；对非居民存款不付利息；限制非居民购买该国有价证券等。

5. 对资本输出的外汇管制

发达国家一般采取鼓励资本输出的政策，但是它们在特定时期，如面临国际收支严重逆差时，也采取一些限制资本输出的政策，其中主要措施包括：规定银行对外贷款的最高额度；限制企业对外投资的国别和部门；对居民境外投资征收利息平衡税等。

6. 对黄金、现钞输出入的管制

实行外汇管制的国家一般禁止个人和企业携带、托带或邮寄黄金、白金或白银出境，或限制其出境的数量。对于该国现钞的输入，实行外汇管制的国家往往实行登记制度，规定输入的限额并要求用于指定用途。对于该国现钞的输出则由外汇管制机构进行审批，规定相应的限额。

7. 对汇率的管制

汇率管制指实行单一汇率、双重汇率或多重汇率。一国实行两种或两种以上的汇率称为复汇率。因此双重汇率和多重汇率均属于复汇率范畴。实行复汇率通常是由于金融秩序混乱、短期资本流动过于频繁，为了稳定出口和物价，政府便对贸易和非贸易汇率实施干预，使其稳定在一个比较理想的水平上。此外，对不同种类的商品实施不同的汇率，还能起到鼓励或抑制商品生产和消费的效果。

四、外汇管制的作用和弊端

（一）外汇管制的作用

1. 防止资金外逃

国内资金外逃是国际收支不平衡的一种表现。在自由外汇市场中，当资金大量外移时，由于无法阻止或调整，势必造成国家外汇储备锐减，引起汇率剧烈波动。因此，为防止一国国内资金外逃，避免国际收支危机，有必要采取外汇管理，直接控制外汇的供需。

2. 维持汇率稳定

汇率的大起大落，会影响国内经济和对外经济的正常运行。所以通过外汇管制，控制外汇供求，稳定汇率水平，使之不发生经常性的大幅度波动。

3. 维护本币在国内的统一市场，不易受投机影响

实行外汇管制，可以分离本币与外币流通的直接联系，维持本币在国内流通领域的唯一地位，增强国内居民对本币的信心，抵御外部风潮对本币的冲击。

4. 便于实行贸易上的差别待遇

一国实行外汇管制，对外而言，有利于实现其对各国贸易的差别待遇或作为国际间政府谈判的手段，还可通过签订清算协定，发展双边贸易以克服外汇短缺的困难。对内而言，通过实行差别汇率或贴补政策，有利于鼓励出口、限制进口、增加外汇收入、减少外汇支出。

5. 保护民族工业

发展中国家工业基础薄弱，一般工业技术有待发展完善，如果不实行外汇管制及其他保护贸易政策，货币完全实行自由兑换，则发达国家的廉价商品就会大量涌

入，从而使其民族工业遭到破坏与扼杀。实行外汇管制，一方面可管制或禁止那些可能摧残本国新兴工业产品的外国商品的输入，同时可鼓励进口必需的外国先进的技术设备和原材料，具有积极发展民族经济的意义。

6. 有利于国计民生

凡涉及国计民生的必需品，在国内生产不足时，政府均鼓励进口，准其优先结汇，按较低汇率申请进口，以减轻其成本，保证在国内市场上廉价供应，而对非必需品、奢侈品则予以限制。

7. 提高货币币值，稳定物价

实行外汇管制，可集中外汇资财，节约外汇支出，一定程度上可以提高货币的对外价值，增强本国货币的币值，加强一国的国际经济地位。货币对外表现为汇率，对内表现为物价。当一国主要消费物资和生活必需品价格上涨过于剧烈时，通过外汇管制对其进口所需外汇给予充分供应，或按优惠汇率结售，则可增加货源，促进物价回落，抑制物价水平上涨，保持物价的稳定。因此，外汇管制虽直接作用于汇率，但对稳定物价也有相当作用，可避免或减轻国外通货膨胀对国内物价的冲击。

此外，外汇管制也可作为外交政策，当别的国家实施外汇管制而对本国经济和政治产生不利影响时，该国即可启用外汇管制作为一种报复手段。这样，外汇管制便成为一种政策工具。

（二）外汇管制的弊端

外汇管制从另外的角度看，对国际贸易和国家经济也会产生一定的负面作用，主要表现在以下几方面：

1. 不利于平衡外汇收支和稳定汇率

法定汇率的确定，虽可使汇率在一定时期和一定范围内保持稳定，但是影响汇率稳定的因素有很多，单纯依靠外汇管制措施以求汇率稳定是不可能的。比如，一个国家财经状况不断恶化，财政赤字不断增加，势必增加货币发行，引起纸币对内贬值。通过外汇管制，人为高估本国货币币值的法定汇率，必然削弱本国商品的对外竞争能力，从而影响外汇收入，最后本国货币仍不得不对外公开贬值，改变法定汇率。若财政状况还没有根本好转，新的法定汇率就不易维持，外汇收支也很难平衡。

2. 阻碍国际贸易的平衡发展

采取外汇管制措施，虽有利于双边贸易的发展，但由于实施严格的管制后，多数国家的货币无法与其他国家的货币自由兑换，必然限制多边贸易的发展。另外，官方对汇率进行干预和控制，汇率不能充分反映外汇供求的真实状况，经常出现高估或低估现象。汇率高估，对出口不利；汇率低估，又不利于进口，汇率水平不合理会影响进出口贸易均衡发展。

3. 限制资本流入

实行外汇管制，在一定情况下，不利于本国经济的发展与国际收支的改善。比如，外商在外汇管制国家投资，其投资的还本付息、红利收益等往往难以自由汇兑回国，势必影响其投资积极性，进而影响本国经济发展。

4. 价格机制失效，资源难以合理配置

外汇管制会使国内商品市场和资本市场与国际相分离，国内价格体系和国际相脱节，这使一国不能充分参加国际分工和利用国际贸易中的比较利益原则来发展本国经济，资源不能有效地分配和利用。资金有盈余的国家，不能将其顺利调出；而急需资金的国家又不能得到它，资金不能在国际间有效地流动。

5. 引起国与国之间的摩擦和纠纷

一般来说，外汇管制被认为是一种人为妨碍公平竞争的手段。所以实行严格外汇管制的国家经常遭到其他国家的报复，产生国家间的经贸摩擦。国际货币基金组织要求其成员国未经批准不得对贸易和非贸易等经常性项目的收支加以限制，并且要求成员国通过各项改革来逐步放松已实施的外汇管制，以减少国与国之间的摩擦和纠纷。

第三节　我国的外汇管理

外汇管制在我国习惯被称为外汇管理。广义的外汇管理指一国政府授权国家的货币金融当局或其他机构，对外汇的收支、买卖、借贷、转移以及国际间结算、外汇汇率和外汇市场等实行的控制和管制行为；狭义上是指对本国货币与外国货币的兑换实行一定的限制。

一、我国外汇管理的发展演变

我国是实行外汇管理较严格的国家。但是，我国真正外汇管理的发展是从新中国成立后开始的，它的发展经历了由分散到集中，由不完全到正在逐步完善这样一个过程。这个过程大体可分为以下几个阶段：

（一）新中国成立初期到私营工商业社会主义改造完成阶段（1949—1956 年）

新中国成立初期，我国外汇资金严重短缺，华北、华南、华东、华中四大行政区分别颁布了外汇管理暂行办法。1950 年 10 月中央人民政府综合上述办法，颁布了《外汇分配、使用暂行办法》，对外汇开始实行统一管理。当时外汇管理的主要任务是：肃清帝国主义金融残余势力，稳定国内金融物价，积极开展对外贸易，便利侨汇，利用、限制、改造私营进出口商业区和金融业，建立独立自主的外汇管理制度。

根据《外汇分配、使用暂行办法》，当时我国外汇管理的主要内容包括：

1. 禁止外汇在国内流通使用，取缔国内外汇黑市交易。外汇持有者可按国家规定牌价卖给政府，也可在银行开立外币存款账户。

2. 凡出口商品、劳务收入的外汇、侨汇必须出售给或存入国家银行；进口所需外汇和其他非贸易用途所需外汇，可按规定向有关机关申请。

3. 建立独立自主、统一的汇价制度。中国人民银行按照有利于出口、鼓励侨汇、积累外汇资金的原则，制定人民币汇价，并根据物价变动情况进行调整。

4. 规定外币、金银和人民币进出国境管理办法。对携入外币、金银不加限制，但须向海关申报。临时来华人员和外交人员可凭申报单携带一定量的外币、金银出境，人民币禁止携出入国境。

（二）私营工商业社会主义改造完成到党的十一届三中全会阶段（1956—1978年）

随着对私营工商业社会主义改造的完成，我国进入了全面建设时期，情况有了较大变化：国内市场外汇已经停止流通；除上海四家外资银行（即汇丰银行、麦加利银行、华侨银行和东亚银行）外，其他外商银行在我国的业务已先后关闭；对外贸易由国家外贸公司统一经营；全国实行高度集中的计划管理体制。这样，原来的外汇管理方法已不完全适应变化的国情，为此，外汇管理的重点相应转变为建立对国营单位外汇收支的计划管理制度，具体有以下几个方面的特点：

1. 外汇管理工作是在国家计委核定的计划范围内，由对外贸易部、财政部、中国人民银行三个单位分口管理，对外贸易部负责进出口贸易外汇；财政部负责中央部门的非贸易外汇；中国人民银行负责地方非贸易外汇和私人外汇。

2. 国家实行"集中管理，统一经营"的方针，一切外汇收支由国家管理，一切外汇业务由中国银行经营。

3. 外汇政策实行全面的计划管理。外汇收支两条线，统收统支，以收定支，保证外汇收支平衡，略有节余，外汇由国家计划委员会统一分配使用，外汇计划管理以行政办法管理为主。

4. 根据国家政策和实际需要，对外贸易部、财政部、中国人民银行分别制定了一些管理办法和规定。但由于没有确立外汇主管部门，没有统一的外汇管理法令，同时一些内部管理办法没有通过立法手续，外汇管理较为被动。

总之，这个时期我国外汇管理处于从分散到集中的过渡时期，许多外汇管理的办法和措施不能适应国民经济发展的需要。

（三）党的十一届三中全会到1993年底阶段（1979—1993年）

党的十一届三中全会以来，我国实行对外开放、对内搞活的经济政策，国际经济、金融、技术合作、利用外资、鼓励外商来华直接投资都有很大发展。沿海城市的开放，经济特区、开发区的设立，外资体制的改革以及地方自主权的扩大给我国外汇管理工作提出了新的任务和要求，外汇管理的对象扩大了，内容更复杂了。为此，国务院于1979年3月正式批准设立我国外汇管理主管机构——国家外汇管理局，1980年12月颁布了《中华人民共和国外汇管理暂行条例》，以后又陆续制定并颁布了诸如对外国驻华机构及其人员的外汇管理细则，对个人外汇管理施行细则，对外汇、贵金属和外汇票证等进出国境的管理施行细则，对华侨企业、外资企业、中外合资企业的外汇管理施行细则，等等。

在这个时期，外汇管理的最大特点是实行外汇额度留成制度。外汇额度留成是指当一个企业通过商品、劳务的出口获得外汇收入后，可按一规定的比例获得外汇留成归其支配。但是，留成外汇并不采用外币现金留成办法，而是采用额度留成办法。这里，额度就是一种外汇所有权的凭证。人们通常把外汇额度与现汇的关系比作粮票和粮食的关系一样，即粮票只有配上人民币，通过粮店才能买到粮食。在实际使用中，外汇额度不能直接办理支付和结算，只有按国家规定的汇率，用人民币向银行买成现汇，才能形成对外支付实体。

外汇额度留成制度的主要目的在于调动各方面创汇的积极性，使外汇管理既集中又分散，既保证国家对外汇的宏观控制，又使地方、部门、企业在外汇使用上有一定的机动余地和自主权。外汇额度留成实施到1993年12月底，它在调动各方面的出口积极性上，起到了明显的作用，但与此同时，它也导致了我国外汇管理复杂化，具体表现在：第一，在外汇额度留成制度下，企业和地方留成的是额度而不是外汇现金本身，因此，产生了外汇使用权和所有权相分离的情况，导致"一女二嫁"的重复使用。也就是说历年来在留成额度名义下结售给政府的外汇被国家用汇计划安排掉，其结果是企业和地方的留成额度总额不断上升，且有超过国家外汇储备的趋势；第二，由于外汇留成额度比例的种类繁多，地区与地区之间、部门与部门之间、企业与企业之间实行着五花八门的留成比例，而留成外汇可按调剂价进行买卖，这就使外汇留成制失去了公平竞争的原则，它不利于全国统一市场的形成和发展，成为价格扭曲的一大根源；第三，由于企业得到外汇额度的同时得到了结汇人民币补偿，易待价而沽，所以外汇额度留成影响汇率稳定，不利于我国货币政策的实施。

除此之外，这个时期我国外汇管理体制还有以下几个特点：

1. 人民币汇率实行有浮动的官方汇率和调剂市场汇率并存的双重汇率制。国际清算、外币收兑、无偿上缴中央外汇使用官方汇率；国内企业和三资企业调剂外汇余缺、有偿上缴中央外汇和境内居民外汇使用调剂市场汇率。

2. 外汇分配实行计划分配和市场配置两个渠道。中央外汇的供需通过计划渠道实现，企业的一般外汇和三资企业外汇需要通过市场渠道实现。

3. 外汇市场实行公开调剂市场和外汇调剂中心两种模式。在二十个中心城市建立了外汇调剂公开市场，进行场内竞价交易；在其他中心城市建立了外汇调剂中心，买卖双方通过调剂中心议价交易。

4. 外汇储备包括上缴中央外汇和企业留成外汇两个部分，有中央银行直接管理和中国银行代管两种形式。在这种体制下企业日常的国际收支都通过外汇储备渠道进行，国家外汇储备和专业银行经营头寸混在一起，造成外汇储备关系不顺，难以确定国家外汇储备规模，缺乏对储备规模的调控能力和对外汇市场的干预能力。

5. 外债管理实行统一计划、分口管理的体制。国家计委每年下达借用外债计划指标，外汇局负责国际商业贷款的审批和各种外债的统计监测及监督，外经贸部负责双边政府贷款，财政部负责世界银行贷款，中国人民银行负责国际货币基金组织、亚洲开发银行和其他国际性、区域性金融机构贷款，中国银行负责日本输出入能源贷款，农牧渔业部负责联合国农业发展基金会贷款。

（四）汇率并轨与有管理的浮动汇率制时期（1994年至2005年7月）

1994年国家外汇体制改革的总体目标是"改革外汇管理体制，建立以市场供求为基础的、单一的、有管理的浮动汇率制度和统一规范的外汇市场，逐步使人民币成为可兑换的货币"。具体措施包括，第一，实行以市场供求为基础的、单一的、有管理的浮动汇率制。1994年1月1日实行人民币官方汇率与外汇调剂价并轨。第二，实行银行结售汇制，取消外汇留成和上缴。第三，建立全国统一的、规范的银行间外汇交易市场，中央银行通过参与该市场交易管理人民币汇率，人民币对外公布的汇率即为该市场所形成的汇率。

1996年12月我国实现人民币经常项目可兑换，迈出了人民币自由兑换的重要一步。1994年以后，我国实行以市场供求为基础的管理浮动汇率制度，但人民币对美元的名义汇率除了在1994年1月到1995年8月期间小幅度升值外，始终保持相对稳定状态。亚洲金融危机以后，由于人民币与美元脱钩可能导致人民币升值，不利于出口增长，中国政府进一步收窄了人民币汇率的浮动区间。1999年，IMF对中国汇率制度的划分也从"管理浮动"转为"钉住单一货币的固定钉住制"。

（五）汇率市场改革期（2005年7月21日至2015年8月11日）

2005年7月21日起中国外汇管理制度进行新一轮改革，历史上被称为"第二次汇改"。

（1）改革人民币汇率制度，人民币汇率不再盯住单一美元，形成更富弹性和市场化的人民币汇率制度，中国政府坚持人民币汇改"主动性、可控性和渐进性"三原则，调整汇率水平，2005年7月21日美元对人民币交易价格一次性调整为1美元兑8.11元人民币，作为次日银行间外汇市场上外汇指定银行间交易的中间价，外汇指定银行可自此时调整对客户的挂牌汇价。

调整汇率基准价格和挂牌汇价体系。适当扩大人民币汇率的浮动区间。允许人民币兑美元汇率日波幅为上下浮动0.3%；将人民币与非美元货币汇率的浮动区间扩大到3%；扩大银行自行定价的权限，现汇和现钞买卖价在基准汇率上下1%～4%以内由银行自行决定，而且可以一日多价。

（2）不断完善外汇交易制度。增加交易主体，允许符合条件的非金融企业和非银行金融机构进入即期银行间外汇市场，将银行对客户远期结售汇业务扩大到所有银行；引进美元做市商制度，在银行间市场引进询价交易机制；引进人民币对外币掉期业务；增加银行间市场交易品种，开办远期和掉期外汇交易；实行银行结售汇综合头寸管理，增加银行体系的总限额；调整银行汇价管理办法，扩大银行间市场非美元货币波幅，取消银行对客户非美元货币挂牌汇率浮动区间限制，扩大美元现汇与现钞买卖差价，允许一日多价等。

2008年，我国适当收窄了人民币波动幅度以应对国际金融危机，在国际金融危机最严重的时候，许多国家货币对美元大幅贬值，而人民币汇率保持了基本稳定。

2010年6月19日，根据国内外经济金融形势和我国国际收支状况，中国人民银行宣布进一步推进人民币汇率形成机制改革，增强人民币汇率弹性。

（六）"8·11汇改"后（2015年8月11日至今）

2015年8月11日，中国人民银行宣布调整人民币对美元汇率中间价报价机制，做市商参考上日银行间外汇市场收盘汇率，向中国外汇交易中心提供中间价报价。这一调整使得人民币兑美元汇率中间价机制进一步市场化，更加真实地反映了当期外汇市场的供求关系。

"8·11汇改"后，人民币汇率双向浮动弹性明显增强，不再单边升值。2015年8月11日至2016年8月11日，人民币对美元汇率中间价最高为6.2298元，最低为6.6971元，降幅为8.3%，终结了此前十年人民币兑美元累计33%的升值。

人民币中间价形成的规则性、透明度和市场化水平显著提升。2017年5月下旬，人民银行再次调整汇率形成机制，在定价模型中加入了逆周期因子，最终形成了"收盘价＋一篮子＋逆周期调节因子"的定价机制。其主要目的是适度对冲市场情绪的顺周期波动，缓解外汇市场可能存在的"羊群效应"。这一新型定价机制，极大地增强了央行的公信力和市场的信心。

二、我国外汇管理体制改革

（一）外汇管理体制改革的原因

众所周知，外汇体制改革的决定是从 1993 年下半年开始酝酿的，进行外汇体制改革主要有以下几个方面的考虑。

首先，旧外汇管理体制存在着许多弊端，这些弊端随着社会主义市场经济建设的不断深入，日益成为阻碍我国经济发展的主要因素。比如双重汇率制使外汇投机行为严重，造成大量的国家外汇流失，也不利于我国复关和加入世界贸易组织，不利于理顺同一些国家的贸易关系；外汇留成制度容易造成重复使用，不利于我国外汇储备的宏观控制，也不利于企业经营核算；等等。

其次，国内经济体制改革在价格、企业制度、财政金融等领域全面展开，并已达到了一定的深度，外汇体制改革的时机逐渐成熟。

再次，中国坚定地推行对外开放政策，进一步深化改革开放，使中国经济走向开放型经济，而人民币的不可自由兑换与开放型经济的基本特征不相符合。开放型经济的基本特征就是把国内经济融合到国际经济中去，更多地参与国际分工，使国内经济越来越多地融合到国际市场之中，使国内经济资源配置更多地与国际市场上的资源配置联系在一起，实现一体化。这种开放型经济必然要求本国货币逐步变为可兑换货币。

最后，通过外汇体制改革，增强国内企业、居民对本国货币的信心，防止资本外逃。自 1979 年实行对外开放以来，我国的出口有了较大的发展，但是出口所换取的外汇有相当一部分通过各种渠道和途径被截留在境外，不能回收到国内用于建设。此外，还存在着通过进口多付汇方式或其他形式的资本外逃。这些现象对于我国经济建设非常不利。为此，通过外汇体制改革，消除不正常的资本外流的动机，使资本流出趋于正常化。

（二）外汇管理体制改革的目标及主要内容

根据中国人民银行 1993 年 12 月 29 日发布的《关于进一步改革外汇管理体制的公告》，这次外汇管理体制改革的近期目标是实现经常项目下人民币有条件的可兑换，其长期目标是实现人民币自由兑换。实现人民币的自由兑换意味着取消经常项目和资本项目的外汇管制，对国际间正常的汇兑活动和资金流动不进行限制。

此次外汇管理体制改革是一次力度很强的改革，归纳起来，主要有以下几个方面的内容。

1. 从 1994 年 1 月 1 日起，实现汇率并轨，取消人民币官方汇率，实行以市场供求为基础、单一的、有管理的浮动汇率制。在这种新的汇率体制下，人民币汇率由外汇市场供求关系决定，政府只在必要时予以干预和调控。

2. 企业收汇、用汇制度改革。过去我国采用的是外汇留成、上缴和额度管理制度，从 1994 年 4 月 1 日起，开始实行银行结汇、售汇制。结汇制包括两项内容：一是境内所有中资企业单位、机关和社会团体的外汇收入、境外劳务承包以及境外投资应调回境内的外汇利润，都要按照当日的外汇牌价卖给外汇指定银行；二是境外法人或自然人作为投资汇入的外汇、境外借款和发行债券、股票所得外汇允许在外汇指定银行开立账户。售汇制也包括两方面内容：一是一般贸易用汇，只要有进口合同和境外金融机构的支付通知，就可以到外汇指定银行购汇，对实行配额、许可证或登记制的贸易进口，只要持相应的合同和凭证，就可办理购汇；二是对非贸易项目下的经常性支付，凭支付协议或合同和境外机构的支付通知书办理购汇，非经常性支付购汇按财务和外汇管理有关规定办理，对向境外投资、贷款、捐赠的汇出，继续实行审批制度不过是作为过渡性措施；对出口企业按结汇额的 50% 在外汇指定银行设立台账，出口企业出口所需用汇及贸易从属费，只要持前述有效凭证，由银行在其台账余额内自由办理支付，出口企业进口所需用汇超过台账余额的部分以及没有出口的企业用汇，仍然需要外汇审批。外资企业可以直接使用外汇。

3. 取消外汇收支的指令性计划，国家主要运用经济、法律手段实现对国际收支的宏观调控。过去在外汇资源的分配上还有一部分依靠行政手段，即按指令性计划配给以官方汇率计价的外汇。这次改革在外汇分配领域取消计划审批，使全部外汇供求通过市场来实现，促使企业转换经营机制，建立现代企业制度。国家将主要运用货币、金融、利率、汇率等经济和法律手段来完善国际收支的宏观调控体系，这样的调控体系将更加科学、合理、规范，也更加符合国际惯例。

4. 建立银行间外汇市场，改进汇率形成机制，保持合理及相对稳定的人民币汇率。原来我国的外汇市场是以各地外汇调剂市场的形式存在的，是初级的、分割的、有限度的外汇市场。现在我们将建立全国统一的银行间外汇交易市场，市场的主体是外汇指定银行，企业被排除在这个市场外，企业只能通过与银行之间的外汇买卖来影响汇率。银行间外汇市场的主要职能是为各外汇银行相互调剂余缺和清算服务，这个市场由中国人民银行通过国家外汇管理局监督管理。

从 1994 年 4 月 1 日起，中国人民银行根据前一日银行间外汇交易市场形成的价格，每日公布人民币对美元交易的中间价，并参照国际外汇指定银行，以此为依据，在中国人民银行规定的浮动幅度范围内自行挂牌，对客户买卖外汇。通过银行间外汇买卖和中国人民银行向外汇交易市场吞吐外汇使各银行的挂牌汇率保持基本一致和相对稳定。

5. 取消境内外币计价结算，禁止外币在境内流通。从 1994 年 1 月 1 日起，取消任何形式的境内外币计价结算，境内禁止外币流通和指定银行机构以外的外汇买卖。停止发行外汇兑换券，已发行流通的外汇券可继续使用逐步兑回，来华的外国人，华侨、香港、澳门、台湾同胞持有的外汇券也继续使用，也可凭本人护照及有关身份证件，按 1993 年 12 月 31 日的官方汇率兑换外汇，对原批准收券的境内机构持有的外汇券或存款，也按 1993 年 12 月 31 日的官方汇率折成美元结汇。到 1995 年 6 月 30 日为止，外汇券兑换工作基本结束，市场上外汇券已基本收回，从 1995 年 7 月 1 日起，外汇券已停止使用、流通兑换。

此外，这次外汇体制改革的主要内容还包括强化外汇指定银行的依法经营服务职能、严格外债管理、建立偿债基金等。

2017 年 1 月 26 日，国家外汇管理局发布《关于进一步推进外汇管理改革完善真实合规性审核的通知》，简政放权，支持实体经济发展，促进贸易投资便利化，建立健全宏观审慎管理框架下的资本流动管理体系，其主要内容有：

一是扩大境内外汇贷款结汇范围；

二是允许内保外贷项下资金调回境内使用；

三是进一步便利跨国公司外汇资金集中运营管理；

四是允许自由贸易试验区内境外机构境内外汇账户结汇；

五是进一步规范货物贸易外汇管理；

六是完善经常项目外汇收入存放境外统计；

七是继续执行并完善直接投资外汇利润汇出管理政策；

八是加强境外直接投资真实性、合规性审核；

九是实施本外币全口径境外放款管理。

三、人民币汇率制度的内容

（一）以市场供求为基础

新的人民币汇率制度，以市场汇率作为人民币对其他国家货币的唯一价值标准，这使外汇市场上的外汇供求状况成为决定人民币汇率的主要依据。根据这一基础确定的汇率与当前的进出口贸易、通货膨胀水平、国内货币政策、资本的输出输入等经济状况密切相连，经济的变化情况会通过外汇供求的变化作用到外汇汇率上。

（二）有管理的汇率

我国的外汇市场是需要继续健全和完善的市场，政府必须用宏观调控措施来对市场的缺陷加以弥补，因而对人民币汇率进行必要的管理是必需的。这主要体现在：国家通对外汇市场进行监管、国家对人民币汇率实施宏观调控、中国人民银行进行必要的市场干预。

（三）浮动的汇率

浮动的汇率制度就是一种具有适度弹性的汇率制度。中国人民银行于每个工作日闭市后公布当日银行间外汇市场美元等交易货币对人民币汇率的收盘价，作为下一个工作日该货币对人民币交易的中间价格。现阶段，每日银行间外汇市场美元对人民币的交易价仍在人民银行公布的美元交易中间价上下 0.3% 的幅度内浮动，非美元货币对人民币的交易价在人民银行公布的该货币交易中间价 3% 的幅度内浮动。

（四）参考一篮子货币

一篮子货币，是指按照我国对外经济发展的实际情况，选择若干种主要货币，赋予相应的权重，组成一个货币篮子。同时，根据国内外经济金融形势，以市场供求为基础，参考一篮子货币计算人民币多边汇率指数的变化，对人民币汇率进行管理和调节，维护人民币汇率在合理均衡水平上的基本稳定。篮子内的货币构成，将综合考虑在我国对外贸易、外债、外商直接投资等外经贸活动占较大比重的主要国家、地区及其货币。参考一篮子货币表明外币之间的汇率变化会影响人民币汇率，但参考一篮子货币不等于盯住一篮子货币，它还需要将市场供求关系作为另一重要依据，据此形成有管理的浮动汇率。

四、人民币的自由兑换问题

人民币自由兑换问题是国家宣布的外汇管理体制改革的最终目标之一。人民币自由兑换呼声的高涨，同人民币在国际贸易中以及在部分周边国家内通用有关，也同我国经济发展和经济体制的改革有关。货币自由兑换的好处是能促进国内外价格体制的接轨，通过价格接轨，促进国内外市场的接轨，有利于资源的合理配置，提高企业的竞争能力，改善产业结构，提高劳动生产率，等等。但是，货币自由兑换在带来好处的同时也带来风险或问题。货币自由兑换是有前提条件的，在条件尚不具备的情况下强行推广货币自由兑换，只会带来灾难性后果。同时，货币自由兑换又是一个逐步深入的过程，随着条件的不断成熟，货币兑换的自由度越来越大。自1996 年 12 月 1 日起，我国接受《国际货币基金组织协定》第八条第 2 款、第 3 款、第 4 款的义务，实现了经常项目可兑换，但仍对资本项目的外汇收支实行严格的管制。人民币的完全可自由兑换是一项长远的目标，其实现还需要经历一个较长的过程。

（一）人民币自由兑换的含义

人民币自由兑换有几种不同的含义。第一种是指在经常项目交易中实现人民币的自由兑换，第二种是在资本项目交易中实现人民币的自由兑换，第三种是指国内公民个人实现的人民币自由兑换。根据国际货币基金组织关于自由兑换的定义，经常项目交易中实现了货币自由兑换，那么，这种货币就是可兑换货币。

（二）人民币自由兑换的条件

1. 完善的金融市场

完善的金融市场尤其是外汇市场，是货币能否实现自由兑换的一个重要前提。完善的金融市场具体包括健全的市场体系；较齐全的市场运作工具；良好的市场参与者，尤其是金融机构等。

2. 合理的汇率制度安排与适当的汇率水平

如果一国实行多重汇率制度，且通过人为的因素影响汇率的决定，则这种制度下的汇率就无法反映实际的外汇供求关系，汇率就会出现高估或低估。一旦高估本币汇率，就会对国际贸易产生不利影响，也不利于吸引国际资本流入；反之，过度低估本币汇率，又会对进口造成危害，影响必需品的进口，进而影响该国的经济发展。不合理的汇率制度与不恰当的货币汇率水平，无法使一国货币自由兑换顺利进行。

3. 充足的国际清偿手段

这里的国际清偿手段主要指外汇储备，外汇储备多寡是一国国力的象征，也是一国国际清偿力大小的体现。如果一国持有充足的外汇储备，就可随时应付可能发生的兑换要求，可以抵御短期货币投机风潮；反之，就有可能无法平衡国际收支短期性失衡，更难以抵御外部突发性事件对贸易和支付的冲击，使一国实现货币自由兑换失去根本的基础。

4. 稳健的宏观经济政策

经济政策是宏观调控的重要工具，尤其财政政策和货币政策。如果一国财政政策、货币政策不当或失误，并由此造成国际收支严重失衡，就会扰乱国内经济的稳定和发展，引发通货膨胀，导致国际收支恶化，不利于兼顾内部平衡与外部平衡。

5. 微观经济实体对市场价格能作出迅速反应

货币自由兑换与微观经济实体如银行、企业等关系密切，只有微观经济实体能对市场价格作出迅速反应，才会加强对外汇资源的自我约束能力，自觉参与市场竞争，提高在国际市场上的竞争能力。而要做到这一点，一国必须实现货币自由兑换。

（三）货币自由兑换的意义

1. 有利于提高货币的国际地位。可自由兑换的货币在国际货币体系中地位较高，作用也较大，它在一国的国际收支、外汇储备、市场干预及其他国际事务等方面，发挥着更大或关键的作用。

2. 有利于形成多边国际结算，促进国际贸易的发展。

3. 有利于利用国际资本发展经济。一国货币能否自由兑换，尽管不是利用外资的先决条件，但却是一个长期性的影响因素，特别是外国投资者的利息、利润能否汇出，是外国投资者必然要考虑的重要因素。

4. 有利于维护贸易往来和资本交易的公平性。

5. 有利于获取比较优势，减少储备风险与成本。如果一国货币是可自由兑换货币，该国在国际收支逆差时，就可以用本币支付，由此减少了动用外汇储备来平衡的压力；同时，也可以不需储备太多的外汇而造成投资机会与投资收益的损失，即减少储备风险和成本。

6. 有利于满足国际金融、贸易组织的要求，改善国际间的各种经济关系。

当然，一国实现货币自由兑换在给其带来好处的同时，也会带有一定的负面影响，尤其一国在其条件未具备时，过早过快地让其货币自由兑换，过早过快地把国内金融市场与国际金融市场一体化，这将带来巨大的负面影响，发展中国家更是如此。

【知识链接】

人民币成全球第五大支付货币

在市场需求的推动下，近年来人民币国际化取得了持续、快速的发展。支付货币功能不断增强。人民币是中国第二大跨境支付货币、第五大全球支付货币，2018年以来，人民币跨境收付占全国本外币收付比例达到 31%。投融资货币功能持续深化，目前境外投资者可通过 RQFII 等多种渠道投资中国金融市场，境内投资者也可以通过 RQFII 机制和沪深港通等渠道投资境外金融市场。

储备货币功能逐渐显现，目前人民币上升为第六位官方外汇储备货币，越来越多的央行和金融机构把人民币纳入外汇储备货币，持有人民币规模快速增长。离岸人民币市场平稳发展，离岸人民币资金池初具规模，人民币金融产品日趋丰富，离岸与在岸金融市场联动性逐渐增强，离岸市场广度和深度不断扩展。

（资料来源：搜狐财经。）

第四节　经典案例

【案例】

波兰的渐进退出与政策选择

波兰是利用篮子汇率作为渐进式改革的过渡形式，通过兹罗提钉住和爬行钉住一篮子货币，并不断扩大爬行区间，最后较为平稳地完成了由钉住汇率制度向自由浮动汇率制度的转换。1990—2000 年，兹罗提先后经历了单一钉住美元、钉住一篮子货币、爬行钉住一篮子货币、爬行钉住加区间浮动和完全自由浮动等几乎所有类型的汇率制度安排。

1. 波兰的退出过程

(1) 单一钉住美元

1990 年 1—5 月，为抵制当时严重的通胀，波兰实行了单一钉住美元的汇率政策。1989 年，波兰议会通过了旨在建立市场经济制度的"一篮子改革法案"，决定实行主要内容包括全面放开物价和推进私有化进程的"休克疗法"，快速完成由计划经济向市场经济的过渡。"休克疗法"的实施加上当时国际石油价格因海湾战争剧烈上涨，造成波兰国内通货膨胀率大幅攀升，最高曾达到 586%。同时波兰国民经济也处在转变性的急剧衰退中，经济增长速度从 1989 年的 0.2% 下降到 1990 年的 −11.6%，财政赤字占 GDP 的 6% 以上，外债占 GDP 的 80% 以上。1990 年 1 月，波兰政府正式实施了以固定汇率为名义锚，辅之以紧缩的货币政策、财政政策和收入政策，开放外汇市场，取消资本账户管制等为主要内容的《稳定化纲领》。

由于钉住美元的汇率制度能够稳定（锚住）一个国家的价格水平，因此，波兰在《稳定化纲领》中选择了单一钉住美元的汇率制度，以此作为反通胀的"名义锚"。1990 年 1 月 1 日，波兰政府以国际货币基金组织提供的 7.15 亿美元信贷和 10 个西方国家联合提供的 10 亿美元稳定基金作为后盾，对兹罗提实施大幅贬值，从此前的 1 美元兑 3100 兹罗提，调低为 1 美元兑 9500 兹罗提。单一钉住美元的汇率政策，以及紧缩性财政政策和货币政策的实施，逐步恢复市场对兹罗提的信心，有效降低了通货膨胀率，促进了波兰经济复苏。1991 年波兰的通胀率为 70%，经济增长率为 −7.6%；1992 年通胀率为 43%，经济增长率为 1.5%。

不过，单一钉住美元的汇率制度存在一些根本性的缺陷，在钉住制度下，波兰与美国通货膨胀率的差异导致兹罗提实际汇率不断升值，影响了出口增长。1991 年 5 月，波兰政府不得不将兹罗提对美元贬值 16.8%，同时放弃单一钉住美元的汇率制度安排。

(2) 钉住一篮子货币

1991 年 5～10 月，为了防止实际有效汇率的过快上升，波兰实行了短暂的钉住一篮子货币的汇率制度。

兹罗提的篮子货币由美元、德国马克、英镑、法郎和瑞士法郎五种货币组成，它们在货币篮子中的权重分别为 45% 、35% 、10% 、5% 、5% 。篮子汇率的计算方法为：首先将前一天的兹罗提兑篮子组成货币的汇率根据当天国际汇市的有关货币兑换美元的汇率，折算成兹罗提兑美元的汇率，再根据权重计算当天的篮子汇率。当然这五种货币的发行国都是波兰最重要的贸易伙伴国。

从本质上讲，"钉住一篮子货币"还是钉住制度，因此，它没有能够、也不可能真正解决兹罗提实际有效汇率的升值问题，实际有效汇率升值影响了出口增长，当时，波兰经常项目和资本项目均为逆差，国际收支严重失衡。在这种情况下，波兰政府认识到，汇率水平的适当波动是解决国际收支平衡问题的关键所在。

（3）爬行钉住一篮子货币

1991 年 10 月至 1995 年 5 月，波兰实行了爬行钉住一篮子货币的汇率制度安排。爬行钉住一篮子货币的特点是允许名义汇率在很窄的区间（ ±0.5% 至 ±2% ）内爬行浮动，中心汇率根据美元、德国马克、英镑、法郎和瑞士法郎五种货币组成的篮子决定，爬行率根据波兰与主要贸易伙伴国的通胀差决定。1991 年，波兰中央银行规定兹罗提的每月爬行区间为 ±0.5% ；1992 年，月爬行区间为 ±1.6% ；1994 年，月爬行区间为 ±1.5% ；1995 年，月爬行区间为 ±2% 。

经济转轨初期，波兰的货币政策目标主要有两个：一是维持一个较低的通货膨胀率和名义汇率，以保持国内产品的出口竞争力；二是保持一个较大的外汇储备规模，因为这时波兰正在与国外债权人（主要是伦敦俱乐部和巴黎俱乐部的成员）进行债务重组谈判，较多的外汇储备有助于波兰政府在谈判中取得成功。1994 年，波兰政府与国外债权人就外债重组问题谈判成功，国外债权人减免了波兰 50% 左右的债务。1995 年波兰接受了《国际货币基金组织协定》第八条款，实现了经常项目可兑换，再加上兹罗提的不断贬值，波兰经常项目收支状况明显改善。同时，外国资本以直接投资和证券投资的形式大量流入波兰，使兹罗提面临升值压力。在这种情况下，波兰中央银行不得不买入外汇，维持汇率稳定。1995 年底，波兰的官方外汇储备达到 150 亿美元。此时，波兰中央银行终于认识到经常账户的大量顺差表明兹罗提被严重低估，波兰政府开始考虑通过增加汇率灵活性的方法找到合理的汇价水平。1995 年 5 月，波兰政府放弃了爬行钉住一篮子货币的汇率制度，开始实施更加灵活、更具弹性的爬行区间浮动制度。

（4）爬行钉住一篮子货币加区间浮动

1995 年 5 月至 1998 年，波兰实行了爬行钉住一篮子货币加区间浮动的汇率制度，并且通过不断扩大爬行区间（从 ±7% 扩大至 ±15% ）的办法，逐渐增加汇率决定中的市场因素，其目的是建立一个适应市场经济发展要求的外汇市场和汇率制度，逐步提高汇率制度的灵活性和汇率弹性。

波兰经济逐渐融入国际市场后，钉住制度下货币政策目标（保持物价水平稳定）与汇率政策目标（保持汇率水平稳定）的矛盾不断激化，波兰中央银行开始考虑兹罗提走向完全自由浮动。随着兹罗提爬行区间迅速扩大，汇率的名义锚作用逐渐消失，为弥补名义锚的缺失，波兰中央银行的货币政策框架及时转向通货膨胀目标制。其过渡战略是：首先以通胀目标作为新的名义锚，与以汇率作为名义锚的钉住制度进行衔接、转换，然后逐渐扩大兹罗提的爬行浮动区间，最后实现汇率的完全自由浮动。

1998 年 2 月至 1999 年 3 月，兹罗提的爬行区间从 ±10% 扩大至 ±15%，达到国际上公认的较宽区间，在这种情况下，汇率的名义锚作用基本消失。2000 年 4 月，波兰放弃了爬行区间浮动制度，完全由市场来决定兹罗提的价值，从而完成了从固定汇率制度向浮动汇率制度的转变。

（5）完全自由浮动

2000 年 4 月，为了解决货币政策与汇率政策的目标冲突，建立真正适应市场经济要求的汇率制度，波兰政府放弃了对外汇市场的干预，放弃了爬行区间浮动，实现了完全自由浮动的汇率制度。

1996 年，波兰成为经济合作与发展组织的成员国，资本账户开放步伐和金融自由化进程进一步加快，吸引国际资本的大量流入。到 1999 年底，外商直接投资增长 66%，长期信用流入增加 3 倍，证券投资增加 58%。

大量的资本流入使兹罗提再一次面临升值压力。为了保持汇率基本稳定，波兰中央银行不得不干预市场，买入外汇，结果造成银行系统流动性不断增加。为了防止信贷过度扩张，波兰中央银行不得不增加对冲操作力度。随着资本流入的增加，波兰中央银行对冲操作的难度越来越大、成本越来越高，货币政策效果不断弱化。根据国际货币基金组织估计，当时波兰的"对冲系数"达到 2.5，即为了对冲 1 亿美元的资本流入，波兰中央银行需要发行相当于 2.5 亿美元的国内债券。

为了增加货币政策的有效性，2000 年 4 月，波兰政府决定放弃爬行钉住制度，实行"没有浮动区间、没有中心平价、没有人为贬值、没有政府干预"的自由浮动的汇率制度，即波兰中央银行不再干预外汇市场，兹罗提汇率完全由市场供求决定。

2. 波兰退出的经验教训

第一，波兰的汇率改革，坚持了谨慎的改革原则、渐进的改革战略与坚定的市场取向相结合，每一次汇率调整都顺应了国际、国内经济环境的变化，解决了当时国民经济中的难题，比如，通货膨胀、实际有效汇率升值、国际收支失衡，以及货币政策目标与汇率政策目标的冲突等问题，都实现了当时预期的政策目标，因而具有"帕累托改进"的效果，被国际货币基金组织誉为汇率制度平稳转型的成功典范。

第二，作为汇率制度渐进式改革的经典，波兰政府用了 10 年的时间，尝试了几乎所有的汇率制度形式：从单一钉住美元到钉住一篮子货币，从钉住一篮子货币到爬行钉住一篮子货币，再到爬行钉住一篮子货币加区间浮动，最后实现了完全自由浮动的汇率制度。其中，波兰中央银行首先用 5 年的时间实行较为狭窄的爬行钉住制度，以使市场有一个适应过程；然后再用 5 年时间不断扩大爬行浮动区间，逐步增加汇率政策的灵活性和汇率制度的弹性。随着兹罗提浮动幅度的不断扩大，最后实行完全自由浮动的汇率制度已经是水到渠成、自然而然的事情。因此，在波兰由固定汇率制度向浮动汇率制度的转轨过程中，没有出现较大的波动。

第三，在实行爬行钉住和爬行区间浮动的过渡时期，兹罗提的中心汇率和爬行率定值较为合理，因此，在退出过程没有出现汇率超出爬行区间的现象，更没有出现兹罗提汇率超调。并且，虽然在汇率制度的转轨过程中兹罗提名义汇率不断贬值，但由于中心汇率定值较低，汇率的实际波动呈现兹罗提升值态势，在一定程度上增强了市场对兹罗提的信心。

第四，在波兰政府准备实行完全自由波动的汇率制度之前，提前两年实行了通货膨胀目标制，即首先以通胀目标作为一个新的名义锚，与以汇率作为名义锚的钉住制度进行衔接、转换，然后逐渐扩大兹罗提的爬行浮动区间，最后实现汇率的完全自由浮动。用通胀目标作为名义锚替代汇率的名义锚，起到了稳定市场信心，增强政府控制通胀信誉的作用，保证了汇率制度的平稳过渡和宏观经济的基本稳定。

【本章小结】

汇率制度，又称汇率安排，是一国货币管理当局对本国汇率的形成和变动机制所作出的一系列安排或规定。汇率制度的内容一般包括：确定汇率的原则和依据。例如，以货币本身的价值为依据，还是以法定代表的价值为依据等；维持与调整汇率的办法。例如，是采用公开法定升值或贬值的办法，还是采取任其浮动或官方有限度干预的办法；管理汇率的法令、体制和政策等。例如，各国外汇管制中有关汇率及其适用范围的规定；制定、维持与管理汇率的机构，如外汇管理局、外汇平准基金委员会等。

固定汇率制度是货币当局把本国货币兑换其他货币的汇率加以固定，并把两国货币比价的波动幅度控制在一定的范围之内。固定汇率制度包括金本位下的固定汇率制度和布雷顿森林体系下的固定汇率制度。浮动汇率制度是指政府对汇率不加以固定，也不规定上下波动的界限，汇率完全由市场的供求决定的汇率制度。外国货币供过于求时，外国货币的价格就下跌，外币的汇率就下浮；外国货币供小于求时，外国货币的价格就上涨，外币汇率就上浮。

广义的外汇管理包括汇率制度的选择、外汇直接管制和外汇市场干预三类。而狭义的外汇管理特指国家对外汇的直接管制，即国家通过法律、法令、条例等形式，对外汇资金的收入和支出、汇入和汇出、本国货币与外国货币的兑换方式及兑换比价所进行的限制。

人民币自由兑换有几种不同的含义。第一种是指在经常项目交易中实现人民币的自由兑换，第二种是在资本项目交易中实现人民币的自由兑换，第三种是指国内公民个人实现的人民币自由兑换。根据国际货币基金组织关于自由兑换的定义，经常项目交易中实现了货币自由兑换，那么，这种货币就是可兑换货币。

【章后习题】
一、重点概念
固定汇率制度　浮动汇率制度　外汇管制　复汇率　人民币可自由兑换
二、复习思考题
1. 单选题
（1）外汇管理的核心内容是（　　　）。

A. 外汇资金收入和运用的管理　　　B. 货币兑换管理

C. 汇率管理　　　　　　　　　　　D. 额度留成制

（2）我国实行经常项目下人民币可自由兑换，符合国际货币基金组织协定（　　）。

A. 第五成员国规定　　　　　　　　B. 第十二成员国规定

C. 第八成员国规定　　　　　　　　D. 第十四成员国规定

（3）目前人民币自由兑换的含义是（　　）。

A. 经常项目的交易中实现人民币自由兑换

B. 资本项目的交易中实现人民币自由兑换

C. 国内公民个人实现人民币自由兑换

D. 经常项目和资本项目下都实现人民币自由兑换

（4）我国外汇管理主要负责机构是（　　）。

A. 中国人民银行　　　　　　　　　B. 国家外汇管理局

C. 财政部　　　　　　　　　　　　D. 中国银行

2. 多选题

（1）按外汇管制的松紧程度，可将汇率分为（　　）。

A. 官定汇率　　　B. 市场汇率　　　C. 贸易汇率　　　D. 金融汇率

（2）一般情况下，固定汇率制下的（　　）。

A. 财政政策无效　　　　　　　　　B. 货币政策有效

C. 财政政策有效　　　　　　　　　D. 货币政策无效

（3）汇率制度有两种基本类型，它们是（　　）。

A. 固定汇率制度　　　　　　　　　B. 浮动汇率制度

C. 钉住汇率制度　　　　　　　　　D. 联合汇率制度

（4）1994年以后，我国的汇率制度为（　　）。

A. 固定汇率制　　　　　　　　　　B. 清洁浮动汇率制

C. 钉住浮动汇率制　　　　　　　　D. 单一的管理浮动汇率制

3. 简答题

（1）什么是外汇管制，包含哪几方面的内容？

（2）什么是货币自由兑换？货币自由兑换需要哪些条件？

（3）影响汇率制度选择的主要因素有哪些？

（4）为什么要实施外汇管制，它对一国产生哪些经济影响？

（5）2015年我国外汇体制改革的主要内容是什么？

（6）简述国际汇率制度的演变。

三、实训与应用

阅读下面案例并回答问题

"去美元化"，一个国际性潮流？

俄罗斯央行公布的季报显示，2018年3月到6月，美元在俄罗斯储备资产中的占比从43.7%锐减至21.9%。过去几年，去美元化的消息和举措不时从俄罗斯传出，但俄罗斯并非孤例，一些饱受美国制裁之苦的国家，主要石油产出国，甚至美国的盟友也动作频频。特别是2018年底，欧盟发布蓝图草案，决定创建绕过美元的新支付渠道机制，一旦实现，它本身就将是全球最大的一个"去美元联盟"。去美元化近年来似乎渐成一股国际潮流。犹记得，国际金融危机后，"抛弃美元"的呼声从一些"敢言"的政治领导人口中说出，如今这样响亮的声音虽然不多，但相关趋势却在形成。世界离开美元的时间到了吗？客观地说，美元的霸主地位仍无撼动者，但它受到的挑战比以往多了很多。"美元或将在10年内丧失其高高在上的地位。"有美国学者预测称。

叫板美元，欧盟有没有动真格？

"去美元化，欧元未来的重点任务！"2019年是欧元诞生20周年，德国《焦点》周刊回顾了欧元发展历程，称成员国从最早的11个增加到19个，欧元区经济规模扩张了72%，但欧元过去20年并没有挑战美元的地位。"欧盟未来要进一步强化欧元的国际角色。目前，欧盟、俄罗斯和中国等正联手让国际货币更多元化。"多月前，欧盟被认为走上了挑战美元的快车道。2018年12月5日，欧盟公布一份旨在提高欧元地位的计划草案，要求各成员国在能源、大宗商品、飞机制造等"战略性行业"增加使用欧元，并鼓励发展欧盟支付系统。12月10日，欧盟外交与安全政策高级代表莫盖里尼宣布，欧盟将在几周内创建一种新的支付渠道——"特殊目的工具"（SPV）机制。莫盖里尼在博客上称，2019年将继续推进SPV。

打造独立于美国的支付系统，欧盟这个心思早已有之。2018年11月，受美国重启对伊朗制裁刺激，当月欧盟官员就提议建立SPV。SPV主要是用来规避美元结算体系——环球同业银行金融电信协会（SWIFT），该机构由美国主导，总部位于比利时，与全球1.1万家金融机构联网。过去曾发生过不少案例，让欧盟各国特别是法国、德国决心摆脱美国控制。

全球货币版图发生变化

欧盟建立新的支付机制，将发挥"外溢效应"，给其他国家以动力，从而形成一个对抗美元霸主地位的"朋友圈"。而俄罗斯无疑是这个朋友圈中比较显眼的一位，俄罗斯央行公布的这一期季报就是佐证。

俄罗斯《生意人报》称，从俄罗斯央行资产的地理分布来看，变化尤为明显，仅一年间，美国所占比重就从32.5%急跌至9.6%，中国自0.1%飙升到11.7%，日本从1.7%到7%，法国从12.7%到15.5%，德国从10.4%到12.7%。文章称，"俄罗斯央行恪守普京政府去美元化的政策"。

俄罗斯外经贸银行总裁科斯金曾提出多项"去美元化"措施，比如进行贸易结算时加快从美元向其他货币过渡；必须让俄罗斯最大的一些企业注册地址由海外转移回本土，欧元债券主要放在俄罗斯平台进行交易；所有基金市场的参与者要进行许可认证等。2018年7月他将这些措施提交给总统普京，后者整体上给予支持。

当下，美元在支付和外汇储备等领域接近垄断的地位正在遭到挑战，一个更加多极化的全球货币体系正逐渐形成。2019年1月9日，英国央行行长卡尼公开表示，全球一半的国际贸易通过美元进行，而美国在全球贸易中的占比不到10%；新兴经济体目前占全球经济活动的60%，但它们在全球金融资产中的占比不到三分之一。"在全球秩序重构的情况下，我认为这种局面会改变，会出现其他储备货币，而人民币具备这样的可能性。"

（资料来源：环球网。）

问题
结合实际，谈一谈谁能取代美元成为新的国际储备货币体系的基础？

第七章

国际金融市场

【学习目标】

- 了解国际金融市场的构成；
- 熟悉传统的国际金融市场的主要业务；
- 掌握国际货币市场、资本市场、外汇市场和黄金市场的主要业务及其运作；
- 理解欧洲货币市场的特点及其业务。

【章前引例】

2011年9月，随着美债危机和欧债危机的蔓延，国际投资市场上也作出相应反应。相对于利率、有色金属等普通百姓关注度不很高的交易品种而言，股票、非美货币、石油和黄金价格的下跌很大，甚至可以用"四大名跌"来形容。本来，股票、非美货币、石油和黄金价格的涨涨跌跌实在是正常不过的事情了，但这"四大名跌"在几乎相同的时间内同时亮相却并不多见，国际金融市场牵一发而动全身的起伏动荡值得细细品味一番。

第一节 国际金融市场概述

一、国际金融市场的概念和特点

（一）国际金融市场的概念

"金融"是资金的融通，"市场"是供求双方交易的场所，由于多边的资金借贷关系而形成的资金供求市场就是金融市场。金融市场可以分为国内金融市场和国际金融市场。国内金融市场是指在一国范围内进行，发生在本国居民之间的资金融通。当资金融通范围从国内扩大到国家之间，成为国际性的资金借贷时，即属于国际金融市场的范畴。因此，国际金融市场是指资金融通或金融产品的买卖在国家间进行的场所，也就是居民与非居民之间，或者非居民与非居民之间进行的国际性金融业务活动的场所。

按照内涵的不同，可以分为狭义的国际金融市场和广义的国际金融市场。狭义的国际金融市场，是指从事国家间资金借贷活动的市场，也就是国际货币市场和国际资本市场。广义的国际金融市场，是指进行各种国际金融业务活动的场所，因此，不仅包括国际货币市场和国际资金市场，而且包括外汇市场、黄金市场以及国际金融衍生品市场等各种金融资产交易的场所。本章要研究的是广义的国际金融市场。

（二）国际金融市场的特点

国际金融市场的交易跨越了国界，发生在居民与非居民之间或非居民与非居民之间，因此具有自身的特点。

1. 市场交易的标的十分丰富，可以是多种货币或金融资产

国际金融市场上交易的标的是指外汇和以外汇表示的、由各个金融机构根据特定的交易原理与机制创造出来的各种各样的交易工具，例如欧洲票据、可转让定期存单和国际债券等。不同的国际金融市场包含的金融工具是多种多样的，并且随着金融市场的发展而不断丰富。

2. 市场极为活跃，富于创造性，拥有现代化的服务方式

国际金融市场上有各个不同国家的交易主体出于不同目的进行各种金融工具的交易，因此，市场极为活跃，并且随着市场的需要，不断出现各种形式的金融创新。此外，国际金融市场是在国内金融市场的基础上发展而来的，吸收了国内金融市场的成熟经验并且有着更高的起点，因此，它可以提供更加现代化的服务方式。

3. 市场管理相对宽松，较少官方干预和约束

国际金融市场是跨越了国界的市场，各国对涉及非居民的金融交易一般管理比较宽松。特别是欧洲货币市场的出现，更是使交易活动同时摆脱了货币发行国和市场所在地国家法规的限制，在一个自由的环境下发展。

二、国际金融市场的形成和发展

（一）国际金融市场的发展历程

国际金融市场是随着国际贸易的产生和发展而出现并发展起来的。从最早的国际清算中心，到国际金融市场的出现，直至今天的欧洲货币市场，这个过程持续了几百年。

1. 国际金融市场的萌芽

在资本主义的原始积累时期，重商主义曾经是主导的经济思想，其主要经济政策就是发展对外贸易。随着资本主义各国对外贸易的不断发展，国家间的债权债务、国际汇兑和清算业务也随之增长。16世纪末，荷兰阿姆斯特丹为了适应国际清偿的需要产生了国际清算中心，这种新的机制曾经推动了各国对外贸易的发展。但是，由于当时的国际经济交易仅仅是贸易往来，还不存在国际经济技术合作，资本在国际上的移动极其有限，而且当时资本积累也还不太多。因此，真正的国际金融市场并未产生。

2. 国际金融市场的形成

17世纪末，随着美洲大陆的发现，资本主义全球市场体系逐步形成。在这个过程中，英国成为世界经济的主要力量。为适应资本主义经济增长对资金的需求，为迅速发展的对外贸易提供国际汇兑和国际清算服务，英格兰银行于1694年正式成立。伦敦在成为世界经济中心和国际贸易中心的同时，也成为国际汇兑、国际结算和国际信贷中心，这标志着现代国际金融市场开始形成。伦敦国际金融中心建成后，随着世界各国对外贸易和投资的快速增长，英国以外的主要资本主义国家的国内经济市场也相继发展成为国际金融中心，如瑞士的苏黎世、法国的巴黎、意大利的米兰、德国的法兰克福和美国的纽约等。

3. 国际金融市场的发展

伦敦作为世界最主要的国际金融中心的时间长达200多年。随着两次世界大战

的爆发，伦敦作为国际金融中心的地位逐步衰落。美国的经济实力迅速增强，以压倒性优势成为世界经济的领头羊。美元因此成为世界上最主要的国际结算货币，纽约成为世界最大的国际金融中心。此外，得益于"永久中立国"的地位，瑞士法郎成为西欧国家中唯一保持自由兑换的货币，这一优势加速了苏黎世国际金融中心的发展。这一时期形成了纽约、苏黎世和伦敦三大国际金融市场"三足鼎立"的形势。

20 世纪 60 年代，西欧经济迅速崛起，美国经济地位相对下降，其国际收支出现持续的巨额贸易逆差，美元大量外流。流出的美元主要集中在伦敦，成为"欧洲美元"，伦敦也因此成为最大的欧洲美元市场。同时，随着西欧国家货币自由兑换和资本自由流动的恢复，境外货币的种类不断增加，出现了欧洲英镑、欧洲德国马克、欧洲法国法郎等。于是，欧洲美元市场演变成欧洲货币市场，欧洲货币市场逐步演变成国际金融市场的核心。

20 世纪 70 年代，发展中国家的金融市场相继建立并向国际化发展，成为国际金融市场的新的重要组成部分。经过较长时间的发展，部分国家和地区的金融市场已具备相当规模，并逐步成长为新兴的国际金融中心，如新加坡、巴林、科威特和中国香港等。20 世纪 80 年代中期，凭借经济腾飞以及日元国际化和日本金融自由化，东京一度成为继伦敦、纽约之后的世界第三大国际金融中心。

（二）国际金融市场一体化的趋势

国际金融市场一体化是金融全球化的重要推动力量，也是主要表现之一。国际金融市场一体化是指 20 世纪 50 年代末 60 年代初开始的国内和国外金融市场在金融自由化、金融创新及科技进步的促进下联系日益密切、影响逐步加深，逐步形成统一的金融市场的一种过程和趋势。

国际金融市场一体化包含三层含义：第一，各国银行和金融机构跨国经营而形成的各国金融市场的相互关联。这种相互关联体现在金融市场交易的地理障碍的消除，国际金融市场中出现了较完备的资金清算系统。第二，由于各国金融市场之间关联链的形成，极大地促进了各国金融市场之间金融交易量的增长。第三，基于以上两个方面，各国金融市场的利率决定机制相互影响，导致相同金融工具在不同金融市场的价格趋于一致。

国际金融市场一体化带来了一系列的积极影响：加快了金融信息传递，提高了金融市场效率；扩大了金融资产的选择性，满足了各种金融需求；扩大了金融资产的流动性，提高了资本配置效率；促进了国际贸易发展，并使各国国际收支得以调节。与此同时，国际金融一体化的消极影响也不可忽视：削弱了货币政策的自主性，降低了各国金融政策的效力；导致金融资产价格逆度波动，增大了风险；增加了金融市场的脆弱性。

三、国际金融市场的类型

（一）按照交易对象所在区域和交易币种的不同，国际金融市场可分为在岸国际金融市场和离岸国际金融市场

1. 在岸国际金融市场

在岸国际金融市场是指居民与非居民之间进行资金融通及相关金融业务的场所，

经营的货币是市场所在国货币，受市场所在国政府政策与法令的管辖。在岸国际金融市场是国内金融市场的延伸，也称传统的国际金融市场。

2. 离岸国际金融市场

离岸国际金融市场是第二次世界大战后形成并发展起来的新兴国际金融市场，它是非居民之间进行资金融通及相关金融业务活动的场所，经营的货币是非市场所在国货币，业务活动不受任何国家政府政策与法令的管辖。所有的离岸市场结合起来，构成了欧洲货币市场。

（二）按照交易品种不同，国际金融市场可分为国际货币市场、国际资本市场、国际黄金市场、国际外汇市场和国际金融衍生品市场

国际货币市场是指以短期金融工具为媒介进行的期限在 1 年内的融资活动市场，是短期资金市场或短期金融市场，主要交易对象是商业票据、国库券、银行承兑票据和大额可转让存单等准货币。因其流动性好、变现能力强、偿还期短、风险小，和货币有差不多的性质，所以将这些金融工具的交易市场称为货币市场。

国际资本市场是指期限在 1 年以上的中长期资金市场。主要是中长期信贷市场以及股票、债券和中长期票据的发行和交易市场。该市场的作用主要是为各国政府、机构和企业提供经济建设所需要的资金，为已经发行的证券提供具有充分流动性的交易市场。

国际黄金市场是指专业从事黄金买卖的市场。虽然国际货币基金组织在 1976 年已开始了黄金非货币化的过程，但由于黄金同货币的传统联系以及人们的传统观念，黄金市场还是被广泛地看作是金融市场的一个组成部分。伦敦、苏黎世、纽约和中国香港的黄金市场是世界上最重要的黄金市场。

国际外汇市场是指以外汇银行为中心，由各类外汇供给者和需求者以及中间机构组成的，专门从事外汇买卖、外汇资金调拨和外汇资金结算等活动的场所或网络。

国际金融衍生品市场是各种金融衍生工具交易的场所。20 世纪 80 年代以来，世界各国都出现了金融创新的浪潮。这些金融创新包括金融工具创新、金融技术创新、金融机构创新和金融市场创新，其中最重要的是金融工具创新。金融衍生品市场上主要有四大类基本业务：远期、期货、期权和互换。这些基本业务还可以相互结合，形成更为复杂的新的衍生工具业务。

第二节　国际货币市场与国际资本市场

一、国际货币市场

（一）国际货币市场的概念

国际货币市场（International Money Market）是在国内货币市场的基础上发展起来的，业务活动由国内扩展到国际，交易主体也由居民扩展到非居民。因此，国际货币市场是指居民与非居民之间或非居民与非居民之间以短期金融工具为媒介进行的期限在 1 年以内（含 1 年）的短期资金融通市场，也称为短期资金市场或短期金融市场。

一个完整的国际货币市场由传统的国际货币市场和新兴的国际货币市场构成。传统的国际货币市场是在主要发达国家国内货币市场的基础上演变发展而来的，是一国货币市场的对外部分。因此，传统的国际货币市场是指市场所在地的居民与非居民之间从事市场所在国货币的国际短期资金融通市场，并受到市场所在国政府政策和法令监管的金融市场。

新兴的国际货币市场是指欧洲货币短期资金融通市场，它是作为离岸金融市场的一部分在第二次世界大战后发展起来的，这是一国货币市场的境外部分。因此，新兴的国际货币市场是指非居民与非居民之间进行的期限在1年或1年以内的各种境外货币资金融通的市场。与传统的国际货币市场相比较，欧洲货币短期资金融通市场具有以下特点：一是经营货币的种类多，即所有的境外货币都可以成为交易的货币；二是资金来源更为广泛，不仅仅局限于市场所在国的资金提供者；三是经营活动几乎不受市场所在国政策和法令的管辖。因为上述特点的存在，欧洲货币短期资金融通市场在国际货币市场上占据了非常重要的地位。

国际货币市场的主体即参与者主要有商业银行、中央银行、保险公司、证券经纪商、证券交易商、工商企业和个人等。他们既是资金的供给者，又是资金的需求者。国际货币市场是许多独立市场的集合。按照借贷关系的不同，国际货币市场可分为三个市场，即同业拆借市场、银行短期信贷市场和短期证券市场。

（二）国际货币市场的特点

国际货币市场一般具有以下几个方面的特点：（1）期限较短，最短的融资期限只有1天，最长的也不过1年。（2）交易的目的是解决短期资金周转的需要。国际货币市场上的资金来源主要是资金所有者暂时闲置的资金，需求者也只是为了弥补流动资金短期内的不足。（3）金融工具具有较强"货币性"，国际货币市场上交易的金融工具一般时间短、流动性强、变现性高。（4）交易者信誉高，融资数额大，借贷成本低，资金周转快，流量大，风险小。

因为国际货币市场具有以上特点，所以要求对该市场具有良好的管理监控机制和提供相当成熟的社会经济发展环境，也就是说，国际货币市场只有在经济高度发达、中央银行体系高度健全、信用工具相当完备、市场条件十分优越、法律制度非常完善的条件下才能形成和发展起来。

（三）国际货币市场的组成

1. 同业拆借市场

（1）同业拆借市场的概念及其演变

同业拆借市场是指商业银行等金融机构为弥补存款准备金或货币头寸不足而相互之间进行短期资金借贷的市场，它是整个短期信贷市场中最重要的组成部分。

从历史上看，同业拆借起源于银行之间就缴存中央银行的存款准备金而进行的余缺调剂。中央银行为了控制货币流通量，并控制银行的信用扩张，规定所有接受存款的金融机构，都必须按存款的一定百分比在中央银行存入准备金，即法定准备金。由于各国中央银行往往对法定准备金不付利息或只支付较低的利息，为了减少利息损失，金融机构往往设法将上交的存款准备金维持在法定的最低水平。但是在日常业务活动中，金融机构的资产负债状况每日都会发生变化，从而使法定存款准备金也发生相应变动。这样，每天总会有一些银行的存款准备金超过法定最低水平，而另一些银行的存款准备金低于法定最低水平，从而出现存款准备金余缺不一的局面。准备金超过最低水平的银行会蒙受一定利息损失，而准备金不足最低水平的银行如不及时补足将会受到中央银行的处罚。因此，存款准备金不足或多余的金融机构便相互融通，从而产生了同业拆借活动。在美国，这种同业拆借市场称为联邦资金市场。除了存款准备金的拆借外，金融同业之间由于临时性或季节性的资金余缺也会产生资金融通的需要，这就形成了同业借贷市场。与存款准备金的拆借相比，同业借贷主要是为了弥补短期资金的不足，期限稍长。存款准备金的拆借市场和同业借贷市场一起构成了目前的同业拆借市场。同业拆借已成为金融同业间对短期闲置资金进行融通的活动，是金融机构融通短期资金的重要方式。

（2）同业拆借市场的期限和利率

同业拆借的期限最短 1 天，最长 1 年。拆借利息（拆息）按日计算，根据市场资金的供求状况，拆息率每天都会发生变化。在国际货币市场上，主要的银行同业拆借利率有三种，即伦敦银行同业拆借利率（London Interbank Offered Rate，LIBOR）、新加坡银行同业拆借利率（SIBOR）和香港银行同业拆借利率（HIBOR）。其中，LIBOR 是伦敦市场上银行相互进行拆借的利率，根据期限和币种的不同，LIBOR 形成一个系列（见表 7-1）。目前 LIBOR 已成为国际金融市场上一种代表性的基准利率，是制定其他利率的基础和依据。此外，市场上较常用的还有巴林银行同业拆借利率（BIBOR）、科威特银行同业拆借利率（KIBOR）以及欧元的同业拆借利率（Euribor）。表 7-1 提供了 2019 年 2 月 13 日伦敦银行业拆借利率。

表 7-1　　　　　　　　　　　　伦敦银行同业拆借利率　　　　　　　　　单位：%

Libor 美元					
利率期限	利率	利率期限	利率	利率期限	利率
隔夜期	2.38438	1 周期	2.41863	2 周期	—
1 个月	2.48875	2 个月	2.59888	3 个月	2.68375
4 个月	—	5 个月	—	6 个月	2.74325
7 个月	—	8 个月	—	9 个月	—
10 个月	—	11 个月	—	12 个月	2.91575
Libor 欧元					
利率期限	利率	利率期限	利率	利率期限	利率
隔夜期	-0.46486	1 周期	-0.44557	2 周期	—
1 个月	-0.41343	2 个月	-0.36114	3 个月	-0.34443
4 个月	—	5 个月	—	6 个月	-0.29700
7 个月	—	8 个月	—	9 个月	—
10 个月	—	11 个月	—	12 个月	-0.18014

续表

Libor 英镑					
利率期限	利率	利率期限	利率	利率期限	利率
隔夜期	0.67550	1 周期	0.69800	2 周期	—
1 个月	0.72988	2 个月	0.78538	3 个月	0.86963
4 个月	—	5 个月	—	6 个月	0.99138
7 个月	—	8 个月	—	9 个月	—
10 个月	—	11 个月	—	12 个月	1.12975
Libor 日元					
利率期限	利率	利率期限	利率	利率期限	利率
隔夜期	− 0.08467	1 周期	− 0.08250	2 周期	—
1 个月	− 0.09900	2 个月	− 0.09517	3 个月	− 0.08217
4 个月	—	5 个月	—	6 个月	0.00583
7 个月	—	8 个月	—	9 个月	—
10 个月	—	11 个月	—	12 个月	0.10333

资料来源：优财网。

（3）同业拆借的特点

①交易期限短。同业拆借是一种短期融资活动，期限最长不超过 1 年，一般在 4 个月之内。存款准备金的拆借多为隔夜拆借，最长不超过两周；同业借贷一般为 2～4 个月，最长不超过 1 年。

②拆借金额巨大。同业拆借是金融机构之间的资金批发市场，以"笔数"为单位，每笔的金额特别巨大。如美国联储资金借贷的起点额度一般为 5 万美元，多时可达几百万甚至上千万美元；英国银行同业拆借市场每笔交易的最低限额为 50 万英镑，高的达 1000 万英镑或更多。

③利率水平低，变动灵敏。拆借利率均以市场利率水平为依据，根据市场资金的供求状况确定，一般低于中央银行的再贴现率。拆借期限虽以天数计算，但拆借利率是年利率。拆借利率变动频繁，每天都上下波动，能迅速、及时和准确地反映货币市场资金供求的变动情况，是货币市场上最敏感的利率。正因为拆借利率具有这样的特点，各金融企业都密切注意其变动以把握市场利率的走向。拆借利率还是中央银行制定和执行货币政策，进行宏观调控的指示信号。中央银行根据拆借利率的变化，判断市场银根的松紧情况，决定其在公开市场上应采取的行动，以实现其货币政策目标。

④信用融资，交易手续简便。同业拆借的融资主体都是金融机构，金融机构的信用比一般的工商企业可靠，风险相对较小。因此，金融机构之间的资金拆借一般是信用融资，不需要进行担保和抵押，交易手续简便，通过电话、电传和互联网就可进行。同时，同业拆借的期限一般较短，尤其是头寸拆借，今借明还。因此，根

本不需要进行担保和抵押。

2. 银行短期信贷市场

银行短期信贷市场是由国际银行业对非银行客户提供短期信贷资金而形成的市场。能够成为银行短期信贷借款人的非银行客户主要是指大型跨国公司和各国政府。银行在向非银行类客户提供贷款时一般不限定用途，可以由借款人自主安排。各国政府借入国际短期资金的主要目的是弥补本国国际收支的短期逆差，企业则通常是为了满足短期流动资金的需要。

3. 短期证券市场

短期证券市场是指在国际间进行短期有价证券的发行和买卖活动的市场。短期有价证券是指各种期限在1年以内的可转让流通的信用工具，主要包括国库券、大额可转让定期存单、银行承兑汇票和商业承兑汇票、商业票据等。

（1）国库券

国库券（Treasury Bills）是各国政府为筹措短期资金需要而发行的政府债券，是货币市场上最主要的金融工具。发行国库券的目的是解决国家财政由于先支后收而引起的季节性财政支出困难，它是政府筹集短期资金、弥补临时性财政收支差额的重要手段，同时也是各国中央银行用来影响货币供应量，实现宏观调控的重要手段。

国库券的发行一般不记名、不附息、以折扣方式发行，到期按票面金额偿还。国库券票面金额与发行价格之差就是国库券的利息，也是购买者到期获得的实际收益。其有以下几个特点：一是由于该政府债券期限短且以国家信用为担保，因此风险低；二是由于风险低，二级市场发达，因此具有高流动性：三是利息收入免缴所得税。

国库券市场由两部分构成，即初级市场和二级市场。初级市场又称发行市场，是新发行的国库券的一级市场，发行人为各国的财政部。财政部作为债务人发行国库券，但有时它并不直接办理，而是委托中央银行负责，如在美国，联邦储备银行受财政部委托办理此项业务。二级市场是已发行的国库券的买卖流通市场，市场上流通转让的是已发行但未到期的国库券。交易的参与者主要是证券交易商。

（2）大额可转让定期存单

大额可转让定期存单（Certificates of Deposit，CDs）是美国花旗银行在1961年2月率先发行的。由于当时市场利率普遍较高，而银行存款利率受到金融当局严格管制，致使银行存款大量流失。为了吸收存款，银行开发了这种新的金融产品。大额可转让定期存单是商业银行和金融公司吸收大额定期存款而发给存款者的存款单。存单上注明存款货币金额、期限和利率，持有人可在到期时提取本息等事项。它的期限不超过1年，通常为3~6个月。

大额可转让存单主要具有以下特点：一是面额固定，一般金额较大；二是期限固定，到期后方可向银行提取本息；三是可以转让，在存单到期前持有人可以在市场上自由转让，从而解决了定期存款缺乏流动性的问题。例如，我国1996年11月11日颁布的《大额可转让定期存单管理办法》规定：对城乡居民个人发行的大额可转让定期存单面额为1万元、2万元和5万元；对企业发行的大额可转让定期存单的面额为 50 万元、100 万元和 500 万元；大额可转让定期存单的期限为 3 个月、6 个月和 12 个月；经中国人民银行批准，经营证券交易业务的金融机构可以办理大额可转让定期存单的转让业务。

（3）银行承兑汇票和商业承兑汇票

汇票是债权人向债务人发出的付款命令，承兑是指债务人在汇票上签上"承兑"字样，表示愿意到期支付。如果对汇票承兑的是银行，就是银行承兑汇票（Banker's Acceptances Bill）；如果对汇票承兑的是银行以外的付款人，就是商业承兑汇票（Commercial Acceptances Bill）。银行承兑汇票是以银行信用为担保的，通常由出口商签发，进口商银行为承兑人。这种汇票的发行促进了国际贸易的发展，方便了信誉等级低的中小企业进入货币市场。汇票到期之前，还可以在二级市场交易转售。银行承兑汇票期限一般为 30～180 天，90 天为多，面额一般没有限制。商业承兑汇票的承兑人为银行以外的一般工商企业或个人等。无论是银行承兑汇票还是商业承兑汇票，承兑后可以"背书"转让，到期可持票向付款人取款。由于银行信用较高，所以银行承兑汇票的流动性比商业承兑汇票强，既可以在银行贴现，又可以在二级市场流通。

（4）商业票据

商业票据（Commercial Bills）是指具有较高信誉等级的大企业和非银行金融机构凭自身信用发行的短期无担保债务凭证。商业票据是由商业本票演变而来的。商业本票是在商品赊销方式下，由购货方向售货方出具的书面支付承诺书，承诺在约定的期限内按确定的条件付款。只要付款人信誉良好，收款人是愿意接受商业本票的，并且收款人可以通过贴现本票来获得资金融通。由于商业本票的这些特点，一些大公司开始脱离商品交易过程而只凭自己的信誉来签发商业本票，用于筹集短期资金。这就是现代意义上的商业票据，它是目前重要的货币市场工具之一。

商业票据的主要特点是：一是发行人信用等级较高，由于商业票据无担保，仅以信用作保证，因此，只有信誉很高的大公司才能发行商业票据以筹集资金；二是期限较短，一般不超过 270 天，以 30～90 天为多（大多数商业票据的票面原始期限在 60 天以下，实际期限平均为 20 天至 45 天）；三是利率一般稍高于国库券，低于银行贷款利率，具体取决于市场供求、发行人信誉、银行利率、期限和面值等，交易一般按票面金额贴现的方式进行；四是面值较大且为整数，大多数商业票据的发行面额都是 10 万美元，最大面值可达 1000 万美元。

4. 贴现市场

贴现市场是对未到期票据按贴现方式进行融资的交易场所。贴现是指票据持有人将未到期的票据按贴现率扣除从贴现日至到期日的利息后向贴现行换取现金的一种方式。贴现交易使持票人提前取得票据到期时的金额（扣除支付给贴现行的利息），而贴现行则向要求贴现的持票人提供信贷。贴现业务是货币市场资金融通的一种重要方式。贴现的票据主要有国库券、银行承兑汇票和商业承兑汇票等。

贴现行或从事贴现的公司可以用经贴现后的票据向中央银行要求再贴现。中央银行利用这种再贴现业务来控制信用和调节利率，进而进行宏观金融调控。

5. 欧洲短期信贷市场

欧洲短期信贷市场即短期的欧洲货币市场，是指接受非居民短期外币存款并提供短期贷款的市场。欧洲货币市场的存款主要有两种类型：一是通知存款，即隔夜到 7 天期存款，客户可以随时发出通知提取；二是定期存款，分为 7 天、1 个月、2 个月和 3 个月，最长可达 5 个月。此外，欧洲银行还通过发行可转让定期存单吸收资金。贷款多数为 1~7 天或 1~3 个月，少数为半年到 1 年。银行同业拆借是欧洲货币市场上最早的贷款活动，目前仍占重要地位。欧洲短期信贷市场是欧洲货币市场的基础，产生最早，规模较大。在欧洲货币市场上，欧洲银行约 95% 的负债是期限不超过 1 年的短期存款，80% 左右的资产也在 1 年以下。

二、国际资本市场

（一）国际资本市场的概念

国际资本市场（International Capital Market）是指借贷期限在 1 年以上的中长期资金市场。从广义上说，它包括通过直接融资渠道和间接融资渠道的期限在 1 年以上的融资形式，也就是中长期信贷市场和证券市场。国际资本市场上资金的主要供应者是各种金融机构，如商业银行、储蓄银行、信托公司、投资公司、保险公司、跨国公司、各国中央银行、国际金融组织和私人投资者等。资金的主要需求者是国际金融机构、各国政府和工商企业。

国际资本市场的利率是中长期利率。该市场的利率有两种：一种是固定利率，另一种是在借贷期间可根据市场利率变化定期调整的浮动利率，均为复利。其基准利率是伦敦同业拆放利率，各种融资工具可根据自己的条件，在基准利率的基础上，再加一个附加利率。其附加利率的大小，视贷款数额、期限长短、市场资金供求情况、贷款所用货币及借款国（借款人）资信的高低会有所不同。

（二）国际资本市场的特点

与国际货币市场相比，国际资本市场具有以下特点：（1）通过市场机制吸收、组织国内外资金，对其进行中长期的分配和再分配；（2）交易注重安全性、盈利性和流动性，借贷双方都很重视双方稳定的长期合作关系；（3）有政治风险、违约风险、利率风险、汇率风险、经营风险等多种风险，需要采取多种避险措施；（4）由于国际资本市场汇率、利率变化频繁，为了避免外汇风险，故在利用市场机制时，必须把选择货币的软硬、汇率和利率、收进与还款结算所用货币的区别等一并考虑在内。

国际资本市场的存在和发展，尤其是证券市场的国际化发展，推动了世界范围内的中长期资本流动，加速了国际资本在各国间的流动与周转，促进了国际贸易和世界经济的发展。但同时国际资本市场又是国际资本追逐高额利润和国际金融投机的重要场所，是造成国际金融市场动荡的主要因素之一。特别是证券市场国际化带动了金融市场化，使各个国际金融市场之间的联系更为紧密，一个市场发生风波，其他市场必然发生连锁反应。

（三）国际资本市场的组成

国际资本市场从业务构成上来看，包括中长期信贷市场和中长期证券市场。

1. 中长期信贷市场

中长期信贷市场是指由各国政府、国际金融机构和国际银行向客户提供 1 年以上资金融通的市场。根据发放贷款主体的不同，中长期信贷可以分为政府贷款、国际金融机构贷款和国际商业银行贷款。国际中长期信贷利率有固定利率和浮动利率两种形式。浮动利率往往是以一定的基准利率（如伦敦银行同业拆放利率、美国优惠利率等）加上一个附加利率。利率水平取决于借贷期限长短、资金供求状况、通货膨胀率、金融政策及借款人资信状况等各种因素。

政府贷款是指由一国政府向其他国家提供的中长期贷款。它的基本特征是期限长、利率低，并且附带一定的条件。政府贷款的期限最长可达 30 年，利率最低可为零，附加条件一般为限制贷款的使用范围，例如规定贷款只能用于购买授贷国的商品，或规定受贷国必须在经济政策或外交政策方面作出某些承诺或调整。

国际金融机构贷款是指由国际货币基金组织、世界银行和国际开发协会等国际性的金融机构向各国政府或公私企业提供的贷款。由于国际金融机构提供的贷款在较大程度上体现着国际上的合作，因而这种贷款或是利率水平较低，或是偿还方式比较优惠。当然，这种贷款一般来说也会附加一定的条件。不同金融机构发放的具体贷款的性质、利率和条件都会不同。

国际银行中长期信贷是由国际银行提供的商业性贷款。这种贷款一般具有以下特点：一是贷款用途由借款人自行决定，贷款银行一般不加限制；二是信贷资金供应较为充足，借款人筹资比较容易；三是贷款条件由市场决定，借款人的筹资成本相对较高。按照贷款形式的不同可以把国际银行中长期信贷分为双边贷款和银团贷款两种。双边贷款是指一国的商业银行对另一国客户提供的贷款，这种贷款手续比较简单。银团贷款又叫辛迪加贷款，是指当贷款金额比较大、期限比较长时，由一家银行牵头，数国的多家银行参与，按照同一条件共同向客户提供的贷款。

【知识链接 7－1】

招商银行上海分行跨境银团业务助力企业融资

招商银行上海分行 2018 年 8 月在跨境银团业务中再次取得重大进展，突破传统一手银团业务模式，成功为老客户——某美国上市公司通过自贸 FT 分账单元承接海外银团分销业务。

近年来，随着金融体系全球化步伐的加快，中资金融机构愈发重视银团业务的发展，尤其伴随着中国企业"走出去"以及"一带一路"发展建设的延伸，境内外很多银行开始使用跨境银团产品为中资企业的海外融资以及优质境外项目联合提供资金支持，银团业务开展得如火如荼。银团贷款成为不少大型企业叙做大额融资的首选模式，境内外优质企业在开展项目融资、补充流动性、兼并收购过程中常使用银团融资这一工具，银行在资产投放过程中也一致认可该种业务模式。

传统的银团业务以一手银团为主，但市场上也存在着不少原参贷行出于资产结构以及规模限制的考虑，将部分持有未到期银团资产份额对外进行分销转让的情况。

招商银行上海分行积极发挥自贸区境外资产组织经营的政策红利，近年来在跨境银团业务中已崭露头角，先后为多家国内知名企业提供跨境银团融资服务，扮演了牵头行、参贷行等不同角色。本次承接海外银团分销业务的落地，是招商银行上海分行对于承接他行银团份额的业务进行的积极尝试并获得成功。未来，招商银行上海分行将不断提升海外银团综合业务实力，借助境外银团产品更好地服务优质核心客户以及大型项目。

（资料来源：中新网上海、厦门通讯。）

2. 中长期证券市场

中长期证券市场是指各种中长期有价证券的发行和买卖场所，包括国际债券市场和国际股票市场。每一个市场都包括证券发行的一级市场和流通转让的二级市场。

（1）国际债券市场

债券是政府或企业为了筹集资金而直接向投资者出具的债务凭证，债券可以分为政府债券、公司债券和银行债券。国际债券是指一国发行人为了筹集外汇资金，在国外债券市场上发行的、以市场所在国货币或某一欧洲货币标价的债券。发行国际债券是筹资主体在国际金融市场上运用直接融资方式筹措外汇资金的主要渠道之一。20 世纪 80 年代初期爆发国际债务危机之后，国际金融市场上的银团贷款急剧减少，筹资者纷纷转向国际债券市场（International Bond Market）。同时，伴随着资产证券化的趋势，国际债券的发行量也不断扩大，国际债券市场在国际金融市场中的地位也日渐重要。国际债券分为两大类型，即属于传统国际金融市场范畴的外国债券（Foreign Bonds）和属于欧洲货币市场范畴的欧洲债券（Euro Bonds）。外国债券是指借款人到某一外国债券市场上发行以市场所在国货币为面值货币的债券。该债券由市场所在国机构承销，受市场所在国金融法规管辖。目前外国债券市场主要集中在少数发达国家的资本市场上。主要的外国债券有：在美国发行的美元债券——扬基债券（Yankee Bond），在日本发行的日元债券——武士债券（Samurai Bond），在英国发行的英镑债券——猛犬债券（Bulldog Bond），等等。欧洲债券是指借款人到某一外国债券市场上发行以市场所在国以外货币为面值货币的债券，如法国借款人在伦敦债券市场上发行的美元债券，该债券不受市场所在国金融法规管辖。

（2）国际股票市场

股票是股份公司为筹措资本而发行的一种所有权凭证。国际股票是指某国公司在外国发行的，以市场所在国货币或境外货币为面值的股权凭证。发行国际股票是一国企业在国际金融市场上运用直接融资方式筹措外汇资金的基本途径。在 20 世纪 70 年代兴起的金融自由化浪潮下，各国政府逐步放松了对本国金融市场的管制，不仅允许外国公司到本国发行股票融资，而且还允许外国投资人投资于本国股票市场。因此，各国股票市场日益发展成为包括国外筹资人和投资人的国际股票市场，逐步走向国际化。

国际股票市场是指居民和非居民之间或非居民与非居民之间，对国际股票进行交易的市场。国际股票也可分为两大类型：外国股票（Foreign Equity）和欧洲股票（Euro Equity）。外国股票是指外国企业在本国股票市场上面向本国投资人发行并流通以本国货币标价的股票。外国股票市场是伴随着一些发达国家对外开放本国股票市场而产生，并依托本国国内的股票市场而发展起来的，是国际股票市场最基本的形式。欧洲股票是指外国企业在欧洲货币市场发行的以市场所在国以外的货币（欧洲货币）为标价货币的股票。

（四）欧洲资本市场

欧洲资本市场是指欧洲货币市场中期限在 1 年以上的资金融通市场，包括欧洲中长期信贷市场和欧洲证券市场。

欧洲中长期信贷市场是欧洲货币市场放款的重要形式，一般用于政府或企业进口成套设备或大型工程项目的投资。欧洲货币市场中长期信贷的主要特点是：信贷期限较长，一般为 1～10 年，大部分是 5～7 年；信贷额度较大，贷款都在 1 亿美元以上，因此以银团贷款方式提供的贷款居多；多采用浮动利率，贷款利率一般在伦敦同业拆放利率的基础上加一个附加利率，并且根据市场利率情况定期进行调整；需要签订贷款协议，由于贷款金额较大、期限较长、风险较大，所以一般都需要签订贷款协议，有时还需要担保。

欧洲证券市场包括欧洲债券市场和欧洲股票市场。欧洲债券市场是欧洲债券发行和交易的市场。欧洲债券市场产生于 20 世纪 60 年代初期，是在欧洲货币市场的基础上发展起来，20 世纪 70 年代后期得到迅速发展。1974 年，欧洲债券的发行量仅为 21 亿美元，占国际债券发行总量的 30%。20 世纪 80 年代后，欧洲债券发行额远远超过了外国债券，一直占国际债券总发行额的 80% 以上。欧洲债券市场是国际债券市场的主体和核心。欧洲债券市场的特点是资金规模大、流动性强、安全系数高、灵活性好，其利息收入可免征所得税。欧洲股票市场是欧洲股票发行和交易的市场。欧洲股票市场的产生主要源于西方国家国有企业私有化的过程。自 20 世纪 90 年代开始，欧洲股票市场获得了迅速发展。

第三节　欧洲货币市场

一、欧洲货币市场概述

（一）欧洲货币市场的基本概念

欧洲货币市场（Euro-currency Market）即离岸金融市场，是指各种境外货币借贷和境外证券发行与交易的市场，包括货币市场和资本市场。它是非居民之间在某种货币发行国境外从事该种货币的资金融通及相关业务活动的市场。

从经营对象来看，欧洲货币是指在货币发行国境外流通的货币。欧洲货币并不是欧洲国家的货币，也不是指一种专门的欧洲货币，而是泛指所有在货币发行国之外使用的境外货币。例如，欧洲美元指的是在美国境外作为借贷对象的美元。由于"欧洲货币"存放和借贷业务开始于欧洲，所以习惯称为欧洲货币，在欧洲货币市场中交易的主要是欧洲美元。

从地域上看，欧洲货币市场并不限于欧洲各金融中心，而是泛指世界各地的离岸金融市场。欧洲货币中心可以划分为五个地理区域：西欧区，包括伦敦、苏黎世和巴黎等；加勒比海和中美洲区，包括开曼群岛和巴哈马等；中东区，包括巴林岛等；亚洲区，包括新加坡、中国香港和东京等；美国，包括许多批准成立国际银行便利的州。

从业务经营范围来看，欧洲货币市场并不限于短期货币市场业务，而是包括短期资金借贷、中长期信贷业务和欧洲证券市场。

（二）欧洲货币市场的形成和发展

欧洲货币市场起源于欧洲美元市场。第二次世界大战结束初期，美国在马歇尔计划的安排下对西欧国家提供大量的援助和贷款，同时支付驻欧美军的大量开支，这样使得大量的美元流入西欧。这些美元存在伦敦的银行，形成了最早的欧洲美元。此外，20 世纪 50 年代初，苏联和东欧的一些社会主义国家为了避免由于政治上的原因导致美国政府冻结它们存放于美国的资产，因此纷纷将其转移至欧洲国家的银行，这也形成了最初的欧洲美元。到了 20 世纪 50 年代末，西欧一些国家恢复了货币的自由兑换和资本的自由流动，增加了境外货币的种类，为欧洲货币从单一的欧洲美元发展到欧洲英镑、欧洲西德马克和欧洲法国法郎等多种欧洲货币铺平了道路。除此之外，随着西欧经济的恢复和发展，欧洲货币市场的规模也得到了扩大，欧洲货币市场日益活跃起来。

20 世纪 60 年代，欧洲货币市场得到了迅猛的发展。这一时期，美国的国际收支逆差产生并且逐渐扩大，使得美元大量外流，增加了国外美元的供给，为扩大欧洲美元交易创造了条件。同时，西欧一些国家随着国际收支顺差的出现，逐步放松或取消了外汇管制，拥有大量美元储备的国家和私人将其美元资金投资于欧洲货币市场。此外，60 年代后期美国为了限制资本外流，改善国际收支，采取了包括征收利息平衡税在内的一系列措施，引起了美国商业银行和客户的不满，他们纷纷将大量美元转移到欧洲货币市场。美国的商业银行也纷纷在西欧设立分支机构，在国外吸收存款。这就使得政府和企业不得不转向欧洲货币市场筹集资金，从而促进了欧洲货币市场的发展。第二次世界大战后资本主义生产的国际化和跨国公司的发展、西欧国家政策的推动以及石油美元的循环进一步推动了欧洲货币市场的发展，使欧洲货币市场资金规模不断扩大，成为世界上最大的国际金融市场。

二、欧洲货币市场的特点和作用

（一）欧洲货币市场的特点

欧洲货币市场打破了传统的国际金融市场的界限，是一种真正意义上的国际化金融市场。由于它经营的是境外货币，因此，具有许多与国内金融市场和传统国际金融市场不同的经营特点。

1. 经营自由，不受任何法规管制

传统国际金融市场要受市场所在国金融法规的管辖和约束。欧洲金融市场既不受货币发行国的限制，也不受市场所在国的法律法规和税制的限制，是完全自由的金融市场，交易币种和交易品种繁多。当然这也使得欧洲货币市场的风险日益加剧。

2. 资金规模大，是一个批发市场

欧洲货币市场分布于世界各地，是一个大型的银行间市场。通过电话、电报和互联网等形式进行交易，资金调度灵活，市场资金周转较快，手续简便。绝大多数单笔交易金额都超过 100 万美元，数亿美元的交易也很普通。

3. 利率结构独特，利差较小

欧洲货币市场的利率取决于市场资金的供求状况，因此利率经常变动。因为交易量很大且不需要交纳存款准备金，也不受利率限制以及其他任何政府的干预，欧洲银行的经营成本较低。所以，欧洲货币市场的存款利率相对较高，放款利率相对较低，利差较小。这种独特的利率结构使得欧洲货币市场比其他金融市场更富有吸引力和竞争力。

（二）欧洲货币市场的作用

1. 欧洲货币市场对世界经济发展的积极作用

（1）在很大程度上改变了原有的金融市场因国界限制而互相隔绝的状态，将大西洋岸主要的金融市场联系起来，促进了资金国际流动和国际贸易的发展。

（2）欧洲货币市场为第二次世界大战后各国和世界经济的恢复和发展注入了巨额资金，起到了有力的促进作用。

（3）欧洲货币市场极大地便利了短期资金的国际流动，特别是石油美元的回流。通过其灵活调剂，互通有无，使国际收支状况得以改善。

2. 欧洲货币市场对世界经济发展的消极作用

（1）存短贷长使国际金融市场脆弱化。欧洲货币绝大部分是 1 年以下的短期资金，而欧洲货币放款自 20 世纪 70 年代以来则多半是中长期的，这样，一旦金融市场风吹草动，银行资金周转不灵，就可能带来金融经济的动荡。

（2）外汇投机加剧了汇率波动。欧洲货币市场大部分短期资金几乎全部用于外汇交易，套汇和套利相结合，大规模资金在几种货币间频繁移动，往往造成汇率剧烈波动。

（3）各国金融政策力量受到削弱。欧洲货币市场作为一个境外市场，在各国实施金融政策时，往往阻碍着政策效力的发挥，难以达到预期的效果。

（4）加剧了世界性通货膨胀。因为欧洲货币市场的借贷活动使一国的闲置货币变成了另一国的货币供应量，增添了新的信用扩张手段。此外，欧洲货币市场大量游资冲击金价、汇价和商品时，也会冲击各国物价，形成输入性通货膨胀。许多人认为，欧洲货币市场对 20 世纪 70 年代严重的通货膨胀起到了推波助澜的作用。

三、欧洲货币市场的类型和构成

（一）欧洲货币市场的类型

根据欧洲货币市场的业务活动可以将其分为三种类型：一体型、分离型和簿记型。一体型市场指的是境内金融市场和境外金融市场的业务融为一体，离岸资金和在岸资金以及国内资金可以随时相互转换，伦敦和香港属于这种类型。分离型市场指的是境内业务和境外业务分离，居民的存贷业务和非居民的存贷业务区别办理。该类型的市场有助于防止离岸金融交易对本国货币政策的冲击，典型的代表是美国纽约设立的国际银行账户、新加坡设立的亚洲货币账户和日本东京设立的海外特别账户等。簿记型市场不经营具体的金融业务，只从事借贷投资业务的转账或注册等事务，因此称为"记账中心"，其目的是帮助交易者逃避税收和金融管制。目前主要的簿记型中心有开曼、巴哈马和英属维尔京群岛等中美洲加勒比海离岸市场以及中东的一些离岸市场。

（二）欧洲货币市场的构成

欧洲货币市场大致由两部分构成：欧洲信贷市场和欧洲债券市场。

1. 欧洲信贷市场

欧洲信贷市场根据其贷款期限的长短分为两类，即短期信贷市场和中长期信贷市场。

（1）短期信贷市场：欧洲短期信贷市场是欧洲货币市场的基础部分，其中欧洲银行间的短期信贷市场产生最早，规模最大。欧洲短期信贷市场经营的是 1 年期以下（含 1 年期）短期资金存贷业务。短期信贷市场存款期限一般以 1 天、7 天、30 天、90 天居多，少数为半年或 1 年，每笔的成交额都很大，欧洲美元存款通常以 5 万美元为最低额，而欧洲美元贷款通常以 100 美元为单位。

短期信贷市场的特点：一是存贷款的利差较小，一般只为 0.25%～0.5%；二是市场借贷条件灵活，在借款期限、币种、金额、地点等方面都由借贷双方协商确定，且借贷业务主要是由银行向熟悉的大客户提供，一般全凭信用进行。

欧洲短期信贷市场的资金运用主要在三个方面：一是商业银行；二是跨国公司和工商企业；三是西方国家的地方市政当局和公用事业单位，它们或为了弥补财政赤字或为了筹集公益事业所需的资金而成为欧洲信贷市场资金的运用者。

（2）中长期信贷市场：欧洲银行提供的中长期信贷期限一般在 1 年以上，常见的为 3～10 年，最长可达 20 年，借贷者主要是世界各国企业、跨国公司、社会团体、政府或中央银行以及一些国际组织。中长期的贷款有两类：一类是贷款数量较小，单个银行就能承担的贷款；另一类是贷款金额大、期限长的贷款，单独一家银行无法提供，于是由多家银行组成的银行团来共同承担，这类贷款就是银团贷款或辛迪加贷款。

2. 欧洲债券市场

欧洲债券市场是 20 世纪 60 年代初在欧洲短期信贷市场的基础上发展起来的，现已成为国际债券市场的主体，同时也是欧洲货币市场的重要组成部分，欧洲债券又称境外债券，是指发行人在境外发行的，以市场所在国以外的第三国货币作为面值的债券，欧洲债券的发行是由国际辛迪加承购包销，发行后即可在二级市场上市转让。

欧洲债券市场是国际上重要的资金聚集市场，其特点：一是发行手续简单，无须市场所在国批准，也不受任何国家法律的约束，且可以自由选择市场通行货币。二是发行费用和利息成本较低，因而成本较低。三是流动性较强，具有一个富有效率和活力的二级市场。四是安全系数高，发行者多是信誉较高的各国政府、国际金融组织、跨国公司、大企业集团。五是市场容量大，筹集资金数额巨大。六是利息收入免税。欧洲债券市场近几年发展很快，成为欧洲货币市场上的一种主要的资金运用方式。

四、新兴的离岸金融市场

20 世纪 50 年代之后，以伦敦为代表的传统金融市场的运行由衰落转入重振阶段，50 年代末，首先在伦敦出现了一个新兴的资本市场——欧洲美元市场，其后又逐渐发展成为著名的欧洲货币市场，与此同时，世界各地还有许多新兴的国际金融市场，下面介绍几个新兴的国际金融市场。

（一）卢森堡金融市场（Luxembourg Financial Market）

卢森堡是重要的欧洲货币市场，其规模仅次于伦敦。卢森堡成为重要的国际货币市场是从 20 世纪 60 年代中开始发展起来的，有两个原因使其迅速发展：第一，卢森堡的政治经济稳定，又地处德国、法国、比利时、瑞士、荷兰的中心，与各国的经济关系十分密切。卢森堡政府对银行实行自由开放政策，外汇管制较松，这对外国银行来卢森堡设立分行很有吸引力，所以银行及其业务发展很快，德国、美国、日本、北欧国家纷纷在此开设银行，证券公司数量也很多。第二，由于西方国家长期存在国际游资流动对各国金融造成频繁的冲击，一些欧洲国家不得不采取管理措施以稳定其国内金融，而各国的商业银行则迫切需要寻求新的境外金融市场以逃避本国政府金融法令的约束，卢森堡就成为它们理想的场所。

由于卢森堡自身的特定条件，银行业务发展很快，它也迅速成为重要的国际金融中心之一，但由于在卢森堡的国际银行没有什么本地业务，加上卢森堡政府对外国征收的各种捐税较重，在世界金融交易激烈的竞争中，卢森堡金融市场的进一步发展也很艰难。

（二）香港金融市场（Hong Kong Financial Market）

20 世纪 70 年代以来，香港当局为了促进金融市场的发展，积极采取一系列措施，如 1973 年解除外汇管制、1974 年开放黄金市场、1978 年放宽外国银行在香港设立分行的限制等，使香港金融市场进一步发展，现已成为仅次于伦敦和苏黎世的世界第三大黄金市场，成为伦敦、纽约和巴黎以外的第四国际银团贷款的最大市场。

香港金融体系的特点是：以银行业为中心的综合性国际金融市场，机构种类齐全，分为"持牌银行"、"持牌存款公司"、"注册存款公司"三个层次。香港金融市场的主要业务构成有短期资金市场（包括港元市场、美元市场、外汇市场）、长期资金市场（包括股票市场、债券市场、存款证市场、国际银团贷款）和黄金市场等。香港金融市场能跟上当代国际金融业务现代化发展的步伐，高科技进入金融业务的各个环节，广泛采用各种新的融资方式，实行服务多元化，金融机构本身实现整体化，参与金融市场全球化，已经使香港市场成为全球 24 小时金融业务网中的重要角色。

（三）新加坡金融市场（Singapore Financial Market）

新加坡和中国香港原来都是英国的殖民地，居民多是华人，缺乏农业和自然资源，以工商金融为主体，从 20 世纪 60 年代开始，新加坡政府利用其原有的金融业基础和当地有利条件，对外国银行采取开放政策，逐步放宽对黄金和外汇的管制，经过多年的努力，已使新加坡成为一个新兴的亚洲金融市场。

新加坡现有商业银行近百家，其中多数为外资银行，这些银行包括全面性银行、限制性银行、境外银行，另外，加上证券公司、贴现公司、金融公司、保险公司、邮政储蓄银行等构成了新加坡市场的金融机构体系。新加坡金融市场的构成包括短期资金市场、长期资金市场、外汇市场、亚洲美元市场及国际银团贷款等。

新加坡的美元市场是亚洲美元市场中心。1968年10月1日美国银行在新加坡设立分行，设立"亚洲货币单位"（Asian Currency Unit）部，经营亚洲美元，各种信贷交易以美元表示和计算，交易市场在美国以外的亚洲，形成亚洲美元市场。绝大多数的亚洲美元存款在外国银行，亚洲美元主要来自大洋洲国家和地区的公司企业和个人存款，包括各种中央银行、跨国石油输出国的银行及银行同业存款。亚洲美元除用于本地投资外，还调往欧洲货币市场及金融中心，用于套利、逃汇和货币投机。

新加坡金融市场与香港金融市场虽处于竞争地位，但各有优势和背景，由于新加坡是东南亚联盟的贸易和金融中心，是东盟联合的纽带，地理位置优越，自身还有橡胶工业等，所以新加坡金融市场在亚太地区和国际金融市场中有其特殊的作用。

（四）东京金融市场（Tokyo Financial Market）

东京作为国际金融中心起步较晚，但其发展速度快、规模大，现已成为能与纽约、伦敦相匹敌的世界金融中心。东京自20世纪60年代以来成为国际金融市场，从经营机制上看，东京属于传统的国际金融中心，其主要业务包括短期资金拆放、外汇交易、证券交易，其中债券交易最为活跃。在1986年以后成为离岸金融市场，这个市场并无实体存在，只是在获准经营离岸业务的银行中，把境外业务另立离岸账户分别处理；经营离岸业务的银行在接受非日本居民存款以及对非居民提供贷款时，可以不受日本国内银行系统所受到的严格限制，可以免缴存款准备金，并获得20%利息的豁免权。随着日本和世界经济的发展，东京离岸金融市场在不断地发展和完善。

从20世纪70年代起，加勒比海的巴哈马等岛国由于政局稳定，没有金融管制，其资金交易免征有关税费，具有发展国际金融业务的十分优越的条件，于是很快就发展成为离岸国际金融市场，成为拉丁美洲的重要国际金融市场。它们的资金来源于非居民，也投放于非居民，实际上它们的资金提供和筹集并不在当地进行，而是一些国际性银行只不过在那里开设个人账户，把它作为一个记账中心。各家国际银行在这里进行金融活动、货币交易只是为了逃避管制和征税。它们的主要作用是以欧洲美元为主要借贷货币通过银行信贷向拉美各国提供高额欧洲美元贷款。类似这种离岸国际金融中心还有加勒比海的百慕大、巴拿马，西欧的马恩岛等。

第四节　外汇市场

一、外汇市场及其参与者

（一）国际外汇市场概念

外汇市场（Foreign Exchange Market，FEM）是指个人、企业、银行和经纪人从事外汇交易的组织系统、场所或网络。外汇市场不像商品市场或证券交易所那样存在于某个特定的建筑物或场所里，而是遍布世界各地主要的金融中心。在全世界商业银行的外汇交易室里可以找到各种外汇市场，这些交易室彼此通过电话、电传等电讯方式洽谈业务，然后拍板成交。

外汇市场具有一般市场的特征，也就是商品、服务或金融资产进行买卖的场所。但是由于货币买卖的特殊性，外汇市场存在一些区别于其他市场的特征。

1. 外汇市场是信息流和资金流形成的网络

外汇市场是一个由电话、电传、电报、计算机终端和通讯线路等组成的网络，配合各种交易指令、资金转移和交割方式等完成交易。

2. 外汇市场在全球范围内在时间上是连续的

从世界范围看由于时差的存在，各国外汇市场开业时间也不同，在全球范围内就形成了一个在时间上不断连续的市场。

3. 外汇市场行情波动频繁

由于外汇市场上存在大量的交易者，同时外汇市场行情受各种因素的影响，汇率瞬息万变，因此外汇市场上汇价波动性较大。

4. 外汇市场交易币种相对集中

在外汇市场上交易的币种都是统一的，大多数交易所用的币种集中在美元、欧元、英镑、瑞士法郎、日元、加拿大元和港元等。

5. 全球外汇市场高度一体化

外汇市场的一体化指全球各地的外汇市场日益紧密联系起来的趋势。它在空间上表现为各外汇市场横向联系加强、外汇管制的取消或放宽、跨国银行的大量涌现以及现代化电讯网络的完善，使交易商能够突破地理界限，迅速完成跨地区的外汇交易。如果不同市场的汇率存在差异，电脑自动交易程序就会发现并进行相应的套汇行为，从而使各外汇市场的汇率趋于均等化。在时间上它表现为外汇交易的连续化。亚洲、欧洲、北美洲和大洋洲的外汇市场分别处于不同时区，其开市、闭市时间既有交错，又能首尾衔接，外汇交易商可以不受时间限制地进行外汇交易，在任何时间都能够找到某一外汇市场执行其交易指令，而处于不同时区的各国中央银行也能够在干预外汇市场汇率方面采取联合行动。

（二）外汇市场的参与者

1. 外汇银行

外汇银行是指中央银行指定或授权经营外汇业务的外汇指定银行，是外汇市场的主要参与者，外汇交易大部分都是通过外汇银行进行的。其主要业务有外汇买卖、汇兑、外汇存贷、外汇担保、咨询及信托等。大多数国家对银行经营外汇业务采用许可制。外汇银行都在国外分支行和代理行开立外汇账户。银行卖出外汇，即从该行的外汇账户支付；银行买入外汇，即存入该行的外汇账户。在中国，外汇指定银行是办理外汇结售汇业务的银行，包括经中国人民银行批准的国内政策性银行、全国性商业银行、城市商业银行、农村商业银行以及外资银行等。在美国，所有银行都可经营外汇业务。在英国，外汇指定银行须有英格兰银行推荐并获得财政部批准。

外汇银行在两个层次上从事外汇业务：一是零售层次。该层次属于代客交易。

外汇银行通过增减其在海外分支行或国外代理行里有关币种存款账户上的营运资金余额，代客户买卖外汇，收取一定的手续费。此外，它也直接收兑不同国家的货币现钞。二是批发层次。银行为了自身利益，主动参与银行同业市场上的外汇买卖以调节"多"、"缺"头寸。由于银行在柜台上与客户的外汇交易原则上是以自己的账户进行的，若客户出售外汇、银行买进外汇，银行的外汇余额就会增加；反之，若客户购买外汇、银行卖出外汇，则银行的外汇余额就会减少。这样，在某一时点必然会出现银行买进与卖出外汇之间的不平衡。卖出多于买进，即为空头；买进多于卖出，即为多头。无论"多"、"空"，银行都会承担汇率波动的风险。因此，银行一般会遵循买卖平衡原则而进入银行同业市场，通过抛售或补进交易轧平头寸，以消除风险。当然，银行在同业市场上进行买卖并不一定都是为了"头寸管理"，有时银行还会积极制造头寸，这实际上是一种外汇投机。为了避免银行因巨额外汇交易投机失败而倒闭，各国政府都对银行投机性的外汇头寸进行限制。

2. 外汇经纪人

绝大多数外汇银行之间都不是直接面对面地打交道，而是由经纪人做中介安排成交的。外汇经纪人分为两类：用自己的资金参与外汇买卖，并自己承担外汇买卖的损益者，称为一般经纪人；以收取佣金为目的，专门代客买卖外汇，不垫付资金，不承担风险者，称为跑街或捐客。一般地，我们指的外汇经纪人是介于外汇银行之间或外汇银行和客户之间，为交易双方接洽外汇交易而收取佣金的中间商。外汇经纪人的作用是为买进和卖出外汇提供中介，他们自己不需要持有交易所涉及的外汇存货，所以一般不承担外汇风险。经纪人根据成交额向交易双方收取佣金，其佣金率一般比较低，但是由于批发交易金额较大，佣金就相当可观。外汇经纪人必须经中央银行批准才能取得经营中介业务的资格。外汇经纪人的作用主要是提高外汇交易的效率，同时使交易双方保持匿名。目前，外汇经纪商面临同行间的激烈竞争，并且一些大的商业银行为了节省手续费，越来越倾向于供需双方直接洽谈成交。如外汇银行同国外的金融机构进行外汇交易，一般就不通过经纪人作为中介而是直接成交。

3. 中央银行

中央银行作为一国货币政策的制定者和实施者，其参与外汇市场交易的目的主要是干预市场，使外汇市场上由供求关系自发决定的汇率相对地稳定在某一水平上，减少由于国际间短期资本流动造成的本国货币汇率的剧烈波动。随着国际经济联系的日益紧密，导致越来越多的各种中央银行对外汇市场的联合干预。此外，中央银行有时会为了外汇储备管理而参与外汇交易；有时同普通外汇银行一样参与一些日常的交易，如为政府机构或一些重要的国有企业所需外汇进行交易。

一般情况下，中央银行在外汇市场上的交易量相对而言并不很大，但它对汇率走势的影响却举足轻重。这是因为外汇市场上其他参与者都密切关注中央银行的举动，以便能及时获取政府宏观经济决策的有关信息。中央银行的一举一动都会影响外汇市场的各参与者对汇率的预期。

4. 一般客户

一般客户包括个人和公司客户。公司客户包括从事国际贸易的进出口商和在多个国家进行生产经营活动的跨国公司以及专门从事外汇买卖的外汇投机商。他们或为生产、流通等经营性目的进行外汇交易，或为保值和防范风险的目的而进入外汇市场，或单纯为谋利而买卖外汇，后者的活动往往会引起外汇市场行情的短期波动，也是国际短期资本大幅移动的一个主要原因。个人也同样有机会进入外汇市场，如国际旅游者、出国留学者、汇出或汇入汇款者。个人和公司通常通过外汇银行进行交易，因为几乎所有的外汇交易实际上都是不同币种银行存款的转移，都涉及不同汇市的银行存款账户的借记或贷记。

二、外汇市场的类型

外汇市场最初产生于国际清算和支付带来的货币兑换的需要，参与外汇市场交易的主要是外汇的直接供求者和进行外汇买卖的中介机构。

（一）按照外汇交易的参与者划分，外汇市场可分为批发市场和零售市场

外汇批发市场是指银行同业之间的外汇市场，包括同一外汇市场和不同市场上各商业银行之间的外汇交易，中央银行同商业银行之间的外汇交易以及各国中央银行之间的外汇交易等。商业银行同业之间的外汇交易目的在于弥补银行业务经营过程中产生的外汇头寸，以避免由此引起的汇率变动风险，调整银行自有外汇资金的头寸。中央银行参与外汇交易则是对市场的政策性干预或为了调整本国外汇储备的币种结构。同业交易占整个外汇市场上总交易额的95%以上，其特点是交易额大，每笔交易最低金额为100万美元，所以称为批发市场。外汇批发市场也称为狭义外汇市场，一般人们所说的外汇市场多指狭义的外汇市场。

外汇零售市场指银行与一般客户之间进行的外汇买卖，包括银行与因商品进出口而产生的贸易外汇供求者和一般的金融交易者等进行的外汇交易。相对于银行同业市场而言，零售市场的交易规模较小。外汇零售市场和外汇批发市场共同构成了广义的外汇市场。

（二）按照组织形态划分，外汇市场可分为有形外汇市场和无形外汇市场

有形外汇市场指有固定交易场所即外汇交易所的外汇市场，它有既定的交易时间和交易规则。在营业时间内，交易各方聚集在外汇交易所进行面对面的外汇交易。历史上，它流行于欧洲大陆国家，所以又被称为大陆型外汇交易市场，比较典型的有法国的巴黎外汇市场、德国的法兰克福外汇市场、比利时的布鲁塞尔外汇市场、荷兰的阿姆斯特丹外汇市场以及意大利的米兰外汇市场。

无形外汇市场指没有固定交易场所的外汇市场，在这种外汇市场上，交易商往往坐在世界各主要商业银行的办公室里，通过电子计算机终端、电话、电传和其他通讯手段进行联系。例如，纽约某银行的一个外汇交易商同伦敦的一个外汇交易商以美元兑换英镑。他们在电话中定好价格，达成协议，交易过程通过银行计算机系统进行，只需几秒钟时间。然后两家银行互发载有交易细节的确认书，并对交易合同的结算作出安排。根据安排，纽约银行将一笔美元存款转给伦敦银行指定的银行，伦敦银行则将一笔英镑存款转给纽约银行指定的银行。无形外汇市场最初流行于英国和美国，因此称为英美式外汇市场。现在，无形外汇市场广泛流行于全世界，是全球外汇交易主要的组织形式。

（三）按照外汇市场的经营范围划分，外汇市场可分为国际外汇市场和国内外汇市场

国际外汇市场是发达的、基本上完全自由的外汇交易市场，不受所在国金融管制，实行货币自由兑换并允许各国交易方自由参与买卖。交易货币包括多种国际上自由兑换的货币，可以是本国货币和外国货币之间，也可以是外国货币和外国货币之间的自由交易。交易主体可以是本国的供需方，也可以是凭借现代通信设施参与的国外交易方。国际外汇市场通常是无形外汇市场。世界上著名的国际外汇市场有纽约、伦敦、东京、法兰克福、新加坡、苏黎世和香港等。

国内外汇市场是指本国金融管制较严的外汇市场。这种市场一般是发展中国家的外汇市场，交易主体限于境内国家允许的金融和非金融机构。世界上重要的外汇市场都是由于本国经济强大，本国货币充当世界贸易的结算货币而逐步发展和壮大起来的。随着本国货币在国际经济交往中作用的加强，更多的国家逐渐放松和解除金融管制，从而使本国外汇市场融入国际外汇市场。

（四）按照外汇业务的不同特征划分，外汇市场可分为即期外汇市场、远期外汇市场、外汇期货市场和外汇期权市场

即期外汇市场是进行即期外汇交易的场所，远期外汇市场是进行远期外汇交易的场所，外汇期货市场是进行外汇期货交易的场所，外汇期权市场是指进行外汇期权交易的场所。

三、外汇市场的特征

目前，随着国际金融业的发展，金融工具的不断创新，外汇市场也处在不断发展变化之中。外汇市场具有以下几个特征。

（一）外汇市场是某国或地区之间宏观经济变化的"晴雨表"

一般来说，一国或地区外汇市场的交易量，以及本币对外币的汇率变化，对其国民收入、就业、物价指数和利率水平等经济变量都有重大影响。同时，外汇市场不仅对本国的宏观经济变量极为敏感，而且容易受他国经济实力变化的影响，外汇市场的地位与作用越来越显得重要，对开放型国家或地区的经济尤为如此。

（二）外汇市场的汇率波动频繁，外汇风险管理已经引起重视

20 世纪 70 年代初期，许多国家或地区逐步实行浮动汇率制度，此后，外汇市场的动荡不稳和汇率波动剧烈就成了经常现象。进入 90 年代，经济全球化趋势不可阻挡，国际资本流动的规模与速度成倍增加，汇率剧烈波动，不可避免地给对外经济交易带来风险。在外汇批发、零售市场上，外汇风险管理大显身手，外汇交易者更懂得利用有效的交易形式来套期保值、转移风险或追逐风险利润。

（三）外汇市场上"创造价格"的功能越来越突出

在外汇交易过程中，出现的并不是一种价格，而是两种价格，即买入价和卖出价，在两种价格之间有一定的差幅，差幅也经常变动。外汇交易商主要是外汇银行，它们通过变动差幅的大小而"创造价格"，并根据这些价格进行交易，它们与外汇经纪商不同，后者只是促成外汇的买方能找到卖方，或卖方能找到买方；而前者不仅促成交易，而且为了轧平头寸有时作为交易的一方，即如果一笔外汇卖出一时找

不到买方，外汇银行则以其创造出的价格自己买入这笔外汇。众多的外汇交易者创造价格，将使外汇交易的价格趋同，影响汇率的变化。

（四）外汇市场上政府的干预比以前频繁、规模小，但及时并且效率高

尽管世界上许多国家或地区实行的是开放性经济，但政府对经济的干预或调节从未放弃过。尤其是外汇市场，不仅本国货币当局时常介入，有时甚至几个国家的中央银行联合起来干预，同时，干预的频率较过去频繁，但规模不大。

四、世界主要的外汇市场

目前世界上有三十多个外汇市场，其中最重要的有伦敦、纽约、东京、苏黎世、新加坡和香港等，它们各具特色并分别位于不同的国家和地区，相互联系，形成了全球统一的外汇市场。

（一）伦敦外汇市场

伦敦外汇市场是世界上最大的外汇市场。该市场由经营外汇业务的银行及外国银行在伦敦的分行、外汇经纪人、其他经营外汇业务的非银行金融机构和英格兰银行构成。

伦敦外汇市场约有300家领有英格兰银行执照的"外汇指定银行"，其中包括各大清算银行、商业银行、外国银行设在伦敦的分支机构及英国银行的海外分行。世界上100家最大的商业银行几乎都在伦敦设立了分行。它们向顾客提供各种外汇服务，并相互之间进行大规模的外汇交易。伦敦外汇市场上的外汇经纪商有90多家，这些外汇经纪人组成经纪人协会，支配着伦敦外汇市场上银行同业之间的交易。在伦敦外汇市场，外汇银行以外的机构进行外汇交易，必须通过专业外汇经纪人。外汇经纪人必须由英格兰银行批准。英格兰银行是英国的中央银行，它参与外汇市场的目的在于通过制定和颁布一系列条例来对外汇市场进行管理和监督，以维持正常的交易秩序。英格兰银行本身也参与外汇的买卖，直接干预外汇市场，其主要是利用自己掌管的英国财政部外汇平准基金来稳定英镑的汇率。

伦敦外汇市场是一个无形市场，所有外汇交易都通过电话、电报和电传进行。在路透社终端等先进的外汇交易工具启用后，其交易方式日趋简单便捷，成交量也成倍增长。2016年，英国伦敦外汇交易市场虽然出现疲软，较之前三年占全球比重高达41％相比，数据下滑至37％，但仍占据全球日交易量的三分之一。同时，伦敦地处世界时区的中心，在一天的营业时间里与世界其他重要外汇市场都能衔接。在东京、香港和新加坡中午闭市后，伦敦市场开盘。而且由于伦敦外汇市场的营业时间改为欧洲大陆标准时间，它与欧洲各大外汇市场形成了一个同步的大市场。午后，纽约市场又相继开盘，与伦敦市场同时交易半天。因而从时区上考虑，伦敦外汇市场成为外汇交易者安排外汇交易的最佳市场。

伦敦外汇市场上的交易货币几乎包括所有的可兑换货币，其中规模最大的是英镑对美元的交易，其次是英镑对欧元、瑞士法郎和日元的交易。此外，像美元对欧元、欧元对瑞士法郎等交易，在伦敦外汇市场上也普遍存在。在伦敦外汇市场上的外汇交易类别有即期外汇交易、远期外汇交易、外汇互换交易、外汇期货交易和期权交易等。伦敦也是欧洲最大的外汇期货和期权交易市场。

（二）纽约外汇市场

美国的外汇业务主要在纽约、芝加哥、旧金山、洛杉矶、波士顿、底特律和费城进行，其中纽约是美国外汇业务的中心。纽约外汇市场不仅是美国外汇业务的中心，也是世界上最重要的外汇市场之一，它的日交易量居世界第二位。纽约外汇市场的参与者主要是公司财团、个人、商业银行、外汇经纪人和中央银行。在经营业务方面，美国没有外汇管制，所以并不存在指定的经营外汇业务的专业银行，任何一家美国的商业银行均可自由地经营外汇业务。商业银行在外汇交易中起着极为重要的作用，外汇交易主要通过商业银行办理。

在纽约外汇市场上交易的货币主要有欧元、英镑、加拿大元、瑞士法郎、日元等。据纽约联邦储备银行提供的数据，在纽约外汇市场上，交易量最大的是美元对欧元，其余依次为日元、英镑、瑞士法郎、加拿大元及其他货币。

纽约外汇市场由三部分组成：一是银行与商业客户间的外汇交易市场，二是纽约银行间的外汇交易市场，三是纽约各银行与国外银行间的外汇交易市场。其中纽约银行间的外汇交易市场是交易量最大的市场，占整个外汇市场交易量的90%。银行与商业客户间的外汇交易，由商业客户在营业时间内向银行提出买卖外汇的要求，然后通过各银行提供的外汇交易室、外汇交易员进行实际的外汇买卖。纽约各银行与国外银行间的外汇交易是通过相互询价和报价，利用美联社终端或环球金融电讯网等先进的通讯、交易工具来完成的。

纽约外汇市场上的政府干预主要通过纽约联邦储备银行来进行，干预的形式包括与商业银行的直接交易、通过商业银行代理交易，或者以商业银行为代理机构，间接干预经纪人市场。其中以最后一种形式最为常见。

（三）东京外汇市场

东京外汇市场是目前亚洲最大的外汇市场，在世界上排名第三，仅次于伦敦和纽约。东京外汇市场的结构与伦敦、纽约外汇市场相似，也是由银行间的批发市场和银行与客户间的零售市场组成，其中银行间的批发市场是外汇市场的核心。

银行间市场由外汇指定银行、外汇经纪行和日本中央银行（即日本银行）构成。外汇指定银行中包括都市银行、长期信用银行、信托银行和地方银行等日籍银行，此外还有在日本的外国银行约250家。日本的外汇经纪行是外汇市场的中枢神经，是日本银行向市场传达各种政策的中介。当汇率大幅度波动，引起外汇投机并使进出口以及国内经济受到不良影响时，日本银行就会介入外汇市场进行干预。干预的方式是利用其以大藏大臣代理人身份管理的资金介入外汇市场。顾客市场的顾客由非银行金融机构、贸易公司、厂商及国外客户组成。在外汇管制时期，为防止顾客进行货币投机，规定非银行机构的外汇交易必须基于真实的商业要求，即实需原则。该规定已于1989年4月1日被取消。东京外汇市场的外汇交易类别主要包括即期外汇交易、远期外汇交易和外汇互换交易三种。

日本以前对外汇实行严格的管制，进入20世纪80年代以来，某些限制逐步松动。1980年废除了旧的《外汇法》和《外资法》，颁布了新的《外汇法》，规定所有银行均可在国内经营一般的外汇业务，居民外汇存款和借款自由，从而促进了东京外汇市场的发展。东京外汇市场也是通过电话、电报和电传进行外汇交易的无形市场，交易时间是从上午9:00到12:00，下午从13:00到15:00。日本外汇市场的交易集中于日元和美元两种货币的交易，美元兑日元买卖交易占交易总额的80%以上。近年来，欧元、英镑、瑞士法郎等其他货币的交易也有较快的增长。

（四）苏黎世外汇市场

由于瑞士法郎的币值稳定、可自由兑换以及瑞士传统上的中立国地位，苏黎世成为著名的国际外汇交易中心和清算中心。苏黎世外汇市场由瑞士信贷银行、瑞士联合银行、经营国际金融业务的银行、外国银行分支机构、国际清算银行和瑞士国家银行组成。在苏黎世外汇市场上，外汇交易通过电话、电传、电报等方式直接在各银行间进行，是典型的无形市场。交易货币主要是美元，市场汇率以美元对瑞士法郎的汇率为基准汇率，其他货币对瑞士法郎的汇率是由其他货币对美元的汇率折算的。苏黎世外汇市场上的外汇交易以即期外汇交易和远期外汇交易为主。

（五）新加坡外汇市场

新加坡外汇市场是亚洲第二大外汇市场，日平均交易量仅次于东京。新加坡外汇市场的主要参与者是外汇银行、外汇经纪人、商业客户和新加坡金融管理局。

新加坡外汇市场上银行间的交易都是通过经纪人进行的，但外汇经纪人只能获准作为银行的代理进行外汇交易，不能以本身的账户直接与非银行客户进行交易。而新加坡银行与境外银行的交易一般都可以直接进行。新加坡金融管理局是为了监督和管理外汇银行、干预外汇市场而介入外汇市场的。

新加坡外汇市场属无形市场，通常上午8:00开始交易，下午3:00收市。在新加坡外汇市场上，各种主要外国货币都可以互相买卖，如美元、欧元、日元、英镑、瑞士法郎等。新加坡外汇市场上的交易类别主要包括即期外汇交易和远期外汇交易。

（六）香港外汇市场

目前香港外汇市场在亚洲居于第三位，仅次于东京和新加坡。香港外汇市场没有固定的场所，只是由各商业银行、非银行的外汇交易商以及外汇经纪人，通过电话和电传联系所形成的交易网络。它主要从事银行间的外汇买卖业务，包括香港当地银行及香港与其他市场的货币交易。香港外汇市场上的外币交易主要是美元、欧元、日元、英镑和瑞士法郎间的交易，其中美元的交易量最大。在香港外汇市场上，美元是所有货币兑换的交易媒介。港元与其他外币不能直接兑换，必须通过美元套购，即先换成美元，再由美元折成所需货币。

香港外汇市场由两部分构成：一是传统外汇市场。这是港元兑换外币的市场，其中交易的币种包括美元、日元、欧元、英镑、加拿大元和澳大利亚元等主要货币和东南亚国家的货币。二是20世纪80年代之后发展起来的美元兑换其他外汇的市场。这个市场交易的目的在于完成跨国公司、跨国银行间资金的国际调拨。其主要市场参与者是外资银行，总行往往设在香港之外，但为了保持其外汇交易的连续性，选择香港外汇市场作为填补纽约外汇市场收市后到伦敦外汇市场开市前的空隙。香港外汇市场的营业时间是上午9:00开市，也就是纽约外汇市场收市后4小时、东京外汇市场开市后1小时开市，下午5:00收市，这时伦敦外汇市场刚开市。

五、我国外汇市场

1994 年 1 月我国外汇体制进行了重大改革，实行汇率并轨和银行结售汇制度，在原有外汇调剂市场的基础上建立全国统一的银行间外汇市场，由此形成了以市场供求为基础的、单一的、有管理的浮动汇率制度。银行间外汇市场是以银行和非银行金融机构为交易主体的外汇交易体系，中介机构是中国外汇交易中心。中国外汇交易中心的总部设在上海，它通过计算机网络与全国各地的分中心实行联网交易。

我国外汇市场分两个层次：第一层次是银行与客户之间的零售市场，如银行与客户之间的结售汇。外汇指定银行每天根据中央银行公布的人民币对外币的中间价，在一定的浮动范围内制定对客户的挂牌价，与客户进行外汇买卖。第二层次是银行之间的外汇交易市场，也称银行间外汇市场，其交易载体是中国外汇交易中心的联网交易系统。银行间外汇市场的组织结构和运行机制包括以下几个方面。

（一）实行计算机联网交易

中国外汇交易中心通过计算机网络与全国各地的分中心和调剂中心实行联网交易。

（二）实行会员制

经中国人民银行批准设立、国家外汇管理局准许经营外汇业务的金融机构可向中国外汇交易中心申请，成为外汇交易中心的会员，参与国内外外汇市场交易。会员分为自营会员和代理会员两类。自营会员可兼营代理业务，代理会员只能从事代理业务，不得兼营自营业务。

（三）实行分别报价、撮合成交的竞价交易方式

在中国外汇交易的系统中，交易员报价后，由交易系统按照价格优先、时间优先的原则撮合成交。当买入报价和卖出报价相同时，报价即为成交价；当买入报价高于卖出报价时，成交价为买入报价与卖出报价的算术平均数；当买卖双方报价数额相等时，买卖双方所报数额全部成交；当买卖双方报价数额不相等时，成交数额为所报数额较少者，未成交部分可保留、变更或撤销。

（四）实行本外币资金的集中清算

在中国外汇交易的系统中，人民币资金实行二级清算，即各个分中心负责当地会员之间的清算，总中心负责各分中心的差额清算。人民币资金清算通过在中国人民银行开立的人民币账户办理。外汇资金实行一级清算，即总中心负责会员之间的清算。外汇资金清算通过中国外汇交易中心在境外开立的外汇账户办理。本外币资金清算速度均为 T + 1。

（五）在全国统一的银行间外汇市场，交易时间和交易品种都有明确的规定

一般情况下，交易市场每周一至周五开市，国内法定节假日不开市。交易币种有美元、港元和日元等。

第五节　黄金市场

一、黄金市场概述

（一）黄金市场的产生

黄金市场是指集中进行黄金买卖和金币兑换的市场。国际黄金市场的历史源远流长，世界各国集中进行黄金交易的场所是国际金融市场中最早出现的部分。随着黄金在国际货币体系中的地位不断变化，国际黄金市场不断演变与发展。

最早的国际黄金市场是中世纪形成的伦敦黄金市场，但当时它是在一些金匠加工金器的基础上发展起来的，具有非常原始的性质。到 19 世纪初，伦敦已经成为世界上金条冶炼、黄金销售和金币兑换的中心。19 世纪 60 年代，西方各国先后实行了金本位制，使黄金逐渐在国际货币体系中占据重要地位。随着黄金社会属性日益增强，各国对黄金交易的需求量也随之增大。1919 年 9 月，伦敦黄金市场开始实行按日报价制度，成为一个体系健全、制度规范的世界黄金市场。自此，黄金市场就作为各国金融市场体系的重要组成部分而日益发展起来，黄金市场所具有的金融市场性质也与日俱增。黄金作为本位货币为外汇市场的发展提供了稳定的基础。直至第二次世界大战前，伦敦是世界上规模最大、最重要的黄金市场。

（二）布雷顿森林体系下的黄金市场

第二次世界大战后，布雷顿森林体系确立了黄金美元本位制。各成员国同意以美元作为储备货币，将本国货币与之挂钩，保持固定汇率制度，而美国向各国承诺按每盎司黄金 35 美元的价格无限制兑换黄金。在该体系下，美元处于中心地位，实际上是一种新的金汇兑本位制。布雷顿森林体系使得金价与美元的信誉地位密切相关，黄金的价格相对稳定。随着美元危机屡次爆发，金价暴涨。1961 年 10 月，美国、英国等七国组成"黄金总库"，平息金价，保卫美元。1968 年 3 月，美元再次爆发严重危机，"黄金总库"无力维持市场金价，被迫解散。七国中央银行宣布实行黄金双价制，即各国中央银行仍可按官方价格兑换黄金，但私人黄金交易须在自由市场进行，价格由供求状况决定。1971 年，美国实行新经济政策，停止美元与黄金的兑换。黄金市场逐步摆脱官方限制，走向市场化。

（三）黄金非货币化后黄金市场的发展

1976 年 1 月，国际货币基金组织达成《牙买加协定》，宣布黄金不再作为货币定值标准；废除黄金官价，成员国可以在黄金市场按市价自由买卖黄金；取消对国际货币基金组织必须用黄金支付的规定；出售国际货币基金组织六分之一的黄金，所得利润用于建立帮助低收入国家的优惠贷款基金；黄金作为国际储备资产的地位将由特别提款权（SDR）取代。1978 年 4 月 1 日，国际货币基金组织通过了修改后的《国际货币基金组织协定》，黄金迈上了非货币化道路。

黄金非货币化使黄金不再承担货币的职能，逐步恢复一般商品的地位。黄金从国家金库走向了寻常百姓，黄金交易规模增加，为黄金市场发育、发展提供了现实的经济环境。各国中央银行及政府放松对黄金的管理又为黄金市场的发展创造了政策条件。黄金非货币化使世界黄金市场的面貌和性质发生了根本性的转变，完整意义上的国际黄金市场迅速发展起来。1983 年至 1992 年，经济全球化和金融自由化推动国际黄金市场进一步发展，逐渐形成以伦敦为黄金交易中心，苏黎世为运转中心，连接东京、纽约、开普敦、香港等地的全球市场运作模式，世界各国可以 24 小时连续进行交易。1988 年伦敦黄金市场重组，传统封闭的黄金经纪业务逐步向其他金融机构开放，通过各种形式使黄金市场与其他金融市场的联系更为紧密。1993 年以后，黄金市场推出多样化场外衍生工具及融资工具，各国中央银行更加积极地利用国际黄金市场管理黄金。国际黄金市场进入一个新的时代。

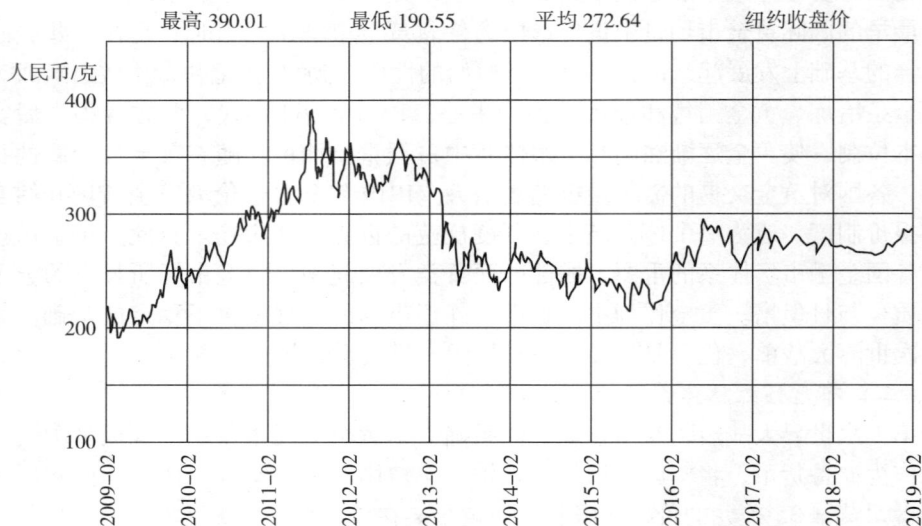

资料来源：http：//gold. digizby. com/snrmbhj. html。

图 7 - 1   十年黄金价格走势图

二、黄金市场的供求

（一）黄金市场的供给

1. 世界黄金供给的主要来源是黄金的生产

黄金供给包括世界各产金国的新产黄金和还原重用的黄金。目前世界黄金的主要生产国有南非、美国、澳大利亚、俄罗斯和加拿大等。

2. 各国政府出售的黄金

各国政府出于国际储备管理的需要和国内经济发展的需要而减少其黄金储备，在市场上出售黄金。例如，前苏联曾在国际黄金市场出售黄金储备来缓解其因外汇储备不足而造成的国际支付困难。

3. 国际金融组织出售的黄金

国际金融组织为满足业务开展的需要而抛售的黄金。例如，国际货币基金组织曾在 1976 年 1 月将其持有库存黄金的六分之一按市场价格出售，以所得利润（市价超过原黄金官价部分）建立信托基金，向贫困国家提供优惠信贷。

4. 黄金投资人出售的黄金

黄金投资人指的是为获得买卖差价的收益而参与黄金买卖的各类企业和个人。近年来，在国际黄金市场最为活跃的投资人是以各种类型的基金为代表的机构投资者。它们在金价高时抛出黄金，成为国际黄金市场的供给者。

（二）黄金市场的需求

1. 各国中央银行作为储备资产

黄金储备是各国官方储备中不可缺少的一个组成部分，各国黄金储备的主要作用是作为国际支付的准备金，一国黄金储备的多少与其外债偿付能力有密切关系。为了保持一定的黄金储备比例，各国中央银行及国际金融机构都会参与世界黄金市场的交易活动。

2. 作为工业用途的黄金

黄金的工业用途广泛，可以用于通信设备、机械设备、珠宝首饰制造、钟表制造等工业用途。

3. 集团或个人购进黄金，用于保值、投资或投机

黄金具有良好的安全性、变现能力和比较稳定的回报率，是一种较好的、独具特性的投资产品。黄金可对抗长期性通货膨胀和货币贬值，是一种有效的避险工具。投机者则利用金价的波动从中获取利润。

三、黄金市场的类型

黄金市场是黄金供求双方进行黄金交易的集中场所，是世界各国金融体系的重要组成部分。

（一）按照交易期限和交易类型不同，黄金市场可分为黄金现货市场和黄金期货市场

1. 黄金现货市场

黄金现货市场是以黄金现货交易为主的市场。交易双方在成交后立即进行实物交割或在两个营业日内完成交割。黄金现货交易基本都是即期交易，交易对象以金块、金锭、金条和金币为主。伦敦和苏黎世的黄金市场都是以现货交易为主的市场。黄金现货市场没有统一的价格形成机制，而是依赖于各交易中心所在地的具体情况，形成在当地相对统一的价格决定机制。

2. 黄金期货市场

黄金期货市场是在现货市场的基础上产生和发展起来的一种高级市场形式，交易对象为高度标准化的期货合约。交易双方先签订合同、交付押金，在未来日期进行合同交割。由于期货交割时间较长，在交割之前可以根据价格变化的趋势进行对冲。所以期货合同实物交割得很少。美国纽约、芝加哥和中国香港是主要的黄金期货交割中心。黄金期货市场为交易者提供了规避风险的渠道，也为投机商提供了投机场所。黄金交易商可以在期货市场上购买期货合约，通过与现货市场交易方向相反的对冲，进行套期保值。黄金投资商并不持有黄金现货，但是可以通过期货合约的买卖，利用价格波动从中获利。投机商的行为增加了黄金市场的不确定性。

（二）按照交易品种不同，黄金市场可分为黄金原生品市场和黄金衍生品市场

1. 黄金原生品市场

黄金原生品市场即实金交易市场，是黄金生产者、加工者和销售者之间进行交易的场所。

2. 黄金衍生品市场

黄金衍生品市场是在黄金原生品市场的基础上衍生出来的市场形式，主要包括黄金借贷市场、黄金期货市场、黄金期权市场和纸黄金市场等。黄金衍生品市场的产生和发展，一方面源自黄金交易者规避风险的需要，另一方面源自投资和投机者的需要。从市场交易规模来看，黄金衍生品市场已经成为市场的主导。

四、世界主要黄金市场

伦敦、苏黎世、纽约和香港的黄金市场被称为国际著名的四大黄金市场。它们的历史久远、制度健全规范、组织严密、交易规模巨大、交易品种灵活多样、市场效率高、成本低，引领着世界黄金市场的发展方向。此外，东京和新加坡的黄金市场也比较重要。

（一）伦敦黄金市场

1804 年，伦敦取代荷兰阿姆斯特丹成为世界黄金交易中心。1919 年 9 月 12 日伦敦黄金市场正式成立，在世界黄金市场上占据着无可比拟的重要地位。

由于伦敦具有国际金融中心的各种有利条件，因此长期以来承担着世界黄金产销、转运和调剂的枢纽作用，黄金交易量最高时曾达到世界交易总量的 80%。虽然第二次世界大战后许多国家的黄金市场逐步发展起来，但伦敦黄金市场在世界黄金市场中的地位并没有因此而动摇，它在世界黄金价格和交易量方面对其他黄金市场都有指导作用。多数外国中央银行都在伦敦进行黄金交易，它还是世界上报价商最多的黄金市场。伦敦市场的金价是世界黄金行情的"晴雨表"。1982 年以前，伦敦黄金市场主要经营黄金现货交易。1982 年 4 月 19 日伦敦黄金期货市场正式开业，成为欧洲第一个黄金期货市场。

伦敦黄金市场有著名的五大金商，每天伦敦时间上午 10:30 和下午 3:00 他们派出代表在罗斯柴尔德公司召开定价会议，确定当日的黄金价格，该金价成为其他黄金市场的指导价。在定价前，市场交易停止片刻，首席代表（罗斯柴尔德公司）依据市场情况定出开盘价，各公司代表讨论通过后，随即用电话将该价格汇报给本公司，告知客户可按此价格委托买卖。五家公司将接受的买卖委托很快汇总到议价场所，如果买卖数量平衡，此价格被确定为黄金定价。如果买卖双方数量不平衡，则要调整价格直到平衡。目前伦敦黄金市场由有形市场和无形市场构成。有形市场就设在罗斯柴尔德公司，而无形市场由伦敦大金行通过先进的电子通讯设备与世界各地的客户联系在一起，形成巨大的交易网络。

（二）苏黎世黄金市场

苏黎世黄金市场的建立和发展与苏黎世作为金融中心的发展紧密相连。20 世纪 30 年代初，苏黎世已经成为世界上最重要的金币交易中心。第二次世界大战爆发后，伦敦黄金市场受战争影响关闭。苏黎世黄金市场由于处于中立国而未受到影响，

并且在此期间迅速发展，成为世界性的自由黄金市场。1968年3月，全球性的黄金投机潮给第二次世界大战后的国际货币体系以致命打击，人们大量抛出美元，抢购黄金，金价猛涨，伦敦黄金市场被迫关闭半个多月。而苏黎世黄金市场仅停业一天就恢复营业，并扩大了国际黄金交易，由此确定了苏黎世世界主要黄金市场的地位。

苏黎世黄金市场的发展得益于众多有利的因素。早期建立的优质空中通讯网络、资本自由出入境政策、低利率、高度发达的金融系统、瑞士特殊的银行体系和辅助性的黄金交易服务体系，这些都为黄金买卖提供了一个既自由又保密的环境。前苏联当年大量抛售的库存黄金聚集于此以及中东产油国用大量石油美元收入扩大黄金储备和购买黄金保值，使得苏黎世不仅是世界上新增的黄金最大中转站，也是世界上最大的私人黄金存储中心。苏黎世黄金市场在国际黄金市场上的地位仅次于伦敦。

苏黎世黄金市场没有正式的组织结构，而是由瑞士三大银行——瑞士银行、瑞士信贷银行和瑞士联合银行联合经营黄金买卖，负责清算结账。由于它们之间是一种卡特尔式的组合，所以可以对外开出统一的黄金价格。苏黎世黄金总库（Zurich Gold Pool）建立在瑞士三大银行非正式协商的基础上，不受政府管辖，作为交易的联合体与清算系统混合体在市场上发挥中介作用。

（三）纽约黄金市场

纽约是世界上最大的金融中心。1974年12月，美国政府废除黄金私人拥有的禁令，纽约黄金市场开始蓬勃发展。1977年美元的贬值唤起了人们对黄金的巨大兴趣，纽约黄金市场的规模迅速扩大，成为世界黄金市场的一支重要力量。纽约黄金市场是美国财政部和国际货币基金组织拍卖黄金的所在地，这在国际黄金市场中更具独特的地位。与伦敦黄金市场、苏黎世黄金市场不同，纽约黄金市场以黄金期货交易为主。纽约商品交易所（COMEX）是世界最大的黄金期货交易中心。

（四）香港黄金市场

香港黄金市场已有90多年的历史。其形成是以香港金银贸易场的成立为标志。香港金银贸易场是一个黄金和白银交易所，由一个买卖各国纸币、金币和银币的地区性市场发展成为国际性的黄金集散中心，现已成为世界四大金市之一。香港金银贸易场的买卖活动自建立一直到第二次世界大战结束，备受外来因素的影响。1974年，香港政府撤销黄金进出口的管制后，香港金银贸易场快速走向国际化，业务得到突飞猛进的发展，进一步提高了香港作为亚洲金融中心的地位。1980年前后，香港黄金交易最活跃，于1980年1月18日创下历史高峰。

目前，香港黄金市场由三个市场组成：香港金银贸易市场、本地伦敦金市场和黄金期货市场。香港具有稳定的政治局面、便利的交通、先进的通信设备和健全的金融体系等有利条件。相对于伦敦黄金市场和纽约黄金市场来说，香港黄金市场具有有利的时差，恰好填补了纽约、芝加哥市场收市和伦敦开市前的空当，从而可以连贯亚欧美三洲，形成一个整天超过17小时买卖黄金的全球性市场。香港优越的地理条件引起了欧洲金商的注意，伦敦五大金行、瑞士三大银行等纷纷在香港设立分公司。它们将在伦敦交收的黄金买卖活动带到香港，逐渐形成了一个无形的当地"伦敦金市场"，促使香港成为世界主要的黄金市场之一。

五、中国黄金市场的建立和发展

随着世界经济的快速发展，经济全球化已经成为不可阻挡的趋势。中国加入世界贸易组织后已经按照承诺逐步放开国内市场。建立和开放中国的黄金市场可以充分利用黄金资源，避免黄金黑市交易和走私，提高黄金企业的竞争力，有利于建立区域性国际金融中心，有利于维护金融秩序，增加居民投资渠道和分散投资风险。

由于黄金固有的特性和中国的特殊国情，中国政府对黄金一直采取统购统配的管理模式，长期以来形成了黄金在中国不可自由买卖的历史。中国黄金市场的市场化改革开始于20世纪90年代。2001年6月，时任中国人民银行行长戴相龙向媒体发布消息，中国将取消长期实行的统购统配政策，国家不再收购黄金，让黄金直接进入市场，让黄金的生产企业、加工企业进入交易所"供销见面"，直接交易。中国的黄金市场从过去的审批制转为核准制，黄金定价方式与国际金价接轨，而后又实行每周报价政策。同年8月1日，足金饰品、金精矿、金块矿和金银产品价格放开。2001年11月，中国黄金协会成立。2003年初，中国黄金集团公司成立。目前，中国国内的黄金市场可分为黄金批发市场和黄金零售市场。两者的区别在于参与黄金买卖交易的对象、交易目的和方法不同。批发市场内的交易数额一般比较大，报价、清算和交割比较规范，对入市交易者有一定的要求和限制，适合黄金大宗批发商参与，如上海黄金交易所就属于黄金货币商品批发市场的范畴。黄金零售市场是商业银行、首饰商与个人炒金者之间直接进行交易的场所，交易方式比较灵活，市场进出的门槛比较低，适合个人投资者参与。

【知识链接7-2】

上海黄金交易所

上海黄金交易所是经国务院批准，由中国人民银行组建，中国专门从事黄金交易的国家金融要素市场，于2002年10月正式运行。它的成立实现了中国黄金生产、消费、流通体制的市场化，是中国黄金市场开放的重要标志。

自2007年起，上海黄金交易所交易量连续10年位居全球场内黄金现货场所之首。截至2017年末，上海黄金交易所有会员253家，其中国内金融类、综合类共165家，特别会员19家，国际会员69家，国内会员单位年产金、用金量占全国的90%，冶炼能力占全国的95%；国际会员均为国际知名银行、黄金集团及投资机构。截至2017年末，机构客户12269户，个人客户977万户。

经过十多年的发展，上海黄金交易所建成了由竞价、询价、定价、租赁等市场共同组成、融境内主板市场与国际板市场于一体的多层次黄金市场体系。竞价市场实行集中竞价撮合机制，是目前交易量最大的市场，金融机构、产用金企业等机构和个人均可参与，交易标的包括黄金、白银和铂金三大类品种，有现货实盘合约、现货即期合约和现货延期交收合约等16个合约。询价市场是机构之间开展定制化衍生品交易的重要平台，主要提供黄金即期、远期、掉期和期权等交易品种，近年来交易规模增长迅速，已成为上海黄金交易所市场的重要组成部分。租借市场主要开展商业银行之间的黄金拆借业务、银行与企业之间的黄金租借业务，是上海黄金交易所支持产用金企业发展、更好地发挥黄金市场投融资职能的重要创新和有益探索。

上海黄金交易所实行"集中、净额、分级"的结算原则，目前主板业务共有指定保证金存管银行 18 家，国际板业务共有指定保证金存管银行 8 家。上海黄金交易所实物交割便捷，在全国 35 个城市使用 61 家指定仓库，并在全国范围内对金锭和金条进行统一调运配送。

2016 年 4 月 19 日，上海黄金交易所发布了"上海金"，是全球首个以人民币计价的黄金基准价格。"上海金"定价机制是中国金融要素市场创新开放、积极融入全球一体化进程的重要尝试，为黄金市场参与者提供了良好的风险管理和创新工具，加快了中国黄金市场的国际化进程；2016 年 1 月 26 日，上海黄金交易所推出首款移动互联网产品"易金通"，打造真正惠及群众的"百姓金"平台，推动黄金投资实现便利普惠。上海黄金交易所近年来还配合国家"一带一路"战略，积极落实与相关省份和沿线国家、地区黄金市场的全方位对接以及战略合作，不断提升中国黄金市场的核心竞争力和国际影响力。

（资料来源：上海黄金交易网，http：//www.sge.com.cn/jjsjs。）

第六节　经典案例

离岸金融市场的潜在弊端

近年来，离岸金融市场获得了迅速的发展，同时也产生了一些弊端。比如，某些新兴的离岸银行中心为不太合法的金融市场提供服务，影响了金融市场的健康发展。

离岸银行业有利可图且发展迅速，据估计，该行业的业务正在以 15% 的速度逐年增长，因此，新兴的中心都在力图从传统离岸金融中心手中争得一块业务。由于极力吸引业务以及本身监管力度不高等原因，这些新兴中心往往成为洗钱的场所。

塞舌尔是另一个激起国际监督当局公愤的国家，它向所有 1000 万美元以上的投资者敞开大门，从不追究资金究竟从何而来。英国、欧盟、美国和经合组织已联合谴责这种公然邀请洗钱分子和毒品走私团伙的做法。迄今为止，这一举措已足以吓退其潜在的客户，迫使他们转向别处寻觅其他洗钱天堂。

如今，正当的离岸银行中心已迅速采取措施回绝那些来自一些新兴市场的可疑资金。在欧洲，这主要是指俄国和前苏联及东欧诸国；在世界的另一端，美国反毒品局的官员们也一直在全力以赴追查离岸可卡因黑钱。

一个重大的洗钱丑闻就能毁掉一家银行的所有业务。1991 年 7 月关闭的国际商业信贷银行（BCCI）就是一个例子。当一切正常时，BCCI 成功地瞒过了银行监管当局，它将控股公司设在卢森堡，将主要业务附属机构设在开曼群岛，并在世界各地建立了 70 家分行。它总是设法避开了银行监管当局对其业务的稽核，等到英格兰银行最终抓获 BCCI 时，它已在英国三大离岸金融中心之一的马恩岛开办了业务。马恩岛为此已为存款人赔付了近 2300 万英镑。

总结：由于离岸金融市场可以不受任何国家的有关金融法规的监管，所以其具有强大的吸引力。然而，另一方面这也为它带来了潜在的风险，我们应充分认识到这一点。

【本章小结】

国际金融市场是指资金融通或金融产品的买卖在国家间进行的场所，也就是居民与非居民之间或者非居民与非居民之间进行的国际性金融业务活动的场所。狭义的国际金融市场是指从事国家间资金借贷活动的市场，也就是国际货币市场和国际资本市场。广义的国际金融市场是指进行各种国际金融业务活动的场所。

国际货币市场是指居民与非居民之间或非居民与非居民之间以短期金融工具为媒介进行的期限在 1 年以内（含 1 年）的短期资金融通市场，也称为短期资金市场或短期金融市场。国际资本市场是指借贷期限在 1 年以上的中长期资金市场。从广义上来说，它包括通过直接融资渠道和间接融资渠道的期限在 1 年以上的融资形式，也就是中长期信贷市场和证券市场。

欧洲货币市场即离岸金融市场，是指各种境外货币借贷和境外证券发行与交易的市场，包括货币市场和资本市场。它是非居民之间在某种货币发行国境外从事该种货币的资金融通及相关业务活动的市场。

外汇市场是指个人、企业、银行和经纪人从事外汇交易的组织系统、场所或网络。外汇市场不像商品市场或证券交易所那样存在于某个特定的建筑物或场所里，而是遍布世界各地主要的金融中心。

黄金市场是指集中进行黄金买卖和金币兑换的市场。国际黄金市场的历史源远流长，世界各国集中进行黄金交易的场所是国际金融市场中最早出现的部分。

【章后习题】

一、重点概念

国际金融市场　国际货币市场　国际资本市场　同业拆借市场　银行短期信贷市场　短期证券市场　中长期信贷市场　中长期证券市场　欧洲货币市场　外汇市场　黄金市场

二、复习思考题

1. 选择题

（1）下面哪几个国家或地区已经形成了欧洲货币市场（　　）。

A. 中国香港　　　B. 纽约　　　　　C. 伦敦　　　　　D. 法兰克福

E. 悉尼

（2）在英国货币市场上，（　　）占有重要地位。

A. 商业银行　　　B. 投资银行　　　C. 贴现行　　　　D. 证券经纪商

（3）一般来说，国际货币市场的中介机构包括（　　）。

A. 投资银行　　　B. 商业银行　　　C. 信托机构　　　D. 承兑行

E. 贴现行　　　　F. 证券交易商　　G. 证券经纪人

（4）下列属于短期证券市场的金融工具的是（　　　）。

A. 国库券　　　　　B. 公债券　　　　　C. CDS　　　　　D. 承兑汇票

E. 企业本票　　　　F. 企业股票

（5）欧洲货币市场的币种交易中比重最大的是（　　　）。

A. 欧洲美元　　　　B. 欧洲英镑　　　　C. 欧洲欧元　　　　D. 欧洲日元

2. 判断题

（1）LIBOR 是国际金融市场的中长期利率。　　　　　　　　　　　　（　　）

（2）银行是国际金融业务的主要载体。　　　　　　　　　　　　　　（　　）

（3）货币市场和资本市场的划分是以资金的用途为标准的。　　　　（　　）

（4）通常所指的欧洲货币市场，主要是指在岸金融市场。　　　　　（　　）

（5）欧洲货币市场主要指中长期的资本市场。　　　　　　　　　　（　　）

3. 简答与论述

（1）国际金融市场的特点是什么？

（2）简述国际货币市场的特点及组成。

（3）简述国际资本市场的特点及组成。

（4）简述欧洲货币市场的特点和作用。

（5）外汇市场有什么特点？参与者有哪些？

（6）外汇市场的特征有哪些？

三、案例分析

纽约金融市场

纽约是世界上最重要的国际金融中心之一。第二次世界大战以后，纽约金融市场在国际金融领域中的地位进一步加强。美国凭借其在战争时期膨胀起来的强大经济和金融实力，建立了以美元为中心的资本主义货币体系，使美元成为世界最主要的储备货币和国际清算货币。西方资本主义国家和发展中国家的外汇储备中大部分是美元资产，存放在美国，由纽约联邦储备银行代为保管。一些外国官方机构持有的部分黄金也存放在纽约联邦储备银行。纽约联邦储备银行作为贯彻执行美国货币政策及外汇政策的主要机构，在金融市场的活动直接影响到市场利率和汇率的变化，对国际市场利率和汇率的变化有着重要影响。世界各地的美元买卖，包括欧洲美元、亚洲美元市场的交易，都必须在美国，特别是在纽约的商业银行账户上办理收付、清算和划拨，因此纽约成为世界美元交易的清算中心。

此外，美国外汇管制较松，资金调动比较自由。在纽约，不仅有许多大银行，而且商业银行、储蓄银行、投资银行、证券交易所及保险公司等金融机构云集，许多外国银行也在纽约设有分支机构，1983 年世界最大的 100 家银行在纽约设有分支机构的就有 95 家。这些都为纽约金融市场的进一步发展创造了条件，加强了它在国际金融领域中的地位。

纽约金融市场按交易对象划分，主要包括外汇市场、货币市场和资本市场。纽约外汇市场是美国也是世界上最主要的外汇市场。纽约外汇市场并无固定的交易场所，所有的外汇交易都是通过电话、电报和电传等通讯设备，在纽约的商业银行与外汇市场经纪人之间进行。这种联络就组成了纽约银行间的外汇市场。此外，各大商业银行都有自己的通讯系统，与该行在世界各地的分行外汇部门保持联系，又构成了世界性的外汇市场。

由于世界各地时差关系，各外汇市场开市时间不同，纽约大银行与世界各地外汇市场可以昼夜24小时保持联系。因此，它在国际间的套汇活动几乎可以立即完成。纽约货币市场即纽约短期资金的借贷市场，是资本主义世界主要货币市场中交易量最大的一个。除纽约市金融机构、工商业和私人在这里进行交易外，每天还有大量短期资金从美国和世界各地涌入流出。和外汇市场一样，纽约货币市场也没有一个固定的场所，交易都是供求双方直接或通过经纪人进行的。在纽约货币市场的交易按交易对象可分为联邦基金市场、政府国库券市场、银行可转让定期存单市场、银行承兑汇票市场和商业票据市场等。纽约资本市场是世界最大的经营中、长期借贷资金的资本市场，可分为债券市场和股票市场。纽约债券市场交易的主要对象是政府债券、公司债券、外国债券。纽约股票市场是纽约资本市场的一个组成部分。在美国，有10多家证券交易所按证券交易法注册，被列为全国性的交易所。其中纽约证券交易所、NASDAQ和美国证券交易所规模最大，它们都设在纽约。

问题：对比纽约金融市场，上海在建立国际金融中心的过程中还有哪些方面需要完善？

第八章
国际货币体系与国际金融机构

【学习目标】

- 了解国际货币体系的历史；
- 掌握布雷顿森林体系的主要内容及其特点和作用；
- 理解布雷顿森林体系崩溃的原因；
- 熟知各金融机构的宗旨、职能和组织机构。

【章前引例】

据香港《文汇报》报道，诺贝尔经济学奖得主、"欧元之父"蒙代尔于2009年9月24日在香港中文大学发表"金融危机及其对国际货币体系前途的影响"为题的公开演讲。对未来国际货币体系改革，他预计，在G20会议上，不少国家领导人将提议建立"国际货币"（Global Money），但奥巴马会反对该提议。因由历史可见，超级大国一般都会反对国际货币的设立，如20世纪初，英镑占主导地位时的英国。蒙代尔为何如此预计？国际货币体系是什么？你对现行的国际货币体系了解多少？

国际货币体系产生于资本主义的生产方式下。在资本主义以前的社会中，由于国际商品交易及其他交往较少，因而对国际货币合作没有要求。但是进入资本主义社会后，由于国际政治、经济、文化交往的频繁，特别是国际贸易和金融往来的增加，产生了对国际货币合作的需求。如在国际贸易活动中，进出口商品以哪种货币进行支付，货币之间兑换比率如何，各国出现国际收支失衡问题，到底是由逆差国进行调整还是由顺差国承担调整责任等诸多情况的出现，要求各国在这些问题上进行合作的结果就形成了国际货币体系。国际货币体系主要经历了国际金本位体系、布雷顿森林体系和牙买加体系三个阶段。

第一节　国际货币体系

一、国际货币体系概述

（一）国际货币体系的概念

国际货币体系（International Monetary System）又称国际货币制度或秩序，是关于调节各国货币关系的一系列国际性规则、协议、惯例、安排和组织机构的统称。

国际货币体系是规范国家间货币行为的准则，是世界各国开展对外金融活动的重要依据。它的形成基本上有两种方式：一种是通过习惯和惯例演变而成的。当相互联系的习惯或程序形成以后，一定的活动方式就会得到公认，当越来越多的参与者都共同遵守某些程序或惯例时，一种体系就发展起来了，如国际金本位货币体系，这种体系的形成是一个长期的缓慢的过程。另一种是通过正式的国际条约或协议的方式而形成的，如布雷顿森林货币体系是在第二次世界大战后很短的时间内通过国际会议达成协议而建立起来的。无论是通过哪种途径形成的国际货币体系，都是世界经济发展的客观历史产物，有时代的特殊性。

（二）国际货币体系的内容

1. 确定关键货币作为国际货币

关键货币是在国际货币体系中充当基础性价值换算工具的货币，它是国际货币体系的基本要素。因为一国对外收支不能使用本国货币，而必须使用各国普遍接受的货币即关键货币。只有确定了关键货币，才能进而确定各国货币之间的兑换比率，即汇率的调整及国际储备的构成等。因此，确定关键货币，即确定货币由何种材料担当、货币的质量及单位、该货币在体系内的地位，便构成了国际货币的一项重要内容。

2. 确定汇率制度

国际货币体系的核心是汇率制度的确定。国际交往产生了国际支付的需要，货币在执行世界货币的职能时，各国之间的货币需要确定一个比率，即汇率。围绕汇率的确定，各国政府一般要规定：货币比价确定的依据，货币比价波动的界限，货币比价的调整，维持货币比价所采取的措施，是采取固定汇率制度还是采取浮动汇率制度以及一国货币能否自由兑换，在结算国家之间的债权债务时采取什么样的结算方式，对支付是否加以限制等。

3. 确定国际储备资产

为保证国际支付及国际收支调节的需要，各国必须保存一定数量的、为各国普遍接受的国际储备资产。国际储备资产供应构成国际货币体系的一项主要内容。储备资产的供应应该置于国际控制之下，保持适当的数量，或多或少都会损害世界经济。

4. 确定国际收支调节机制

世界各国国际收支的平衡发展是国际货币体系正常运转的基础。在有些情况下，一国的国际收支失衡，通过本国采取国内经济政策或外汇政策就可以恢复平衡；在有些情况下就需要根据国际协定，通过国际金融组织、外国政府贷款，或者通过各国政府协调政策，干预市场达到国际收支平衡。国际收支平衡的协调是国际货币体系的重要内容。

（三）国际货币体系的评价标准

依据上述国际货币体系的内容，纵观国际货币体系的发展历史，我们可以用三个标准来判断一种国际货币体系是否有效地发挥其作用。

1. 能否提供充足的国际清偿能力

理想的国际货币体系应使储备资产的增加保持在同世界经济和国际贸易的发展速度相当的水平，过快的增长会加剧世界性通货膨胀，过慢的增长会导致世界经济和国际贸易的萎缩。

2. 制度的稳定性及人们对该制度的信心

良好的国际货币制度应保持汇率稳定，国际收支的调节机制可以顺利地发挥作用，使人们对该制度充满信心，不进行大规模的国际储备货币买卖活动，从而使储备资产价值保持稳定。

3. 对国际收支的调节是否有效

理想的国际货币制度应具有有效的国际收支调节机制，使各国公平合理地承担调节国际收支失衡的责任，并使失衡在最短时间内以最小的成本得到调整。

此外，从理论上讲，一个理想的国际货币体系应有助于同时实现以下四个经济目标。

第一，维护各国货币汇率的稳定。货币汇率的稳定是确定和实现各国经济所拥有的相对优势的前提，它能促进国际贸易、国际信贷和国际投资等国际经贸活动在一个稳定的、可预测的基础上发展，从而使世界经济更加繁荣。

第二，消除外汇管制所造成的价格扭曲影响，促进商品、资本等生产要素的跨国界自由流动。很显然，生产要素的跨国界自由流动对于有限的经济资源在全世界范围内进行更具效率的配置和利用是绝对必要的，它能提高各国的社会福利水平。

第三，保持各国货币政策的独立性，摆脱必须将外部经济平衡放在内部经济平衡之前来考虑的束缚。这是任何一个主权国家的政府在管理国民经济时非常期望的，它有助于降低外部经济的调节成本。

第四，实现国际收支的平衡。这与其说是一个国家的外部经济目标，不如说是封闭的世界经济体系对各国开放经济所形成的外部约束。如果各国不能清楚地意识到这个约束的存在，国际经济关系就会矛盾不断，纷争不停。

因此，能否同时实现以上四个目标也可作为评价国际货币体系的标准之一，如固定汇率制度仅能实现上述目标的第一点和第三点，因此固定汇率制度谈不上是理想的国际货币体系。

二、国际金本位体系

（一）国际金本位制的概述

大多数的研究者认为，最早形成的国际货币体系是国际金本位制。金本位制将一定量的黄金作为本位货币，而本位货币则是指以国家规定的货币金属按照国家法律规定的货币单位铸成的一国货币制度的基础货币。货币的币材是随着经济的发展而不断变化的。一般国家在它们的经济发展到一定阶段后，必然会采用贵金属作为货币的币材。在经过很长一段金银并行流通的时期后，黄金由于其优良的金属特性，而成了广泛使用的币材。在金本位制度下，黄金具有货币的全部职能，即价值尺度、流通手段、贮藏手段、支付手段和世界货币。

金本位制大约从 19 世纪开始逐渐形成。英国于 1816 年正式颁布了《金本位制度法案》，最早实行了金本位制度，此后，其他资本主义国家纷纷效仿英国。19 世纪中期黄金的大量发现为金本位制的形成提供了重要的条件，也有力地推动了许多国家向金本位制的过渡。大约到 1880 年，主要资本主义国家普遍实行了金本位制，这表明黄金的国际货币地位自动确立，也标志着金本位制作为统一的国际货币制度的形成。

在国际金本位制度下，各国货币汇率相对稳定，国际收支具有自动调节机制，这是由国际金本位制的运行规则决定的。在国际金本位制下，各国必须遵守三项运行规则：（1）各国货币应以一定量的黄金表示其价值，各国金融当局应按照规定的官价，无限制地买卖黄金或外汇；（2）各国的黄金应自由流出与流入，不受任何限制；（3）各国发行纸币应受黄金准备数量的限制，这就使各国的货币供给额因黄金流入而增加，因黄金流出而减少。

第一，上述三项规则保证了各国之间的货币汇率是稳定的。在国际金本位制下，各国货币都具有固定的黄金含量，两国货币的汇率取决于两国货币的含金量之比——铸币平价。市场上外汇供求的变化引起汇率波动，而汇率在黄金输送点之间波动。黄金输送点是汇率波动而引起黄金从一国输出或输入的界限，汇率波动的最高界限是铸币平价加运金费用，即黄金输出点；汇率波动的最低界限是铸币平价减运金费用，即黄金输入点（见图8-1）。因当供求变化使得汇率波动超过黄金输送点时，货币兑换就不如直接运送黄金再换取他种货币成本低。第二，上述第三项规则如果得到严格遵守，各国的国际收支就可以自动平衡。即逆差国由于黄金流出而使货币供给量减少，物价下降，国际收支状况得到改善；顺差国因黄金流入而使货币供应量增加，物价上涨，国际收支顺差减少。因此，在金本位制度下，国际收支失衡无须各国中央银行采取措施便可自动得到修正。

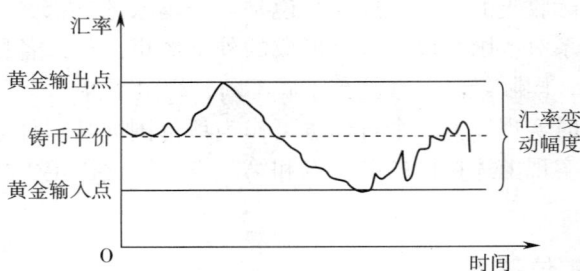

图8-1　汇率波动的界限受黄金输送点的限制

（二）国际金本位制的演变

根据货币与黄金的联系程度，金本位制主要有三种形式：金币本位制、金块本位制和金汇兑本位制，其中金币本位制是典型的金本位制度。在1880—1913年国际金本位制的黄金时代，西方各国实行金币本位制，在其殖民地则实行金汇兑本位制。

1. 金币本位制

金币本位制（Gold Specie Standard）是第一次世界大战前欧美各国实行的货币制度，是典型的金本位制。金币本位制的内容有以下几点：（1）一国法律规定以一定重量和成色的黄金铸成一定的形状的金币充当本位币，金币具有无限法偿能力；（2）金币可以自由铸造和熔化，数量不受限制；（3）黄金可以自由输入输出；（4）价值符号（辅币和银行券）可按名义价值自由兑换金币或黄金，金币构成货币供应量的主要部分。

当时形成的国际金本位制具有以下几个特点：（1）黄金作为储备资产充当国际

货币的职能，成为各国之间的最后清偿手段。（2）金币可以自由铸造和熔化，金币面值与所含黄金实际价值可保持一致；金币或黄金可自由兑换，因此价值符号名义价值稳定；黄金可以自由输出输入，保证各国货币之间的兑换率相对固定和世界市场的统一，货币兑换率由两种货币的含金量之比来确定，汇率波动受到黄金输送点的限制，是严格的固定汇率制。（3）可在市场完全兑换以供资本流动。（4）国际金本位制具有自动调节国际收支的机制，即所谓的价格—铸币流动机制。

在世界经济理想化的运转中，各国政策制度及其贯彻都受到规则制度的自动控制和协调，国际货币体系具有相对稳定性，因此，金本位制对资本主义发展起着促进作用。这主要表现在：促进生产的发展和商品流通扩大；促进资本主义信用制度的发展；促进国际贸易和国际投资的发展；促进物价稳定；自动调节国际收支，国际收支基本平衡。

2. 金块本位制

金块本位制（Gold Bullion Standard）又称生金本位制，是以准备金、以有法定含金量的价值符号作为流通手段的一种货币制度。其特点是：金币仍作为本位货币，但市场不再流通和使用金币，而是流通纸币；国家储存金块，作为储备；不许自由铸造金币，但仍以法律规定纸币的含金量；纸币不能自由兑换金币，但在国际支付或工业用金时，可按规定的限制数量用纸币向中央银行兑换金块（如英国在1925年规定一次至少兑换400盎司黄金，约合1700英镑）。

3. 金汇兑本位制

金汇兑本位制（Gold Exchange Standard）又称虚金本位制，是指银行券在国内不能兑换黄金和金币，只能兑换外汇的金本位制。其特点是：国家无须规定货币的含金量，市场上不再流通金币，只流通银行券；银行券不能兑换黄金，只能兑换实行金币或金块本位制国家的货币，这些外汇在国外才能兑换成黄金；实行金汇兑本位制的国家使其货币与另一实行金币或金块本位制国家的货币保持固定汇率，通过无限制地买卖外汇来维持本国货币币值的稳定。采用这种货币制度，必然使本国货币依附于与其挂钩的那个国家的货币，其本质上是一种附庸货币制度。金汇兑本位制示意图 8 - 2 如下。

```
┌──────────┐        ┌──────────┐        ┌──────────┐
│  本国货币  │ ─────→ │ 发行国货币 │ ─────→ │   黄金   │
└──────────┘        └──────────┘        └──────────┘
```

图 8 - 2　金汇兑本位制示意图

金块本位制和金汇兑本位制都是不完全的金本位制，具有内在的不稳定性，具体表现为：（1）在两种货币制度下，都没有金币流通，黄金不再起自发地调节货币流通的作用；（2）两种货币制度下或是银行券兑换黄金受到最低数额的限制，或是需要现兑换成外汇才能间接兑换黄金，这些限制都削弱了货币制度的稳定性；（3）实行金汇兑本位制的国家，使本国货币依附于英镑、美元或法国法郎，并把黄金外汇储备存于伦敦、纽约、巴黎。如果实行金汇兑本位制的国家大量提取外汇储备并兑换黄金，那么英国、美国、法国的货币制度就会产生严重危机。总之，金块本位制和金汇兑本位制的内在不稳定性，决定了其本身存在崩溃的可能性。

（三）对国际金本位制的评价

国际金本位制度盛行之时，正值资本主义自由竞争的全盛时期，国内和国际政治都比较稳定，经济发展迅速。在金本位制下，各国货币间的汇率非常稳定，汇率的波动不会超过黄金输送点的范围，从而消除了国际经济合作中的不确定因素，有力地推进了国际贸易的发展和国际资本的流动。另外，在国际金本位制度下，国际收支可以自动调节，各国政府无须实施贸易管制和外汇管制，有利于商品和资本在国际上自由流动。而且这种调节是渐进的，避免政府宣布货币对外贬值所带来的冲击。第一次世界大战以前，国际经济的繁荣使人们认为金本位制是一种理想的货币制度，至今人们在回顾金本位制时，还认为它是国际货币制度上的黄金时代：第一，金本位制促进了商品生产和流通的发展。在金本位制下，币值稳定，生产成本易于计算，交易风险小，促进商品流通和信用发展。第二，保持了汇率的稳定。在金本位制度下，两国货币的含金量之比即铸币平价是决定汇率的基础，受外汇供求关系的影响，汇率的波动幅度在黄金输送点内，汇率相对稳定，为国际贸易和资本流动创造了有利的条件。第三，自动调节国际收支。若一国发生国际收支逆差，必然引起对顺差国货币需求的增加，从而导致外汇价格上涨，当涨幅超过黄金输送点时，逆差国由于黄金输出而银行准备金减少，黄金储备减少会使货币供应量缩减，物价下跌，从而促进出口限制进口，使国际收支逆差得以纠正；反之则相反。

但是，金本位制也并不是十全十美的，它也存在严重的缺陷：第一，黄金供应不稳定，不能适应世界经济发展的需要。第二，金本位制的自动调节，要求各国严格遵守所谓的比赛规则，即黄金可以自由流入与流出，各国政府应按官价无限地买卖黄金或外汇，各国发行纸币应受黄金储备数量的限制。但由于没有一个国际机构监督执行，盈余国可以将盈余冻结，以便获得更多的盈利，于是调节负担全部落到赤字国身上，所以，金本位制带有紧缩倾向，一国发生紧缩情形，往往会加速其他国家经济的衰退，从而破坏国际货币体系的稳定性。第三，为了货币的目的，需要花费大量的人力和资源，将黄金挖掘出来，再窖藏在严密看守的国库中，这是不必要的资源浪费。

第一次世界大战期间，由于各国对黄金输出实行了严格的管制，国内不再使用金币，纸币也不能自由兑换成黄金，金本位制已名存实亡。典型的金本位制，即金币本位制已不复存在，不得不改成变异的金本位制，即金块本位制和金汇兑本位制。无论是金汇兑本位制还是金块本位制，都是削弱了的金本位制度，很不稳定。第一，国内没有金币流通，黄金不再起自发地调节货币流通的作用；第二，在金块本位制度下，银行券兑换黄金有一定限制，这种限制削弱了货币制度的基础；第三，实行金汇兑本位制的国家使本国货币依附于英镑与美元，一旦英国、美国的货币动荡不定，依附国家的货币也就发生动摇。如果实行金汇兑本位制的国家大量提取外汇，兑换黄金，英国、美国的货币也势必受到威胁。金块本位制和金汇兑本位制经不起1929—1933年世界经济大危机的冲击，终于全线崩溃。1936年国际金本位制全面瓦解，代之而起的是区域性的货币集团，如美元、英镑、法郎、荷兰盾等货币区。其特点是：在各个货币区内，一切结算都使用主要国货币，黄金、外汇都集中在集团主手里，但这种制度到第二次世界大战结束前，即告瓦解。

三、布雷顿森林货币体系

第二次世界大战末期，国际货币体系十分混乱，对各国的经济和贸易都造成了极大的危害。因此，重建国际经济秩序成为战后经济恢复和发展的重要因素，在第二次世界大战即将结束的前夕，同盟国即着手拟订战后经济重建计划，希望建立统一的、稳定的国际货币制度，以加速战后经济贸易的恢复和发展。

布雷顿森林体系是指 1944 年 7 月，在美国新罕布什尔州的布雷顿森林由 44 个国家参加会议，并商定建立的以美元为中心的国际货币制度。

（一）布雷顿森林体系的建立

第二次世界大战改写了世界政治经济格局，也使资本主义国家之间的经济实力发生了巨大变化。德国、意大利和日本由于受到战争的毁灭性打击，国民经济陷入崩溃境地。英国、法国等老牌资本主义强国的地位也被严重削弱，只有美国发了战争的横财，迅速崛起。

据统计，到第二次世界大战结束时，美国的工业制成品占世界工业制成品的一半，对外贸易占世界贸易总额的 1/3 以上；黄金储备从 1938 年的 145.1 亿美元增加到 1945 年的 200.8 亿美元，约占世界黄金总储备的 59%；其海外投资急剧增长，成为资本主义最大债权国。战争使美国在政治、经济、军事各方面都取得了压倒性优势，这为美元取代英镑并建立霸权地位创造了必要条件。另外，英国因战争大伤元气。1945 年，英国民用消费品生产只及 1939 年的一半，出口额不到战前水平的 1/3，黄金和美元储备从 1938 年的 40 亿美元减少到 1941 年初的 0.12 亿美元，1939—1945 年被迫陆续出售海外资产 45 亿美元，战时所欠美国的租借物资高达 210 多亿美元，英国已从债权国沦为债务国，英镑的领导地位被严重削弱。

但是尽管如此，英国在许多领域的实力仍不可低估，英镑区和帝国特惠区仍然存在，国际贸易的 40% 左右仍以英镑结算，英镑仍是一种主要的国际储备货币，伦敦依旧是最大的国际金融中心。在这种情况下，英美两国政府从本国的利益出发，开始设计新的国际货币秩序，并于 1943 年分别提出了重建国际货币制度的方案，即怀特计划和凯恩斯计划。

1. 怀特计划

美国为了确立其在第二次世界大战后国际金融领域的统治地位，从其国际上最大债权国、国际收支具有大量顺差及拥有巨额黄金外汇储备等有利条件出发，于 1943 年提出了"国际稳定基金计划"（Proposals for the United and Associated Nations Stabilization Fund），这一方案是由美国财政部长助理、经济学家怀特（H. P. White）提出的，因此简称"怀特计划"。

怀特计划企图让美国来控制"联合国稳定基金"，通过该基金迫使其他成员国的货币钉住美元，进而剥夺其他国家货币贬值的自主权，消除其他国家的外汇管制，为美国的对外扩张与建立美元霸权扫清道路。

2. 凯恩斯计划

1943 年 3 月，英国发表了由财政部顾问、著名经济学家凯恩斯（J. M. Keynes）提出的"国际清算联盟计划"（Proposals for the International Clearing Union），简称凯

恩斯计划。

英国提出凯恩斯计划是从英国负有巨额外债、国际收支发生严重危机及黄金外汇储备陷入枯竭的不利情况出发，从英国的本国利益出发，强调透支原则和双方共负国际收支失衡调节责任，其目的是建立一个国际多边清算体系，与美国分享国际金融领域的领导权。

表 8 - 1 　　　　　布雷顿森林体系建立前的美国方案与英国方案的主要内容

内容	英国方案——凯恩斯计划	美国方案——怀特计划
建立一个国际性组织	（1）采取透支原则，设立世界性中央银行——国际清算联盟。根据第二次世界大战前三年进出口贸易额的平均额计算各国在该机构中所承担的份额。 （2）成员国无须缴纳黄金和现款，只是开设往来账户。顺差时将盈余存入账户，逆差时可以申请透支。透支额最高为 300 亿美元。 （3）总部设在纽约、伦敦两地，理事会在英国、美国轮流举行。	（1）采取存款原则，设立国际货币稳定基金，资金总额为 50 亿美元。认缴份额取决于各国的黄金外汇储备、国民收入和国际收支差额的变化等因素。 （2）由成员国用黄金、本币和政府债券等缴纳，认缴份额决定投票权。基金的主要任务是稳定汇率，提供短期信贷，平衡国际收支。 （3）办事处设在拥有份额最多的国家。
发行国际货币	发行"班珂"（Bancor）作为清算单位，Bancor 等于黄金，各国可以用黄金换 Bancor，但反过来不行。	发行国际货币"尤尼塔"（Unita）作为计算单位，含金量为 137.1/7 格令相当于 10 美元。
稳定汇率	各国汇率以 Bancor 标价，顺差国和逆差国共同承担调解国际收支不平衡的责任。强调汇率弹性。	各国规定本币与 Unita 之间的法定平价，不经基金组织同意，不能变动。
维护本国利益	透支原则体现的是维护国际收支赤字国英国的利益。	存款原则旨在保证美国的霸主地位。

资料来源：侯高岚：《国际金融（第三版）》，北京，清华大学出版社，2013。

怀特计划和凯恩斯计划有一些共同特点：（1）都只注重解决经常项目的不平衡问题；（2）都只注重工业发达国家的资金需求问题，而忽视了发展中国家的资金需求问题；（3）谋求汇率的稳定，防止汇率的竞争性贬值。但在另一些重要问题上，这两个计划是针锋相对的，因为两国的出发点不同。美国首先要考虑的是在国际货币金融领域处于统治地位，其次是避免美国对外负担过重。由于第二次世界大战后各国重建的需求异常庞大，美国无法满足，因而坚持存款原则，货币体系要以黄金为基础，"稳定基金"只有 50 亿美元，以免产生无法控制的膨胀性影响。英国显然考虑到本国黄金缺乏、国际收支有大量逆差，因而强调透支原则，反对以黄金作为主要储备资产，"清算联盟"要能提供较大量的清偿能力。另一方面，怀特计划建议由"稳定基金"确定各国汇率，而反对"清算联盟"所设想的汇率弹性。

3. 布雷顿森林会议

基于美国、英国各自利益提出的怀特计划和凯恩斯计划存在很大的差异，这反映了帝国主义国家之间深刻的矛盾。1943 年 9 月到 1944 年 4 月间，美国、英国代表团在国际货币计划的双边谈判中展开了激烈的争论。由于美国在政治上和经济上的实力远远超过了英国，英国被迫放弃自己的计划而接受美国的计划，但同时美国也对英国作出了一些让步，最后双方达成协议。1944 年 4 月，双方发表了基本反映怀特计划的"关于建立国际货币基金组织的专家联合声明"（Joint Statement by Expert on Establishment of an International Monetary Fund）。同年 7 月，在美国新罕布什尔州（New Hampshire）的布雷顿森林（Bretton Woods）召开了有 44 国参加的联合国货币及金融会议——"布雷顿森林会议"（Bretton Woods Conference），通过了以怀特计划为基础的《国际货币基金组织协定》和《国际复兴开发银行协定》，总称《布雷顿森林协定》（Bretton Woods Agreement），确立了以美元为中心的国际货币制度——布雷顿森林体系。

（二）布雷顿森林体系的内容

布雷顿森林协定的宗旨是：（1）建立一个永久性的国际货币机构以促进国际货币合作；（2）促进汇率稳定，防止竞争性的货币贬值，建立多边支付制度，以促进国际贸易的发展和各国生产资源的开发；（3）成员国融通资金，以减轻和调节国际收支的不平衡。

根据上述宗旨，《国际货币基金组织协定》对战后国际货币制度具体内容做了规定。具体内容包括五个方面，即本位制度、汇率制度、储备制度、国际收支调节机制及相应的组织形式。

1. 本位制度

在本位制度方面，规定美元与黄金挂钩。规定各国确认 1934 年 1 月美国规定美元同黄金的官价为一美元含金量为 0.888671 克纯金，即 35 美元兑一盎司黄金的官价。美国承担向各国政府或中央银行按官价兑换美元的义务。同时，各国政府有义务协同美国政府干预市场的金价不受国际金融市场金价的冲击。这表明布雷顿森林体系实际上是一种国际金汇兑本位制。

2. 汇率制度

在汇率制度方面，规定各成员国货币与美元挂钩，即各国根据自身情况拟定其货币与美元的汇率平价，平价一经确定就不能随意变动。各成员国政府有义务随时干预外汇市场，使本国货币与美元的市场汇率的波动幅度保持在平价 ±1% 以内。各国只有在发生国际收支根本性不平衡时，才允许变动汇率平价，但需经国际货币基金组织批准。此种汇率制度因而被称为"可调整的钉住汇率制"（Adjustable Peg）。在该协定下确立了"双挂钩"的汇率制度，即各国货币与美元挂钩，美元与黄金挂钩，形成了一种固定汇率制度（见图 8 - 3）。

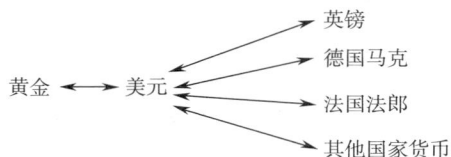

图 8 - 3　布雷顿森林体系"双挂钩"

3. 储备制度

在储备制度方面，美元取得了与黄金同等的国际储备资产的地位。第二次世界大战后国际金本位制，作为储备资产的是黄金和英镑，而在布雷顿森林体系中，美元取代了英镑的地位，而且由于第二次世界大战后黄金缺乏现象进一步加剧，美元所占地位较之当年的英镑在国际储备中所占地位要强得多。

4. 国际收支调节机制

国际货币基金组织各成员国可以动用官方储备或采用对外借款等方式加以消除顺逆差。成员国可以从国际货币基金组织借入短期资金以平衡国际收支，各国的国际收支发生根本性不平衡（Fundamental Disequilibrium）时，则该国在 10% 以内变更货币平价可以自由决定，来加以平衡国际收支。成员国对于国际收支经常项目的外汇交易不得加以限制，不得实行歧视性的货币措施或多种汇率制度。国际货币基金组织负有管理和协调国际货币关系的责任，有权与各成员国就其可能影响国际货币稳定的国内外政策进行磋商和提供咨询。

5. 组织形式

为了保证上述国际货币制度的贯彻执行，1945 年 2 月建立了国际货币基金组织。国际货币基金组织是战后国际货币体系的核心，它的建立旨在促进国际货币合作，维持国际金融体系的稳定。该组织的两个主要职能体现在：一是当成员国出现短期性经常项目逆差，而紧缩性货币政策或紧缩性财政政策会影响国内就业水平，国际货币基金组织随时向它们提供外币贷款，以帮助它们渡过难关；二是可调整的货币平价。但是，对于发展中国家而言，其经济处于发展过程中，它们通常处于国际收支长期逆差的状态，因此，难以保持汇率的不变，要维持它们的汇率，必须从发展经济入手，改善经济基础。

1945 年 12 月，国际复兴开发银行（IBRD）成立，又称作世界银行。它的组织形式是股份制，最高决策机构是理事会。世界银行作为国际货币制度的辅助性机构，在促进发展中国家经济发展，摆脱长期贸易收支或国际收支逆差方面，起到了非常重要的作用。

（三）布雷顿森林体系的局限性

布雷顿森林体系实际上是一种金汇兑本位制，尽管这种制度可以在经济实力较强和较弱的国家之间维持汇率的稳定，但当它作为国际货币制度的基础时，却存在着一国能否支撑这种固定汇率制度的问题，该体系也暴露出许多内在的缺陷，从而造成了它的崩溃。

1. "特里芬两难"的困境

布雷顿森林体系建立以后，美国经济学家特里芬于 1961 年发表了《黄金与美元危机》一书，提出了著名的"特里芬两难"（Triffen Dilemma），指出在布雷顿森林体系制度下，无论国际收支是顺差还是逆差，美国政府都将面临尴尬的处境，从而导致这一货币体系运行的困扰。当美元作为国际货币输出到世界各国，作为国际支付的手段，美国则通常面临国际收支逆差，否则将导致美元国际供应的不足；而美元同时又是一个国家的货币，要保持国民对美元的信心，则美国必须保持国际收支顺差，以支撑美元对黄金的稳定币值。因此，这个货币体系中存在着支付能力不足（美元荒）或信心不足（美元灾）的两难选择和尴尬处境。

事实上，"特里芬两难"处境以及其他问题一直伴随着国际经济的发展。1960年以前，布雷顿森林体系的主要问题是"美元荒"，即除了美国占有全世界 70% 的黄金储备，处于国际收支顺差之外，大部分国家，包括战前实力较强的英国和德国都负债于美国。因此，各国都力争重建战后经济，以试图改变国际收支逆差状况，赢得更多的美元储备。而 1960 年以后，随着西欧和日本经济的快速发展，逐渐成为较大的国际收支顺差国家，货币体系转而又面临着"美元灾"的问题，大量的美元在国际市场面临着抛售，随时可以到美国政府兑现为黄金的可能，从而导致外汇市场美元危机的出现。1971 年 8 月，美国"罗斯福新政"的第一个举措是宣布停止美元与黄金的自由兑换，从而也宣告布雷顿森林体系的终结。

2. 僵化的汇兑体系不适应经济格局变动

布雷顿森林体系把维持固定汇率制放在首位，汇率波动几乎很少。1948—1969 年的 21 年间，只有一国货币升值，12 个国家汇率没有任何变动，51 个国家贬值过一到两次，另外 21 个国家贬值过三次。1950—1971 年，各主要发达国家间汇率尤为稳定，日元一直没有丝毫变动。由于实行固定汇率制，过分强调汇率的稳定，这使各国一方面不能利用汇率的变动来达到调整国际收支失衡的目的。另一方面，各国货币对美元汇率变动超过《国际货币基金组织协定》规定界限时，各国政府为干预汇率稳定所采取的货币政策，往往导致国内经济失衡，因而引起了许多国家的不满。同时，由于汇率运动的方向是单向的，投机行为几乎没有风险，故在特定时期引起极大的投机风潮，在后来几次的货币危机中，投机都起到推波助澜的作用。

3. 国际收支调节机制的不平衡

布雷顿森林体系的汇率机制属于可调整的钉住汇率制，但国际货币基金组织成员国很少被允许运用汇率政策来调节国际收支，使得各国更趋于通过财政政策和货币政策来调节国际收支，经济政策的自主性受到削弱。同时，各国特别看重国际储备的增长，以避免不必要的调节成本发生，而美国通过输出美元便可弥补其国际收支逆差。单方面要求逆差国调节，使逆差国压缩国内需求，因而，布雷顿森林体系下的国际货币制度对各国经济具有紧缩倾向，不利于其他各国内外均衡目标的同时达成，也不利于世界经济发展。

归纳起来，布雷顿森林体系下汇率过于僵化、调节不对称和储备货币供给的缺乏弹性是该体系的主要缺陷。从根本上讲，这三个缺陷仍然是双挂钩制度缺陷的反映。

【知识链接 8 – 1】

铸币税

铸币税又称货币税，是指发行货币的组织或国家，在发行货币并吸纳等值黄金等财富后，货币贬值，使持币方财富减少、发行方财富增加的经济现象。财富增加方通常是指政府。财富增加的方法经常是增发货币，当然，也有其他方法。

一张面值 100 美元的钞票印刷成本也许只有 1 美元，却能购买 100 美元的商品，其中的 99 美元差价就是铸币税，是政府财政的重要来源。一个国家使用别国货币，就是主动放弃了大量的财富。

练一练：目前在全球流通的美元现钞超过 9000 亿美元，大约 2/3 在美国境外流通，这意味着美国征收的存量铸币税至少为 6000 亿美元。美国平均每年能获得大约 250 亿美元的铸币税收益，第二次世界大战以来累计收益在 2 万亿美元左右。请根据所学知识，分析美国获得高额铸币税的主要原因。

（四）布雷顿森林体系的崩溃

布雷顿森林体系实际上是一种金汇兑本位制。这种制度在当时即第二次世界大战后缺乏统一、有效的国际货币秩序的背景下，对建立统一的国际货币体系起到了积极的作用，也有助于解决当时亟待解决的各国之间战后赔款清偿问题和国际收支赤字的融资问题。布雷顿森林体系运行了近四分之一个世纪，一直持续到 20 世纪 70 年代初，虽然时间不算长，但对战后的世界经济发展发挥了特殊的作用。在布雷顿森林体系下，成员国主要承担两项义务：第一是保证货币的可兑换性，第二是维持固定汇率。只有出现"根本性不均衡"，即汇率水平受到升值或降值压力时，才可以宣布一个新的固定的平价，可兑换性实际上是纸上谈兵，不履行此义务比遵守它更为光荣，因为只有美国才享有允许资本完全自由流动的经济特权。在此期间，该体系也随着时间和形势的变化而发生了变化，美元也经历了从"美元荒"到"美元灾"的转变，导致了该体系的最终崩溃。

在最初的第二次世界大战后期，各国经济均遭到严重的破坏，资金与物质匮乏，因此面临资金与物质进口的需求。而美国是当时唯一能够提供这些商品和资金的国家，在战后初期各国从美国进口商品和劳务的需求大为增加，对美贸易逆差严重，各国迫切需要美元以满足从美国进口的需要，美元短缺的情况出现。历史数据表明，1947 年欧洲同世界其他国家的国际收支逆差总额达到 76 亿美元，1948 年欧洲的国际储备仅有 97 亿美元，美元短缺造成各国国际清偿力的不足，严重制约着世界经济的发展。

为了解决美元短缺的问题，1947—1958 年美国政府采取了多种措施使其巨额顺差流回其他国家，以增加国外的美元数量。首先是对外援助——包括马歇尔计划提供约 170 亿美元给西欧国家和 1970 年杜鲁门"第四点计划"对发展中国家的援助，还有美国在东西方对抗及朝鲜战争中花费的大量军事开支，客观上促进了美元流出国外。此外，为解决西欧、日本大量的外汇短缺，美国同意国际货币基金组织允许甚至鼓励这些国家采取外汇管制并将其本国货币贬值，并帮助它们对美的出口。正因为如此，西欧和日本的经济得到快速恢复并强大，对美的出口也大幅度增加。美国自 1950 年始出现国际收支逆差，并逐渐扩大，到了 20 世纪 50 年代末，出现了美元过剩的情况。

从 20 世纪 60 年代开始，由于美国国际收支连续逆差，爆发了两次美元危机和与美元外流带来的美国黄金储备的流失。1960 年 10 月，在伦敦黄金市场出现抛售美元抢购黄金的现象，以美国为首的西方采取了各种措施，如"君子协议"、"巴塞尔协议"、"黄金总库"、"借款总安排"及与十国集团和其他国家的"互惠信贷协议"等措施来挽救美元危机，但这些都只是暂时缓解当时的国际金融形势，并没有消除导致危机的根本原因。60 年代中期，美国又转入越南战争和约翰逊政府的"伟大的社会"福利计划的实施，财政赤字大幅度增加，国际收支进一步恶化，导致各国纷纷向美国联邦储备银行提取黄金，带来黄金储备的进一步下降。1968 年 3 月，美国的黄金储备仅是同期美国对外流动负债的三分之一，引发第二次美元危机，巴黎金价一度涨至 44 美元一盎司。为此，美国先是要求英国从 3 月 15 日起暂时关闭伦敦黄金市场，后又召开黄金总库成员国紧急会议，会后宣布解散黄金总库，各国不再按固定官价在黄金市场出售黄金，即听任黄金价格随市场供求变化而自由升降，但各国中央银行仍能以 35 美元一盎司的官价向美联储兑换黄金，即所谓的"黄金双价制"，虽然这个制度暂时缓解了美元危机，但却削弱了"货币—美元—黄金"的布雷顿森林体系的根基。

1971 年，美国国内经济及国际收支状况进一步恶化，直到 1971 年 5 月爆发了第七次规模空前的美元危机，在如此严峻的形势下，尼克松总统不得不于 8 月 15 日宣布实行"新经济政策"，其中对外措施包括停止美元兑换黄金，征收 10% 的临时进口附加税，以扭转美国的对外贸易逆差。为挽救陷入瓦解的布雷顿森林体系，十国集团于 1971 年 12 月 18 日达成《史密森协议》，将美元贬值为 38 美元兑一盎司，并调整了其他国家对美元的汇率。这些举措都没有对国际货币体系作根本改变，此后不久，英镑和瑞士法郎就相继自由浮动。1973 年 1 月和 3 月初，国际金融市场爆发了第八次和第九次大规模的美元危机。在 1973 年 1 月第八次美元危机后，美国政府不得不第二次宣布美元贬值，官价为 42.22 美元兑一盎司。西欧和日本也纷纷取消《史密森协议》的新汇率平价。至此，布雷顿森林体系的根基彻底瓦解，成员国纷纷宣布本国货币与美元脱钩，即不再硬性规定与美元的汇率平价，而是随着外汇市场供求的变化自由浮动。

四、现行国际货币体系

（一）牙买加国际货币体系的形成

布雷顿森林体系崩溃之后，一时汇率波动剧烈，全球性国际收支失衡现象严重，西方发达国家之间及发达国家与发展中国家之间矛盾也日趋激烈。为此，国际货币基金组织在 1972 年 7 月成立了"国际货币体系改革和有关问题委员会"（由 11 个主要工业国和 9 个发展中国家组成，所以又称"20 国委员会"），专门商讨国际货币体系的改革问题。经多次开会，该委员会于 1974 年 6 月提出了一份"国际货币体系改革大纲"，对汇率、国际资本短期流动、国际储备资产和黄金等问题提出了一些原则性的建议，并建议国际货币基金组织在 20 国委员会结束后，另成立临时委员会，继续对有关国际货币体系改革问题进行探讨。国际货币基金组织根据这个建议，于 1974 年 7 月设立了"国际货币体系临时委员会"，接替"20 国委员会"的工作。"国际货币体系临时委员会"于 1976 年 1 月在牙买加首都金斯顿举行的第五次会议上，讨论修订了《国际货币基金组织协定》。会议集中讨论了扩大和重新分配份额、处理黄金官价和基金组织库存的黄金以及修改基金组织有关汇率的规定三个问题。经过激烈争论，会议对增加份额、黄金作用、汇率体系和发展中国家资金融通等问题达成了具体的协议，即《牙买加协议》。根据《牙买加协议》，形成了现今国际货币体系的格局，这一新的国际货币体系称作牙买加体系（Jamaica System）。

（二）牙买加体系的基本内容

1. 浮动汇率制度合法化

成员国可以自由选择任何汇率体系，可以采取自由浮动或其他形式的固定汇率体系。但成员国的汇率政策应受到国际货币基金组织的监督，并与国际货币基金组织协商。国际货币基金组织要求各国在物价稳定的条件下寻求经济的持续增长，稳定国内的经济以促进国际金融的稳定，并尽力缩小汇率的波动幅度，避免操纵汇率来阻止国际收支的调整或获取不公平的竞争利益。协定还规定实行浮动汇率制的成员国根据经济条件，应逐步恢复固定汇率体系，在将来世界经济出现稳定局面以后，经国际货币基金组织总投票权的85%多数票通过，可以恢复稳定的但可调整的汇率体系。这部分条款是将已经实施多年的浮动汇率体系予以法律上的认可，但同时又强调了国际货币基金组织在稳定汇率方面的监督和协调作用。

2. 黄金非货币化

新条款删除了原协定中有关黄金的所有规定，包括废除黄金官价，黄金不再作为货币定值标准，各成员国中央银行需按市价从事黄金交易；取消成员国之间、国际货币基金组织与各成员国之间必须用黄金清算债权债务的义务；国际货币基金组织持有的1.5亿盎司黄金，在四年内按市价出售1/6，以其超过官价（每盎司42.22美元）部分作为援助发展中国家的资金，另外1/6按官价由原缴纳国购回，其余约1亿盎司根据总投票权85%的多数票通过，向市场出售或由各成员国按市价购回。该条款不必等到修正案正式生效即可实施。

3. 提高特别提款权（SDRs）的国际储备地位

修订特别提款权的有关条款，使SDRs逐步取代黄金和美元成为国际货币制度的储备资产。协定规定各成员国之间可以自由进行特别提款权交易，而不必征得国际货币基金组织的同意。国际货币基金组织与成员国之间的交易以SDRs代替黄金，国际货币基金组织一般账户所持有的资产一律以SDRs表示。在国际货币基金组织一般业务交易中扩大SDRs的使用范围，并且尽量扩大SDRs的其他业务使用范围。另外，国际货币基金组织应随时对SDRs制度进行监督，适时修改有关规定。

4. 扩大对发展中国家的资金融通

措施包括：设立信托基金，即国际货币基金组织用出售黄金所得的收益建立信托基金，并以优惠条件贷给国际收支困难的低收入发展中国家（指1973年人均国民收入不超过300SDRs的国家）；扩大国际货币基金组织信贷部分贷款的额度，即由各成员国份额的100%提高到145%；提高"出口波动补偿贷款"的额度，由成员国份额的50%提高到75%。

5. 增加成员国的基金份额

各成员国对国际货币基金组织所缴纳的基金份额由原来的292亿SDRs增加到390亿SDRs，增加了33.6%。各成员国应缴份额所占比重也有所改变，除德国和日本有所增加外，其他国家均有所降低，石油输出国组织的份额提高了一倍（由5%提高到10%）。其他发展中国家基本不变。

（三）牙买加体系的特征

1. 国际储备体系多元化

与布雷顿森林体系下国际储备结构单一、美元地位十分突出的情形相比，牙买加体系确立了以美元为主导的多元化国际储备资产并存的国际储备体制。在这个体系中，黄金的国际储备资产地位趋于弱化，但并未退出历史平台。美元虽然仍是主导性的国际货币，但地位明显削弱，由美元垄断外汇储备的情形不复存在。而德国马克和日元等货币成为重要的国际储备货币。与此同时，特别提款权和欧洲货币单位作为储备资产的地位也在不断提高。

2. 以浮动汇率为中心的多种汇率制度

与布雷顿森林体系下的单一的固定汇率制不同，牙买加体系下的汇率制度是多种多样的。发达国家多数采用单独浮动或联合浮动，但也有少数国家采取钉住自选的货币篮子；发展中国家多数采取钉住某种货币或货币篮子的相对固定汇率制度，不过20世纪90年代以来，也有许多发展中国家实行某种有管理的浮动汇率制度，还有少数中等收入的发展中国家开始实行单独浮动的汇率制度。

3. 国际收支调节方式多样化

在牙买加体系下，调节国际收支的方式不仅限于动用国际储备和从国际货币基金组织取得短期贷款，而且呈现多样化的态势。

汇率机制调节。这是牙买加体系下调节国际收支的主要方式。它的运作机制是：当一国国际收支出现逆差时，该国货币汇率便趋于下跌，于是有利于增加出口减少进口，从而使国际收支得以改善。反之当一国国际收支盈余时，该国货币汇率就上升，使该国进口增加出口减少，国际收支恢复平衡。当然在实际中，汇率机制的调节作用没有预期的那么大，它总是要受到其他条件的制约。

利率机制调节。这是指一国通过实际利率与其他国家实际利率的差异来引导资金的流出流入，从而达到调节国际收支的目的。利用利率机制调节实际上就是借助资本的跨国流动影响资本账户的赤字和盈余来平衡国际收支。

国际金融市场的调节。主要是通过国际金融市场的媒介作用和国际商业银行的借贷活动来为国际收支盈余国与国际收支赤字国之间融通资金。

国际金融机构的协调。主要是通过国际货币基金组织、世界银行等国际金融机构给国际收支赤字国提供贷款、指导和协调等活动来进行的。

（四）对牙买加体系的评价

达成《牙买加协议》后的国际货币体系迄今为止运行了30多年，它为维持国际经济运转和推动世界经济发展发挥了积极的作用。第一，多元化的储备体系在一定程度上缓解了仅以一国货币为储备货币的各种矛盾，当对一种储备货币发生信心危机时，这种储备货币地位下降，而其他国储备货币则在储备资产中比重上升；当一个储备货币发行国国际收支盈余而无法提供足够的国际清偿能力时，又有其他货币可以补充其不足。这样，多元储备体系在世界经济繁荣和衰退期间都有较强的适应性。第二，浮动汇率体系能较灵活地随经济状况的变动作出调整。自由的汇率安排能使各国充分考虑本国的宏观经济条件，并使宏观经济政策更具独立性和有效性，而不必为维持汇率稳定而丧失国内经济目标。第三，多种国际收支调节机制并行也较能适应各国经济发展水平、发展模式、发展战略和政策目标都很不相同的局面。总之，当今的国际货币体系的最大特点就是它具有较强的灵活性。

但实行《牙买加协议》后的国际货币体系也还存在一些缺陷，这使得它从诞生那天起就面临着改革的呼声。

1. 现行国际货币体系所遵循的基本原则与金融全球化的现实越来越不相称

现行国际货币体系直到 1997 年亚洲金融危机爆发，仍然将主要目标放在已经是不可逆转趋势的货币自由兑换和资本项目自由化上，而对日益变得重要的抑制投机、防范国际金融危机等问题未能予以应有的重视。这种矛盾实际上正好反映了现行货币体系已不能适应全球化的新形势。

2. 现行货币体系的汇率体系安排与金融全球化的矛盾越来越尖锐

全球金融市场的不断开放，使资金在全球的流动规模不断扩大。外汇交易已经基本上脱离了与贸易和直接投资相关的经济活动，此时，国际货币体系应适应金融全球化带来的这种变化，加强国际货币的协调，以制约和调节国际关系。但是现行的国际货币体系显然未能适应这种变化。汇率无规则地大幅度动荡和货币危机的频繁爆发已成为 20 世纪 80 年代以来国际货币领域内的经常现象。

3. 现存国际货币体系无法有效防范国际债权人道德风险

这是造成发展中国家过度借债、引发危机的一个重要因素。国际货币基金组织以维持受援国清偿能力而不是增强其经济发展能力为特征的援助的最大受益者是危机国的债权人，而不是发展中国家。因此，这种援助就会引发一种道德风险，使国际债权人有意放松或疏忽对信贷风险的控制，一味地去追求高额的回报。这种道德风险进一步发展，就可能形成一种国际债权者的联合行动，诱使发展中国家迅速开放本国金融市场，借款增多，金融风险加大，最终导致金融危机。

4. 金融全球化使国际货币基金组织的职能发生异化

国际货币基金组织提供的是货币政策性质的援助，其目的是帮助受援国恢复对外清偿能力，它本身不是经济发展的援助，主要目的不是克服衰退。如果要国际货币基金组织提供援助时以受援国经济增长为目标，则国际货币基金组织的宗旨和职能就要改变，现行国际货币体系就需要作出相应的重新安排。

5. 现行国际货币体系缺乏国际最终贷款者的功能

国际货币基金组织在危机发生后提供资金援助，缓解危机时显得捉襟见肘，难以担当最终贷款者的职责。

6. 国际货币体系的内在缺陷是发展中国家金融危机的一个重要原因

从储备体系上看，储备货币多元化带来了一个新矛盾即实行与某种储备货币挂钩或钉住某种货币的国家，还要受多个国家之间货币政策的交叉影响。从汇率体系上看，浮动汇率体系看似自由，但其实问题很多，如贸易伙伴国的制约，使每个国家自己也在一定程度上受其他国家汇率变动的制约和影响。而汇率受干预与管理的倾向使外汇市场出现动荡和不稳定。管理浮动汇率因受外汇储备数量的制约，存在着易受冲击的内在缺陷，这使发展中国家的外汇市场更易受到冲击。从国际收支调节机制上看，现行体制完全由逆差国自我调节，体系中无任何制约或设计来促使顺差国帮助逆差国恢复国际收支平衡。

五、国际货币体系改革

现行国际货币体系——牙买加体系是国际金融动荡的产物，几十年来，这个体系尚能适应世界经济发展，对世界经济的正常运转起了一定的积极作用。然而，这个体系也有一些缺陷，随着时间的推移，这些缺陷就充分暴露出来了，我们可以得出如下的结论：在牙买加体系下，国际货币关系依然困难重重，不稳定的因素有日益增长的倾向。

当前国际货币体系面临的主要问题是：国际储备多样化与主要工业国货币汇率剧烈变动；国际收支调节机制失灵；国际货币基金组织缺少对付全球性金融危机的能力；在国际资本大规模流动下，国际金融市场动荡不安。因此，改革要解决的问题可归结为：货币本位的确定、汇率体系的建立、调节机制的运作、金融危机的防范。

到目前为止，各种有关国际货币改革的方案和建议层出不穷，其中较有影响的是：勃兰特报告、阿鲁沙倡议、十国集团报告、二十四国集团报告、特里芬的《2000 年的国际货币制度》。这些方案提出的具体建议可表述如下：

（1）建立单一世界货币及世界中央银行；

（2）创立国际商品储备货币；

（3）恢复布雷顿森林体系并且更为严格地执行；

（4）恢复某种形式的金本位制度；

（5）改革现有的国际货币基金组织和世界银行以稳定国际金融市场；

（6）设立汇率目标区；

（7）建立区域性货币联盟；

（8）在现行的国际货币基金组织体系下继续推行金融自由化；

（9）解散现有的国际货币机构；

（10）实行"真正自由的"货币体系。

这十种方法虽各有其理由，但离现实都还有不小的距离，可行性不够。

事实上，在改革国际货币制度的问题上一直存在两大派系——计划的或者市场的。计划派希望对汇率变动、资本流动予以较严格的限制，通过数量来调节国际收支；市场派则主张尽可能地对国际资本流动以及汇率的波动少加限制，通过价格来调节国际收支。发展中国家与发达国家在国际货币制度改革问题的分歧点也主要体现在计划与市场之争上，虽然两者都希望国际货币稳定，但前提不一样。发达国家认为这种稳定应以不破坏或最低程度损害自由竞争为前提，所以希望市场的成分多一点；而发展中国家则强调自由竞争的起点悬殊，这种稳定应包含着对发展中国家一定的保护或政策倾斜，所以希望计划的成分多一点。

现有的国际货币制度对于发展中国家确实是弊多利少，理由如下：它们的货币都不是国际储备货币，无从分享"铸币税"的好处；它们无力预测和影响汇率的走向，对汇率波动风险缺乏防范能力，对国际金融市场上规避汇率风险的多种外汇交易方式和工具也不像发达国家那样运用自如，也不存在追求暴利的对冲基金。因此，发展中国家十分热衷于正在兴起的新一轮国际货币制度改革。然而，最后的结果很可能使发展中国家再次失望，因为从当今国际力量对比来看，国际货币改革不大可能按照发展中国家的设想去进行。

无论在各国的政策实践上，还是各大经济学流派的理论上，当前都是市场占绝对上风，一些奉行中央计划经济的国家正忙于向市场经济转轨，经济市场化的观念已深入人心，而现行的以国际货币基金组织为权力核心的国际货币制度符合市场法则，国际货币基金组织本身就是按照股份公司的模式设立的。

20 世纪 60 年代至 70 年代民族主义高涨，又有冷战作背景，而其时的发达国家则饱受滞胀之苦，特别提款权的分配反映了发展中国家的胜利；而 90 年代发达国家迈入所谓知识经济时代，实力大增，与此同时，发展中国家在经历了 80 年代"失去的十年"之后，一度成为发展样板的新兴市场国家现在又处于危机之中，曾经作为支撑点的冷战格局也早已不复存在，即在国际货币金融领域，发展中国家今天的谈判地位未必比 70 年代高。

由此看来，当前的国际货币制度改革不会取得多大的实质性进展，而且仍将主要体现发达国家的意志。由于发展中国家的争取以及适应经济金融全球化的需要，尽管现行国际货币制度框架得以维持，但若干趋向性改革还是要进行。

在汇率制度上，新兴市场国家的联系汇率制被冲垮之后，浮动汇率制暂时变得十分流行，但其固有的弊病使得这些国家积极地寻求改革；一旦国内经济稳定以及投机性国际资本流动有所限制，不少国家又可以回到某种形式的固定汇率制上。在欧元成功的鼓舞下，一些开放经济小国群会着手区域性货币联盟的试验，作为其先行，汇率目标区理论会很有市场。而一些大国的主要精力将放在如何避免国内经济衰退上，这决定了主要货币之间的汇率将继续呈现较大的波动性。

在储备货币上，人们普遍认为未来会呈现"三足鼎立"的格局，作为联盟形式的欧元日趋强大，正在并且继续将对美元霸权形成挑战；未来将要形成的亚元，在相当时期内尚不致对作为主权形式的美元的主流国际货币地位构成挑战，但发展前景很好；至于美元，尽管有起伏，但其国际货币地位不会继续滑落。

在国际收支的调节上，资本账户将成为调节重点，若干西方大国将加大联合调节的力度。伴随着国际干预的增多，对不规则国际资本流动会有所约束，金融全球化的速度由此而放慢。

值得一提的是，自 2008 年美国"次贷危机"、2009 年"欧债危机"以来，中国在国际货币体系改革过程中，也不断提出有力的方案。具有代表性的就是中国人民银行行长周小川提出的"国际货币体系改革的理想目标"，即"创造一种与主权国家脱钩，并能保持币值长期稳定的国际储备货币"。只有通过改革，才能推动国际储备货币向着币值稳定、供应有序、总量可调的方向完善，才能从根本上维护全球经济金融稳定。同时，他认为，重建具有稳定的定值基准并为各国所接受的新储备货币，这一目标可能要在长期内才能实现；但在短期内，国际社会，特别是国际货币基金组织至少应当承认并正视现行体制造成的风险，对其不断监测、评估并及时预警。周小川行长的改革建议在实践中得到越来越多国家的认同。

【知识链接 8－2】

欧洲货币体系

随着欧洲和全球金融自由化的发展，尤其是在 20 世纪 50 年代以来，出现了区域性货币一体化的趋势。区域性货币一体化是指在一定地域内的国家和地区，在货币金融领域实施国际协调，并最终形成统一的货币体系。欧洲货币一体化旨在欧洲有关国家之间建立一个"货币稳定区域"，从而使成员国免受不稳定因素的影响。

（一）欧洲货币一体化的进程

欧洲货币一体化的起源可以追溯到 1950 年欧洲支付同盟的成立。1957 年 3 月，《罗马条约》的签订促成了欧洲经济共同体的成立，但该条约中并没有关于建立欧洲货币联盟的决定。步入 20 世纪 60 年代，三个跛行货币区——英镑区、黄金集团和法郎区，成为欧洲货币一体化进程的开端。尽管这些货币区极大地促进了欧洲货币一体化的进程，但由于其缺乏稳定存在的基础，因而并没有引起人们的足够重视。

进入 20 世纪 70 年代，布雷顿森林体系全面崩溃。在石油危机和经济危机的双重打击下，欧洲货币一体化以失败而告终。但在这一阶段中，初步建立的"蛇形浮动"汇率制、欧洲货币合作基金以及欧洲货币单位都为今后欧洲货币一体化的发展提供了宝贵的经验。

1978 年 12 月 5 日，欧洲共同体各国在布鲁塞尔首脑会议上达成一致协议，决定于 1979 年 1 月 1 日建立欧洲货币体系，重新拉开了欧洲货币一体化进程的帷幕。该体系主要包括三个方面的内容：创设欧洲货币单位、建立稳定汇率机制、设立欧洲货币合作基金。

自 20 世纪 80 年代下半期起，欧洲一体化进程明显加快。随着 1989 年 4 月《德洛尔报告》的出台，建立经济与货币联盟的问题又重回议事日程。该报告不仅提出了把单一货币看作是"货币联盟的一个自然和理想的进一步发展"，还提出了建立欧洲中央银行的设想。

1990 年 12 月 15 日，欧洲国家与政府首脑在荷兰的马斯特里赫特批准了《欧洲联盟条约》草案（以下简称《马约》）。《马约》的通过为欧洲货币联盟制定了详细的时间表，计划分三个时间段花 10 年的时间完成货币联盟。这三个时间段分别为：（1）1990 年 7 月 1 日至 1993 年 12 月 31 日，主要任务是实现所有成员国加入欧洲货币体系的汇率机制，撤销成员国的外汇管制等。（2）1994 年 1 月 1 日至 1996 年 12 月 31 日或 1998 年 12 月 31 日，实现各国宏观经济政策的协调，加强成员国经济之间的经济相似性。（3）1997 年 1 月 1 日或 1999 年 1 月 1 日开始，最终建立统一的欧洲货币和独立的欧洲中央银行。

（二）欧元的启动

1998 年 5 月 21 日，欧盟 15 国首脑在布鲁塞尔举行的特别会议上确认奥地利、比利时、芬兰、法国、德国、爱尔兰、意大利、卢森堡、西班牙、荷兰和葡萄牙这 11 个国家于 1999 年 1 月 1 日成为欧元创始国。随后，7 月 1 日，欧洲中央银行成立并于 1999 年 1 月 1 日开始制定并执行欧元区 11 国统一的货币政策。至此，欧元开始正式启动，这不仅对世界经济产生巨大的影响，且加深了世界各国相互之间的依存度，可以说，欧元的诞生最终实现了欧洲货币一体化。

1999 年 1 月 1 日至 2001 年 12 月 31 日，是欧元区内各国货币向欧元区转换的过渡期。2002 年 1 月 1 日至 2002 年 6 月 30 日，欧元纸币和硬币一同作为法定货币参与流通。从 2002 年 7 月 1 日起，欧元区各国货币全部退出流通领域，市场只存在欧元，欧洲统一货币正式形成。其间，2001 年 1 月希腊正式成为欧元区第 12 个成员国，2007—2014 年，斯洛文尼亚、塞浦路斯、马耳他、斯洛伐克、爱沙尼亚和拉脱维亚先后加入欧元区，2015 年立陶宛正式成为欧元区成员国，欧元区的成员国达到19 个。

第二节 全球性国际金融机构

一、国际货币基金组织

（一）国际货币基金组织的建立

关于在战后国际货币体系的规划早在 1945 年战争结束以前就着手制定了。美国、英国为了避免再次出现 20 世纪 20 年代和 30 年代世界范围的经济和金融的混乱状态，决定要建立一种新的国际金融秩序。1944 年 7 月 1 日至 22 日，45 个国家的代表在美国新罕布什尔州的布雷顿森林举行了"联合国货币及金融会议"，签订了《布雷顿森林协定》，决定成立国际货币基金组织和国际复兴开发银行。国际货币基金组织于 1945 年 12 月 27 日正式成立，总部设在华盛顿，1947 年 3 月 1 日正式运作，至今已有 189 个国家参与。中国是国际货币基金组织的创始国之一，我国的合法席位是 1980 年 4 月 18 日恢复的。1991 年国际货币基金组织在北京设立常驻代表处。

（二）国际货币基金组织的宗旨与职能

1. 国际货币基金组织的宗旨

《国际货币基金组织协定》规定的该组织的宗旨如下：

（1）为成员国提供一个常设的国际货币机构，促进成员国在国际货币问题上的磋商与合作；

（2）促进汇率的稳定和有秩序的汇率安排，借此避免竞争性的汇率贬值；

（3）为经常项目收支建立一个多边支付和汇兑制度，努力消除不利于世界贸易发展的外汇管制；

（4）促进国际贸易均衡发展，维持和提高就业水平和实际收入，发展各国的生产能力；

（5）在临时性基础上和具有充分保障的条件下，向成员国提供资金融通，使之在无须采取有损于本国及国际经济繁荣的措施的情况下，纠正国际收支的不平衡；

（6）努力缩短和减轻国际收支不平衡的持续时间和程度。

2. 国际货币基金组织的职能

根据国际货币基金组织的宗旨，该组织的职能有三种：

（1）确立一套成员国在汇率政策、与经常项目有关的支付，以及货币的可兑换性方面需要遵守的行为准则，并实施监督。

（2）向国际收支发生困难的成员国提供必要的临时性资金融通，以使它们遵守上述行为准则，避免采取不利于其他国家经济发展的政策。

（3）为成员国提供一个进行国际货币合作与协商的场所。

（三）国际货币基金组织的机构

国际货币基金组织的最高决策机构是理事会（Board of Governors），其成员由各国中央银行行长或财政部长组成，每年秋季举行定期会议，决定国际货币基金组织和国际货币体系的重大问题，如接纳新成员国、修改基金协定、调整基金份额等。日常行政工作由执行董事会（Executive Board）负责，该机构由24名成员组成，其中，美国、英国、法国、日本、德国、沙特阿拉伯各派出1名，中国和俄罗斯为单独选区，也各自派出1名，其余国家和地区分为16个选区，分别选派1名，每两年改选一次。国际货币基金组织的最高行政首脑是总裁，每5年选举一次。总裁在通常情况下不参加董事会的投票，仅当双方票数相等时，总裁可投决定性的一票。通常，总裁由西欧人士担任，而世界银行集团总裁由美国人担任，这是权力分配中的一种默契。

国际货币基金组织另外还有两个机构：一个是临时委员会，另一个是发展委员会。临时委员会的成立，是因为货币体系需要根据形势发展而不断变化，但理事会过于庞大，无法讨论货币改革的微妙问题，执行董事会的政治级别又不够高，没有充分的权力对重大经济问题作出决定，因此1972年成立了"二十国委员会"，1974年后改设临时委员会。它和发展委员会都是部长级委员会，每年开会2~4次，讨论国际货币体系和开发援助的重大问题。由于两个委员会的成员大多来自主要国家而且政治级别高，它们的决议往往就是理事会的决议。

在执行董事会下有一些常设的职能部门，如行政、法律、会计、秘书等16个部门。另外，国际货币基金组织在巴黎、日内瓦设有办事处。

（四）国际货币基金组织的资金来源和主要业务活动

1. 国际货币基金组织的资金来源

（1）各成员国缴纳的份额

各成员国缴纳的份额是指成员国加入国际货币基金组织时向其认缴的一定数额的款项，性质相当于股份公司的入股金，缴纳后就成为国际货币基金组织的财产，构成国际货币基金组织向成员国提供资金融通的主要来源。各成员国缴纳的份额由该国的国民收入、外汇储备和国际收支等经济指标决定的。该组织成立之初，份额的25%以黄金缴纳，其余的75%以本国货币缴纳，存放于本国中央银行，在国际货币基金组织需要时可以随时动用；自1975年《牙买加协议》生效、黄金非货币化以后，以黄金缴纳的25%改用特别提款权或可兑换货币缴纳，其余75%仍用本国货币缴纳。

国际货币基金组织执行董事会在2010年5月同意对份额进行修改，主要内容是，份额增加到4768亿特别提款权，金额扩大一倍左右，6%以上的份额将从代表权过多的国家转移给代表权过少的国家，另有6%以上的份额将会转给新兴市场国家和发展中国家。以下 10 国将成为最大的成员，美国、日本、"金砖四国"（巴西、中国、印度、俄罗斯）、四个最大的欧洲国家（法国、德国、意大利、英国），中国将成为第三大成员国。执行董事会要求这些内容在 2012 年底生效，但是这需经理事会的同意，各成员国及其议会的批准。

成员国在国际货币基金组织份额的作用有：

①投票权。根据规定，每个成员国都有 250 票基本投票权，此外每缴纳 10 万特别提款权增加一票投票权。所以投票权和份额比例略有差异。美国现在所占的份额超过 16%，依据国际货币基金组织重大问题须经全体成员国总投票权的 85% 通过才能生效的条款，它在国际货币基金组织内拥有否决权。

②借款权和特别提款权的分配权。成员国在国际货币基金组织的份额越高，可借用的款项就越多。成员国特别提款权的分配权也与其份额成正比。

（2）出售黄金

1976 年 1 月，IMF 决定将其所持有的黄金的 1/6 即 2500 万盎司，分 4 年按市价出售，以所得的收益中的一部分，作为建立信托基金的一个资金来源，用以向最贫穷的成员国提供信贷。

（3）借款

借款是 IMF 的另一个主要的资金来源。这种借款是在 IMF 与成员国协议前提下实现的，主要形式有：①借款总安排，1962 年与"七国集团"签订，总额 60 亿美元，以应付成员国临时性困难；②补充资金贷款借款安排，1979 年与 13 个成员国签订；③扩大资金贷款借款安排，1981 年 5 月与一些官方机构签订。此外，IMF 还与成员国签订双边借款协议，以扩大资金来源。

2. 国际货币基金组织的主要业务活动

国际货币基金组织的活动主要是三个方面：监督、贷款和技术援助。

（1）监督

在经济日益全球化的今天，一国的政策会对许多国家产生影响，开展国际合作对经济发展进行全球范围的监督是有必要的。最近几年的金融危机凸显了有效监督的重要性，国际货币基金组织就此采取了一些新的行动，以增强在危机的早期发现各国的脆弱性和风险的能力。

根据国际货币基金组织的协议，它被授权对成员国的汇率政策进行监督，以保证国际货币体系的有效运行。监督的最终目的是帮助成员国实现金融稳定和经济的可持续发展。监督目前所涵盖的范围是：

①汇率、财政和货币政策。这一领域是监督的核心。国际货币基金组织对于从汇率制度的选择，到汇率制度与财政政策和货币政策的一致性等一系列问题提出建议，每一个成员国必须为监督提供必要的信息。在基金组织提出要求时，成员国必须就汇率政策向国际货币基金组织进行咨询。

②对金融部门的监督。在经历了 20 世纪 90 年代发达国家和发展中国家一系列的银行危机之后，这一部门越来越引起国际货币基金组织的注意。国际货币基金组织和世界银行在 1999 年联合创立了"金融部门评估计划"，以评估各国金融部门的强弱状况。

③风险和脆弱性。这一问题来源于资本的大规模和起伏不定的流动。尽管防止危机一直是国际货币基金组织监督的核心，但是全球资本市场的成长和发展，使得把监督扩展到传统的经常项目和外债的可持续性之外变得很有必要。

④制度问题。它们包括中央银行的独立性、金融部门的管制、公司治理、政策的透明度和责任性。在金融危机之后和有些成员国从计划经济转向市场经济的情况下，这些问题变得越来越重要。

⑤结构方面的政策。内容有管理国际贸易、劳动市场和能源部门的政策。随着主要工业国在遭受巨大的石油冲击以后经济增长放慢，这方面的监督在20世纪80年代已变得更为重要，发展中国家的债务危机和苏联的解体进一步凸显出许多国家结构变化的必要性。

监督活动一年举行一次。由国际货币基金组织派出经济学家对成员国进行访问，以收集信息并与政府和中央银行官员以及私人投资者、劳工代表、议员和民间组织进行讨论。回来以后，代表团会向执行董事会提交一份报告以供讨论，接下来董事会将总结它的观点并交给该国政府。

（2）贷款

国际货币基金组织最重要的责任是向国际收支有困难的国家提供贷款，以帮助它们重建国际储备，稳定货币，继续对进口付款，恢复经济增长所需要的条件。

当一个成员国从基金组织借款时，它是用本国货币从普通资金账户购买其他成员国的货币或者特别提款权，这一过程造成国际货币基金组织手中相应的货币或者特别提款权的减少，借款国货币的增加。借款国必须在规定的期限内用外国货币或者特别提款权购回自己国家的货币，期限一般是借款后的3~5年。

①储备部分贷款（Reserve Tranche）。一国所缴纳的份额和国际货币基金组织所持有的该国货币的差额，也就是用特别提款权和可兑换货币缴纳的份额，称为储备部分，成员国可以自由提用，无须经过特殊的批准，因为这部分份额是该国外汇储备的一部分。

②信用部分贷款（Credit Tranche）。这部分贷款分为四个档次，每档均为所缴纳份额的25%，总共为份额的100%。高档（25%以上）贷款要与一定的条件或者"行为标准"相联系。贷款的档次越高，条件就越严。储备部分贷款和信用部分贷款合在一起称为普通贷款。

③减贫和增长信托基金（Poverty Reduction and Growth Trust）。建立的目的是满足低收入国家多样化的借款需求，它有三个新的贷款窗口，条件都非常优惠，这些贷款窗口在2010年1月生效，它们是：

延伸贷款基金（Extended Credit Facility）。该基金取代了原先的减贫和增长基金（Poverty Reduction and Growth Facility）在成员国面临中期的国际收支问题时，它可提供中长期的持续支持。

备用贷款基金（Stand-by Credit Facility）。它取代了外部冲击贷款（Exogenous Shock Facility）中的易得贷款部分（High Access Component），其作用类似于备用贷款安排（Stand-by Arrangements，SBA）对中等收入国家的作用。外部冲击贷款是低收入国家在受到外部冲击时能够得到的贷款。外部冲击是指政府无法控制的对经济的重大负面影响，包括石油等矿产品价格的变化、自然灾害、发生在邻国的对贸易造成干扰的冲突和危机。这种贷款强调对基本面冲击的适应，不那么强调广泛的结构调整。

快速贷款基金（Rapid Credit Facility）。它向有紧急财政需求的低收入国家提供快速金融支持，方法是一次性的预付。它也对冲突后的国家和其他面临脆弱情形的国家提供连续的贷款。

④备用贷款安排。备用贷款安排是为了帮助成员国解决短期国际收支问题，面临外部融资需求的成员均可使用这种贷款，但是一般由中等发达国家使用，近几年来这种贷款也越来越多地由发达国家使用。它的期限有很大的弹性，一般是 12～24 个月，最长不超过 36 个月。12 个月的借款额可达缴纳份额的 200%。贷款的提供以一定的目标为前提条件，在设定的目标达到后才能提供贷款。

⑤灵活信贷额度（Flexible Credit Line，FCL）。该种贷款的对象国在政策的执行方面有很好的基本面、政策和行为记录，它特别用于防止危机的发生，也可用于对危机作出反应。成员国的贷款要求在事先设定的标准得到满足后才能获得批准，期限为 1 年到 2 年，贷款 1 年以后要对满足贷款条件的情况进行检查。

⑥预防性和流动性信贷额度（Precautionary and Liquidity Line，PLL）。它取代了预防性信贷额度（Precautionary Credit Line），并且比后者有更大的灵活性。该种信贷可用于防止和对付危机，申请者有一定的自愿性质，不一定达到 FCL 的合格标准。贷款期限可以是 6 个月或 1 年到 2 年。

⑦延伸贷款（Extended Fund Facility）。该项贷款设立于 1974 年，以帮助成员国解决需要对经济结构进行根本改革的、期限较长的国际收支问题。所以这种贷款安排的期限较长，一般达 3 年，贷款应该在 4 年半到 10 年内偿还。

⑧快速融资工具（Rapid Financing Instrument）。该种贷款是为了取代和扩展原来的紧急援助政策。它在一些有限的条件得到满足时对国际收支有紧急需要的所有成员国提供快速金融援助，1 年的贷款限额是缴纳份额的 50%，累计贷款限额是份额的 100%。紧急贷款的条件与灵活信贷额度、预防性和流动性信贷额度和备用贷款安排相同，还款期限在 3 年到 5 年之间。

（3）技术援助

国际货币基金组织的技术援助有四分之三是向中低收入国家提供的，特别是亚洲和非洲南撒哈拉国家，冲突结束后的国家也是主要的受益者，如东帝汶、刚果民主共和国、伊拉克和阿富汗等。提供援助的领域是在专业知识方面，诸如宏观经济政策、税收政策和政府收入管理、支出管理、货币政策、汇率制度等。国际货币基金组织还帮助低收入国家制定减贫和增长计划，帮助高负债的贫穷国家进行债务可持续性分析和减债计划的管理。

援助方式往往是从总部派出短期专家代表团，专家和驻点顾问的工作时间从几周到几年不等（如果国际货币基金组织想要派出长期顾问，可能会要求接受援助的国家以资金或实物的形式付费）。提供援助的其他形式有：技术和诊断报告、培训课程、研讨班、讲习班，以及在线顾问的支持。近年来提供的援助和培训越来越多地在地区中心进行，目前有五个援助中心：太平洋、加勒比、东非、西非、中东。

援助一般由国际货币基金组织无偿提供，也接受一些富裕国家的捐助。

除了监督、贷款和技术援助之外，国际货币基金组织的另一个重要功能就是国际储备的创造。针对国际储备不足和多边支付的需要，国际货币基金组织于 1969 年年会上通过了设立"特别提款权"的正式方案，并于 1970 年 1 月开始分配特别提款权。分配按照成员国所缴纳份额的比例进行。特别提款权作为国际储备的一部分，可用于向其他成员国偿付国际收支逆差，或偿还国际货币基金组织的贷款。特别提款权用欧元、美元、日元和英镑来定值。

总的来看，国际货币基金组织贷款不是我国利用外资的主要来源。在技术援助方面，我国曾多次获得它传授的有关金融规划、财政政策和货币政策、银行统计和经济管理等方面的知识。此外，国际货币基金组织在每年 10 月均派代表团到我国商谈经济问题，有时代表团还要进行实地考察。这种磋商活动不仅是国际货币基金组织全面了解中国经济及其政策的机会，而且对我国的经济工作和经济政策的正确制定也有促进作用。

二、世界银行集团

世界银行即国际复兴开发银行，它也是布雷顿森林协议的产物，它与国际货币基金组织是紧密联系、互相配合的国际金融机构。世界银行集团由五大机构组成，即国际复兴开发银行（International Bank for Reconstruction and Development，IBRD）、国际开发协会（International Development Association，IDA）、国际金融公司（International Finance Corporation，IFC）、多边投资担保机构（Multilateral Investment Guarantee Agency，MIGA）和国际投资纠纷解决中心（International Center for the Settlement of Investment Disputes，ICSID），统称世界银行集团。但从法律地位和资金构成方式来看，它们是独立的金融机构。

（一）世界银行

1. 世界银行的宗旨

世界银行的全称是国际复兴开发银行。它于 1945 年 12 月正式成立，总部设在华盛顿，并在 100 多个国家设立了办事处。它是联合国的专门机构之一，参加世界银行的国家必须是国际货币基金组织的成员，至今已有 188 个国家和地区。中国是世界银行的创始国之一，1980 年 5 月我国恢复了在世界银行集团的合法席位。

其当前的主要宗旨是向成员国提供贷款和投资，推进国际贸易均衡发展。按照《国际复兴开发银行协定条款》的规定，世界银行的宗旨是：

（1）通过对生产事业的投资，协助成员国经济的复兴与建设，鼓励不发达国家对资源的开发；

（2）通过担保或参加私人贷款及其他私人投资的方式，促进私人对外投资。当成员国不能在合理条件下获得私人资本时，可运用该行自有资本或筹集的资金来补充私人投资的不足；

（3）鼓励国际投资，协助成员国提高生产能力，促进成员国国际贸易的平衡发展和国际收支状况的改善；

（4）在提供贷款保证时，应与其他方面的国际贷款配合。

世界银行在成立之初，主要是资助西欧国家恢复被战争破坏了的经济，但在1948年后，欧洲各国开始主要依赖美国的"马歇尔计划"来恢复战后的经济，世界银行于是主要转向向发展中国家提供中长期贷款与投资，促进发展中国家经济和社会发展。

世界银行在努力缩小这种差距，把富国的资源转化成穷国的经济增长。作为世界上提供发展援助最多的机构之一，世界银行支持发展中国家政府建造学校和医院、供水供电、防病治病和保护环境的各项努力。

2. 世界银行组织机构

世界银行的最高权力机构是理事会。根据协定，每个成员国任命1名理事和1名副理事。每一个理事和副理事的任期为5年，可以连任。如果世界银行的成员国同时也是国际金融公司或国际开发协会的成员国，那么，任命的世界银行理事及其副理事也是国际金融公司和国际开发协会理事会的当然理事和副理事。多边投资担保机构的理事和副理事单独任命。这些理事都是政府官员，如财政部或发展部部长。根据协定的规定，世界银行的所有权力属于理事会。根据理事会通过的附则，理事们把协定没有明确规定专门属于理事们的那些权力授予执行董事。

理事们可以接受成员国或者中止成员国的地位，增加或减少经批准的资本存量，决定净收入的分配，审查财务报表和预算，以及行使未授予执行董事的其他权力。理事会每年在世界银行年会期间举行会议。传统上，年会在华盛顿举行两次之后，每三年在其他成员国举行，以反映世界银行集团的国际性。

执行董事对世界银行总体业务的执行工作负责，行使理事会根据协定授予的所有权力。5名执行董事由5个份额最大的成员国美国、日本、德国、法国、英国任命。其他董事由其他成员国选举产生。在国际金融公司和国际开发协会，世界银行的执行董事和副执行董事是这两个机构的当然执行董事和副执行董事，前提是任命他们的国家或选举他们的国家也是国际金融公司和国际开发协会的成员国。多边投资担保机构的执行董事会成员单独选举产生。

执行董事会的选举每两年进行一次，通常是在世界银行年会期间进行。1992年，选举产生的董事人数增加到19人，其中中国、俄罗斯和沙特阿拉伯形成单一国家选区，而其他国家联合成多国选区，每一个选区选出1名董事，加上上述5国的常任执行董事，共有24名。执行董事会选举1人为行长和执行董事会主席，主持日常工作，但是他没有投票权，只有在执行董事会表决中双方票数相当时，才可以投决定性的一票。行长任期5年，并且可以连任，按照惯例由美国人担任。

世界银行以股份公司形式建立，各国认缴的股份按基金组织的份额比例分摊。每一成员国拥有250个基本投票权，每认缴股金10万特别提款权增加一票。

2010年4月25日，世界银行对投票权进行了改革，发达国家共向发展中国家转移了3.13个百分点的投票权，中国在世界银行的投票权从2.77%增加到4.42%，仅次于美国和日本位列第三。原居第三位的德国的投票权从原来的4.35%减少到4.00%，法国从4.17%减少到3.75%，英国也从4.17%减少到3.75%，美国维持

15. 85%的投票权，依然是第一位，日本从 7. 62%减少到 6. 84%，依然位列第二，印度从 2. 77%上升至 2. 91%，位列第七。

3. 世界银行的资金来源和业务活动

（1）世界银行的资金来源

①成员国缴纳的股金。按原来规定，成员国加入时先缴付股金的 20%，其中 2%以黄金或美元缴纳，18%以本国货币支付，其余 80%则在必要时缴纳。1994 年 6 月底，理事会决议所规定的法定认缴股金为 1700 亿美元。1995 年 9 月，决定将股金增加 1 倍，但实缴资金并未增加，成员国实际缴付的只是认缴额的 10%，其中只有 1%需要以黄金或美元缴纳，9%以本国货币缴纳，其余 90%在必要时缴付。成员国缴纳的股金占世界银行资金的 5%。

②筹集资本。国际复兴开发银行的资本几乎都是从国际资本市场筹集的（2002 财年的筹资额为 230 亿美元，2003 财年的筹资额为 170 亿美元）。世界银行的信用评级为 AAA，通过发行债券筹集资金，然后再以低息转贷给借款国。债券发行对象是金融机构、退休基金、各国中央银行。

③从贷款赚取的利息和收费，以及因投资于流动资产而获得的收入。

（2）世界银行的业务活动

世界银行的借款国通常是年人均收入 1006～3975 美元的中低收入国家和 3976～12275 美元的中上收入国家。中低收入国家还可从国际开发协会借款，因为可以从两家机构获得借款，它们被称为"混合国家"。借款人可以是成员国政府、国有企业或私人企业。若借款人不是政府，贷款必须由政府担保，以保证本金的偿还和利息及其他费用的支付。只有在申请贷款的国家确实不能以合理的条件从其他方面取得贷款时，世界银行才考虑发放贷款，参加贷款或提供保证。政府借到的款项必须用于减贫、提供社会服务、保护环境或促进增长等特定的计划。世界银行借款的还贷期限要长于来自商业银行的借款，贷款期限为 15 年到 20 年，偿还本金之前有 3 年到 5 年的宽限期，在宽限期内只付息不还本。为确保资金得到有效利用，世界银行贷款（及国际开发协会的授信）一般辅之以非贷款服务，即技术援助、政策咨询、研讨会和培训。

世界银行提供以下两种基本类型的贷款。

①投资贷款。此项贷款以前称为货物、工程和服务投资贷款，这种贷款支持诸多部门中的经济和社会发展项目。例如，支持成员国政府建立学校、卫生中心、提供水和电力、防治疾病和保护环境、促进农业生产、建造道路和港口。还有一些项目是对曾经发生过战争的国家和地区的重建。

②发展政策贷款。此项贷款以前称为调整贷款，它提供可迅速拨款的融资，以支持政策和机构改革，协助发展中国家解决因国际收支失衡而引起的经济调整问题。这种贷款要视政策目标是否实现而定，目的是促进宏观或部门经济政策的调整和机构的改革，这对满足发展中国家因实施重大经济结构调整而形成的资金需求有很大帮助。

世界银行规定贷款必须专款专用，并受世界银行的监督。世界银行的贷款过程是：借款国确定了项目并提出项目建议书后，世界银行就会着手审议它的可行性；

在贷款的谈判期间，世界银行和借款国就发展目标、项目内容、产出、绩效指标、实施计划和拨款时间进行磋商；一旦世界银行同意提供贷款而且贷款协议生效，借款国就必须根据双方达成的条件执行项目和计划。世界银行贷款中绝大部分为项目贷款，需要经过项目选定、准备、评估、谈判、执行以及总结等阶段。

世界银行对一个项目提供贷款的数额根据该项目所需的外汇资金或项目总投资额的50%来确定。一般情况下，世界银行只提供项目所需的外汇资金，其比例约占项目总投资的35%~50%，个别的可达到75%，其余部分由借款国自己筹措，即通常所说的国内配套资金。

所有的贷款都要受到世界银行的业务政策的制约，这些政策是为了确保由世界银行融资的业务在经济、财务、社会和环境方面是稳健的。该行的保障政策旨在防止对第三方和环境产生意料之外的不良影响。世界银行项目获得批准的前提是：须证明这些项目不会给个人和环境带来危害。所有项目都须进行环境评估。此外，世界银行还在自然栖息地、病虫害管理、文化遗产、非自愿迁移、原住民、森林、水坝安全、国际水道项目以及有争议地区的项目等方面制定了一系列的政策。

除了提供贷款之外，世界银行还与国际货币基金组织在1996年发起了名为"重债穷国倡议"的债务减免计划，这些穷国大多数欠富国政府的债务从而难以向教育和健康项目提供资金。世界银行的另一个重要作用是，对于直接影响增长和减贫的长期政策提供分析和建议。

世界银行向中国提供贷款主要集中在交通、城市和农村发展、能源和人力开发等方面。对中国的援助计划主要通过三种方式进行：投资贷款、技术援助贷款和捐赠。

（二）国际开发协会

1. 国际开发协会的宗旨

国际开发协会成立于1960年，该协会的宗旨是：向最贫穷的国家提供无息贷款和赠款，以帮助它们发展经济和改善生活条件。

成员国的投票权按认缴股份额计算。初次认股时，每个成员国拥有基本票数500票，每认股5000美元增加一票。国际开发协会和世界银行拥有同一批工作人员和同一个总部，向同一位总裁报告工作，按照同样严格的标准来评估项目。

2. 国际开发协会的资金来源

国际开发协会的资金来源如下：

（1）成员国缴纳的股本。每个创始成员国首次认股的10%部分，应以黄金或可自由兑换的货币缴付。其余90%部分，如果它属于第一部分成员国（贷款国），则应以黄金或可自由兑换货币缴付；如果它属于第二部分的成员国（借款国），则可以用其本国货币缴付。

（2）补充资金。因为国际开发协会的贷款比世界银行优惠，所以它的资金必须得到定期的补充。国际开发协会的资金由具有伙伴关系的捐款方提供，他们每三年开一次会，讨论并决定国际开发协会未来贷款项目所需新资金的数量，以及新的贷款政策和重点。

（3）内部资源。第二个最大的来源是内部资源，包括以前和现在的借款国的还款、投资收益、以前留下的补充资金。

（4）世界银行净收入的转移。

3. 国际开发协会的业务活动

国际开发协会无息贷款的期限为35年到40年，宽限期为10年，只需支付0.75%的手续费。因此，它被称为"软贷款"，以区别于世界银行的"硬贷款"。国际开发协会传统上提供无息贷款，但现在也越来越多地向最贫穷的国家提供捐赠。该组织提供的贷款占世界银行集团的1/4。

由于国际开发协会的资金主要来源于成员国政府的捐赠，所以资金必须在合格的借款国之间进行分配。借款资格有三条：

（1）2010年人均国民收入在1175美元以下。

（2）缺乏足够的资信按市场条件借款，需要获得优惠贷款来为国家的发展项目提供融资。

（3）良好的政策，其定义为实行促进增长和减轻贫困的经济和社会政策。

国际开发协会的大部分贷款用于满足基本需要，诸如初等教育、基本健康服务、清洁的水和卫生需求。它还为下列项目提供资金：环境保护、改善私人企业的条件、基础设施建设、经济的自由化改革和对制度的加强。所有这些项目都为经济的增长、工作岗位的创造、更高的收入和更好的生活条件铺平道路。我国属国际开发协会低收入成员国，截至1990年财政年度末，协会共对我国承诺贷款金额39亿多美元，援建了我国黄埔港、大连港、华北排涝、大兴安岭森林火灾恢复、四川公路、教师培训等项目，极大地支持了我国经济发展基础的建设。

【知识链接8-3】

无息贷款到底有多优惠？

我们已经了解到国际开发协会的贷款是不收利息的，对复利了解不多的人可能对此不会有深刻的印象。还是让我们算一笔账吧。有一个公式表明，数字加倍的时间近似地等于70除以增长率（见表8-2）。

如果年利率是4%，本息翻一倍所需的时间是18年。如果利率是7%，10年就可以翻一番。用i表示利率，1年以后的本金加利息 $=1+i$，2年以后的本金加利息 $=(1+i)^2$。利率为4%的贷款，40年以后的本利之和 $=(1+4\%)^{40}=4.8$。这就是说，如果你是借款国政府，向国际开发协会借1亿美元，40年以后你还掉所借的1亿美元本金，3.8亿美元就送给你了。如果按照世界银行最近的贷款利率6.3%计算，本利翻一番所需时间是11年，40年以后的本利之和 $=(1+6.3\%)^{40}=11.517$。当然，这是指到期一次偿还的情形。文中所说的宽限期为10年，意味着宽限期满后就要开始还本，所以实际贷款期限就短于名义贷款期限。实际的情形是，如果把40年的还款按贴现率折算成现在的价值，它只及正常贷款值的40%。

表 8 - 2 加倍时间

增长率（每年%）	加倍时间（年）
0.1	700
0.5	140
1.0	70
2.0	35
4.0	18
5.0	14
7.0	10
10.0	7

（三）国际金融公司

1. 国际金融公司的宗旨

国际金融公司成立于 1956 年，是向发展中国家的私人部门提供贷款和证券融资的最大机构，它通过以下方式促进私人部门的可持续发展：（1）向发展中国家的私人部门提供融资；（2）帮助发展中国家的私人公司在国际金融市场上调动资金；（3）向企业和政府提供建议和技术援助。国际金融公司按商业原则进行运作，以盈利为目标。它向发展中国家的公司提供一整套的金融产品和服务。

2. 国际金融公司的资金来源

各成员要向国际金融公司缴纳股金，最初公司法定资本为 1 亿美元，分为 10 万股，每股 1000 美元。国际金融公司对证券和准证券的投资资金来源于它的净值，也就是股金加上盈利。股东的有力支持、AAA 级的评级和数目可观的股金使得它能够以优惠的条件从国际资本市场上融入资金。

3. 国际金融公司的业务活动

（1）项目贷款

国际金融公司的金融产品按市场利率收取利息，不接受政府担保。要获得它的贷款资格，项目必须能够为投资者带来盈利，对东道国的经济有利，以及严格遵守环境和社会方面的规定。

国际金融公司对所有行业和部门的项目提供融资，例如，制造业、基础设施、旅游、健康和教育及金融服务。金融服务在新批准的项目中占有相当大的比重，包括对新兴的租赁、保险和抵押贷款市场的投资，学生助学贷款和给当地银行的信贷额度，或者向中小企业提供小额贷款或商业贷款。尽管国际金融公司主要向私人部门的项目提供融资，但它也向按商业原则经营的、有私人参与的国有企业提供贷款。它也向完全由当地人拥有的企业和由本地和外方合资经营的企业提供贷款。

为了保证私人部门对投资和贷款的参与，国际金融公司对单个项目的贷款和证券融资的金额进行了限制。对于新项目，最大金额占项目估计费用的 25%，小项目可以破例达到 35%。对于扩展项目，提供的贷款可达费用的 50%，条件是投资额不超过借款公司总资本的 25%。平均而言，国际金融公司每提供 1 美元的贷款，其他投资者和贷款者要提供超过 5 美元的资金。

（2）资金动员

国际金融公司在这方面的能力包括：

①催化作用。它对项目的参与能够提高投资者的信心并吸引其他贷款人和股东。如果没有国际金融公司的参与，有些机构是不愿意投资的。通过与国际商业银行一起提供银团贷款，承销投资基金和公司证券，国际金融公司对发展中国家质地良好的公司直接起到动员融资的作用。

②与各家公司广泛的联系网，使得发起人、合伙人和投资人形成相互匹配的特殊能力。

③在一种特定市场上进行开拓性交易的创新能力。银团贷款中的 B 类贷款计划是融资动员的基本做法。也就是由国际金融公司和借款方签订一份全额贷款合同，然后它再和各个参与机构签订合同，国际金融公司自己的贷款称为 A 类贷款，其他各个参与方提供的称为 B 类贷款。参与方对借款人的贷款通过国际金融公司间接地进行，包括本金、利息和费用在内的所有付款都享受到国际金融公司优秀贷款人的地位。国际金融公司向参与者承诺，按比例分配所有拿到的付款。在所有的参与者拿到所有的付款之前，国际金融公司也不能拿到所有的付款，同样，对一个参与者的违约也就是对国际金融公司的违约。

在把投资者资金引入私人部门方面，国际金融公司处于开发新产品和工具的前沿。它在承销、证券化和债券直销等领域不断采取新的方法。债券的直销就是把债券全部售予法团投资人而不公开出售。随着发展中国家的公司融资需求的增加，它们试图在国际资本市场上发行证券，国际金融公司在这方面向它们提供帮助。

（3）金融资产投资

国际金融公司还通过建立和投资于各种基金的办法，促进外国对发展中国家的金融资产投资。例如，该公司发起了第一个采用当地货币的新兴市场的公司债基金，投资于风险资本基金，以促使资金流向那些未上市的、不能引起大额投资者注意的公司。通过为发展中国家开拓和促进这类基金，该公司把许多国际上的金融资产投资者引入发展中国家，使得这些国家的大大小小的公司能够获得期限更长的融资，国际融资的获得增强了这些公司在全球经济中的竞争力。

（4）咨询服务

国际金融公司的咨询服务部主要为各国政府提供咨询帮助，议题是私人部门对基础设施和公共服务的参与，以及国有企业的改造。这类服务帮助公共和私人部门建立伙伴关系，使得政府在财力有限的情况下得到更多的服务，同时从私人部门的专业知识、管理和资金中获益。咨询服务部的工作集中在公共服务的扩大，诸如电力、水、卫生、运输，最近还扩展到健康问题。它还就如何建立一个有利的商业环境，向发展中国家政府提出建议，就吸引外国直接投资提供指导。

我国在国际金融公司的席位在 1980 年恢复。中国目前是国际金融公司投资增长最快的国家之一。

（四）多边贷款担保机构

1. 多边贷款担保机构的宗旨

多边贷款担保机构成立于 1988 年，它的宗旨是减少对发展中国家的投资风险，以促进对这些国家的投资，并通过提供技术和资源来帮助新兴国家吸引和留住投资。

2. 多边贷款担保机构的资金来源

多边贷款担保机构的法定资本为 10 亿特别提款权，分为 10 万股，每股票面价值为 1 万特别提款权，供成员国认购。成员国认缴股金，按 1981 年 1 月 1 日至 1985 年 6 月 30 日期间以美元标价的特别提款权的平均价值结算，即每一特别提款权等于 1.082 美元。经理事会特别多数票通过，可随时增加机构的资本。

3. 多边贷款担保机构的业务活动

该机构提供以下三个方面的服务：为流向发展中国家的投资提供政治风险保险，提供技术援助以改善发展中国家的投资氛围和增加投资机会，对争端进行调解以消除对未来投资的可能障碍。机构在为投资提供担保之前，应弄清楚：该项投资在经济上的合理性，以及对东道国所作的贡献；该项投资符合东道国的法律条例；该项投资与东道国宣布的发展目标和重点相一致，以及东道国的投资条件，包括该项投资将受到的公正和平等的待遇和法律保护。因它的鼓励而流向发展中国家的投资补充了世界银行、国际金融公司和其他国际开发金融机构的活动。它的业务重点是：有资格获得国际开发协会贷款的国家（最贫穷国家），投资受冲突影响的地区，涉及基础设施和采矿业的综合性项目，以及发展中国家之间的投资。

（五）国际投资纠纷解决中心

国际投资纠纷解决中心为解决外国投资者和东道国政府之间的争议提供便利。该中心成立于 1966 年，它的成员也是世界银行的成员。我国于 1993 年加入《解决国家和他国国民之间投资争端公约》。中心的总部设在世界银行总行办事处。组织机构主要由一个行政理事会和一个秘书处组成，下设一个调解委员会和仲裁委员会，每个成员国可以向这两个委员会各指派四人，他们可以是但不一定是成员国的国民。世界银行行长为理事会的当然主席，但没有表决权。该中心秘书处的费用由世界银行提供，而每一件具体事务的费用由有关当事方承担。

当有关当事方希望进行调解时，就向秘书长提出书面请求。秘书长将请求进行登记后把争端交给调解委员会。调解委员会有责任澄清双方发生争端的问题，并努力使双方就共同可接受的条件达成协议。如果希望进行仲裁，应向秘书长提出书面请求，后者将请求进行登记后把它交给仲裁庭。仲裁庭依据双方同意的法律规则与程序对争端作出裁决。尽管求助于该中心进行调解和仲裁是完全自愿的，但是一旦当事双方认可了按公约进行仲裁，就不能单方面撤销对仲裁的认可。而且所有缔约国，不管它是否是争端的当事方，都被公约要求承认和执行裁定。

三、国际清算银行与巴塞尔委员会

（一）国际清算银行

国际清算银行（Bank for International Settlements，BIS）成立于 1930 年 5 月 17 日，总部在瑞士的巴塞尔，并且在中国香港和墨西哥城设有代表处，是世界上历史最悠久的国际金融组织。它最初是根据 1930 年 1 月 20 日签订的《海牙国际协定》，由英国、法国、德国、意大利、比利时、日本六国的中央银行，以及代表美国银行界利益的三家大商业银行（摩根银行、纽约花旗银行和芝加哥花旗银行）组成的银行集团共同建立的国际金融组织。成立的最初目的是为了处理第一次世界大战以后德国的赔款事宜。其后它的作用逐步演变，目前它的宗旨是促进国际金融和货币合作，并充当各国中央银行的银行。它是通过以下作用来完成这一任务的：

（1）充当各中央银行和国际金融界的讲坛以促进对政策的讨论和分析；

（2）经济和货币研究中心；

（3）各中央银行主要的金融交易对手；

（4）国际金融交易中的代理人和受托人。

由于它的客户是中央银行和国际金融组织，所以不从个人或公司接受存款，或向它们提供金融服务。国际清算银行向中央银行和其他官方货币机构在外汇储备的管理方面提供广泛的服务。在过去几年里，平均有 4% 的全球国际储备由各中央银行投资于国际清算银行。它为各成员国的中央银行提供短期贷款并接受它们的存款，贷款一般要有抵押。该银行也代客户进行黄金和外汇的交易，而且在为发生金融危机的国家提供短期紧急贷款方面起协调作用，在这种情况下，它为支持贷款的各家中央银行垫款，并获得它们的支持和保证。它还为客户提供资产管理服务。它的金融服务由两个相互连接的交易场所提供：巴塞尔总部和中国香港的代表处。

第二次世界大战以后，国际清算银行先后成为欧洲经济合作组织（即现在的经济合作与发展组织）各成员国中央银行汇兑担保的代理人、欧洲支付国同盟和欧洲煤钢共同体的受托人、欧洲共同体成员国建立的欧洲货币合作基金的代理人。

国际清算银行是以股份公司的形式建立的，其管理机构由三部分组成：股东大会、董事会和管理当局。它的最高权力机关是股东大会，股东大会每年 6 月在巴塞尔召开一次，由认购该行股份的各国中央银行派代表参加。会上通过年度报告和上一个财政年度（上一年 4 月 1 日到本年 3 月 31 日）的资产负债表、损益报告表、利润分配表和接纳新成员等重大事项，股东大会的投票权根据认股数按比例分配。

董事会由以下人员构成：（1）英国、法国、德国、意大利、比利时、日本、美国、瑞士等国的中央银行行长是董事会的当然成员；（2）由上述董事会成员各选出一位本国工商金融界著名人士出任另一董事；（3）由董事会现有成员以 2/3 多数在认股的其他中央银行行长中选举其余成员。董事会是主要的政策制定者和经营管理机构。

管理当局负责处理日常业务，设有总经理和副总经理，下设银行部、货币经济部、法律处、秘书处等办事机构。

国际清算银行的开创资本为 5 亿金法郎，分为 20 万股，每股 2500 金法郎，由六国中央银行和美国银行集团七方平均认购。金法郎原是 1865 年法国、瑞士、比利时等国成立拉丁货币联盟时发行的一种金币，含金量为 0.2932258 克纯金。该行从成立直到现在，始终以金法郎作为记账核算单位，其含金量至今不变；尽管在金本位制崩溃后，该种金币已不再流通。1969 年 12 月，该行的法定资本增至 15 亿金法郎，分为 60 万股，每股 2500 金法郎。

中国人民银行自 1984 年起就与国际清算银行建立了银行业务方面的联系，并以观察员身份几次参加该行年会。1996 年 9 月 9 日，中国人民银行正式成为国际清算银行成员，于同年 11 月认缴了 3000 股的股本，实缴金额为 3879 万美元。香港金融管理局与中国人民银行同时加入国际清算银行，并在回归后，在国际清算银行的地位保持不变，继续享有其独立的股份与投票权。

中国与国际清算银行建立业务关系后在该行开设了外汇和黄金账户，将部分外汇和黄金存入该银行。这有利于中国人民银行灵活、迅速、安全地调拨外汇、黄金储备。国际清算银行自 1985 年起向中国提供贷款。

（二）巴塞尔委员会

近年来，经济金融全球化的发展日益加快。一方面，跨国银行集团的发展形成了国际银行间的竞争；另一方面，国际资本流动包括国际借贷的增加，使银行风险国际化。国际社会对监管不力的金融活动所产生的潜在系统性风险开始给予极大关注，国际银行监管合作在全球范围、地区范围以及双边范围内各个层次上都表现得十分迫切。巴林银行倒闭等一系列危机事件表明，监管当局之间的有效沟通可以加强对国际性银行及其经营活动的监督与管理。同时可以创造和维护一个公平竞争的环境，以便其本国银行参与其中的竞争。正是基于这些原因，世界各国的政府、中央银行和金融监管当局在 20 世纪 90 年代对国际银行监管合作给予特别关注。从世界经济、金融的现实需要和发展趋势上看，国际银行监管合作的范围正在不断扩大，形成了一套具有普遍性的监管原则和标准。

为了维护成员国的共同利益，加强监管合作，统一监管的原则和标准，1975 年 2 月，由国际清算银行发起，西方 10 个主要国家在瑞士的巴塞尔成立了巴塞尔银行监管委员会，简称巴塞尔委员会。

巴塞尔委员会 1975 年达成的"巴塞尔协议"确认了国际银行监管的基本标准和原则，明确任何银行的国外机构都不能逃避监督，东道国有责任监督在其境内的外国银行；监管当局应加强合作，东道国和母国互通信息，并代为检查对方的海外机构；以东道国为主监督外国分行的流动性和外国附属机构的清偿能力；以母国监管当局为主监督外国分行的清偿能力和外国附属机构的流动性。

巴塞尔委员会早先是着眼于如何增强国际银行的资本来源，以利于强化国际银行体系的稳定性，继而又认识到有必要在成员国中间用统一的办法衡量其资本充足性，并建立资本充足性的最低标准，以实现巴塞尔委员会银行监管的两个根本目标：一是新的监管框架应服务于增加国际银行体系的健全和稳定；二是本着消除国际银行间现存不平等竞争的根源和确保制度公平的观点，在新框架应用于各不同国家的银行时应具有高度的一致性。其后历次的"巴塞尔协议"对监管原则、监督权利的分配、监管标准等进行了完善和补充。

2004 年 6 月 26 日，代表巴塞尔委员会的"十国集团"的中央银行行长和银行监管当局负责人举行会议，一致同意公布"巴塞尔协议Ⅱ"。

"巴塞尔协议Ⅱ"与 1988 年版的"巴塞尔协议Ⅰ"具有同样的目标，即通过对银行提出统一的资本金要求，促进国际银行体系的稳定性和银行国际竞争的公平性。新协议作为原协议的替代，设计目标是要提高资本金要求对银行风险的敏感程度和具有风险敏感性的资本要求的有效性。

本次公布的"巴塞尔协议Ⅱ"在保留原有的风险资本分类的基础上，以风险量化和风险管理为中心，以提高监管资本金计量对风险的敏感度为改良目标，利用内部激励、监管检查和市场约束三种力量，进一步促进银行加强风险管理，提高资本监管的有效性。"巴塞尔协议Ⅱ"提出了最低资本充足率要求、外部监督、市场约束这三大支柱，并分别在这三方面加以创新。

2009 年以来，基于 2008 年国际金融危机的教训，巴塞尔委员会对现行银行监管国际规则进行了重大改革。2010 年 12 月 16 日，巴塞尔委员会发布了"巴塞尔协议Ⅲ"的最终文本，并要求各成员经济体两年内完成相应监管法规的制定和修订工作，2013 年 1 月 1 日开始实施新监管标准，2019 年 1 月 1 日前全面达标。"巴塞尔协议Ⅲ"体现了微观审慎监管与宏观审慎监管有机结合的监管新思维，按照资本监管和流动性监管并重、资本数量和质量同步提高、资本充足率与杠杆率并行、长期影响与短期效应统筹兼顾的总体要求，确立了国际银行业监管的新标杆。

第三节　地区性国际金融机构

一、亚洲开发银行

亚洲开发银行（Asian Development Bank，ADB）是面向亚太地区的政府间金融机构，有 67 个成员，其中 48 个来自本地区，19 个来自世界其他地区，包括美国、英国、德国、意大利、荷兰等十几个发达国家，于 1966 年 11 月正式建立，总部设在菲律宾首都马尼拉。

（一）亚洲开发银行的宗旨

亚洲开发银行的宗旨是：通过向成员国发放贷款、进行投资和技术援助，以及同联合国及其专门机构进行合作，以协调成员国在经济、贸易和发展方面的政策，进而促进亚太地区的经济繁荣。

（二）亚洲开发银行的组织机构

亚洲开发银行的最高权力和决策机构是理事会，其职责是接受新会员，改变注册资本和修改章程。每个成员国指派理事和副理事各 1 名，理事会每年举行一次正式会议。理事会对重要事项以投票表决方式作出决定，并需要有 2/3 以上的多数票才能通过。亚洲开发银行的每个成员国都有 778 票基本投票权，另外每增加认股 1 万美元增加两票。理事会下设董事会负责亚洲开发银行的日常经营活动。由理事会选举产生 12 名董事组成董事会，8 名代表亚太地区成员，4 名代表该地区以外的成员。行长也由理事会选出，并担任董事会主席，任期 5 年，可以连选连任，按传统由日本人担任。董事会负责日常业务，它监督亚洲开发银行的财务报表，批准行政预算，审查和批准所有的政策文件、贷款、证券和技术援助的运行。

（三）亚洲开发银行的资金来源

1. 普通资金

（1）成员国缴纳的股金。亚洲开发银行建立时的法定股本为 10 亿美元，分为 10 万股，每股 1 万美元。本地区成员的应缴股本按其人均国民生产总值、财政收入和出口额等因素决定。地区外成员的应缴股本根据它们对外援助政策和政府对多边金融机构的财政援助而定。

（2）债券融资。普通资金的另一个来源是向国际资本市场的债券融资，亚洲开发银行有 AAA 级的资信。

（3）普通储备金。即亚洲开发银行的营运收益，来源于普通资金的贷款提供给经济情况较好的国家。

2. 开发基金

（1）亚洲开发基金的贷款。它是一种优惠贷款，或称"软贷款"，资金由成员国捐赠。自 1973 年以来，该基金有过 10 次增资，每次增资一般要维持 4 年。这种贷款的利率很低，提供给最贫穷的国家。

（2）日本特别基金。该项基金设立于 1988 年，当时日本和亚洲开发银行同意用联合赠款的方式向亚洲开发银行的技术援助项目提供财务支持。

（3）日本减贫基金。该项基金于 2000 年由日本政府提供 9000 万美元的初始资金而设立。

（4）减贫合作基金。该项基金设立于 2002 年，它由大不列颠及北爱尔兰联合王国政府的国际开发部提供，金额有 7500 万美元。

（5）构想和实施国家减贫战略合作基金。设立于 2001 年 11 月，这是由多国捐赠的基金，由荷兰政府提供 1500 万荷兰盾（约 680 万欧元或 800 万美元）的初始资金。

（6）清洁发展机制贷款。设立于 2003 年 8 月，目标是通过向发展中国家成员提供额外融资来减少废气排放，帮助它们完成在《京都议定书》中的承诺，促进可持续发展。

（四）亚洲开发银行的业务活动

亚洲开发银行积极促进联合贷款，即亚洲开发银行和商业金融机构、官方贷款机构和出口信贷机构的联合贷款，以起到资金动员的作用。2004 年，亚洲开发银行 1 美元的贷款就能通过联合贷款动员另外 45 美元的贷款。

亚洲开发银行所发放的贷款按条件划分，有硬贷款、软贷款和赠款三类。硬贷款的利率为浮动利率，每半年调整一次，贷款期限为 10～30 年（2～7 年宽限期）。软贷款也就是优惠贷款，只提供给人均国民收入低于 670 美元（1983 年的美元），而且还款能力有限的成员，贷款期限为 40 年（10 年宽限期），不收利息，仅收 1% 的手续费。赠款用于技术援助，资金由技术援助特别基金提供，赠款额没有限制。

传统上，亚洲开发银行的大部分资金投向许多亚洲国家的经济支柱——农业和农村的发展。近几年来，社会基础部门——包括健康、教育和水的供应变得日益重要。亚洲开发银行的大部分贷款贷给政府，投向公共部门，但是也通过证券投资和贷款向发展中国家的私人企业提供直接帮助。

除了提供贷款之外，亚洲开发银行还通过技术援助向发展中国家成员在以下方面提供帮助：确定、形成和实施项目，改善政府和行政机构的能力，形成发展战略，促进技术转移和鼓励地区合作。

亚洲开发银行创建时，台湾以"中国"名义加入。1986 年 2 月 17 日，亚洲开发银行理事会通过决议，接纳我国加入该行，3 月 10 日我国成为亚洲开发银行正式成员，台湾以"中国台北"的名义继续留在亚洲开发银行。我国目前已成为其第三大股东。我国财政部部长出任中国理事。

二、非洲开发银行

非洲开发银行（African Development Bank，ADB）是一家地区性的多边开发银行，成立于 1964 年 11 月，行址设在科特迪瓦首都阿比让，1966 年 7 月 1 日开始营业。

非洲开发银行的宗旨是：通过提供投资和贷款，利用非洲大陆的人力和资源，促进成员国经济发展和社会进步，优先向有利于地区的经济合作和扩大成员国间贸易的项目提供资金和技术援助，帮助成员国研究、制定、协调和执行经济发展计划，以逐步实现非洲经济一体化。

非洲开发银行成立最初不接纳非洲以外的成员。为了广泛吸收资金和扩大非洲开发银行的贷款能力，非洲开发银行理事会在 1980 年 5 月的第 15 届年会上通过决议，欢迎非洲以外的国家加入。

非洲开发银行的最高权力机构是理事会，理事由各成员国派出，表决权的份额按各国缴纳的股份多少计算。理事会通常每年举行一次会议，必要时可举行特别理事会，讨论制定银行的业务方针和政策，决定银行的重大事项。理事会年会负责选举行长和秘书长。行长是董事会主席，任期 5 年，只能连任一次。董事会由理事会选举产生，是银行的执行机构，负责制定各项业务政策。理事会选出 18 名董事，12 名代表非洲国家，6 名代表地区以外的国家，每 3 年选一次。

成员国入股后在理事会的基本投票权为 625 票，另外每出资 1 股增加 1 票（每股 1 万记账单位，每一记账单位价值为 0.888671 克纯金。2002 年 1 非洲开发银行记账单位平均合 1.35952 美元）。非洲开发银行的初始股本是 2500 万记账单位，1999 年 9 月的第 5 次增资，使股本从 162 万股增加到 218.7 万股，增加了 35%，总额为 218.7 亿记账单位（330 亿美元）。2002 年底，该行法定资本约 297.3 亿美元。为使该行领导权掌握在非洲国家手中，非洲国家资本额占 2/3。

非洲开发银行以 AAA 级的资信在国际资本市场上筹资，贷给借款国。发行的债券有欧元债券、全球债券、国内债券等各种货币的债券。截至 1997 年，非洲开发银行只提供一种贷款，就是多种货币、利率可变的贷款。非洲开发银行的贷款利率每半年（分别在 1 月 1 日和 7 月 1 日）调整一次，以反映前 6 个月平均借款成本的变化，以后有了单一货币的贷款，这样，借款者就可以在南非兰特和该行拥有的任何一种货币中进行选择。2004 年非洲开发银行开始有贷款担保，这就为想从包括资本市场在内的第三方借款的成员提供了机会，鼓励了当地货币的借款，这种借款成本较低，风险较小。2009 年的贷款总额是 23.5 亿非洲开发银行记账单位。

此外，为满足该行借款资金的需要，先后设立了以下合办机构：

（1）非洲开发基金，1972 年在经济合作与发展组织援助下设立。由该行和 22 个非洲以外的工业发达国家出资。其宗旨与职能是协助非洲开发银行对非洲 29 个最贫穷的国家贷款，重点是农业、乡村开发、卫生、教育事业等。此项基金对非洲国家提供长达 50 年的无息贷款（包括 10 年宽限期），只收取少量手续费。其业务由非洲开发银行管理，其资金来源于各成员国认缴的股本。

（2）尼日利亚信托基金，成立于 1976 年，由该行和尼日利亚政府共同建立。主要目的是与其他基金合作，向成员国有关项目提供贷款。期限 25 年，包括最长为 5 年的宽限期。

（3）非洲投资与开发国际金融公司，1970 年 11 月设立，总公司设在瑞士日内瓦。目的是促进非洲企业生产力的发展。股东是国际金融公司以及美国和欧洲、亚洲各国约 100 家金融和工商业机构。法定资本 5000 万美元，认缴资本 1259 万美元。

（4）非洲再保险公司，1976 年 2 月建立，1977 年 1 月开始营业。其宗旨是加速发展非洲保险业。总公司设在拉各斯。法定资本 1500 万美元，该行出资 10%。

三、泛美开发银行

泛美开发银行集团由三个机构组成：泛美开发银行（Inter-American Development Bank，IDB），泛美投资公司（Inter-American Investment Corporation）和多边投资基金（Multilateral Investment Fund）。泛美开发银行是由拉美国家、一些西方国家包括日本以及前南斯拉夫组成的区域性金融机构，成立于 1959 年 12 月，1960 年 10 月正式营业，行址设在华盛顿。该行的创始国是美洲国家组织的 20 个国家，包括 19 个拉美国家和美国。目前有 48 个成员国，成员分成两类：一类是 26 个拉美和加勒比地区的借款国；另一类是 22 个非借款国。地区内成员必须是美洲国家组织的成员，地区外成员必须是国际货币基金组织的成员。

泛美开发银行的最高权力机构是理事会，每个成员国派出 1 名理事，投票权与该国缴纳的股本成比例。每个成员有 135 张基本票，每出资 1 股增加 1 票。理事会将日常事务委托给执行董事会，执行董事由理事选举或任命，任期 3 年。行长由理事会选举产生，任期 5 年。

该行的宗旨是：集中美洲内外的资金向成员国政府及公私团体的经济、社会发展项目提供货款，或对成员国提供技术援助，促进拉丁美洲国家的经济发展和经济合作。

泛美开发银行的贷款来源和业务如下：

1. 普通资本

（1）成员国缴纳的股本，在 2010 年第五次增资以后有 1649 亿美元，已缴部分占 3.5%，待缴部分占 96.5%，美国在该行有 30% 的股份。

（2）以 AAA 级资信发行的债券，2004 年首次发行了巴西雷亚尔、哥伦比亚比索和墨西哥比索的债券，待缴股本对发行债券形成了支持。

（3）银行自身的储备，主要来自贷款和投资的收益。普通资本是大部分贷款的资金来源。

2. 特别业务基金

这些基金来自所有成员国的捐赠，2009 年底时的金额有 98 亿美元，只能用于地区内经济最弱的国家。贷款期限为 40 年，有 10 年的宽限期，平均年利率在 2% 以下。

3. 受美洲开发银行管理的基金

目前这类基金有 50 多个，大多由国家或国家集团建立。

4. 泛美开发银行捐赠

泛美开发银行捐赠（IDB Grant Facility）建立于 2007 年，目的是向海地提供捐赠，资金来源于特别业务基金。

5. 中介融资账户

设立中介融资账户（Intermediate Financing Facility）的目的是向借款国必须支付的利息提供补贴，资金来源于特别业务基金净收入的转移，或者来自银行储备的转移。

中国 1993 年开始提交加入申请，2009 年 1 月 12 日加入泛美开发银行。

第四节　经典案例

【案例 1】

国际金融组织的作用和泰国危机的例证

泰国的案例使我们过分强调或否认国际金融组织的重要性的观点产生了怀疑。我们的基本观点是"跳探戈舞需要两个人"，或者换言之，左派和右派对国际金融组织的批评都遗漏了一个重要的问题。像毒品问题一样，既有"需求"的问题，也有供给的问题。在国际金融组织的分析、新兴市场宏观政策的改革和它们雄心过高的金融领域转型日程之间存在着政治互动作用。所有这些都与新兴市场的政治经济学（改革派对保守派，产业家对银行家，出口商对国内制造商，工会对外来者等），还有西方七国的政治学——分别是美国、欧盟和日本——交叉在一起。

首先，在很多例证中，我们所观察到的资本流动的繁荣和衰退周期始于较大资本输出国家的宏观经济和金融发展，而并不一定始于输入国。例如，我们都认识到 1985 年普拉扎协定之后日元的贬值，1989 年末日本金融泡沫的破裂是造成日本向东亚的直接投资（外国直接投资）大量增加的决定性因素。导致日本银行和公司国际活动增加的主要动力是日本商业和证券周期的高峰过后它们对更高的回报率和新市场的需求。20 世纪 80 年代初，国际交易的自由化（只有日本实行了这一调控决定）允许大型的蓝筹股公司在国际资本市场上发行自己的证券，使它们不再依赖日本市场上传统的银行资助。这种做法反过来促使银行——有时是向海外——寻求新的业务。

其次，同样以日本—东亚为例，在判定需要何时和如何采取政策行动之前理解资本流动的动力学和具体性质很重要。从日本流入东亚的第一批资本的性质属于外国直接投资，而且一般都流向了出口型的制造业。这些资本是以股权或合资的形式出现的，最早开始于 80 年代初期和中期。这些合资者都是信誉良好的借贷者。它们的目的是将产品再出口（到马来西亚、新加坡、中国香港）或供给活跃但有偿还能力的地方市场（泰国、韩国）。这些合资企业的债务确实是由在日本的总部提供了担保，而周转资本贷款则通常由总部在东京的主要银行所属的地方分行提供。

到此为止一切顺利。外国直接投资的第一股浪潮引发了东亚所谓的高速发展的"奇迹"。不过，这些合资企业的盈利也挑起了其他投资者和银行的胃口。合资企业的成功推动了一轮强盛的地方经济周期。但在很多情况下，地方市场是受到保护和封闭的，特别是银行执照是限量和/或受到控制的。所以，便出现了来自潜在的"新人"如美国、日本和欧盟大型的、有影响力的外国银行要求加速金融领域自由化和开放（如向外来者发放全面的银行执照）的压力。为了达到这一目的，"新人"（银行或基金会）通常会采取积极的行动来扩大它们的资产。新人（只有有限的银行执照）会寻求开展新的业务，最终会向地方公司和银行更具风险性的项目提供贷款。由供给驱使的借贷浪潮开始了，并最终制造了金融泡沫。

就泰国而言，它只是一个例子，而其他东亚国家的情况与此相同。图8-4显示了日本向泰国直接投资（白色和灰色的纵列）的演变情况。白色表示对工业和采矿业的投资，灰色则表示对非工业领域的投资。图8-4还显示了同期日本银行海外债权的发展情况（直线，取自国际清算银行数据库）。图8-4将1990年末（日经指数下跌）时的数据定为1。该图显示出：20世纪90年代中外国直接投资基本上平均分配给了工业和非工业领域。比如说，日本银行并没有对非生产性经济进行过度投资。而且，日本的信贷（泰国从日本银行的贷款）与外国直接投资的比率相对固定（与增长率相当）。

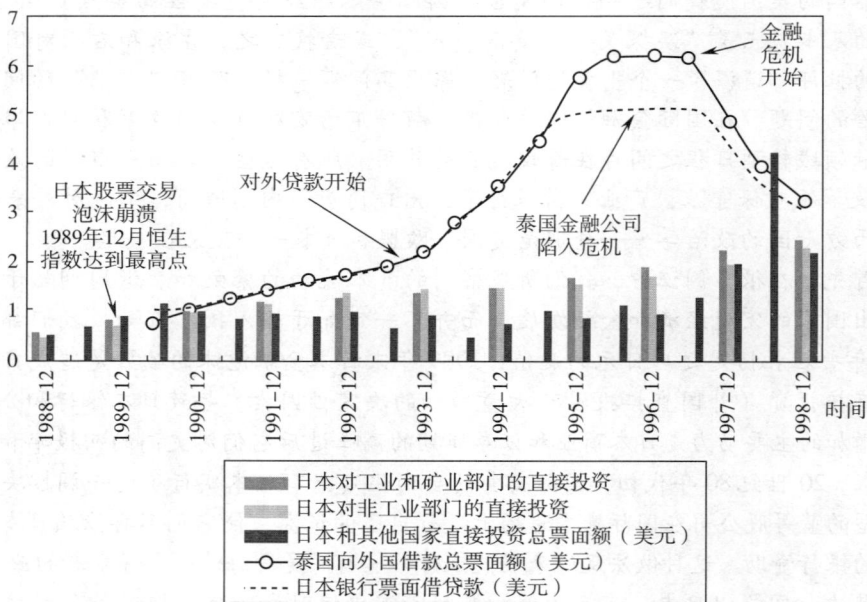

图8-4 对泰国的外国直接投资及贷款总额（名义期限，1990年下半年=1）

1993—1994年之后，事情开始发生了变化，特别是在国内市场繁荣的国家（韩国和泰国）。贷出（当然还有贷入）明显增加。日本银行向泰国提供的贷款出现了"泡沫"，远远超过了日本外国直接投资的增长率。这种借贷是未受监控的竞争的结果。"过度贷出"的银行并不是泰国传统的安全和信誉良好的银行，而是那些采取激进行为、不顾风险抢占最大市场份额的银行。而且，采取这种行为的并不只限于作为"新人、外来者"的日本银行。美国和欧洲的银行也加入了进来。但是，这种泡沫能够用其他国家也能吸引银行贷款的外国直接投资来解释吗？日本银行贷款变化标记之上的轨迹线表示了银行债权总额的增长甚至比日本银行的贷款还要剧烈。而这一现象与注入泰国的外国直接投资总额（黑色的纵列）并无关联，后者在高速发展的周期中一直相当稳定。

总而言之，在第一股健康的外国直接投资浪潮之后，"新人—外来者—银行"所发起的第二轮为市场份额而进行激烈竞争的资本流动浪潮，可能是我们所观察到的造成东亚金融泡沫的主要原因。没有明确的证据表明"道德风险"（国际金融组织的担保）起了显著的作用，就是说，"隐含的政府担保"引诱了外国银行和投资者。银行并不需要这种担保而一拥而上。激进的银行行为足以解释泡沫的成因。实际上，"道德风险"的假定看起来就像许多基金会和银行经理"事后"自我解说的说辞。

【案例2】

俄罗斯与国际金融机构的合作

21世纪初，俄罗斯政治、经济形势趋于稳定。在这种条件下，重新审视20世纪90年代俄罗斯与国际货币基金组织、国际复兴开发银行（世界银行）的合作是十分必要的。研究俄罗斯与国际金融机构的合作问题，有助于经济转轨国家从中吸取有益的经验和教训，扩大与国际金融机构的合作范围。

众所周知，资本主义与社会主义两种社会制度的对立，阻断了苏联与国际金融机构的合作。1944年，苏联参加了美国布雷顿森林国际金融货币会议。但是，由于美国是国际金融机构的主要股东，又因其意识形态的主导作用，苏联政府没有接受国际货币基金组织和国际复兴开发银行的章程，与国际金融机构的合作失之交臂。

后来，苏联参与国际金融合作的范围也非常有限。20世纪六七十年代，苏联与其他社会主义国家共同建立了国际经济合作银行和国际投资银行，并在联合国秘书处备案。苏联参加国际经济合作银行和国际投资银行的本意是借助国际金融的力量解决国内的经济政治问题，促进国家经济的发展。但事与愿违，经互会成员国却因此将自己封闭起来，被排挤在世界经济一体化进程之外，割断了"社会主义阵营"与国际货币信贷和金融机构的联系。

在对中央计划经济体制实行改革伊始，苏联便积极着手与主要的国际金融机构接触。1985年，苏联与国际货币基金组织签订了关于合作、技术咨询合作协议。20世纪90年代末，中东欧国家相继开始体制转轨，苏联支持建立欧洲复兴开发银行，并成为创建国之一。1992年苏联解体后，俄罗斯加入国际货币基金组织和国际复兴开发银行。

俄罗斯与国际货币基金组织十余年的合作是卓有成效的，国际货币基金组织为俄罗斯弥补预算赤字、争取贷款、广泛吸纳国外资金提供了机会。俄罗斯主要依靠国际货币基金组织获得长期贷款，国际货币基金组织在提供贷款及对外支付担保方面都发挥了积极作用。近年来，在俄罗斯与国际货币基金组织、国际复兴开发银行组成的联合代表团的年会上，在评价主要宏观经济指标的问题上，各方就稳定国家经济的重要内容——结构改革的关键问题达成了广泛共识。双方承认彼此的合作关系是"务实的，具有实质性意义"。凭借 1999—2004 年稳定的国际收支顺差，俄罗斯开始逐渐减少国际货币基金组织的债务。原有的政治关系基本没有影响俄罗斯与国际货币基金组织合作的发展。俄罗斯与国际货币基金组织保持密切合作的主要目的是：一旦外部经济形势恶化，如主要出口商品价格迅速下跌时，可以争取国际货币基金组织的援助，获取国际货币基金组织的贷款，以摆脱危机。

俄罗斯与国际复兴开发银行的合作理念使其成为国际开发协会、国际投资争端清算中心、多边投资保障代理公司（MICA，又称"多边投资担保机构"，为商业贷款长期保险组织）、国际金融公司这四个组织的成员国。

国际复兴开发协会向俄罗斯提供项目资助。投资保障多边代理公司为俄罗斯公司获得各种投资贷款提供担保。十年间，投资保障多边代理公司总计为俄罗斯的 25 个项目提供了担保，并建立了向"俄罗斯私有化"提供无偿援助的机制。

国际金融公司主要向私有经济部门投资，鼓励发展俄罗斯的资本市场。近十年来，国际金融公司共投资了 20 多个项目，投资总额为 25.58 亿美元。国际金融公司不仅在俄罗斯进行项目投资，而且还提供技术援助，为私有经济的发展及吸引投资创造了条件。

【本章小结】

国际货币体系又称国际货币制度或秩序，是关于调节各国货币关系的一系列国际性规则、协议、惯例、安排和组织机构的统称，它是规范国家间货币行为的准则，是世界各国开展对外金融活动的重要依据。经历了国际金本位制、布雷顿森林体系和现代国际货币体系。

全球性国际金融机构包括国际货币基金组织、世界银行集团、国际清算银行与巴塞尔委员会。世界银行即国际复兴开发银行，它也是布雷顿森林协议的产物，它与国际货币基金组织是紧密联系、互相配合的国际金融机构。世界银行集团共由五大机构组成，即国际复兴开发银行、国际开发协会、国际金融公司、多边投资担保机构和国际投资纠纷解决中心，统称世界银行集团。

地区性国际金融机构包括亚洲开发银行、非洲开发银行、泛美开发银行等。亚洲开发银行是面向亚太地区的政府间金融机构。非洲开发银行是一家地区性的多边开发银行。泛美开发银行集团由三个机构组成：泛美开发银行、泛美投资公司、多边投资基金。

【章后习题】

一、重点概念

国际货币体系　金币本位制　金块本位制　金汇兑本位制　特里芬难题　国际货币基金组织　世界银行　国际开发协会　国际金融公司　多边贷款担保机构　国

际清算银行　巴塞尔委员会　亚洲开发银行　非洲开发银行　泛美开发银行

二、复习思考题

1. 判断题

（1）布雷顿森林体系是指以美元为核心，可调整的浮动汇率制。（　　）

（2）牙买加体系下各国可以自主地选择汇率制度安排。（　　）

（3）特别提款权是一种"篮子货币"，现在用美国、日本、英国和欧盟的货币加权平均确定其价值。因为它的价值相对稳定，所以可以直接作为一种流通手段使用。（　　）

（4）第二次世界大战结束后，随着布雷顿森林货币体系的建立，黄金作为国际货币和国际储备的基础再一次被肯定，因此第二次世界大战后黄金在国际储备中所占的比重不断上升。（　　）

（5）牙买加体系降低了黄金在国际货币体系中的作用。（　　）

2. 选择题

（1）布雷顿森林体系实际上是以（　　）为中心的国际货币体系。

A. 美元　　　　　　　　　　　B. 黄金

C. 特别提款权　　　　　　　　D. 多种储备资产

（2）布雷顿森林体系实行的汇率制度是（　　）。

A. 自发的固定汇率制度　　　　B. 可调整的固定汇率制

C. 浮动汇率制度　　　　　　　D. 弹性汇率制度

（3）目前欧洲经济货币联盟实行的单一货币是（　　）。

A. 特别提款权　　　　　　　　B. 欧元

C. 欧洲计算单位　　　　　　　D. 欧洲货币单位

（4）现行国际货币体系改革的核心问题是（　　）。

A. 国际储备货币问题

B. 汇率制度问题

C. 各国在国际金融机构话语权问题

D. 美国对于货币体系改革的态度问题

（5）在金本位制下，决定汇率的基础是（　　）。

A. 黄金平价　　B. 铸币平价　　C. 外汇供求　　D. 黄金输送点

3. 简答与论述

（1）国际货币体系的内容与评价标准是什么？

（2）怀特计划与凯恩斯计划内容有哪些区别？

（3）牙买加体系的基本内容及特征是什么？

（4）国际货币基金组织的宗旨及职能是什么？

（5）简述世界银行的宗旨及资金来源。

三、案例分析

材料一：自16世纪50年代中欧海路开通至19世纪初，中国保持巨额贸易顺差达两个半世纪之久，这在世界贸易史上实属罕见。葡萄牙学者马加良斯·戈迪尼奥的研究表明，日本白银产量的绝大部分和占美洲产量一半的世界白银流入了中国，数量十分庞大。

材料二：在 19 世纪下半叶，以英镑为中心的国际贸易和投资体系覆盖全球，90％的国际支付以英镑进行，而印度等国的中央银行则直接持有英镑而不是黄金，"英镑等同于黄金几乎是天经地义的事"。

——钟伟《国际货币体系的百年变迁和远瞻》

材料三：1943 年，美国提出怀特计划，建议设立总额为 50 亿美元的国际货币基金，由各国根据自己的黄金外汇储备和国民收入来决定自己的投票权。而英国提出的凯恩斯计划，根据国际进出口贸易来决定各国的份额。双方谈判后，同意根据怀特计划来组建战后国际经济体系。1945 年布雷顿森林协定签字，国际货币基金组织和世界银行宣告成立。

——摘编自王斯德《世界通史》

综合上述材料，谈谈你对国际货币体系的认识。

第九章
国际资本流动与金融危机

【学习目标】

- 了解国际资本流动的类型和发展趋势；
- 掌握不同时期国际资本流动对一国经济的影响；
- 熟悉各种金融危机理论模型原理；
- 思考我国应对国际金融危机的措施。

【章前引例】

商务部统计数据显示，2018 年全年，我国全行业对外直接投资 1298.3 亿美元，同比增长 4.2%。其中，对外金融类直接投资 93.3 亿美元，同比增长 105.1%；对外非金融类直接投资 1205 亿美元，同比增长 0.3%。对外承包工程完成营业额 1690.4 亿美元，同比增长 0.3%。

我国对外投资主要流向租赁和商务服务业、制造业、批发和零售业、采矿业。流向第三产业的对外直接投资 842.5 亿美元，同比增长 3.6%，占 69.9%。房地产业、体育和娱乐业对外投资没有新增项目，非理性投资继续得到有效遏制。企业对外投资并购活跃，境外融资比例高。共实施完成并购项目 405 起，实际交易总额 702.6 亿美元，其中境内出资 274.5 亿美元，占并购总额的 39.1%，同期对外直接投资总额的 22.8%；境外融资规模 428.1 亿美元，占并购总额的 60.9%。同时，实物投资、股权置换、联合投资、特许经营、投建营一体化等对外投资方式也呈现出良好的发展态势。从区域来看，2018 年全年，我国企业对"一带一路"沿线的 56 个国家实现非金融类直接投资 156.4 亿美元，同比增长 8.9%，占同期总额的 13%。在"一带一路"沿线的 63 个国家对外承包工程完成营业额 893.3 亿美元，占同期总额的 52%。

根据联合国贸易和发展组织发布的一份报告，2018 年上半年，全球外国直接投资的总额下降至 4700 亿美元，同比下降 40% 以上。在全球投资规模下降的背景下，我国对外投资能够取得如此成绩难能可贵。全球直接投资的下降，对中国而言也会有一定的影响。国际直接投资之间的关系都是相互依存的，在这样一个大环境下，中国对外直接投资能够有微幅增长是难能可贵的。

（资料来源：央广网，2019 年 1 月。）

第一节　国际资本流动概述

一、国际资本流动的含义

第二次世界大战结束后，在战后废墟上产生的布雷顿森林体系，构筑了20世纪后半期国际金融秩序的基础，同时，该体系的核心——国际货币基金组织的有关协定则明确了布雷顿森林体系下国际资本流动的基本规范。在布雷顿森林体系实施初期，各国普遍对资本流动实行不同程度的监控，严格控制下的资本绕开管制在货币发行国境外流动，形成了欧洲货币市场的雏形。第二次世界大战后美国政府实施的马歇尔计划和杜鲁门的第四援助计划导致美元大量流入欧洲，引起了庞大的国际资本流动。

国际资本流动（International Capital Movements）是指资本跨国界的移动过程，即资本从一个国家或地区移动到另一个国家或地区。具体是指一国私人、企业、团体或政府通过直接投资、间接投资等形式，将生产设备、专有技术或货币资金转移到其他国家从事跨国经营或国际贷款，以达到某种经济或政治目的的活动。国际资本流动的资本主要包括货币资本、借贷资本，以及与国外投资相联系的商品资本和生产资本。

【知识链接 9 - 1】

跨境资金流动的国际标准：国际上测度跨境资金流动状况，一般用国际收支平衡表中的资本和金融项目，主要包括直接投资、证券投资和其他投资，不含储备资产变动（剔除了汇率、资产价格变动等影响）。

二、国际资本流动的原因

马克思从剩余价值理论和社会化大生产理论出发，深刻地揭示了国际资本流动的本质。一方面，资本是在不断的运动中寻求增值与发展的，并具有无限扩张的趋势。而资本的循环和增值过程必然要超出一国的范围向外延伸，形成了国际资本的流动。另一方面，国际资本的流动是与国际分工和生产国际化相伴随的，体现了社会化大生产的客观要求。随着国际交换和国际分工的发展，国内生产变成了国际生产，"使每个文明国家以及这些国家中的每一个人的需要的满足都依赖于整个世界，因为它消灭了以往自然形成的各国的孤立状态"。国际资本在各国的投资由于投资环境有所差异，所获利率是有差别的，而且这种差别不是固定不变的，这就必然促使国际资本在各国之间的流动。

三、国际资本流动的类型

国际资本流动按照资本周转时间长短，可以分为长期资本流动和短期资本流动，这是最重要的一种分类标准。长期资本流动是指 1 年以上的国际资本流动，包括国际直接投资、国际证券投资、国际贷款等类型；短期资本流动是 1 年以内的国际资本流动，从流动资本动机上可分为贸易性资本流动、金融性资本流动、保值性资本流动与投机性资本流动。

（一）长期资本流动（Long‑term Capital Flows）

1. 国际直接投资（Foreign Direct Investment，FDI）

国际直接投资是指一国企业或个人对另一国的企业等机构进行的投资，借此可以取得对方或东道国企业的全部或部分管理和控制权的跨国投资活动。它主要有以下四种类型：

（1）创建新企业。又称为绿地投资（Greenfield Investment），是外国投资者在东道国境内依照东道国的法律设立全部或部分财产所有权归外国投资者所有的企业。例如，在国外设立子公司、附属机构，或者与多国资本共同在投资东道国设立合营企业等。这类直接投资往往不局限于货币形态资本的投资，特别是创办合资企业时，机器设备、存货甚至技术专利、商标权等都可以折价入股。这种投资方式是目前较为普遍的方式，既可以发挥各方经营优势，同时又可以分散投资风险。

（2）收购（兼并）外国企业。外国投资者通过东道国一定的法律程序和渠道，取得东道国企业的全部或部分资产所有权的行为。拥有对被收购（兼并）企业经营管理权的股权比例大小，各国规定标准有明显差异，比如美国有关法律规定，拥有外国企业股权达到10%以上，就属于直接投资，德国、英国、法国等国的最低限度为20%，国际货币基金组织的标准是25%。这种投资方式的最大优点是可以使投资者较快进入国际市场，使企业不必进入艰难的开创阶段。

（3）利润再投资（Reinvestment）。投资者在国外企业投资所获利润并不汇回国内，而是作为保留利润对该企业进行再投资，这也是直接投资的一种形式，虽然这种投资实际并不引起一国资本的流入或流出。

（4）企业内贷款。是指直接投资者（母公司）与分支企业间的短期或中长期资金借贷。直接投资实际并不仅局限于国际间的资本流动，还包括企业的管理权限和方法、生产技术、市场营销渠道、专利专买权和商标等多种无形要素的转移。比如投资者可以在东道国筹集资金或者用子公司的保留利润进行再投资，或用专利、商标等无形要素入股等。特别是 20 世纪 80 年代以来，在某些政治风险比较高的国家，这种类型的直接投资非常普遍，已经成为一种很重要的直接投资形式。

【实训 9 – 1】

联合国贸易和发展会议 2019 年 1 月 21 日发布的数据显示，全球外国直接投资（FDI）从 2017 年的 1.47 万亿美元降至 2018 年的 1.2 万亿美元，过去三年持续下滑使得全球 FDI 降至国际金融危机后的最低水平。2018 年全球 FDI 下降主要集中在发达国家，其 FDI 流入量下降了 40%，降至约 4510 亿美元；相较而言，流入发展中经济体的 FDI 则表现出较强的韧性，增长 3%，增至 6940 亿美元。请回答导致近年来全球 FDI 下降的原因？

【解析】全球 FDI 大幅下滑的主要原因是美国在实施税收改革后其跨国公司将

累积的海外收益大量汇回美国，导致曾经为美国跨国公司提供财务中心职能的欧洲国家如爱尔兰、瑞士等国 FDI 流入量出现前所未有的减少。从地区来看，流入欧洲和北美的 FDI 分别下降 73% 和 13%，成为导致全球 FDI 下降的主要原因，而亚洲发展中经济体表现亮眼，流入亚洲发展中经济体的 FDI 增至约 5020 亿美元，增长 5%。

2. 国际证券投资（International Portfolio Investment）

国际证券投资也称国际间接投资（International Indirect Investment）是指购买外国企业发行的股票和外国企业或政府发行的债券等有价证券并获取一定收益的一种投资行为。股票投资和债券投资是国际证券投资最主要的投资形式。某一个国家的政府、商业银行、企业和个人在国际股票市场上购买其他国家的企业发行的股票，或者购买其他国家的政府、企业发行的债券，实际上就是资本流出。反之，这些机构也可以发行股票或债券来筹集资金，实际上就形成资本流入。

（1）国际债券

依据债券发行所用货币与发行地点的不同，国际债券分为外国债券和欧洲债券，这是国际债券最重要的分类。外国债券（Foreign Bonds）是指筹资者在国外发行的，以市场所在国货币为面额的债券。欧洲债券（Euro Bonds）是指筹资者在某货币发行国以外，以该国货币为面额发行的债券。此种债券通常由国际性的金融公司、投资银行或证券公司组织不同国家分销商共同承销，欧洲债券发行一般不受市场所在国证券管理法规管制，通常也无须向市场所在国履行申请和注册程序。

【知识链接 9 - 2】

外国债券发行程序：外国债券的具体发行程序因国而异，但必经的环节是：申请批准和注册，选择包销集团。为了申请批准和注册，发行人应向投资者提供发行说明书，介绍发行人自身的地位、财务状况和国家概况。经发行地国家的有关当局批准并注册后，发行人才算取得发行债券的资格。随后由发行人选择包销集团，发行人和包销集团商讨发行事宜，最后由包销集团负责承销和其他具体工作。用公募方式发行的外国债券发行后便可转入流通市场（证券交易所）进行自由买卖和转让。

（2）国际股票

国际股票是指一国企业按照有关规定在国际证券市场上发行和流通的股票。一般来说，国际股票可以划分为直接在海外上市的股票、存托凭证和欧洲股权三类。直接在海外上市的股票是指一国企业通过在成熟的海外证券市场上直接发行股票上市，如中国在中国香港地区上市发行的 H 股、在新加坡上市发行的 S 股等。企业的股票直接在海外上市，必须符合当地证券市场的要求，遵守当地证券管理机构的规章制度。存托凭证（Depositary Receipts，DR），又称存券收据或存股证，是指某上市公司为使其股份在国外流通，将一定数额的股票委托某一中介机构保管，再由保管机构通知国外存托银行在当地发行代表该股的一种替代凭证。1927 年，美国人

J. P. 摩根为了方便美国人投资英国的股票发明了存托凭证。存托凭证属于公司融资业务范畴的金融衍生工具，一般代表公司股票，但有时也代表债券。按其发行或交易地点的不同，存托凭证被冠以不同的名称，如美国存托凭证（ADR）、欧洲存托凭证（EDR）、全球存托凭证（GDR）、中国存托凭证（CDR）等。欧洲股权（Euro - equities）是 20 世纪 80 年代产生于欧洲的特殊的国际股票形式，是指在面值货币所属国以外的国家或国际金融市场上发行并流通的股票。这类股票发行可以在多个国家进行。

3. 国际贷款（International Credit）

国际贷款是指各国政府、国际金融组织和国际银行等单方面进行的或相互间提供的中长期贷款。国际贷款主要有以下四种形式：政府贷款、国际金融机构贷款、国际银行贷款和出口信贷。

（1）政府贷款（Government Credit）。政府贷款是一国政府利用财政或国库资金向另一国政府提供长期的、援助性的双边优惠贷款。政府贷款往往发生在政治关系良好的国家之间，是政府间提供的条件优惠、经济援助性贷款。

与其他形式的国际信贷相比，政府贷款的特点是：①利率较低。一般在 1% ～ 3% 左右，甚至是零利率。除贷款利息外，有的贷款国政府规定借款国须向其支付费率很低的手续费。②期限较长。一般 10～30 年，有的甚至长达 50 年。③政府贷款额一般不大，因为这受贷款国的国民生产总值、国际收支及财政收支的制约，不大可能像国际金融组织那样经常提供大额贷款。④限制性采购。多数国家的政府贷款的第三国采购比例为 10% ～15%，即贷款总额的 85% ～90% 用于购买贷款国的设备和技术。⑤程序较复杂。一般由各国的中央政府或议会经过严格而完备的立法手续批准后给予实施。⑥币种选择余地小。一般只能选择援助国的货币，因此可能产生汇率风险。

（2）国际金融机构贷款。国际金融机构贷款是指国际货币基金组织、世界银行集团（包括国际复兴开发银行、国际开发协会和国际金融公司等机构）、亚洲开发银行、泛美开发银行等全球性和区域性金融机构向其成员国政府提供的贷款。

国际金融机构贷款具有国际援助性质，不以盈利为目的。提供贷款时，国际金融机构会对贷款的方式、条件和用途进行限制。贷款利率依据借款国的国民收入水平和贷款资金来源确定，通常较私人金融机构的贷款利率低，期限相对较长。例如，国际货币基金组织向成员国政府提供贷款时，可能会指定贷款的方式为用成员国货币购买外汇，贷款的条件为削减财政预算、增加税收和减少货币供给量，贷款的用途为弥补国际收支逆差。世界银行主要对贫穷、落后的发展中国家提供中长期贷款，利率采用浮动制，利率水平与国际金融市场利率水平比较接近，贷款期限通常为 20 年。世界银行贷款又称项目贷款（Project Loan），主要用途为支援发展中国家的电力、交通、运输、水利、港口建设等基础设施项目或农业、教育建设。在贷款提取和运用过程中，国际金融机构派专门人员负责监督。

（3）国际银行贷款。国际银行贷款是由国际商业银行向一国政府或企业提供的中长期、不限定用途的贷款，可以由独家银行提供，也可以由银团提供。这种贷款以盈利为目的，贷款的利率由国际金融市场决定，一般利率水平较高，贷款数额可以很大。国际银行贷款采取的方式比较灵活、多样，办理的手续比较简便。此外，除了利息，国际银行贷款还要求借款人承担与借贷协议的签署、贷款资金的调拨和提取等有关的一系列杂项费用。

（4）出口信贷（Export Credit）。出口信贷是与国际贸易直接相关的中长期信贷。它是商业银行对本国出口商，或者外国进口商及其银行提供的贷款，其目的是为了解决本国出口商的资金周转困难，或者是满足外国进口商对本国出口商支付货款的需要。出口信贷利率一般较低，低于市场利率，利差由国家补贴，并且仅能用于购买贷款国的出口商品。出口信贷主要包括买方信贷、卖方信贷、福费廷、信用安排限额、存款安排和混合贷款几种形式。

【知识链接 9 - 3】

信用安排限额的形式为：（1）一般用途信用限额（General Purpose Lines of Credits）。出口方银行向进口方银行提供一定的贷款限额，签订一份总信贷协议，协议内的资金，用于许多彼此无直接关系的进口商购买该出口国消费品。这些消费品是由众多彼此无直接关系的出口商提供的。各笔较小金额贸易所使用的信贷，期限自2年到5年。（2）项目信用限额（Project of Lines of Credit）。出口方银行向进口方银行提供一定的贷款限额，用于多个进口商从多个出口商购买基础设备或基础工程建设所需资金。项目信用限额的条件和程序与一般用途信用限额相似，只是贸易商品为工程设备。

（二）短期资本流动（Short - term Capital Flows）

一国对外短期资本流动大多借助于商业票据、短期政府债券、CDS、银行活期存款凭单和银行承兑汇票等金融工具，短期资本流动性强，能够迅速地转化为货币，直接对该国的货币供给产生影响，这是与长期资本流动的不同。

1. 贸易性资本流动

贸易性资本流动是指由国际贸易引起的国际资本流动。在国际贸易中，出口商通常不要求进口商立即支付全部货款，而允许进口商有一段时期延期支付，当出口商或其开户银行向进口商提供短期延期支付信贷时，进口商的对外债务增加或债权减少，这就形成了贸易融通性的短期资本流动。

2. 金融性资本流动

金融性资本流动又称银行资本流动，是指各国经营外汇业务的金融机构之间的资金融通引起的国际间资本转移。这种资本流动主要有套汇、套利、掉期、头寸调拨以及同业拆放等形式。

3. 资本外逃

资本外逃（Capital Flight）又称保值性资本流动，是金融资产的持有者为了资金的安全或保持其价值不下降进行资金调拨转移而形成的短期资本流动。形成资本外逃的动因是：（1）政治方面：国内政局动荡，宣布实行国有化政策，资本安全无法得到保障；（2）经济方面：国内经济危机，本币汇率大幅贬值，资本价值面临损失；外汇管制或征税过高，资本的流动性受到威胁等，上述情况都会促使大规模资本外逃，以达到保值的目的。世界上许多发展中国家都面临着资本外逃的问题，如中国、巴西和东南亚国家等。

【知识链接 9 – 4】

中国资本外逃的主要途径：（1）经常项下的资本外逃：① 进出口伪报；②出口少收汇甚至不收汇；③伪造进口单据骗购外汇；④ 通过非贸易渠道骗购外汇；⑤通过直接携带的方式进行资本外逃。（2）资本项下的资本外逃：①在对外投资中大量转移资本；②借助融资或汇出红利实现资本外逃；③借助其他地下渠道的资本外逃，这里所说的地下渠道主要是指地下钱庄。

4. 投机性资本流动

投机性资本流动是指资本持有者在投机心理的支配下，不采取抵补性交易，利用国际市场上利率、汇率、金融资产或商品价格的变动，伺机买卖，以追求高利润为目的的短期资本流动。这种短期投机性资本通常被称为热钱（Hot Money）或国际游资。热钱流动规模日益庞大，给全球经济带来巨大影响。从 2008 年以来，我国境内热钱流动呈现双向流动的态势。而 2013—2017 年，我国热钱规模总体呈现外流的趋势，尤其是 2015—2016 年间热钱外流的规模较大。2015 年末，美国正式进入加息周期，热钱回流美国趋势明显。2017 年初，人民币重回升值趋势，热钱外流的规模有所减小。

此外，依据流动资本的属性和途径，还可以分为官方资本流动和私人资本流动。官方资本流动是指由一国政府向另一国政府或企业提供贷款或援助所引起的资本流动；私人资本流动是指非政府的资本持有者（个人、企业、商业银行等），为实现某种经济目的而引起的资本流动。主要指通过商业银行贷款、发行股票和各种债务工具引起的资本转移。

第二节　中长期国际资本流动的经济效应

一、中长期资本流动对资本流入国的积极效应

（一）有利于缓解资金短缺，促进经济长期发展

资金短缺是阻碍一国特别是发展中国家经济发展的主要问题。一方面，经济发展水平低，致使储蓄能力下降，影响储蓄转化为投资，从而影响国内资本形成。另一方面，资金匮乏，经济发展落后，收入水平低，人们的购买力低下，对投资的吸引力降低，易导致投资信心不足。通过输入外国资本，可以解决国内资金供给无法满足需求的矛盾，刺激投资增长，扩大出口贸易，提高人们的收入水平，平衡国际收支，促进本国经济发展。

（二）有利于引进国外先进技术，提高工业化水平

一般情况下，资本流动往往伴随着先进技术的转移。例如，国际直接投资在不同程度上会产生技术溢出效应，经过技术扩散、技术竞争、技术应用等传播渠道，

会在一定程度上改善东道国生产技术设备落后的状况，促进其产业结构的调整与升级。大量研究实践已证实，境外直接投资对较为发达国家的当地企业产生明显技术外溢效应，对发展中国家技术产生影响各国不同。国际直接投资对东道国的技术溢出效应与投资地企业对相关技术的吸收能力有关。企业对技术吸收主要经历技术识别、技术消化、技术转化、技术进步四个阶段。

（三）有利于熨平国内经济和金融系统周期性波动

由于获得非居民的境外直接投资、银行贷款或证券投资资本，本国居民的金融活动范围就超出了本国金融市场的界限。这使得本国居民既可以在本国经济衰退时借助资本输入而继续从事投资和消费活动，在经济增长时再对外进行清偿；同时又可以规避国内经济波动带来的风险。这样，国际资本流入发挥了熨平流入国经济周期的作用，从而减少本国金融体系顺周期性，促进其稳定、健康发展。

二、中长期资本流动对流出国的积极效应

对于净资本输出国来说，资本流出可能带动本国出口，有利于提高本国资源的利用效率，推动国民经济增长，展示雄厚的经济实力，提升本国国际地位。

（一）提高资本边际收益

在大多数的发达国家，市场成熟度较高，利润平均化明显，很难寻找高收益投资项目。对于这些资本相对过剩的国家而言，资本的边际效益递减，预期投资利润率相应降低。国际资本流动为流出国闲置的资金提供出路，因此，资本输出会获得提高的资本边际效益，同时这也契合资本输出国的经济扩张的国家利益。

（二）有利于扩大出口规模

因为资本流出国一方面可将本国大型机械或成套设备作为资本对外进行投资；另一方面又可在所投资的企业生产中力求使用资本流出国所提供的原材料和半成品，依靠投资拉动本国商品和劳务出口，提高本国产品在对方国家的影响力和市场占有率。

（三）提高国民收入水平

资本输出，往往会扩大资本流出国的出口贸易，通过外贸乘数的作用，导致该国国民收入水平提高；国民收入增加导致储蓄和投资增加，国民收入可能会进入一个螺旋上升的良性循环。虽然当期的资本外流对国内投资水平具有一定的挤出效应，但是从长远来看，未必导致国内消费与投资的减少。

（四）有利于跨越贸易保护壁垒

贸易壁垒（Barrier to Trade）又称贸易障碍，对国外商品劳务交换所设置的人为限制，主要是指一国对外国商品劳务进口所实行的各种限制措施。大多数国家政府为了保护本国民族产业的发展，防止他国商品倾销，对进口贸易通常都设置贸易壁垒。为了绕过壁垒，一些国家改变策略，用对外直接投资方式将本国的技术、设备、制造工艺作为资本投入贸易保护国，兴办企业，就地生产、销售，在全球范围内构建其销售网络，占领国际市场。

三、潜在风险和主要危害

（一）中长期资本流动对资本流入国产生的风险

1. 外汇风险

资本跨国流动必然会引起汇率波动。从宏观上看，汇率变动可能会对国民收入、国内就业及经济发展等产生不利影响。从微观上看，汇率波动超出预期水平，会加大企业成本与收益核算的难度，从而影响企业涉外业务，进而影响到私人资本的跨国流动；汇率变动可能会给企业造成沉重的债务负担，造成企业不能按时偿还到期外债，就会影响进一步的国际资本流入，并最终影响到相关企业的经营战略，甚至导致该国爆发债务危机。

2. 对国际资本产生依附性

资本流入国盲目引进大量国际资本，外国资本渗透到国民经济的重要部门，控制众多的工商企业，垄断某些行业，都可能影响资本流入国经济政策的自主权，可能会使其在民族经济发展上缺乏独立性，被外国资本所控制，渐渐变为资本输出国的附属地。

3. 冲击民族工业发展

国际资本流入往往是为了绕过各种关税和非关税壁垒进入输入国市场，掠夺资源。大量外国企业如果在东道国销售产品，必然会挤占东道国国内市场，从而导致国内企业的发展受到影响。大量外资输入将导致民族工业生存和发展空间越来越小，逐步受到冲击。

（二）中长期资本流动对资本流出国产生的风险

1. 可能在一定程度上妨碍国内经济的发展

由于一个国的资本总规模是一定的，如果过多流向国外，可能会削弱国内投资项目和生产部门的资金供给能力，导致资本流出国国内投资和就业机会的减少，财政收入下降，甚至引起经济衰退和影响社会稳定。

2. 可能会增加潜在的竞争对手

长期资本流动把大量资金、先进技术设备和管理方法带到资本流入国，这有利于提高流入国产品竞争力并提升其经济发展潜力，从而可能给资本流出国在国际上创造更多的商品竞争对手，甚至使资本流入国企业具备超过对手的能力，从而影响资本流出国商品出口的进一步扩大。

第三节　短期国际资本流动与金融危机

一、短期国际资本的特点

（一）高度的流动性

短期国际资本从流向看更多光顾新兴国家市场，但这些资本来去匆匆，其变动很难把握。它并无固定的投资领域，参与的市场主要有外汇市场、证券市场、衍生产品市场、货币市场，甚至可以在黄金市场、房地产市场及其他投机性强的市场上频繁转移。

（二）收益性高

国际短期资本流动是收益率和风险变动因素推动的。追逐高额收益是国际短期资本在全球金融市场流动的最终目的。虽然国际短期资本包括贸易性国际短期资本，但是保值、投机、套利为目的的国际短期资本才是其主要部分。国际投机资本在短期国际资本流动中所占比重最高，通常以间接投资的形式出现，金融衍生品的交易数量越来越多，特别是场外衍生品交易已在资本流动中占绝对优势，主要从事高风险、高预期收益的金融交易。

（三）规模巨大

2005 年到 2008 年期间，我国短期国际资本流动规模在 500 亿美元的范围内波动，2008 年到 2014 年流动规模的波动范围逐步加大，到 2015 年短期资本流出我国规模高达 1000 亿美元以上，有个别月份流出量甚至超过 1500 亿美元。

（四）对经济的冲击大

超大规模的国际短期资本频繁地在各个金融市场上快速转移，加大了国际金融市场的波动性，国际短期资本掠夺式地冲击着新兴市场国家并不完善的金融体系和汇率制度，加上金融衍生工具的杠杆作用的放大和信息不对称造成的羊群效应，对经济产生巨大冲击，最终可能导致金融危机的爆发。

二、短期国际资本流动的成因

国际资本流动包括资本的输出和资本的输入两个方面，即涉及资本的供给与需求两方面的问题。发达国家积累了大量过剩资本，促使其必须向海外输出资本，寻找投资机会，形成短期国际资本供给。在牙买加体系下，各国可以根据本国需要选择汇率制度，随着金融改革的稳步推进和金融创新的层出不穷，各国掀起了经常账户和资本账户自由化浪潮，资本流动障碍逐渐被清除，短期国际资本流动以惊人的速度不断增长。但是，缺乏有效的制度约束、金融监管缺失和金融创新等为短期资本流动创造外部环境，由于利率、汇率、利率汇率联动、规避风险、交易费用等因素是促使短期国际资本流动的动因，产生短期资本流动需求。

三、短期国际资本流动的经济效应

（一）短期资本流动的积极影响

1. 调节暂时性的国际收支失衡

当一国国际收支出现暂时性逆差时，该国货币汇率会下跌，若投机者认为汇率下跌只是暂时性的，会买入该国货币并等汇率上升后再卖出获利，这样就形成短期资本内流，从而有利于减少甚至消除国际收支逆差。

2. 对本币汇率的影响

短期资本流动在一定条件下有助于外汇汇率恢复均衡，尤其在固定汇率制度下，其经济效应更为显著。如果一国汇率制度不完善，本币币值定值过高或过低，偏离了实际均衡水平，国际游资投机行为将不断冲击这一不当的汇率水平。美元贬值，固定汇率制崩溃，便是国际游资使外汇汇率恢复均衡的有力佐证。

3. 对国内货币政策的影响

国际游资在一定程度上可以使货币政策更有效地执行。如在存在大量国际游资的情况下，一国为了提高本国汇价水平，可以提高利率，从而引起国际游资的大量流入。

4. 国际资本流动为跨国公司短期资产负债管理创造了便捷条件

跨国公司短期投融资活动较大程度上依赖于国际金融市场，尤其是欧洲货币市场。由此可见，短期国际资本流动间接地拓宽了跨国公司财务主管的视野，有利于提高短期资产负债管理效率。

（二）短期资本流动的消极影响

下面重点从短期投机资本或国际游资的角度分析短期资本流动的消极作用。

1. 对一国汇率水平的影响

虽然国际游资（热钱）对汇率有积极作用，但一般来讲，其对一国汇率产生消极影响。热钱主要是投机性资本，通过对未来汇率走势的预测，通过国与国之间的汇率差和利率差进行套利套汇交易，而谋取高额利润。国际游资流入，外汇市场供给在短期内突然增加，引起名义汇率上升；同时国际热钱流入导致国内非贸易支出增加，真实汇率上升；市场预期将进一步强化升值趋势。因此，可能加剧外汇市场的动荡，往往造成一国汇价扭曲，无法体现该国的经济实力。从拉美国家的情况来看，短期国际资本流入对货币升值的压力十分明显。智利自20世纪70年代中期开始进行经济和金融自由化改革，由于缺乏对金融体系的监管，大量外资涌入，金融结构十分脆弱。1980年，智利取消了对银行外资头寸的限制，银行借入的外债成倍增长，资本流入的数量也急剧放大。智利货币的实际有效汇率在1988—1997年间逐步升值，10年累计升值幅度高达36%，其他拉美国家也出现了实际有效汇率稳步升值趋势，1993年阿根廷和墨西哥的实际有效汇率分别升值7.4%和5.8%。从东亚国家的情况来看，20世纪90年代初以来至亚洲金融危机爆发为止，东南亚国家大多经历了实际汇率升值历程，1992年菲律宾实际有效汇率升值超过10%，在1990—1996年七年间累计升值幅度近30%。

在人民币升值预期的背景下，人民币的实际汇率升值幅度更加惊人，1994—1997年四年间实际汇率升值幅度分别为8.42%、11.45%、10.04%和7.73%，累计升值幅度近40%。2013年以来，我国开始面临新一轮大规模短期资本流入：同期外汇占款增量达1.22万亿元人民币，远超2012年的4946亿元，资本与金融账户顺差由2012年第四季度的200亿美元飙升至1018亿美元。2013年末，人民币对美元汇率中间价为6.0969元/美元，较上年末升值3.1%。根据国际清算银行（BIS）计算的有效汇率指数，2013年人民币名义有效汇率累计升值7.2%，扣除通货膨胀因素的实际有效汇率累计升值7.9%，在BIS监测的61种货币中升值幅度分别居第二位和第三位。从2014年到2016年，2014年开始人民币汇率预期由升转贬，"8·11"汇改之后非储备性金融账户持续大规模逆差，虽然汇率贬值刺激贸易顺差明显扩大，但最终仍未能避免储备资产的明显流失；2017年至2018年，人民币汇率大幅走强，虽然贸易顺差有所缩窄，但资本外流的强势逆转使得最终储备资产持续小幅正增长。

2019/01/21 开 6.87 高 6.88 收 6.79 低 6.74 量 0 幅 -1.34%
MA5: 6.8939   MA10: 6.7477   MA20: 6.6427   MA30: 6.7047

（资料来源：新浪财经 https：//finance. sina. com. cn/money。）

图 9 – 1　2012 年 6 月至 2019 年 1 月人民币有效汇率走势

2. 对国内货币政策有效性的影响

首先，国际游资的频繁流动影响一国的货币政策的独立性，将使宏观经济目标无法实现，很可能冲销政策调控效果。当一国政府企图实行紧缩货币政策，货币供给量减少，利率上升，导致热钱内流从而降低紧缩政策的力度与效果；反之，资本外逃会削弱扩张性货币政策的效力。例如，我国实行有管理的浮动汇率制度，同时，中国人民银行具有保持人民币汇率基本稳定的重要职责。当热钱通过各种渠道进入我国，导致外汇市场本币汇率升值，这促使中国人民银行不得不被动地购买外汇，维持本国汇率的稳定，进而增加基础货币的投放，削弱货币政策独立性。其次，短期国际资本的流动如果与货币政策目标同向，容易导致货币政策时滞缩短，同时造成货币政策效果超过预期目标效果，从而对宏观经济调节失控，形成经济萧条或过热。

3. 对金融市场的影响

首先，对国内金融市场产生影响。热钱在客观上能起到培育和繁荣金融市场的效果。但在发展中国家，国际游资也会给金融市场带来巨大隐患，甚至成为新兴市场国家货币金融危机的罪魁祸首。拉美债务危机、英镑里拉危机和亚洲货币危机造成危机国多年创造的财富短期内损失殆尽。其次，对国际金融市场产生影响。国际游资极大地增加了国际金融市场的不稳定性。热钱的本质是追逐高额利润，对风险高度敏感。随着衍生金融产品的迅猛发展，以及汇率、利率的大幅不规则波动，金融衍生产品的风险被进一步放大。由于一国政治、经济等因素的影响，短期国际资本会迅速大量逃离该国，引发国际金融动荡乃至危机，对世界经济发展和金融市场稳定的冲击越来越大。

【实训 9－2】

2018 年 11 月我国外汇市场供求形势再度恶化，结汇率明显下滑 5 个百分点至 60% 是最值得关注的一个不利信号，代表零售外汇市场的银行结售汇逆差相较 10 月明显扩大 1038 亿元，11 月实现逆差 1241 亿元。11 月银行代客涉外收付款逆差扩大 1027 亿元至 1540 亿元，恶化幅度同样较大，涉外人民币以及外汇收支均趋弱。11 月人民银行外汇占款余额变动为 －571 亿元，人民银行官方外汇储备余额为 3.06 万亿美元，当月增加 86 亿美元。结合现实请回答，2018 年我国跨境资本异常流动的主要表现在哪些方面？

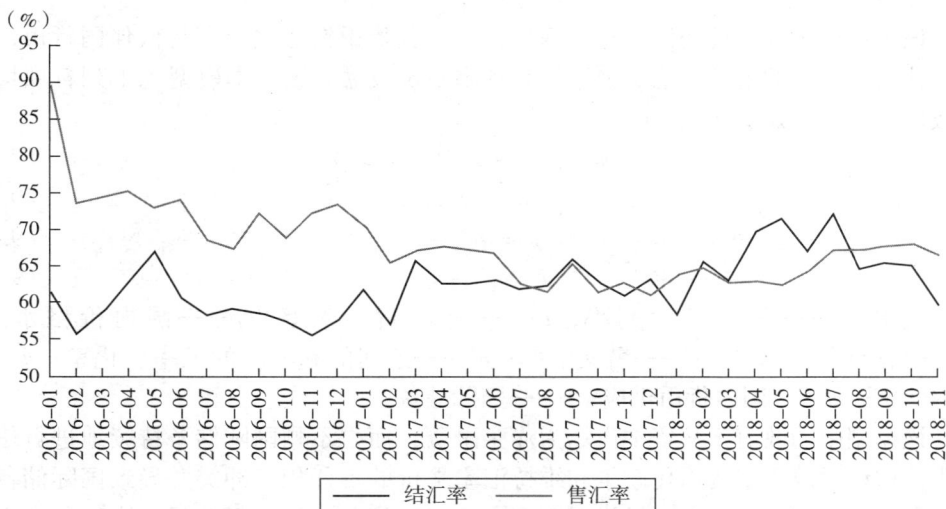

图 9－2 结汇意愿进一步明显减弱

【解析】跨境资本流动处于异常状态，就会带来跨境资本的流动风险。异常资本频繁跨境流动对国家宏观调控政策的制定和实施、金融市场稳定等均会造成不小的冲击。跨境资本异常流动的主要表现有：一是在异常资本流动渠道方面，"预付货款＋退款"的方式可能导致资金的大进大出；二是银行"创新"产品规避现行外汇管理政策，海外直贷业务易诱发企业违规结汇风险；三是银行为内资企业办理金融衍生业务，无实需背景的掉期交易套利；四是银行贸易融资产品理财化，贸易融资脱实向虚。

第四节 金融危机

金融危机（Financial Crisis），是指利率、汇率、资产价格、企业偿债能力、金融机构破产数量等金融指标，全部或者大部分出现恶化，致使正常的投融资活动无法继续的情况。国际货币基金组织在《世界经济展望 1998》中指出，金融危机可以分为货币危机（Currency Crisis）、银行危机（Banking Crisis）、系统性金融危机（Systemic Financial Crisis）和外债危机（Foreign Debt Crisis）四大类。

一、金融危机理论模型

（一）第一代金融危机模型

20 世纪 70 年代末，拉美国家爆发的一系列货币危机，例如 1973—1982 年爆发了墨西哥危机，1978—1981 年爆发了阿根廷危机，引起了经济学界的关注。1979 年美国经济学家克鲁格曼（Krugman）在萨兰特和亨德森（Salant and Henderson，1978）商品投机性攻击模型的基础上建立了货币投机性攻击模型，该模型是西方关于金融危机的第一个比较成熟的模型。这一模型后来经过弗拉德和戈德（Flood and Garber，1984）加以完善，合称为克鲁格曼—弗拉德—戈德模型。

1. 基本模型

该模型以小国开放经济为分析框架，假定其货币钉住主要贸易伙伴国货币，负有维持固定汇率的责任，购买力平价和利率平价成立。该基本模型（下列各项均取对数形式）可表示如下：

$$m - p = -a(i) \quad a > 0 \tag{9.1}$$

$$m = d + r \tag{9.2}$$

$$p = p^* + e \tag{9.3}$$

$$i = i^* + e', \tag{9.4}$$

式中，i——国内货币利率；i^*——外国货币利率；p——国内价格水平；p^*——国外价格水平；e——名义汇率；e'——预期的和实际的汇率变化率；d——国内信贷；m——国内货币供应；r——国际储备。

该模型中的政府不从资本市场为赤字融资，而是不顾国际储备持续地进行信贷扩张。这种财政赤字货币化政策和维持汇率平价的责任相互冲突并导致国际储备不断减少直至为零。但理性的投机者不会坐视国际储备这样消耗殆尽，当储备减少到某个临界水平，投机者就会展开投机性攻击使政府的国际储备立刻耗尽而不得不放弃固定汇率。国际储备损失的机制可以通过将式（9.2）、式（9.3）和式（9.4）代入式（9.1）进行说明：

$$d + r - P^* - e = -a(i^* + e') \tag{9.5}$$

当汇率固定在 $e = \bar{e}$ 时，$e' = 0$，所以

$$d + r - P^* - \bar{e} = -a(i^*) \tag{9.6}$$

外国价格水平、国外货币利率和固定汇率都是外生的，对式（9.6）按时间取导数，则有

$$d' = -r' \tag{9.7}$$

假如国内信贷 d 以 μ 的速度增长，国际储备 r 就会以同样的速度减少，即 $r' = -\mu$。如果国内信贷 d 持续增长，政府将耗尽储备，固定汇率制也最终崩溃。

2. 投机性攻击的时机

通过引入影子汇率 $\bar{e}$（Shadow Exchange Rate）的概念可以确定投机性攻击的时点。影子汇率是指没有政府干预时，由外汇市场自由浮动所确定的汇率水平。在影子汇率等于固定汇率平价的那一点，投机者会发动攻击使政府储备即刻耗尽。

图 9－3 中货币供给存量 m_t 是一条直线，由国内信贷和储备构成，货币需求不

变时货币市场均衡，D_0 和 R_0 分别表示期初的国际储备和国内信贷存量。

式（9.5）中，为方便起见，假设 $i^* = P^* = 0$，投机性攻击后，$r = 0$，国内信贷以 μ 的速度增长，则 $e' = \mu$，则有

$$\tilde{e} = d + a(\mu) \tag{9.8}$$

图 9-4 中纵轴表示汇率水平（直接标价法），横轴表示储备，$\bar{e}$ 代表固定汇率平价，$\check{e}$ 代表影子汇率的变动，两线交于 A 点，此点储备为 d_A。如果投机者在 $d < d_A$ 时发动攻击（投机者向受攻击国家借入本币，购进外汇，这使本币因需求增加而升值）将会遭受损失；如果投机者在 $d > d_A$ 时发动攻击，由于货币会最终贬值，投机者可以获得利润并因此相互竞争，使攻击提前，结果攻击时间回到 $d = d_A$ 点。

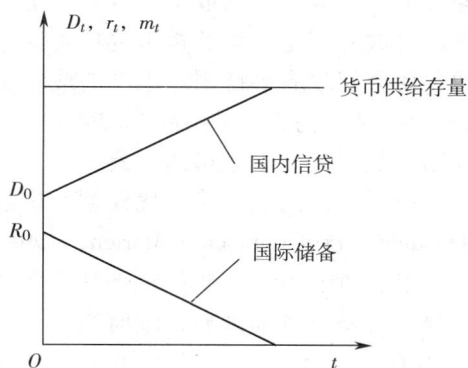

图 9-3　货币供给的组成

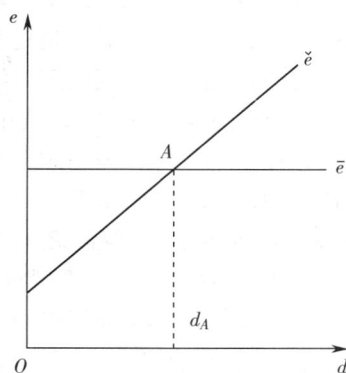

图 9-4　外汇投机对汇率的攻击

假设攻击的规模为 Δr（攻击中为负值）。式（9.8）说明攻击后 $\tilde{e}$ 以 μ 的速度上升，式（9.4）说明 i 也以 μ 的速度上升。攻击导致货币市场：（1）货币供给以攻击的同等规模下降；（2）反映贬值预期的国内利率的上升导致国内货币需求下降。货币市场均衡要求货币供给的下降等于货币需求的下降。由于国内信贷为

$d_t = d_0 + \mu t$，国际储备 $r_t = r_0 - \mu t$。在攻击时点 T，储备瞬时降为 0，攻击条件变为 $\Delta r = r_0 - \mu T = a(\mu)$ 因此，攻击时间为

$$T = [r_0 - a(\mu)] / \mu \tag{9.9}$$

可以看出，期初储备存量越高，信贷扩张速度越低，货币危机发生的时间也就越迟。

（二）第二代金融危机模型

由于 1992—1993 年欧洲货币危机的爆发，奥伯斯特菲尔德（M. Obsfield，1984、1994、1996）等学者修正了第一代危机模型中过分简化政府行为的做法，提出许多新的货币危机模型，后来被统称为第二代货币危机模型或自我实现的货币危机模型。

1. 主要内容

第二代货币危机模型首先修改了有关政府行为的假定，假定政府是主动的行为主体，在其政策目标函数之间寻求最大化组合并把维持固定汇率作为一项有条件的

义务。当维持固定汇率的收益高于成本时，政府会选择保卫固定汇率，反之，则弃守固定汇率。换言之，政府的经济政策目标是多元的，各项政策的选择都是权衡的结果，汇率制度的放弃与否也是政府在"维持"和"放弃"之间权衡之后作出的相机抉择，不一定是储备耗尽的不得已之举。当公众预期或怀疑政府将放弃固定汇率时，维持固定汇率的成本大大增加，政府就可能会放弃固定汇率，而不是一味地坚持固定汇率直至储备耗尽。

第一代危机模型预先设定的是经济基础到预期的单向因果关系，而第二代货币危机模型中还存在由预期到经济基础的反向因果关系，正是这种环形状态导致多重均衡和自我实现的投机行为。货币贬值的预期导致利率上升、工资上涨，给政府预算和银行部门带来巨大压力，增加政府维持固定汇率的成本，当成本上升到一定水平，政府维持固定汇率的成本超过收益，政府就会放弃固定汇率，货币危机也就完成自我实现的过程；而固定汇率将继续维持的预期会使政府维持固定汇率的成本不至于上升（甚至还有所下降），货币也就不会贬值，从而构成两种不同的均衡。

可见，在第二代危机模型中，改变了的预期才是引发货币危机的主要原因，它在第二代货币危机模型中扮演了关键的角色。但值得注意的是，第二代模型并未否定投机性攻击与经济基本面之间的关系（Obstfeld，1996；Flood – Marion，1998；Jeanne，1999）。第二代危机模型将经济基本面分为三个区域："强"经济基本面区域、"弱"经济基本面区域和中间地带。在"强"经济基本面区域，政府绝对不会放弃固定汇率，没有关于贬值的预期，也就不存在发生货币危机的可能性。在"弱"经济基本面区域，政府维持固定汇率的成本过高，有关货币贬值的预期和投机性攻击的发生不可避免。在这两个区域，经济基本面决定了货币危机要么不可能发生要么必然发生。而当经济处于中间地带，主导因素变成投资者的主观预期，预期对特定均衡的出现起着决定性的作用。当公众预期政府能够守住固定汇率时，不会有投机性攻击，固定汇率得以维持；当公众预期货币贬值，展开投机性攻击时，政府就会放弃固定汇率，即中间地带存在多重均衡的可能性。

2. 基本模型

政府最优化行为和汇率政策选择的基本模型可表示如下：

$$minL = \theta\delta^2/2 + (\delta - E\delta - \mu - k)^2/2 \qquad (9.10)$$

式中，L 为社会损失函数，k 为偏离度，μ 为均值为0、方差为 σ^2 的冲击，$E\delta$ 为预期的货币贬值率，δ 为货币贬值率，θ 为价格变化的相对权重。

该模型假定存在两种政策制定模式：规则和相机抉择（这里的相机抉择指因压力放弃固定汇率，允许货币贬值）。规则要求政府无视国内经济状况坚定地执行既定政策，而相机抉择则允许政府视经济状况（包括公众的预期）制定政策。

固定汇率，即 $\delta = 0$，就是规则。在"规则"模式下，预期的货币贬值率 $E\delta = 0$，用冲击的方差 δ^2 代替冲击 μ，式（9.10）的预期损失为

$$EL^R = (\sigma^2 + k^2)/2 \qquad (9.11)$$

在"相机抉择"模式下，公众会形成相应的预期，$E\delta = k/\theta$，为简单起见，假定 $\theta = I$，式（9.10）的预期损失函数为

$$EL^D = \sigma^2/4 + k^2 \qquad (9.12)$$

从式（9.11）和式（9.12）可以得到：（1）没有冲击时，按规则行事优于相机抉择；（2）有冲击时，或者说，当 σ^2 相对于 k 足够大时，相机抉择优于按规则行事。

因此，对政府而言，一般情况下应按规则行事，而出现破坏性冲击时进行相机抉择就是有利的。即当 $L^R < L^D + C$ 时，应该按规则行事，C 是相机抉择的成本。出现冲击时，政府通过分析 C 的大小决定是否进行相机抉择，而另一方面，投机者则根据自身对政府有关经济形势判断的评估决定是否发动投机性攻击，体现为一种动态博弈过程，政府和投机者均根据对方的行为或有关对方的信息不断修正自己的行为选择，形成决策的循环过程并导致出现多重均衡。

（三）第三代金融危机模型

1997—1998 年的亚洲金融危机既不是因为财政赤字货币化造成的，也无法用不恰当的宏观经济政策取向来解释，因此，第一代和第二代货币危机模型不适用于亚洲金融危机。这次危机与以往的危机有着明显的区别，存在两个显著的特征："双危机"（Twin Crises）（银行危机和货币危机交织在一起）和"传染性"（Contagion）。为了解释这次不同于以往的危机，以克鲁格曼（Krugman）为代表的经济学家提出了第三代货币危机模型，这一代货币危机模型强调道德风险带来的严重后果并将传染效应作为货币危机的关键决定因素。

1. "双危机"与道德风险

在"双危机"理论中，经济学家对银行危机和货币危机两者之间的因果关系存在争议。Stroker（1995）和 Mishkin（1996）认为是货币危机导致了银行危机；而 Diaz-Alejandro（1985）、Velasco（1987）、Calvo（1995）和 Miller（1995）等学者则认为是银行危机导致了货币危机；Reinhart—Vegh（1996）、Kaminsky-Reinhart（1999）认为银行危机和货币危机的发生是基于同样的原因，危机发生前一般都存在不良或者恶化的经济基本面，一旦羊群行为遍及整个市场，两种危机就很可能以捆绑的方式同时爆发，两者发生的先后顺序只是环境所致。

道德风险是指由于信息不对称、契约的一方背着另一方采取违背约定的行动，而可能使契约的另一方遭受损失的行为。在信息不对称的情况下，资本借贷市场上可能存在道德风险，借款人在签订合同后，将贷款用于贷款人事先不同意的高风险项目。但是，在金融市场中，如果政府向借贷双方或其中一方提供免费的还款担保，那么在信息对称的情况下道德风险也可以发生。因为政府的免费担保减轻了投资者风险承担的水平，诱使其投资于高风险项目，从而导致道德风险。

Krugman 和 Corsettietal 认为道德风险可以解释东南亚的"双危机"。金融中介机构在具有免费担保且又监管不严的情况下具有很强的信贷扩张倾向而较少考虑借款人投资项目的风险水平。国内金融机构如果无法从国际资本市场融资，国内的过度投资需求只会造成国内利率的上升，而不至于导致投资过度。但如果资本市场开放，国内的金融机构可以在世界资本市场自由融资，外资大量涌入国内，政府担保引发的道德风险就会转变为金融资产和房地产的过度积累，即所谓的金融过度。金融过度加剧一国金融体系的脆弱性，一旦外国债权人拒绝继续融资，要求政府兑现担保，必然导致政府的巨额财政赤字。若政府以货币化方式弥补赤字，公众的通胀预期将直接导致贬值预期，最终货币危机和银行危机同时发生。

2. 危机传染

随着全球化的不断推进，货币危机的传染越来越普遍，传染后果也一次比一次严重，不仅威胁到全球金融体系的稳定，也对传统的货币危机理论提出了挑战，因为很多时候，一些宏观经济基础没有较大变化的国家也成为货币危机无辜的受害者。因此，货币危机的传染指的是一个国家的货币危机以多米诺骨牌效应扩展到其他国家。它强调的是一国发生的货币危机是另一国货币危机爆发的导火索，换言之，若没有他国的货币危机，这个国家原本是不会发生危机的。

Masson（1998）等学者通过大量实证研究分析危机在不同国家间传染的机制。Masson认为货币危机的传染方式可以分为三种：（1）季风效应（Monsoonal Effects）。指以发达国家为主导的全球经济环境的改变恶化了发展中国家的经济形势，导致这些国家发生货币危机。如1994—1995年的墨西哥危机则与美国的高利率相关，20世纪80年代的债务危机与工业化国家的衰退和高利率相关。（2）溢出效应（Spillover Effects）。指一国的货币危机"溢出"到其他有联系（贸易、金融等）的国家。（3）纯传染效应（Pure Contagion）。指一个国家的货币危机诱发另一个国家的货币危机，但无法用宏观经济基础解释。如一国的危机导致投资者向下调整对其他类似国家经济基础的评价，即使这些国家的经济基础并未发生不利的变化，也会导致该国的货币金融危机。

实际上，季风效应与溢出效应都可以归为波及型传染，即一个国家的问题恶化了另一个国家的宏观经济基础，从而造成另一国的货币危机。波及型传染与纯粹型传染各有不同的具体传染渠道和传染途径，前者主要包括贸易传染与金融传染，后者则主要通过预期传染，所以又称为预期型传染。

货币危机的贸易传染是指一个国家的货币危机恶化与其贸易关系密切的国家的经济状况而导致该国发生货币危机。它又可以分为直接贸易渠道传染、间接贸易渠道传染。例如，东南亚国家之间的直接贸易联系很少，货币危机在很大程度上是通过它们之间密切的间接贸易联系相互传染的。金融传染是指一个国家的货币危机通过金融市场传播到其他有密切金融联系的国家。它主要分为：（1）金融直接传染。如韩国危机致使其金融中介流动性缺乏，其银行和企业不得不从泰国和印度尼西亚撤资，从而加剧了泰国和印度尼西亚的货币危机。（2）金融间接传染。两国没有直接的投资关系，但均与第三方有金融联系，也可以构成金融传染渠道。如欧洲国家的金融机构在泰国和印度尼西亚都有投资，泰国危机导致欧洲国家金融机构的投资损失，迫使欧洲国家的金融机构为降低风险调整其投资组合而从印度尼西亚撤资，诱发并推动了印度尼西亚的货币危机。

当危机国与受传染国之间在不存在贸易、金融联系的情况下，危机也有可能传染，这是由于一国的货币危机改变了公众对另一国的预期，这种改变无法用宏观经济变量来解释，西方学者将其形象地表述为"闹铃"（Wake Up Call）机制。预期传染有多种形式：基本因素型预期传染、羊群行为传染、政治型预期传染、文化相似型预期传染。

二、金融危机对我国的启示

（一）协调好虚拟经济发展、金融创新与金融监管之间的关系

2007 年美国金融危机的实质更多地表现为虚拟资本的生产过剩，与美国虚拟经济过度发展不同，中国金融市场相对落后于实体经济发展，企业直接融资比例低，资本市场欠发达，在金融市场改革过程中，很多问题亟待解决。所以，在金融市场发展的初期阶段，资本账户的开放和虚拟经济的发展要循序渐进、稳中求胜。资本账户开放过程，是一个逐渐放松资本管制，允许居民与非居民持有跨境资产及从事跨境资产交易，实现货币自由兑换的过程。资本账户开放的标准本身也在不断放宽。资本账户是否开放，取决于开放所能带来的潜在收益与成本的对比。

一般认为，开放资本账户的积极影响是：（1）根据比较优势理论，资本在全球范围内自由流动和优化配置，能提高资本效率，并产生最大的经济效益。（2）各国人口年龄结构不同，人口抚养比低的国家往往储蓄率较高，资本账户开放能使这些国家将盈余的储蓄资金贷给资金缺乏的国家，从而增强金融部门的活力，提高本国储蓄资源的利用效率。促使国内金融机构在更加激烈的竞争中勇于创新，提高生产效率和生产力。通过全球性中介活动，将国内储蓄资源配置到全球范围内生产性最强的投资项目。（3）资本账户开放也能使资本在全球范围分散风险，而不把"所有鸡蛋放在同一个篮子"。使国内微观主体在全球范围内实现资产组合多样化。（4）便于一国进入国际金融市场，降低融资成本；同时方便引入先进技术和管理经验，提高本国经济竞争力。

但盲目开放资本账户也存在多方面的危害：（1）国际投机资本容易导致国际收支危机和汇率波动，甚至影响经济稳定和经济安全；（2）资本外流不利于本国经济发展，而且经济命脉容易受制于人。

优化资本账户开放路径是成功的基础。优化资本账户各子项目的开放次序，按照"先流入后流出、先长期后短期、先直接后间接、先机构后个人"的顺序实施。具体步骤是先推行预期收益最大的改革，后推行最具风险的改革；先推进增量改革，渐进推进存量改革。

金融创新会促进金融业的发展，金融监管则是维持一国金融市场稳步发展的制度保障条件。因此，如何引导金融创新，加强金融的有效监管，保持监管数据信息的共享与畅通，从而降低风险，是我国深化金融体制改革的重中之重。

（二）加强中国地方债务管理

希腊政府在 2009 年宣布其财政赤字和债务规模均远远超过了欧盟所规定的上限，并且情况进一步恶化，希腊债务危机拉开了欧元区债务危机的序幕。本次的债务危机给欧元区、欧盟和世界经济都带来了负面冲击。虽然我国目前不会出现债务危机，但是通过对欧元区债务危机的分析，可以为我国的地方债务问题得出启示。

欧元区债务危机的原因警示我们，采取宽松的货币政策和积极的财政政策来促进经济的增长，会带来过度的投资和持续累积的债务。我国地方政府的债务规模随着社会经济的发展而逐年增长，2010 年底，我国地方政府性债务余额达 107174.91 亿元，占 2009 年 GDP 的三分之一，占 2009 年外汇储备的 70%。其中政府负有偿还

责任的债务 67109.51 亿元，占 62.62%；政府负有担保责任的或有债务 23369.74 亿元，占 21.80%；政府可能承担一定救助责任的其他相关债务 16695.66 亿元，占 15.58%。另一方面，目前我国的地方性债务余额水平处于安全地带，大部分年份没有超过国际警戒线 60% 的水平（2009 年除外）。

加强地方政府债务管理，防范和化解债务风险，是确保国家经济社会持续、健康、稳定发展的重要工作，有助于推动公共财政理论研究的深入和发展，同时也是丰富和完善公共管理理论的重要环节；有利于控制和防范地方政府债务风险；有利于进一步界定政府和市场的关系，正确而充分地实现政府职能；有利于提高政府信息透明度，而信息的公开又能促进政府的公共管理水平。为了防范和化解地方政府债务风险，建立健全地方政府债务管理体系已经成为当务之急。

三、金融危机的防范与管理

（一）构建我国虚拟经济风险预警系统

在现代市场经济背景下，实体经济和虚拟经济具有并存的必然性，但是虚拟经济的发展必须适度，其过度发展则必然破坏实体经济的稳定性。在全球虚拟经济迅速发展的背景下，我国虚拟经济也发展迅速。因此，应根据我国国情设计防范虚拟经济过度背离实体经济的预警构架，防范金融危机的发生。

【知识链接 9－5】

虚拟经济（Fictitious Economy）是实体经济的对称，是"金融深化"的必然产物，其本质是一套价格系统，包括物质价格系统和资产价格系统，主要包括金融业、房地产业、体育经济、收藏业等。

2007 年美国虚拟经济规模约是实体经济规模的 30 倍，虚拟经济的泡沫化极为严重。2008 年全球虚拟资产总量约是全球 GDP 的 14.2 倍，日本 2009 财年的虚拟资产规模是其 GDP 的 8～9 倍，中国 2009 年的虚拟资产总量约是 GDP 的 3.7 倍。尽管目前我国尚未爆发过金融危机、经济危机，但在我国以及全球虚拟经济规模逐渐扩大的发展形势下，有必要对虚拟经济发展过度背离实体经济进行预警研究。当虚拟经济规模膨胀迅速，股票市场、房地产市场的快速发展过程中已出现明显的泡沫状态时，需加强对虚拟经济发展的监测，衡量虚拟经济系统与实体经济系统间的协调状况，建立泡沫破裂预警系统，防范虚拟经济过度背离实体经济导致泡沫破裂以及金融危机、经济危机的出现。

构建我国虚拟经济风险预警系统，可以遴选利率水平、货币供给状况、房价、进出口情况、信贷水平、资本市场以及债券市场、外汇市场、金融衍生品市场的发展情况等预警指标。通过风险识别、风险评估、风险决策以及风险监督进行虚拟经济风险管理。建立专门的虚拟经济风险管理组织机构、研究与开发虚拟经济风险评级与管理信息系统，重新审视金融业的地位，实现实体经济健康发展。

（二）加强对跨境短期资本流动的有效监管

可以制定相关的法律法规，加强对没有真实交易背景的贸易外汇收支的管理，在便利多数守法合规企业经营的同时，重点加强对关注类企业或地区经常项目外汇收支的监管。依法遏制热钱的非法流入，严厉打击地下钱庄等非法融资活动，加强我国对跨境资金流动的监管力度。加强和改进外债管理，鼓励和引导境内机构更多地使用国内资金。落实外资进入房地产市场的外汇管理政策，加强汇兑环节的监管。

高度重视和密切关注短期资金通过预收货款、延期付款、个人外汇和投资等渠道流动的状况，强化对跨境短期资本流动的监控和管理，防止热钱披着合法的外衣涌入我国。完善个人外汇管理，便利个人贸易等经营性外汇收支活动，加强对个人经常性转移的监管，规范个人资本项下外汇交易。

加强对外资企业的外汇监管，要加快进出口收付汇核销制度的改革进程，积极构建贸易收付汇核查系统和贸易外汇收支的动态监测机制，同时要加大对短期异常资金流动的监测和检查力度，从热钱的流入、投资规模、渠道、投资方向建立事前、事中、事后监测机制，采取各种措施，切实防范境外热钱通过贸易渠道违规出入境，要给投机型国际资本的进出和使用制造障碍，减少投机性热钱快速流入流出的危害性。

（三）加快人民币汇率形成机制改革

渐进式降低美元在货币篮子中的比重，提高欧元、日元等其他货币的比重。蒙代尔的三元悖论指出，短期国际资本流动、货币政策独立性及固定汇率三者无法同时实现，最多只能同时满足两个目标，而放弃另外一个目标。当今中国资本账户尚存在管制，逐步放松固定汇率制，使人民币真正与美元脱钩是保持货币政策独立性的应有之义，也是最终走向浮动汇率制的必经之路。然而，这将是一个渐进而漫长的过程。

适度调控与把握人民币升值的幅度与节奏，借此推动国内经济产业结构的调整优化。从长期来看，人民币升值是促使国内经济增长主动力由出口转向内需、夕阳行业不断被市场淘汰从而推动经济产业结构优化的有利契机。因此，把握好人民币升值的幅度与节奏，尽可能使汇率制度的改革实现内外平衡、多方共赢，需要中央银行不断地摸索与努力。

进一步放宽人民币对美元汇率的波动区间，加大市场力量在人民币汇率形成过程中的作用，发挥汇率的价格调整机制，进而带动整个金融体系改革。货币当局在2012年4月16日将人民币对美元交易价浮动幅度从0.5%扩大至1%，表明了让市场力量在人民币汇率形成过程中发挥更大作用的意愿，此后人民币对美元汇率也呈现出明显的双向波动。然而，中间价制度的存在决定了中央银行仍是人民币汇率形成的主导者。2015年8月11日的第三次汇率改革，主要内容是完善人民币兑美元汇率中间价报价机制，以增强中间价市场化程度和基准性。汇率改革要求做市商报价要参考上一日银行间外汇市场收盘价，并综合考虑外汇供求情况以及国际主要货币汇率变化。中间价定价实际变成上一日收盘价＋参考一篮子货币，中央银行操控中间价的空间被大大压缩。2015年12月11日中国外汇交易中心发布三种人民币汇率指数，中央银行引导市场关注人民币汇率指数的走势。人民币汇率指数是根据人民币对一篮子货币汇率加权平均而成，即名义有效汇率。这一方面促动人民币与美元进一步脱钩，另一方面汇率稳定转向名义有效汇率。从实际运行效果来看，人民币对美元有升有贬，波动较大，而人民币汇率指数相对稳定，波动远小于对美元的双边汇率。

2018年，我国外汇管理部门不断深化改革，推动金融市场双向开放，稳步推进资本项目可兑换，进一步提升贸易投资自由化便利化水平，积极服务于全面开放新格局和实体经济发展，同时防范跨境资金流动风险，为中外资企业创造良好的营商环境。目前，我国推进人民币国际化进程，推动资本项目开放应总体考虑三个方面：一是推动少数不可兑换项目的开放，通过交易和汇兑环节上下游联动，提高跨境证券交易等项目的可兑换程度；二是提高可兑换项目的便利化程度，减少行政审批，实行负面清单管理，弱化政策约束，提高政策透明度和可预期性；三是提高交易环节对外开放程度，按照"准入前国民待遇＋负面清单管理原则"，扩大国内市场尤其是服务业、金融服务业对外开放，创造公平竞争的市场环境。

第五节　国际资本流动理论

一、国际资本流动的一般模型

国际资本流动一般模型，又称麦克杜加尔（G. D. A. Macdougall）模型，或称完全竞争模型，是一种用于解释国际资本流动的动机及其效果的理论，它实际是一种古典经济学理论。它认为，国际资本流动的原因是各国利率和预期利润率存在差异，而且认为各国的产品和生产要素市场是一个完全竞争的市场，资本可以自由地从资本充裕国向资本稀有国流动。国际间的资本流动使各国的资本边际产出率趋于一致，从而提高世界的总产量和各国的福利。

（一）模型分析

模型（见图9-6）假定条件是：整个世界由两个国家组成，A国资本充裕，B国资本稀缺。世界资本总量为横轴 OO'，其中 A 国资本量为 OC，B 国资本量为 O'C。AA'和 BB'分别表示两个国家在不同投资水平下的资本边际产出率。它意味着：

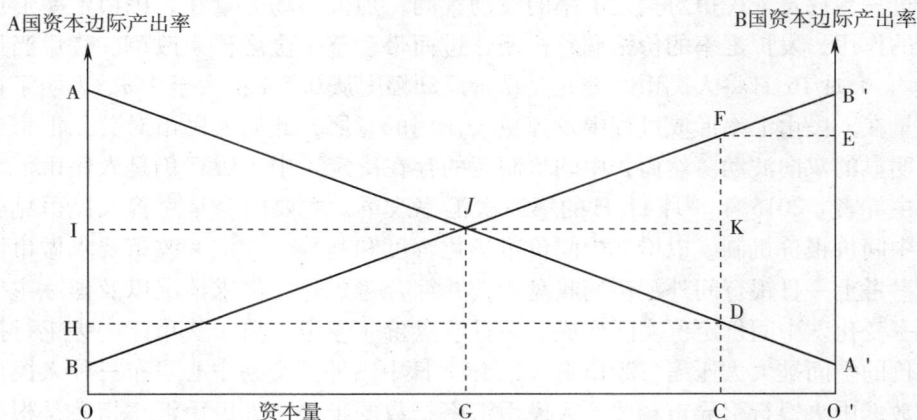

图 9-5　国际资本流动的一般模型

投资水平越高，每增加单位资本投入的产出就越低，即两国投资效益分别遵循边际收益递减规律。

分两种情况来分析：

1. 封闭经济系统

封闭经济系统，指资本没有互为流动的经济系统。无论是资本充裕国，还是资本稀缺国，资本只能在国内使用。

（1）如果 A 国把其全部资本 OC 投入国内生产，则资本的边际收益为 OH，总产出为曲边梯形 OADC 的面积，其中资本使用者的收益是曲边三角形 HAD 的面积，资本所有者的收益是矩形 OHDC 的面积。

（2）如果 B 国也将全部资本 O′C 投入国内生产，则其资本的边际收益率为 O′E，总产出为曲边梯形 O′B′FC 的面积。其中，资本使用者的收益是曲边三角形 EB′F 的面积，资本所有者的收益是矩形 O′EFC 的面积。

2. 开放经济系统

开放经济系统指有资本互为流动的经济系统。这时，如果 A 国把总资本量中的 OG 部分投入本国，而将剩余部分 GC 投入 B 国，并假定 B 国接受这部分投资，则两国的效益会增大，并且达到资本的最佳配置。

（1）就 A 国而言，输出资本后国内资本边际收益率由 OH 升高为 OI，国内总产出变为曲边梯形 OAJG，其中资本使用者的国内收益为曲边三角形 IAJ 的面积，资本所有者的国内收益是矩形 OIJG 的面积。

（2）就 B 国而言，输入资本后的国内资本总额为 O′G，总产出为曲边梯形 OBJG 的面积，其中总产出的增加量为曲边梯形 CFJG 的面积。这部分增加量又被分成两部分，矩形 CKJG 是 A 国所有的收益，曲边三角形 JFK 则是 B 国的所得。

这样，由于资本的输出与输入，就使 A 国增加了曲边三角形 JKD 面积的收益，而 B 国也增加了曲边三角形 JFK 面积的收益。资本流动增加的总收益就为这两个分收益之和，即 ΔJFK 和 ΔJKD 的面积之和。

（二）模型的结论

（1）在各国资本的边际生产率相同的条件下，开放经济系统里的资本利用效益远比封闭经济系统里的高，并且总资本能得到最佳的利用。

（2）在开放经济系统里，资本流动可为资本充裕国带来最高收益；同时，资本短缺国也因输入资本使总产出增加而获得新增收益。

（3）由于上述两个原因，又因为资本可自由流动，结果在世界范围内可重新进行资本资源配置，使世界总产值增加并达到最大化，促进了全球经济的发展。

二、国际证券投资理论

国际证券投资理论分为古典国际证券投资理论和现代国际证券投资理论。

（一）古典国际证券投资理论

古典国际证券投资理论认为，国际证券投资的原因是各国间存在利率差异。如果一国利率低于另一国利率，则金融资本就会从利率低的国家向利率高的国家流动，直至两国的利率没有差别为止。进一步，在国际资本能够自由流动的条件下，如果两国的利率存在差异，则两国能够带来同等收益的有价证券的价格也会产生差别，即高利率国家的有价证券的价格低，低利率国家的有价证券的价格高，这样，低利率国家就会向高利率国家投资购买有价证券。

有价证券的收益、价格和市场利率的关系可表示如下：

$$P = I/r \tag{9.13}$$

式中，P 表示有价证券的价格，I 表示有价证券的年收益，r 表示资本的市场利率。

假设 A、B 两国市场上发行面值为 1000 美元、附有 6% 息票的债券，A 国利率为 5%，B 国市场上的利率为 5.2%。根据式（9.13）计算得出，每一张债券在 A 国的售价为 1200 美元，在 B 国的售价为 1154 美元。可见，由于 A 国的市场利率比 B 国的市场利率低，则同一张债券在 A 国的售价比在 B 国的售价要高。这样，A 国的资本就会流向 B 国购买证券，以获取较高的收益或花费更小的成本，直至两国的市场利率相等为止。

（二）现代国际证券投资理论

现代国际证券投资理论，又称为证券投资组合理论，是美国学者马科维茨（H. M. Markovitz）于 20 世纪 50 年代在其《有价证券选择》一书中首先提出的，后来托宾又发展了该理论。

该理论认为，任何证券形式的资产都具有收益与风险并存的两重性，关键是投资者要以资产组合的方法来降低风险，要在各种资产之间进行选择，形成最佳组合，使其在投资收益一定时，风险最小；或在投资风险一定时，收益最大。这是对古典的证券投资理论的重要突破。

但在现实生活中，证券发行者往往不能保证投资收益的稳定性，投资者必须同时承担投资风险。那么，由多种证券互相抵补损失的组合投资可以降低风险，提高投资收益的稳定性。基于这种考虑，投资者就会选择不同国家的证券作为投资对象，自然就会引起资本在各国之间的双向流动。可见，现代国际证券投资理论提出并强调了以资产组合方式降低投资风险的思想，不仅揭示出了国际资本双向流动的具体成因，也比仅仅把利率差异作为投资动机的古典证券理论前进了一大步。

三、国际直接投资理论

从 20 世纪 50 年代后期起，以跨国公司为主体的国际直接投资急剧增长，成为资本国际流动的主要形式。一些西方学者从不同角度对这种国际投资行为进行了研究，提出了各种不同的看法，形成了众多的理论派别。

（一）垄断优势论

1960 年，美籍加拿大人海默（Stephen. H. Hymer）在博士学位的论文中首先提出垄断优势论（Theory of Monopolistic Advantage），从而开创了以外国直接投资为研究对象的新的领域。后来又由约翰逊（H. G. Johnson）、凯夫斯（R. E. Caves）、金德尔伯格（Charles. D. Kindleberger）等学者对该理论作了进一步补充完善。

海默认为，企业之所以能对外直接投资，是因为它具备比东道国的同类企业更有利的垄断优势。这种垄断优势又表现在两方面：一方面是包括生产技术、组织成本、人才机制、管理水平、销售战略技能等所有无形资产在内的知识资产优势；另一方面是包括企业规模、产品结构、销售网络、资本实力、规模效益等综合能力在内的有形资产优势。投资者凭借这两方面的垄断优势，在没有或者短期内不可能有这种优势的东道国投资办企业，自然会在没有竞争对手的情况下独占当地市场，轻松地赚取高额利润。约翰逊认为，对外直接投资的垄断优势主要来自对知识资产的占有和使用。这是因为，培养积累和形成知识资产的成本很高，而通过直接投资占有和使用这些知识资产的成本都很低。所以，直接投资能利用投资国和东道国的这种知识资产优势，获取综合性效益。凯夫斯和金德尔伯格认为，直接投资的垄断优势主要体现在它的产品具有因地制宜的适应能力和产品创新能力上。换言之，跨国公司之所以能在海外设厂生产，主要因为它能根据不同地区、不同层次的消费偏好，设计和生产出适合各种消费需求而东道国又无法生产的新产品。同时它能以驰名的国际资信、广泛的销售网络、高超的服务技巧，去迎合消费者现实和潜在的心理需求，进而获取更高的超额利润。

垄断优势论的突破在于，它用不完全竞争和垄断代替了完全竞争，并将国际直接投资同国际证券投资区别开来研究，从而成为跨国公司的理论基础。但是，这一理论也有不足和局限性，缺乏普遍意义，不足以解释生产部门跨国化的地理布局和服务业跨国经营的行为，而且也无法解释发展中国家以及 20 世纪 60 年代日本企业对外直接投资的行为。

（二）产品生命周期论

产品生命周期论（Theory of Product Cycle）由美国哈佛大学教授维农（R. G. Vernon）于 1966 年首先提出，后由威尔等美国经济学家进一步作了补充发展。基本观点是，当企业在市场上推出新产品时，产品的生命同期就开始了，并先后经历初始、成熟、衰老三个阶段。对某些产品具有技术创新垄断优势的企业，可以利用产品生命周期不同销售特点的差异，去抢占国内和国外暂时没有竞争对手的市场，从而获得更多的超额利润。这三个阶段是：产品的创新阶段、产品的成熟阶段、产品的衰老阶段。

产品生命周期是市场经济运行中普遍存在的现象，企业凭借技术垄断优势充分把握这种普遍现象，并利用在国内外市场上的时间差和地域差去独占国内外销售市场的制高点，获取最高的超额利润，这正是产品生命周期论的独到之处。同时这一理论也在一定程度上揭示了全球的直接投资迅速增加、跨国公司迅猛发展的内在原因。

（三）国际生产折中论

国际生产折中论（Eclectic Theory of International Production），是英国经济学家约翰·邓宁（J. H. Dunning）在 1976 年提出的一种国际直接投资理论。

邓宁认为，企业之所以能够进行对外直接投资，是因为企业具有所有权优势（Ownership Advantage）、内部化优势（Internalization Advantage）和区位优势（Location Advantage）。正是这些优势的综合作用，推动着企业的对外直接投资。所有权优势是指投资企业在生产要素（包括资金、技术、劳动力、自然资源等方面）、经营能力（包括生产工艺、产品开发、专利商标、销售技能等方面）和管理经验方面拥有东道国企业没有或者难以具备的优势。这些优势说明企业为什么能够对外直接投资。内部化优势，是指企业将所拥有的所有权优势在内部使用而带来的优势。企业拥有的所有权优势，既可以转让给外部供其他企业使用，也可以在本企业系统内部使用。在跨国经营的条件下，这些所有权优势将用于国外分公司、子公司，从而形成内部化优势。区位优势是指企业在投资区位方面所具有的优势。在拥有所有权优势和内部化优势的情况下，企业投资生产，要选择最佳区位，如那些具有廉价的自然资源、能够享受各种优惠政策的国家和地区。这一优势说明跨国公司为什么非要到特定的国家和地区投资。

按照邓宁的分析，一个企业的对外直接投资行为，是由上述三种优势共同决定的。这三种优势中，所有权优势是基础条件。如果一个企业没有任何所有权优势，就缺乏对外直接投资的基础。但一个企业如果只有所有权优势而无其他两种优势，企业就会通过许可证安排的方式来获利。如果一个企业只有前两种优势而无对外投资的区位优势，企业就会在国内投资生产，通过出口贸易来参加国际经济活动。只有兼具以上三种优势时，企业才会对外直接投资。这三种优势的结合，不仅使对外投资成为可能，而且决定着对外投资的部门结构和地区结构。

（四）比较优势理论

20 世纪 70 年代中期，日本的小岛清教授根据日本当时对外直接投资的情况提出了比较优势理论。小岛清认为，对外直接投资应该从本国（投资国）已经处于或即将陷入比较劣势的产业（也可以称作边际产业）依次开始进行，而这些产业是东道国具有明显或潜在比较优势的部门。但如果没有外来资金、技术和管理经验，东道国的这些比较优势就不能被利用。因此，投资国通过对外直接投资就可以充分利用东道国的比较优势。日本的传统工业部门之所以能够比较容易地在海外找到有利的投资场所，就是因为它们向具有比较优势的国家和地区进行投资。小岛清的比较优势论坚持用国际分工的原则来分析和论述对外直接投资，有其独到的理论见解，但是其局限性也是很明显的。例如，该理论否定垄断优势在对外直接投资中的作用，这既不符合历史事实，也不符合跨国公司对外直接投资的一般规律。

（五）市场内部化理论

市场内部化概念最早是由科恩（R. H. Kern）在 1937 年提出的，主要指把市场建立在公司内部，以公司内部取代公司外部市场的过程。20 世纪 70 年代中期，英国经济学家巴克利（P. J. Buckley）和卡森（M. C. Cason）等人在对科恩的观点进行补充和发展的基础上，系统地提出了市场内部化理论，并且引起了广泛的注意。

该理论认为，由于外部市场的不完全性，若将企业拥有的半成品、工艺技术、营销诀窍、管理经验和人员培训等"中间产品"通过外部市场进行交易，就不能保证企业实现利润的最大化。因此，企业对外进行直接投资，在较大的范围内建立生产经营实体，形成自己的一体化空间和内部交换体系，就能把公开的外部市场交易转变为不公开的内部市场交易，以实现利润的最大化。

巴克利和卡森指出，外部市场的不完全性主要表现为：在寡头占据市场的情况下，买卖双方比较集中，很难进行议价交易；在没有期货市场的时候，买卖双方无法订立期货合同；不存在按不同地区、不同消费者而实行差别定价的中间产品市场；中间产品的价格缺乏可比性，交易双方难以成交；新产品从研究开发到市场销售的周期较长，而新技术的应用又有赖于差别定价，这在外部市场上不易充分体现出来。

巴克利认为，决定市场内部化有四个因素，即区域因素、国别因素、产业特定因素和企业因素。区域因素是指有关区域内的地理条件、文化差异和社会特点等。国别因素是指有关国家的政治、经济和法律制度等因素。产业特定因素是指与产品性质、经济规模和外部市场结构有关的产业特征。企业因素是指不同企业组织内部市场的管理能力等因素。内部化理论注重的是产业特定因素和企业因素。巴克利认为，如果产业部门存在多阶段生产的特点，企业就会跨地区化甚至跨国化。这是因为多阶段生产过程中必然存在中间产品，若中间产品的交易需通过外部市场来组织，则无论供求双方怎样协调，也不可能避免外部市场剧烈变化造成的风险。为克服这种"中间产品"期货市场的不完全性，就会出现市场的内部化。

市场内部化理论是一种应用性较强的国际直接投资理论。它可用来解决外部市场不完全性造成的多种问题，也可用来解释许多企业对外直接投资的动机或原因。不足之处在于，没有从经济全球化的宏观角度分析国际生产与分工对企业直接投资行为的影响，并且还忽视了工业组织和投资环境在国际直接投资中的重要性。

四、两缺口模型理论

两缺口模型理论（Theory of Two – gap Model）是 20 世纪 60 年代中期由美国经济学家钱纳里和施特劳斯提出的，认为发展中国家普遍存在着储蓄缺口和外汇缺口，两缺口模型理论的思路如下。

根据宏观经济分析中的恒等式，已知

$$Y = C + I + X - M \tag{9.14}$$

式中，Y 为总收入；C 为总消费；I 为总投资；X 和 M 分别代表出口总值和进口总值。因为 $Y - C = S$（S 为总储蓄），上式移项整理后可得

$$I - S = M - X \tag{9.15}$$

式（9.15）中左边表示投资与储蓄之差；右边表示进口和出口之差。左右两边必须平衡。如果投资大于储蓄，则国内储蓄出现缺口与外汇缺口相等。倘若国内储蓄缺口大于外汇缺口时，就必须压缩投资或增加储蓄；当外汇缺口大于储蓄缺口时，就必须缩减进口或增加出口。否则就会减缓经济的发展速度。成功地引进外资将会得到双重经济效果：一方面，由于工程项目的建成，可以直接地增加出口，又由于成本的降低（规模经济与先进技术等所引起的结果），可以间接地刺激出口；另一方面，由于外资促进经济发展使收入水平提高，从而提高民间的储蓄能力，又增加政府的国库收入，使整个国民经济的总储蓄水平上升。因此，两个缺口的不平衡，使外资引进成为必要。而恰当地引进外资又可以助长出口能力，提高国内储蓄水平，最终使两个缺口的失衡现象自然而然地转向平衡。但是，利用外资也存在相应风险，尤其是在放松或取消管制的情况下。所以，加强对国际资本流动的监控，使之不危害本国经济的发展，已成为发展中国家开放资本市场的关键问题。

第六节　经典案例

国家外汇管理局：2018 年跨境资金流动总体平稳

根据国家外汇管理局数据，2018 年 12 月银行结售汇逆差 71 亿美元，1～12 月累计结售汇逆差 560 亿美元，收窄 50%。2018 年，我国跨境资金流动总体平稳，外汇供求基本平衡。

2018 年我国外汇收支形势主要呈现以下特点：第一，银行结售汇和代客涉外收付款小幅逆差，较 2017 年明显收窄；第二，外汇资金流动保持双向小幅波动，体现了我国外汇市场运行的稳定性；第三，售汇率与 2017 年持平，企业跨境融资相对平稳；第四，结汇率总体上升，市场主体持汇意愿有所减弱；第五，近几个月银行远期结售汇转为顺差，市场预期更加稳定。此外，2018 年人民币汇率在新兴市场货币中表现相对稳健。2018 年，在美元指数上升 4.4% 的背景下，绝大部分非美货币对美元汇率呈下跌态势，新兴市场货币指数跌幅超 10%，人民币对美元汇率中间价贬值 4.8%，对 CFETS（人民币名义有效汇率）一篮子货币小幅下跌 1.7%。

从 2018 年全年情况看，虽然国际环境变化较大、新兴市场动荡增加，但我国外汇市场运行平稳有序。2019 年，我国外汇市场运行将延续总体平稳的发展趋势。2019 年，我国外汇市场平稳运行仍具备坚实的内部基础，美联储加息放缓等外部因素也将提供更多有利条件。

2018 年我国外汇市场平稳运行，主要是在经济、政策、市场三大方面存在稳定的基础，2019 年依然如此。第一，我国经济长期向好的发展态势不会变。第二，我国推动全方位对外开放的进程不会变。2019 年在市场准入、保护知识产权、贸易投资便利化、资本市场开放等方面，我国还会提供更大的支持与便利，这将为境外资本投资国内市场提供坚实的政策基础。第三，我国外汇市场运行机制日臻完善的趋势不会变。当前，人民币汇率双向浮动增强，有利于巩固更加多元、理性的市场预期；跨境资本流动宏观审慎和微观监管相结合，有利于维护外汇市场健康秩序，这将为促进国际收支自主平衡提供良好的市场基础。

2019 年我国外汇管理工作将深化外汇领域改革开放。稳妥有序推进资本项目开放，进一步完善合格境外机构投资者制度，研究准入前国民待遇加负面清单管理制度下的外商投资企业外汇管理框架。扩大外汇市场双向开放，进一步丰富交易工具，拓宽交易主体，建设开放、有竞争力的外汇市场。深化外汇管理"放管服"改革，优化外汇管理服务，促进更高水平的贸易投资自由化便利化，进一步支持自贸试验区、粤港澳大湾区建设，支持海南全面深化改革开放。

与此同时，提升防范化解跨境资金流动风险的能力。健全跨境资本流动"宏观审慎＋微观监管"两位一体的管理框架，市场化逆周期调节外汇市场波动，保持外汇微观监管跨周期的稳定性、一致性和可预期性。加强外汇管理检查执法，严厉打击各类外汇违法违规活动，推进"数字外管"和"安全外管"建设，完善外汇储备经营管理，保障外汇储备安全、流动和保值增值，维护外汇市场良性秩序，保障国家经济金融安全。

（资料来源：人民日报海外版。）

阅读上述材料，请回答：2018 年我国跨境资本流动的特点有哪些？并分析其产生的原因及影响。

【本章小结】

国际资本流动是指资本跨国界的移动过程，即资本从一个国家或地区移动到另一个国家或地区。国际资本流动按照资本周转时间长短，可以分为长期资本流动和短期资本流动，这是最重要的一种分类标准。长期资本流动包括国际直接投资、国际证券投资、国际贷款等类型；短期资本流动可分为贸易性资本流动、金融性资本流动、保值性资本流动与投机性资本流动。国际资本流动对资本流入国与流出国产生积极效应，同时也带来风险。

国际资本流动包括资本的输出和资本的输入两个方面，即涉及资本的供给与需求两方面的问题。发达国家积累了大量过剩资本，促使其必须向海外输出资本，寻找投资机会，形成短期国际资本供给。利率、汇率等因素是促使短期国际资本流动的原因，产生短期资本流动需求。

金融危机是指利率、汇率、资产价格、企业偿债能力、金融机构破产数量等金融指标，全部或者大部分出现恶化，致使正常的投融资活动无法继续的情况。金融危机可以分为货币危机、银行危机、系统性金融危机和外债危机四大类。我国可以从构建虚拟经济风险预警系统、加强对跨境短期资本流动的有效监管、加快人民币汇率形成机制改革等方面来防范金融危机。

克鲁格曼—弗拉德—戈德模型是第一代金融危机模型，它是在商品投机性攻击模型的基础上建立了货币投机性攻击模型。奥伯斯特菲尔德等修正了第一代货币危机模型中过分简化政府行为的做法，提出许多新的货币危机模型，被统称为第二代货币危机模型。克鲁格曼等提出强调道德风险带来的严重后果并将传染效应作为货币危机的关键决定因素的模型称为第三代货币危机模型。

国际资本流动一般模型，又称麦克杜加尔模型，是一种用于解释国际资本流动的动机及其效果的理论，它实际是一种古典经济学理论。国际证券投资理论分为古典国际证券投资理论和现代国际证券投资理论。国际直接投资理论形成了众多的理论派别：垄断优势论、产品生命周期论、国际生产折中论、比较优势理论、市场内部化理论。两缺口模型理论认为发展中国家普遍存在着储蓄缺口和外汇缺口。

【章后习题】

一、重点概念

国际资本流动　国际直接投资　国际证券投资　热钱　资本外逃　金融危机

二、复习思考题

1. 不定项选择题

（1）国际间接投资即国际（　　）投资。

A. 股票　　　　　B. 债券　　　　　C. 证券　　　　　D. 股权

（2）下列属于直接投资的是（　　　）。

A. 美国一家公司拥有一日本企业8%的股权

B. 青岛海尔在海外设立子公司

C. 天津摩托罗拉将在中国进行再投资

D. 麦当劳在中国开连锁店

（3）国际贷款主要形式有（　　　）。

A. 国际金融组织贷款　　　　　　　　B. 出口信贷

C. 政府信贷　　　　　　　　　　　　D. 国际银行贷款

（4）导致本国对外国的负债增加或者本国在外国的资产减少的是（　　　）。

A. 资本流出　　　B. 资本流入　　　C. 资本转移　　　D. 利润再投资

（5）国际游资的特征有（　　　）。

A. 投机性强　　　B. 流动性高　　　C. 透明度低　　　D. 稳定性高

（6）国际资本流动反映在有关国家国际收支平衡表中的（　　　）

A. 金融账户的直接投资　　　　　　　B. 净差错与遗漏

C. 金融账户的单方面转移　　　　　　D. 经常账户的单方面转移

（7）传统的短期国际资本流动方式是（　　　）。

A. 短期证券投资与贷款　　　　　　　B. 保值性资本流动

C. 投机性资本流动　　　　　　　　　D. 贸易资金融通

2. 判断题

（1）国际资本流动，除了反映在资本账户中，还反映在经常账户中。（　　　）

（2）国际游资常常以离岸市场为掩护，逃避法律的约束和监督，使其在总体上缺乏透明度。（　　　）

（3）货币危机发生后的相当长时期内政府要被迫采取一些补救性措施，实行宽松性财政政策和货币政策往往是最普遍的。（　　　）

（4）国际银行贷款已经取代国际债券，成为国际资本市场占统治地位的融资方式。（　　　）

（5）国际资本流动的根本原因是追求利润和规避风险。（　　　）

3. 简答题

（1）简述短期资本流动与长期资本流动的区别。

（2）试分析中长期资本流动对资本流入国和资本流出国的影响。

（3）试述当前国际资本流动发展的新特点。

（4）简述短期国际资本的经济效应。

（5）试述金融危机理论模型的演变，并结合我国经济发展实际，总结从中得到的启示。

第十章

宏观经济内外均衡理论

【学习目标】

- 理解内部均衡与外部均衡的含义及相互关系；
- 掌握丁伯根法则、米德冲突、斯旺图形及蒙代尔政策搭配理论的基本原理；
- 理解不同汇率制度下的宏观经济政策效应；
- 思考当前我国宏观经济政策实践效果。

【章前引例】

"十三五"时期，中国宏观政策体系可以归纳为"三个五"：五大发展理念，即创新、协调、绿色、开放、共享；五大工作任务，即去产能、去库存、去杠杆、降成本、补短板；五大政策支柱，即宏观政策要稳、产业政策要准、微观政策要活、改革政策要实、社会政策要托底。

循着"三个五"的主线，以实现内外均衡为目标，中国政策搭配将体现在四个维度：一是短期和长期的搭配。短期政策践行底线思维，以确保金融体系不发生系统性危机以及实体经济不发生过度"失速"为主要目标；长期政策践行强国思维，坚定不移、循序渐进地打破利益藩篱并推进经济金融改革，以改革红利来抵补人口红利下降对经济发展的拖累。二是供给侧和需求侧的搭配。供给侧结构性改革旨在提振全要素生产率；需求侧刺激性政策旨在以空间换时间，通过"三松"政策搭配给结构调整创造有利条件，即"财政政策减税增支 + 货币政策非 QE 式宽松 + 汇率政策适度渐进贬值"。三是监管和激励的搭配。一方面，果断推进金融监管改革，以中央银行为核心改造监管框架，实现独立货币政策、宏观审慎监管和微观审慎监管的有序协同；另一方面，重建中国经济"减速增质"新常态下的微观激励机制，弱化 GDP 崇拜，引导地方政府和国有企业更加有所作为，推进宏观政策和微观福利的激励相容。四是言和行的搭配。一方面，加强政策前瞻指引的层次性和策略性，针对不同市场群体，采取不同的沟通方式，引导市场形成理性预期，并对投机势力形成威慑效应和"动态不一致效应"；另一方面，加强宏观政策搭配的落地，优化政策细节，加强具体政策的协同效果。

（资料来源：新华网思客。）

第一节　开放条件下的宏观经济均衡

在布雷顿森林体系下，国际货币制度是一种以美元为核心的"双挂钩"的固定汇率制度，各国货币都钉住美元，只有在一国发生根本性失衡时，货币当局才可以对币值作出调整。20世纪五六十年代的宏观经济目标主要集中在内部均衡和外部均衡。内部均衡（Internal Equilibrium）是指一国同时实现经济增长、物价稳定和充分就业。外部均衡（external equilibrium）是指一国实现国际收支平衡。从各国的经济实践来看，通常各国都会把内部均衡置于外部均衡之上，予以优先考量，但是如果一国出现巨大而且旷日持久的国际收支逆差（Balance of Payment Deficit），该国货币当局就会非常重视其外部均衡。最优状态是内部均衡与外部均衡的同时实现，在现实中，内部均衡和外部均衡有时是互相矛盾的。

一、内部均衡

在封闭经济中，宏观政策调控的目标包括经济增长、物价稳定和充分就业，这三个目标囊括了经济合理运行的主要条件。在内部均衡的三个目标中，经济增长属于长期目标，它与充分就业是一致的，而物价稳定则与两者存在一定的矛盾：当经济增长加快时，总需求增加，必导致物价水平上升；而稳定物价的经济政策必然以牺牲一定的总需求为代价，致经济增速放缓。物价稳定与充分就业的矛盾体现在物价上涨率与失业率之间存在此消彼长的替换关系（菲利普斯曲线）。因此，封闭经济中政策调控主要指协调这三者的关系，确定一个合适的均衡点。

二、外部均衡

在开放经济中，一国经济与外界密切相关，除了内部均衡的三个目标之外，宏观政策调控还要保证国际收支平衡，即一国或地区与世界其他国家或地区之间在一定时期内全部经济活动往来的收支基本持平、略有顺差或略有逆差。由于国际收支状况会对物价稳定、经济增长、充分就业产生影响，因此开放经济中，宏观政策的调控变得更为复杂。例如，当一国国际收支顺差时，持续增加的外汇储备存量会引起货币供给增加，进而物价上涨、通货膨胀。而且，长期顺差还将导致国际关系恶化，引起经济摩擦。近年来，我国持续十多年的双顺差对宏观经济产生一定的消极影响。

在开放经济中，货币当局在制定经济政策时，必须重视货币政策、财政政策对国际收支这一重要的宏观经济目标的影响，这是开放经济与封闭经济的区别。因此，一国开放条件下的宏观经济均衡是基于内部平衡和外部平衡基础上实现的总体和全局均衡。

第二节　开放经济的宏观经济政策工具

一、支出变更政策

支出变更政策（Expenditure – changing Policies）又称支出调整政策，包括旨在影响经济中总需求水平的财政政策和货币政策。即是货币当局运用货币政策、财政政策手段，调节消费、投资和政府购买的规模，直接影响总需求规模，进而调节内部均衡，即通常所称的需求管理政策。同时，支出变化通过边际进口倾向影响进口，还可以通过利率来影响资本流动，进而调节外部均衡。

货币政策是指一国中央银行通过改变货币供给影响利率进而影响总需求的政策。它包括扩张性货币政策和紧缩性货币政策。扩张性货币政策指增加货币供给、降低利率，这会引起投资增加、国民收入提高，进而引起进口增加；同时，利率水平的下降还会导致国际短期资本外流。同理，紧缩性货币政策则指减少货币供给、提高利率，这会引起投资减少、国民收入下降、进口减少和国际短期资本流入。

财政政策是指一国政府通过改变政府支出和税收进而影响总需求的政策。它分为扩张性财政政策和紧缩性财政政策。扩张性财政政策是增加政府支出或减少税收的政策，这会通过乘数效应导致国内产出和收入增加，进而引起进口增加。反之，紧缩性财政政策则是减少政府支出或增加税收的政策，这会通过乘数效应导致国内产出和收入水平下降，进口也随之下降。

二、支出转换政策

支出转换政策（Expenditure – switching Policies）旨在改变总需求结构的政策，指通过影响本国贸易品的国际竞争力以改变支出构成，进而改变总需求的结构，使本国收入大于支出。主要包括汇率政策和直接管制政策。

（一）汇率政策

汇率政策属于狭义的支出转换政策，指政府通过改变汇率，可以使支出在国内商品和进口商品之间转换，维持或达到国际收支均衡。例如，当本币升值时，本国商品相对于外国商品变得更贵，这会使支出从本国商品转向外国商品，造成进口增加，出口减少，总需求减少，从而会减少一国国际收支盈余，有利于国际收支顺差国实现外部均衡。但同时它也会减少国内产出，从而导致进口下降，这又会部分抵消汇率下降的结果。反之，当本币贬值时，支出从外国商品转向本国商品，根据马歇尔—勒纳条件，出口增加，进口减少，需求增加，有利于国际收支逆差国实现外部均衡。但同时它也会导致国内产出增加，而产出增加会引起进口上升，从而抵消部分国际收支的改善。

（二）直接管制政策

直接管制政策属于广义的支出转换政策，包括关税政策、进出口配额等贸易管制政策及外汇兑换管制、汇率管制和资本流动管制等金融管制政策。一般来说，直接管制政策作用时间短、见效快，但是会在一定程度上有损市场效率，导致资源配置扭曲，因此，在经济金融全球化的背景下，直接管制政策是不被提倡的一种政策工具。

直接管制政策与汇率政策的不同之处在于：直接管制政策是针对特定的国际收支项目的，而汇率政策是同时作用于所有国际收支项目的普遍性控制政策（General Control Policy）。

第三节　内外均衡冲突与政策搭配

一、丁伯根法则

1969 年第一届诺贝尔经济学奖得主、荷兰经济学家丁伯根（J. Tinbergen）最早提出了将政策目标和政策工具结合在一起的正式模型，并经过推算得出论断，提出了著名的丁伯根法则（Tinbergen's Law）。他明确指出，一国政府要实现一个经济政策目标至少要使用一种有效的政策工具；这意味着要实现 n 个独立的政策目标，至少要使用 n 种独立有效的政策工具。

假定经济体有两个政策目标 T_1 和 T_2，它们的理想状态分别是 T_1^* 和 T_2^*，同时还有两种政策工具 I_1 和 I_2。令政策目标是政策工具的线性函数，则有

$$T_1 = a_1 I_1 + a_2 I_2$$
$$T_2 = b_1 I_1 + b_2 I_2 \tag{10.1}$$

从数学上来看，只要 $a_1/b_1 \neq a_2/b_2$，即两种政策工具线性无关，就可以解出目标最优时对应的 I_1 和 I_2 的水平：

$$I_1 = (b_2 T_1^* - a_2 T_2^*)/(a_1 b_2 - a_2 b_1)$$
$$I_2 = (a_1 T_2^* - b_1 T_1^*)/(a_1 b_2 - a_2 b_1) \tag{10.2}$$

如果 $a_1/b_1 = a_2/b_2$，即两种政策工具线性相关，则意味着货币当局只有一种独立政策工具，无法实现两个不同的政策目标。

丁伯根法则对于开放经济具有深远的政策意义：只运用单一的政策工具想要实现内外均衡的统一是不可能的，必须找到新的政策工具加以配合才能实现全局的均衡。这种"运用 n 种独立工具的配合来实现 n 个独立政策目标的思想"，被多国货币当局进行宏观经济调控践行。但是需要注意的是，丁伯根法则也存在明显的局限性：一是假定各种政策工具可以被决策者集中控制，从而通过各种政策工具的配合来实现政策目标；二是没有明确指出每种政策工具有无必要在决策中侧重于某一政策目标的实现。这两个特点或与实际情况不符，或不能满足实际调控的需要。20 世纪 60 年代，美国经济学家罗伯特·蒙代尔提出了关于政策指派的有效市场分类原则，在一定程度上弥补了这一缺陷。

【知识链接 10-1】

罗伯特·蒙代尔（Robert A. Mundell），美国哥伦比亚大学（Columbia University）教授、世界经理人集团（World Executive Group）和世界品牌实验室（World Brand Lab）主席、1999 年诺贝尔经济学奖获得者、"最优货币区理论"的奠基人，是货币政策和财政政策相结合理论的开拓者。他的研究涵盖了贸易理论、国际宏观经济学、货币理论等多个领域，被誉为欧元之父。著名的蒙代尔—弗莱明模型在西方文献中被誉为开放经济下宏观分析中不可或缺的工具（Workhorse）。

二、米德冲突

英国经济学家詹姆斯·E. 米德（James E. Meade）与瑞典经济学家俄林（Bertil Ohlin）由于对国际贸易和国际资本流动理论所进行的开创性研究，共同获得 1977 年诺贝尔经济学奖。米德于 1951 年在其著作《国际收支》中首次提出了固定汇率制下宏观经济目标内外均衡的冲突问题。

米德用了 A 国、B 国的例子来解释内外均衡的矛盾问题：当 A 国发生国内支出的自发性收缩时，会对 A 国和 B 国都产生紧缩性影响，并使得国际收支变得有利于 A 国而不利于 B 国。在这种情况下，A 国需要使国内支出出现政策性膨胀，一方面阻止国内的萧条，另一方面抑制国内对进口商品需求的下降，从而有利于 A 国贸易差额的变动。就 A 国而言，这里并不存在内外平衡的矛盾。但如果 A 国听任贸易差额朝有利于自己的方向变化，B 国就将面临严重的政策冲突：为了实现内部平衡，B 国必须使国内支出发生政策性膨胀；为了实现外部平衡，B 国却需要使国内支出发生政策性紧缩，以在 A 国对 B 国出口商品需求发生下降的情况下限制 B 国对进口商品的需求。稳定国民收入的膨胀性政策将使国际收支失衡加剧，而恢复国际收支平衡的紧缩性政策又会加剧国民收入的萎缩。

米德认为，在固定汇率制下，政府无法运用汇率政策手段调控国内外需求，只能运用影响国内总需求的政策手段来平衡内外收支，因此，宏观调控难以内外均衡兼顾，产生内外均衡的冲突。表 10 - 1 列举了固定汇率制度下一国所面临的内外经济状态的组合。

表 10 - 1　　　　　固定汇率制度下内部均衡与外部均衡的一致与矛盾

组合	内部经济状况	外部经济状况	内外均衡关系
1	通货膨胀	国际收支逆差	一致
2	经济衰退/失业增加	国际收支顺差	一致
3	经济衰退/失业增加	国际收支逆差	冲突
4	通货膨胀	国际收支顺差	冲突

在第 1 种组合下，要实现内部均衡，应采取减少总需求的政策，这会通过边际进口倾向的作用使进口减少，在出口不变的情况下使经常账户顺差增加，从而改变原有的国际收支逆差状况，使其趋于均衡。在第 2 种组合下，要实现内部均衡，应采取增加总需求的政策，这会通过边际进口倾向的作用使进口增加，在出口不变的情况下使经常账户逆差增加，从而改变原有的国际收支顺差状况，使其趋于均衡。因此，这两种组合属于内外均衡的一致，即政府追求内部（或外部）均衡时对总需求的调控措施同时对外部（或内部）均衡产生了积极的影响。

在第 3 种组合下，要实现内部均衡，应采取增加总需求的政策，这会通过边际进口倾向的作用使进口增加，在出口不变的情况下使经常账户逆差增加，从而使原有的国际收支逆差状况进一步恶化，使其距离均衡目标越来越远。在第 4 种组合下，要实现内部均衡，应采取减少总需求的政策，这会通过边际进口倾向的作用使进口减少，在出口不变的情况下使经常账户顺差增加，从而使原有的国际收支顺差状况进一步恶化，使其距离均衡目标越来越远。因此，后两种属于内外均衡的冲突，即米德冲突。

内外均衡冲突的根源在于经济的开放性。对于一个开放经济体而言，既要在经济运行中保持自身的相对稳定，避免通货膨胀、高失业及经济衰退等现象，又要防范由于经济的开放性导致的资源在国家间的自由流动而产生的经济失衡问题。因此，内外均衡的目标实际上就是开放经济的内在稳定性和合理开放性之间的平衡。而一般情况下，内在稳定性和合理开放性所要求的政策工具的调整方向是相反的，实现某一均衡势必会导致另一均衡的恶化，这就形成了内外均衡的冲突。

米德分析的局限在于固定汇率制，而且也没有考虑资本流动对内外均衡的影响。自 20 世纪 70 年代以来，随着浮动汇率制的出现，内外均衡的关系更为复杂。一方面，汇率的自由浮动以及资本的自由流动可以自发地调节国际收支；但另一方面，国际收支的失衡也会引起汇率的频繁波动和资本的大规模流动，这使得各国的经济政策受到更多制约，内外均衡之间的相互冲突更加深刻。

三、斯旺图形

澳大利亚经济学家斯旺（Swan）以国内总支出和汇率水平构造了内外均衡研究的二维分析框架，直观地再现了开放经济体的宏观经济状态，这就是著名的斯旺图形（见图 10 – 1）。

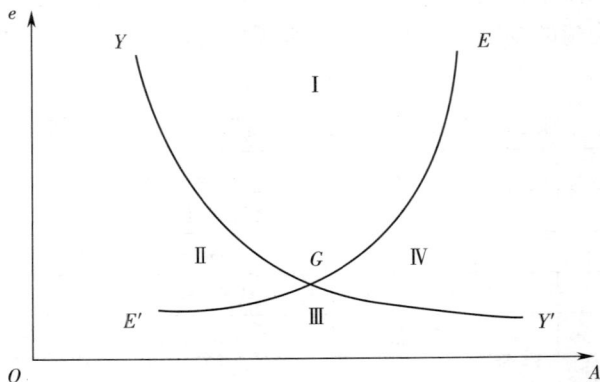

图 10 – 1　斯旺图形

图 10 – 1 中横轴代表国内总支出 A，纵轴代表汇率 e（直接标价法），YY' 曲线是代表充分就业和物价稳定的内部均衡曲线，EE' 曲线为代表国际收支平衡的外部均衡曲线。斯旺研究的是没有资本流动的内外均衡问题，所以假定外部均衡就是指经常账户平衡。YY' 曲线向右下方倾斜，意为当国内支出增加时，为维持内部均衡必须尽量将国内外支出向本国商品转移，从而增加出口减少进口，导致汇率下跌（本币升值）。YY' 曲线右边任意一点，代表既定汇率水平下，国内支出高于维持内部均衡所需水平，即有效需求超过有效供给，经济处于通货膨胀状态；YY' 曲线左边任意一点则表示存在失业。EE' 曲线向右上方倾斜，意为因为总支出带动总收入提高引起进口扩大，为了维持经常账户平衡，汇率必须上升（本币贬值）以达到增加出口减少进口的目的。EE' 曲线左边代表既定支出水平下，本币过度贬值，结果造成经常

账户顺差；EE' 曲线右边则代表经常账户逆差。于是，两条曲线将开放经济的宏观经济状态划分为四个区域，包括米德曾讨论过的所有可能的内外经济状况组合（见表 10–2）。整个经济体只有在 YY' 与 EE' 的交点 G 处，同时实现内外均衡目标。

表 10–2 斯旺图形中的经济失衡状态

区域	内部经济状态	外部经济状态
I	通货膨胀	顺差
II	失业	顺差
III	失业	逆差
IV	通货膨胀	逆差
线段 YG	平衡	顺差
线段 GY'	平衡	逆差
线段 EG	通货膨胀	平衡
线段 GE'	失业	平衡

根据丁伯根法则，即使经济同时处于内外失衡的状态，只要能够恰当地运用两种政策工具——转移支出的汇率政策和支出调整政策，应该可以同时实现内外均衡的目标。斯旺注意到，汇率政策和支出调整政策的调节对象不同，影响经济的内在机制存在差异，而且在交叉作用于某些经济领域时发挥效力的时间和力度区别很大，产生的负面效应也不一样。所以他认为，两种政策工具应当合理搭配，而搭配的关键在于鉴别政策效力，应该按照效力最大、代价最小的原则来分配政策工具的作用目标。具体地，就是要根据内部均衡曲线和外部均衡曲线的相对位置来决定汇率政策与支出调整政策的搭配方式。

图 10–2 中的 YY' 曲线相对于 EE' 曲线更加陡峭，说明等量汇率变动条件下，维持外部均衡比维持内部均衡需要改变更多数量的国内总支出，即汇率政策对外部均衡的影响力相对更大，而支出调整政策对内部均衡影响更大。因此，应该以汇率政策追求外部均衡目标，以支出调整政策追求内部均衡目标。如果反向操作，则会距离内外同时均衡的目标越来越远，造成经济体系的不稳定。假定经济的初始状态点

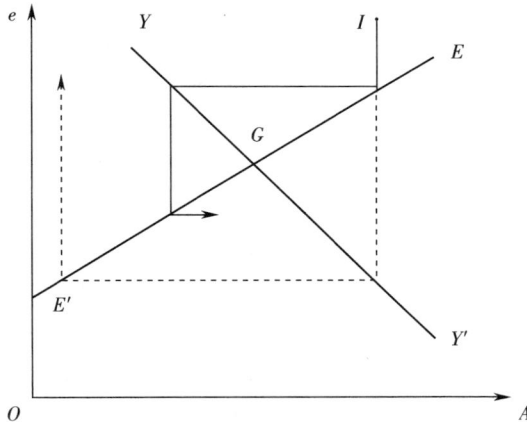

图 10–2 政策搭配的斯旺模型 I

I——通货膨胀与国际收支顺差并存，根据汇率政策实现外部均衡、支出调整政策实现内部均衡的搭配原则，开放经济将沿着实线箭头方向运动，逐渐向 *G* 点收敛，并最终实现内外经济同时均衡的目标。如果以汇率政策实现内部均衡、支出调整政策实现外部均衡，开放经济将沿着虚线箭头方向加快远离 *G* 点，导致更加严重的内部失衡和外部失衡。

图 10-3 中的 *YY'* 曲线相对于 *EE'* 曲线更加平坦，说明等汇率变动条件下，维持内部均衡比维持外部均衡需要改变更多数量的国内总支出。即以汇率政策追求内部均衡目标相对更加有效，以支出调整政策追求外部均衡目标相对更有效。假定经济的初始状态点 *I*——通货膨胀与国际收支逆差并存，根据汇率政策实现内部均衡、支出调整政策实现外部均衡的搭配原则，开放经济将沿着实线箭头方向运动，逐渐向 *G* 点收敛，并最终实现内外经济同时均衡的目标。如果以汇率政策实现外部均衡、支出调整政策实现内部均衡，则开放经济沿着虚线箭头方向加快远离 *G* 点，导致更加严重的内部失衡和外部失衡，造成经济体系的不稳定。

斯旺模型从理论上阐明了政策搭配的优越性及其基本原则，具有较高的理论价值。不过，斯旺对于内外均衡的研究还是存在明显的不足：不考虑资本流动对汇率和国内总支出的影响，使政策建议的合理性受到一定质疑；仍然无法解决固定汇率制下或者可调整固定汇率制下因汇率政策失效或效力较弱而出现的米德冲突问题；通常情况下，决策当局很难准确知道内部均衡线与外部均衡线的相对位置，使得确定政策搭配原则的可行性不理想。

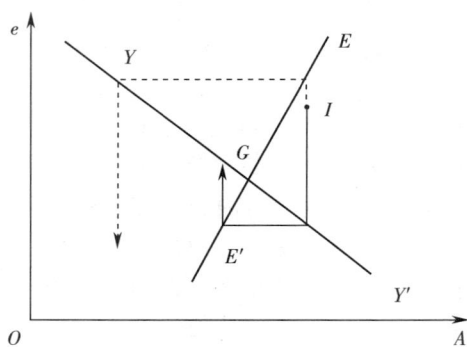

图 10-3　政策搭配的斯旺模型 II

四、蒙代尔政策搭配理论

20 世纪 60 年代，美国经济学家罗伯特·蒙代尔（Robert A. Mundell）在前人的基础上提出有效市场分类原则，将内外均衡研究推向新的高度。他敏锐地观察到，尽管同属于需求管理的政策工具，但财政政策与货币政策不仅掌握在不同的决策者手中，而且在调控对象和作用机制上也不尽相同。财政政策由财政部门掌握，通过调整财政收支影响总需求；而货币政策由中央银行掌握，通过调整信贷收支来影响总需求。更重要的是，方向相同的财政政策和货币政策对于利率这一重要宏观经济因素的影响存在严重分歧。同时，在考虑了资本流动因素的内外均衡模型中，同属于支出调整政策的财政手段与货币手段，虽然对内部均衡的名义收入有相似的作用，但对于外部均衡的国际收支的影响却截然相反：一个有利于资本输出，一个有利于资本输入。于是，蒙代尔将原有的支出调整政策分裂为财政政策和货币政策两个独立的政策工具。这样一来，即使在固定汇率制度下无法使用汇率政策时，政策当局仍然可以通过财政政策和货币政策的合理搭配，争取同时实现内外均衡目标。

在蒙代尔的分析框架中（见图 10 – 4），横轴 BS 表示预算盈余金额，代表财政政策；纵轴 i 表示利率水平，代表货币政策。沿预算盈余轴向右延伸，表示盈余增加、政府支出减少，代表紧缩性财政政策，向左代表扩张性财政政策。沿利率轴向上，表示利率提高，代表紧缩性货币政策，向下代表扩张性货币政策。IB 为内部均衡曲线，线上任意一点代表国内经济处于均衡状态。IB 曲线左边的经济状态为通货膨胀，右边为衰退和失业。EB 为外部均衡曲线，由于考虑了资本流动因素，所以这里的外部均衡被视为国际收支基本差额的平衡。EB 曲线上方的经济状态为国际收支顺差，下方的经济状态为国际收支逆差。如果政府实行扩张性财政政策，减少预算盈余，则投资需求、进口都会相应增加，只有提高利率水平，遏制投资并吸引资本流入，才能维持内部和外部均衡，因此 IB 曲线和 EB 曲线都向右下方倾斜。IB 曲线比 EB 曲线更加陡峭，是因为蒙代尔假设政府支出对国民收入、就业等国内经济变量的影响相对更大，而利率对国际收支的影响相对更大。

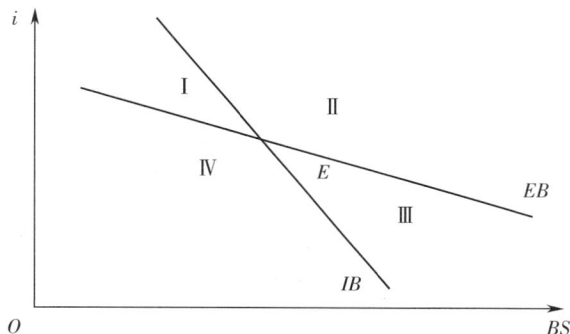

图 10 – 4　蒙代尔市场分类模型

运用蒙代尔市场分类模型，可以直观地比较财政政策和货币政策在实现内部或外部均衡目标时的相对效力。

（1）以财政政策实现外部均衡，货币政策实现内部均衡（见图 10 – 5）。图 10 – 5 中，MP 代表货币政策，FP 代表财政政策，" + "代表扩张性政策，" – "代表紧缩性政策。不难发现，在失衡区域 Ⅱ 和 Ⅳ，适当的财政政策与货币政策，有可能使经济恢复内外均衡；但是在失衡区域 Ⅰ 和 Ⅲ，以此原则搭配的财政政策与货币政策，只会使经济越来越远离内外同时均衡目标，造成经济体系的不稳定。

（2）以财政政策实现内部均衡，货币政策实现外部均衡（见图 10 – 6）。显然，只要遵循这一原则，依据具体的经济失衡情况采取适当的财政政策与货币政策，终归可以使经济朝着内外同时均衡点收敛。表 10 – 3 明确列出了蒙代尔政策搭配理论的具体内容。

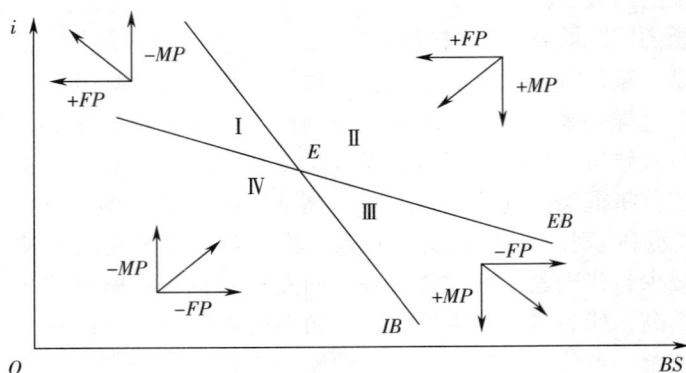

图 10 - 5   财政政策对外、货币政策对内的政策搭配

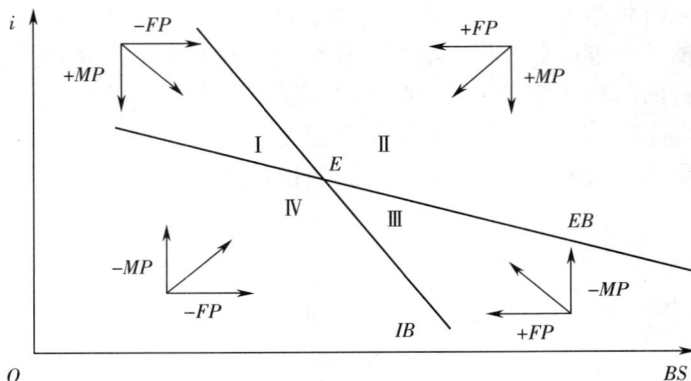

图 10 - 6   财政政策对内、货币政策对外的政策搭配

根据比较优势原理，当一项政策目标可以通过多种政策工具来实现时，考虑到不同的政策作用机制，每种政策工具应当用于最具影响力的政策目标之上。这就是蒙代尔的有效市场分类原则。财政政策主要通过支出带动收入水平调整，进而影响经常项目收支和国际收支，而货币政策除了类似功能以外，还可以通过利率水平的改变影响资本项目收支和国际收支，所以货币政策调节国际收支的效力超过财政政策。因此，以财政政策实现内部均衡、货币政策实现外部均衡的做法，恰好符合有效市场分类原则。图 10 - 7 为有效市场分类原则的合理性提供了直观的证明。

表 10 - 3   经济失衡状态下的财政政策与货币政策配合

区域	经济失衡状态	最佳政策搭配方式
I	通货膨胀 + 国际收支顺差	紧缩性财政政策 + 扩张性货币政策
II	失业 + 国际收支顺差	扩张性财政政策 + 扩张性货币政策
III	失业 + 国际收支逆差	扩张性财政政策 + 紧缩性货币政策
IV	通货膨胀 + 国际收支逆差	紧缩性财政政策 + 紧缩性货币政策

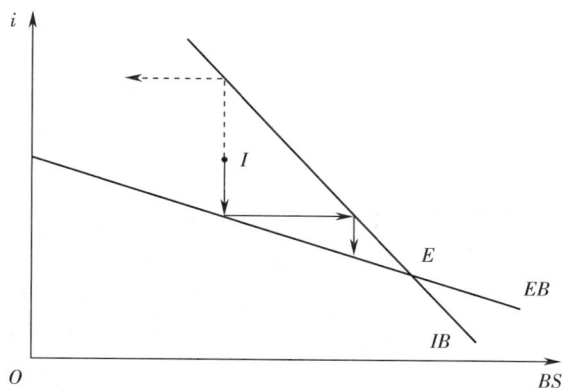

图 10 – 7　有效市场分类原则

根据有效市场分类原则，蒙代尔明确提出了为特定政策工具指派特定政策目标的问题，这为开放经济的宏观经济政策调控开辟了新的思路。他主张为每个工具合理指派政策目标，并在目标偏离其最优轨迹时，按照"以货币政策实现外部均衡目标，财政政策实现内部均衡目标"的规则进行调控。因此，不仅一举解决了固定汇率制度下因政策工具不足而产生的米德冲突问题，而且即便财政政策与货币政策相互独立，分散决策，仍然可以做到政策间的合理搭配与协调。

第四节　固定汇率制下的宏观经济政策效应

本节和下节内容将重点介绍蒙代尔—弗莱明模型（IS – LM – BP 模型），这也是蒙代尔获得 1999 年诺贝尔经济学奖的重大学术成就之一。蒙代尔—弗莱明模型既是分析开放经济偏离均衡时政策搭配的工具，又是分析不同政策手段调节效果的工具。蒙代尔—弗莱明模型奠定了开放经济条件下的宏观政策分析的基本框架，最优货币区理论则推动了欧元区的建立。

一、开放小国模型

跨国资本流动除了货币资金的转移外，更多的是指跨越国界的金融资产流动。在分散化投资的视线扩大到全球范围以后，潜在市场主体就可以在充分衡量各国可替代金融资产及其发行主体风险的基础上寻求最优回报。但能否实现国与国之间金融资产的自由转移，则很大程度上依赖于相关国家的资本流动程度，或从另一个角度讲，依赖于相关国家金融市场发育程度和资本管制程度。如果预期回报足够高，同时流动障碍比较少，那么跨国资本流动就可能大量存在，说明 BP 曲线的利率弹性较高。如果限制本国居民持有和交易以外币计价的资产，资本管制就会阻碍跨国资本流动，使得 BP 曲线的利率弹性偏低。由此可见，资本项目是否放开、金融市场的开放程度，以及特定时期的宏观经济政策选择等，都可能影响到一国的资本流动程度。

【知识链接 10-2】

经济学意义上的小国是指经济体的生产能力相对较小，于是该国实际收入和名义利率变化对其他国家的影响可以忽略不计。换言之，对开放小国来说，国外的收入和利率水平是给定的。

图 10-8 由（a）到（d）依次展示了资本完全不流动、流动性较低、流动性较高到资本完全流动情形下的 BP 曲线。不难看出，当资本流动程度较低时，BP 曲线相对陡峭，提高名义利率诱导外国资本流入进而提高外部均衡目标下国内产出水平的效果比较差。相反，当资本流动的限制较小时，BP 曲线相对平坦，同等幅度的名义利率提高可以引致更大规模的资本流入，从而实现较为理想的产出效应。如果严格的资本管制彻底阻碍了跨国资本流动，则 BP 曲线的利率弹性为零，无论国内名义利率水平如何变动，也不改变外部均衡对应的产出水平。而当一国资本完全流动时，BP 曲线具有完全利率弹性，意味着名义利率的任何细微变动都将导致无限的跨国资本流动，直至国内外利率水平重新相等为止，即无抛补的利率平价条件成立。

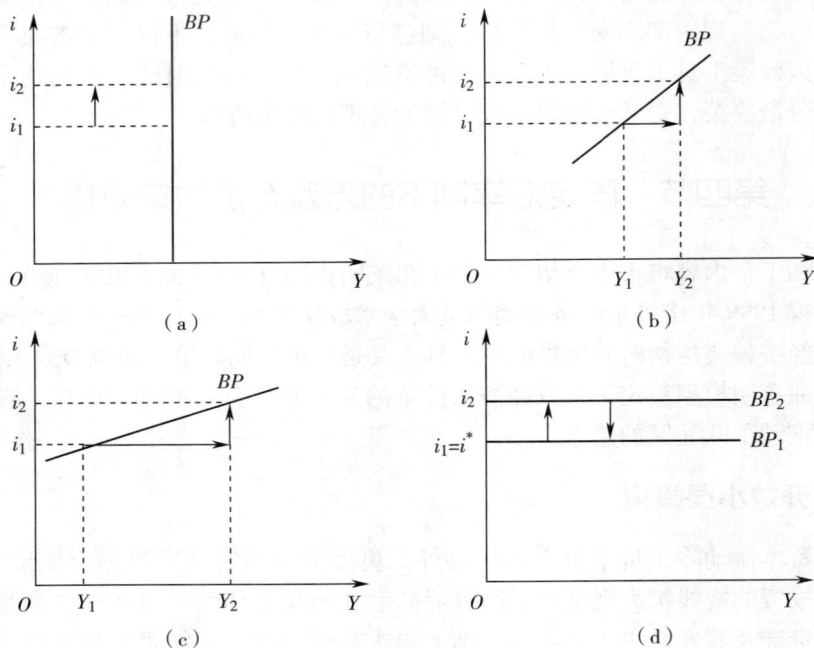

图 10-8　资本流动性与 BP 曲线的斜率

在固定汇率制度条件下，一国政府可供选择的宏观经济政策工具主要集中在货币政策和财政政策上。下面我们将分别考察固定汇率制、不同资本流动程度下，单一使用货币政策、单一使用财政政策以及组合使用货币政策、财政政策的宏观经济效应。

（一）资本不完全流动下的货币政策效应

假定一国经济的初始状态为产品市场、货币市场和外汇市场的一般均衡点 A，但 A 点的产出水平 Y_0 低于充分就业的产出水平 Y_f（见图 10－9）。政府欲追求严格意义上的内外均衡目标，就必须提高国内产出至充分就业水平，同时又维持国际收支平衡。如果选择货币政策工具，则应考虑实施扩张性货币政策推动 LM 曲线向右移动至 LM'，从而在新的内部均衡点 B 点实现充分就业的产出水平，但同时出现国际收支逆差。这时本币会面临贬值压力，由于采取固定汇率制度，所以货币当局必须进入外汇市场吸纳本币、抛售外汇以保持本币汇率水平，引起本国外汇储备下降。

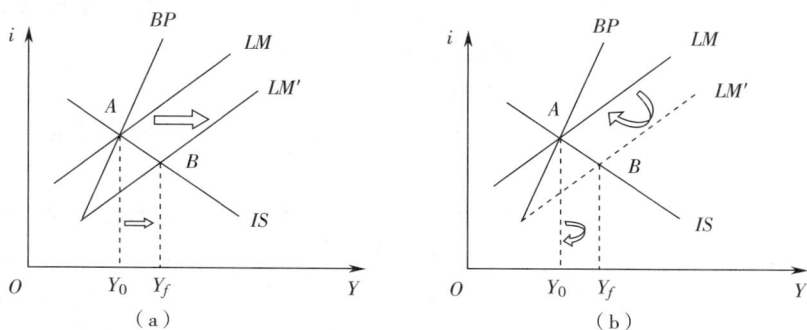

图 10－9　固定汇率制和资本不完全流动下扩张性货币政策

由中央银行的资产负债表可知，外汇占款的变动会直接左右国内基础货币的投放量，改变货币供给，从而严重影响国内宏观经济运行。为避免这种不利影响，许多货币当局会在干预外汇市场的同时采取冲销政策。于是，内部均衡点将继续在 B 点，但国际收支逆差也将持续下去［见图 10－9（a）］。

然而，现实生活中没有哪个国家可以长时期抛售外汇来维持本币的固定汇率。最终，要么停止冲销政策，允许国内货币供给减少从而放弃充分就业的产出目标，要么放弃外汇市场干预，允许本币贬值。所以，实行固定汇率制度的发展中国家易受到投机性货币投机冲击。因为货币投机者笃定中央银行没有办法持久维系固定汇率制度，从而在外汇市场上大量沽空这些国家的货币，以期从货币贬值中牟取暴利。如果既要防范此类危机，又不希望放弃固定汇率制度，就必须尽可能地扩大本国的外汇储备规模，给予国际货币投机者以充分的心理震慑力；与此同时，还应尽量通过与友好国家签订危机情形下的货币互换安排来提高应对投机冲击的能力。

若货币当局在干预外汇市场的同时并不采取冲销政策，则外汇储备的流失必然减少本国基础货币的投放量，使货币供给随之紧缩，迫使 LM' 回移到 LM 的位置［见图 10－9（b）］。由此可以证明，在固定汇率制和资本不完全流动的条件下，通过非冲销的货币扩张或紧缩来影响国内产出水平和国际收支差额完全是无效的政策行为。

【案例 10－1】

中国人民银行 2019 年 1 月 31 日发布公告称，为了维护银行体系流动性合理充裕，以利率招标方式开展了 500 亿元逆回购操作，期限为 14 天，中标利率为 2.7%。在整个 1 月，人民银行通过公开市场逆回购、降准以及 TMLF 等操作保证了春节前市场流动性合理充裕。

2019 年货币政策着力点将通过精准投放流动性、推进银行补充资本以及推进利率市场化等方式来打破银行信贷投放束缚，引导银行主动加大对实体经济的支持力度，疏通货币政策传导机制，而货币政策"大水漫灌"、近期 QE（量化宽松）的可能性不大。

2019 年人民银行工作会议提出，稳健的货币政策保持松紧适度。进一步强化逆周期调节，保持流动性合理充裕和市场利率水平合理稳定。加强政策沟通协调，平衡好总量指标和结构指标，切实疏通货币政策传导机制。

当前，中国金融体系的特点是以银行为主体，人民银行目前疏通货币政策传导机制的着力点也是银行体系，即打破相关束缚，鼓励银行主动加大对实体经济的支持力度。人民银行进行精准流动性投放实际上正是破解银行信贷供给面临的流动性约束。而目前人民银行除了从流动性方面来改善货币政策传导机制之外，也在缓解银行资本约束和利率约束方面，推进相关政策。

2019 年 1 月 24 日，人民银行公告创设央行票据互换工具（Central Bank Bills Swap，CBS），公开市场业务一级交易商可以使用持有的合格银行发行的永续债从中国人民银行换入央行票据。1 月 25 日，中国银行发行 2019 年第一期无固定期限资本债券，标志着我国首单商业银行永续债正式落地。中国银行永续债票面利率为 4.50%，较预期利率稍低。

另外，利率传导不畅也对银行信贷需求形成约束。在利率传导方面，利率"双轨制"合并的进程也在逐渐推进。2019 年人民银行工作会议提出要稳妥推进利率"两轨并一轨"，完善市场化的利率形成、调控和传导机制。目前存贷款利率上下限已放开，但人民银行仍公布存贷款基准利率，存在基准利率与市场利率并存的利率"两轨"，这实际上对市场化的利率调控和传导形成一定阻碍。人民银行将进一步推进利率市场化改革，推动利率逐步"两轨合一轨"。对金融体系而言，利率市场化是相对的。虽然在将来可能逐步加大利率定价的弹性和浮动范围，但人民银行并不会完全放弃对利率的管理。

（资料来源：中国经济网。）

（二）资本不完全流动条件下的财政政策效应

若政府欲以扩张性财政政策追求充分就业产出水平，则当 *IS* 曲线右移至 *IS'* 时，新的均衡点 *B* 点代表了内部均衡但外部不均衡的经济状态。由图 10 - 10 可知，在 *BP* 曲线较 *LM* 曲线更加陡峭时，会出现国际收支顺差。于是，为维持固定汇率水平，货币当局将进入外汇市场进行干预：若本币有贬值压力，中央银行就抛售外汇吸纳本币，外汇储备下降；若本币面临升值压力，则买入外汇卖出本币，外汇储备将增加。

在这种情况下，如果中央银行不采取冲销性货币政策，则不难推论——外汇储备的变动导致国内货币供给紧缩或是扩张，从而迫使 *LM* 曲线向 *LM'* 移动，均衡点

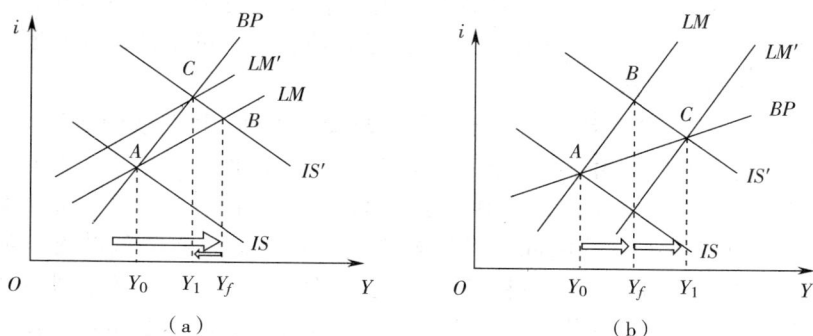

图 10−10 固定汇率制和资本不完全流动条件下扩张性财政政策

也随之由 B 点变为 C 点。显然，在图 10−10（a）中，以充分就业产出为目标的财政扩张尽管未能实现政策初衷，但由于 BP 曲线具有一定的利率弹性，虽然货币量减少使 LM 曲线左移，利率上升却也会吸引部分外汇资金流入，国内产出水平还是有所增加，只不过由此实现的 Y_1 会低于目标 Y_f，国内仍存在失业。在图 10−10（b）中，货币供给因外汇储备增加而扩张，使 LM 曲线右移，推动国内产出水平在 Y_f 基础上进一步增加至 Y_1，从而造成通货膨胀。

若中央银行采取冲销的货币政策以抵消外汇储备变动对本国经济的不利影响，那么该经济体内部均衡点就将维持在与充分就业产出水平相对应的 B 点，而国际收支失衡也将持续下去。从现实情况来看，持续的外汇储备增加和国际收支顺差也属于外部失衡状态。

（三）资本不完全流动条件下的财政政策和货币政策搭配

如图 10−11 所示，如果 BP 曲线的斜率大于 LM［见图 10−11（a）］，换言之，如果跨国资本移动的利率弹性相对于国内资金的利率弹性较小，可以考虑以扩张性财政政策与紧缩性货币政策搭配实现充分就业的内外均衡；如果 BP 的斜率小于 LM［见图 10−11（b）］，即跨国资本移动的利率弹性大于国内资金利率弹性，则可以考虑双松政策搭配。

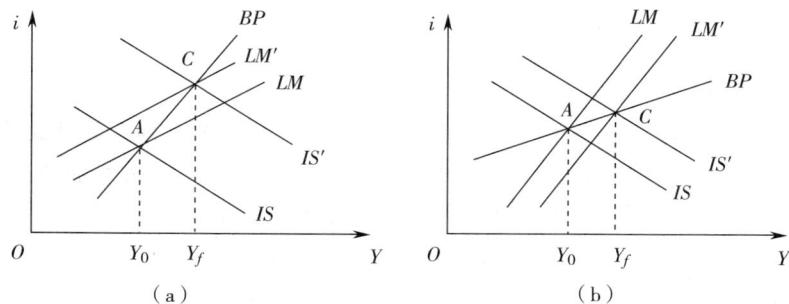

图 10−11 固定汇率制和资本不完全流动条件下的财政政策和货币政策搭配

（四）资本完全流动下的开放小国模型

如果一国货币资金和金融资产的跨国界流动与其国内流动同样容易，就可以认为该国存在完全资本流动，从而 BP 曲线平行于横轴。由于考察的是开放小国，所以国外的收入和利率水平是给定的。又因为无抛补利率平价条件成立，所以本国名义利率就等于国外利率水平。

根据图 10 - 12 (a)，若采用扩张性货币政策，推动 LM 曲线向右移至 LM'，在 B 点实现充分就业产出。由于名义利率 i_2 降至国外利率水平 i^* 之下，引起大规模资本流出，导致国际收支逆差，为此中央银行将出售外汇储备。于是，如果实施冲销政策，则 B 点可以维持一段时间，经济处于内部均衡但外部失衡状态；如果不冲销，则 LM' 终将回归 LM，使国内利率重新回到国外利率水平，并恢复外部均衡但国内产出低于充分就业水平的状态。由此可见，资本完全流动的固定汇率制下，针对产出调整的中央银行货币政策失效。

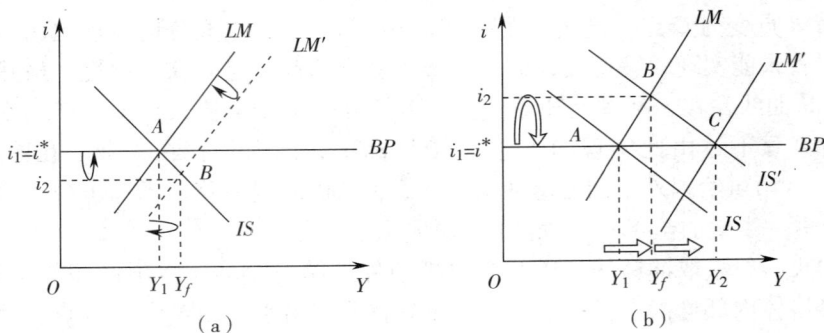

图 10 - 12　固定汇率制和资本完全流动下的开放小国模型

相比之下，当资本完全流动时，可以最大限度地发挥财政政策的产出效应。由图 10 - 12 (b) 可知，当扩张性财政政策将 IS 曲线推向 IS' 时，在 B 点实现充分就业产出。由于这时名义利率 i_2 高于国外利率水平 i^*，引起大规模资本流入，导致国际收支顺差，于是中央银行的外汇储备快速增加。如果持续冲销，经济均衡点维持在 B 点，经济处于内部均衡但外部失衡状态；如果不冲销，则货币供给增加使 LM 向右推进至 LM'，使国内利率重新回到国外利率水平，在恢复外部均衡的同时使产出水平继续提高，甚至引起通货膨胀。

【实训 10 - 1】

蒙代尔的国际宏观理论的首要背景就是开放经济，虽然其具体结论需要调整，但开放的视野是我们需要坚持的。中国（上海）自贸区可以视为全球在金融危机之后，国际经济金融结构重构过程中，中国融入全球经济体系的深化。自贸区的建立，将打开我国的港口贸易、航空枢纽以及离岸金融等领域的创新成长空间。中国（上海）自贸区应该是功能综合性的。目前，世界上各种自贸区的功能正由单一性转向综合性，在区内不仅原材料、零部件甚至成品都可以自由进出，同时转口贸易、仓储、加工、商贸展销、金融服务等各种深化服务都渐渐汇集，功能完备化后的自贸区运行效率也大大提高。当前，世界上已有1200多个大大小小的自由贸易区。这些自贸区按照功能定位可分为多种类型，第一种是以中国香港、新加坡为代表的零关税自由港型，对进口商品、当地消费和转口输出都不征收关税；第二种是转口集散型，主要利用区位优势进行港口装卸、货物储运、货物商业性加工和货物转运等业务，典型代表是德国汉堡和西班牙巴塞罗那；第三种是以菲律宾马里莱斯为代表的贸工型，集加工贸易与转口贸易于一身；第四种如我国台湾地区的出口加工型自贸区，以出口加工为主；第五种是保税仓库型，可不办理进口手续就连续长时间处于保税状态，以意大利罗马的免税仓库为代表。

请回答：运用蒙代尔模型，分析中国（上海）自贸区应采取的经济政策。

【解析】 中国（上海）自贸区可以视为蒙代尔模型中的"小型开放经济体"。

二、两国模型

在现实世界中，有些国家关键性经济指标的变动可能影响到其他国家宏观经济运行结果，比如美国、欧盟各国、日本等。这些国家显然已经不再符合开放小国的假设，需要引入考察开放经济相互依存性的两国模型：我们假定整个世界由经济规模大体相当的两个国家组成，两国间的商品、服务和金融资产交易没有障碍，所以任何一国的经济运行状况或政策行为都会对另一国产生溢出效应。固定汇率制下，金融资源跨越国界自由流动，意味着无抛补利率平价条件成立，所以本国均衡利率水平必然等于外国均衡利率。与开放小国情形相比，两国的货币政策和财政政策都会对本国名义利率产生影响，但资本完全自由流动最终驱使两国利率走向一致。以下分别考察两国财政政策、货币政策作用机制。

（一）外国扩张性货币政策的影响

图 10-13 描述了固定汇率制下外国增加流通中货币数量的政策效应。由图10-13（b）可知，外国货币扩张引起 LM^* 右移，导致外国均衡利率 i^* 下降，引起大规模外国资本流入本国，造成外国国际收支逆差（均衡点 B）和本国国际收支顺差。为避免本币汇率变动，本国中央银行不得不在外汇市场购买外国资产，若不采取冲销性政策，则导致本国货币供给增加，推动 LM 曲线右移，在点 B 达到新的 $IS-LM$ 均衡。与此同时，外国实际收入的增加导致外国进口支出，也即本国出口增加，所以 IS 曲线同样右移，产生了均衡点 C。同理，本国实际收入的上升也会推动外国的

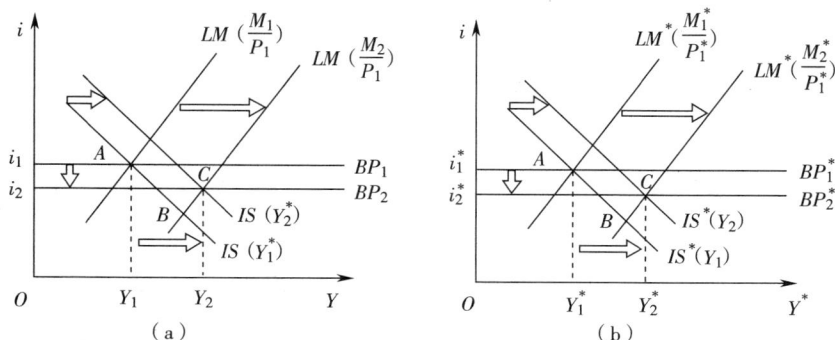

图 10-13　固定汇率制的两国模型：外国扩张性货币政策

321

IS^* 曲线右移，产生均衡点 C。当两国都实现均衡点 C 时，名义利率降低到相同水平，使两国国际收支重新恢复平衡。

由于本国中央银行需要维持固定汇率，所以外国的货币扩张相应引起了本国货币扩张。假定两国的价格水平不变，结果必然是两国的名义利率下降而实际收入增加。这表明外国的扩张性货币政策产生了输出效应。在这种情况下，当本国中央银行将本国货币相对于某种外国货币的汇率固定下来时，就会在外国货币扩张引起外国收入增加的同时提高本国收入。

【知识链接 10 – 3】

输出效应是指一国收入增加能够潜在刺激另一国收入的增加，属于正溢出效应。

（二）外国扩张性财政政策的影响

固定汇率制的两国模型中，当外国采取扩张性财政政策时［见图 10 – 14（b）］，首先推动 IS^*（G_1^*，Y_1）右移至 IS^*（G_2^*，Y_1），沿 LM^* 达到新的均衡点 B 点，使外国产出水平和利率水平上升，并出现国际收支顺差。在资本完全流动的条件下，新的均衡外国利率必然导致大规模金融资产从本国流向外国，使本币面临贬值压力。

为了维持本币相对于外币的固定汇率，本国中央银行必须动用外汇储备干预市场，引起本国流通中货币数量减少。若不采取冲销政策，则货币供给紧缩使本国 LM 曲线向左移动［见图 10 – 14（a）］，提高利率水平，限制投资支出，于 B 点实现新的均衡。与此同时，外国收入水平的提高将促进外国进口增加，即本国出口增加，进而推动本国 IS 曲线向右移动，在 C 点产生最终均衡。不难发现，图（a）中 LM 曲线的利率弹性较大，说明因两国利差而导致的本国实际收入下降幅度，要高于随外国收入水平提高相应增加本国出口而引起的本国收入上升幅度，所以外国扩张性财政政策导致本国均衡收入水平从 Y_1 降到 Y_2。

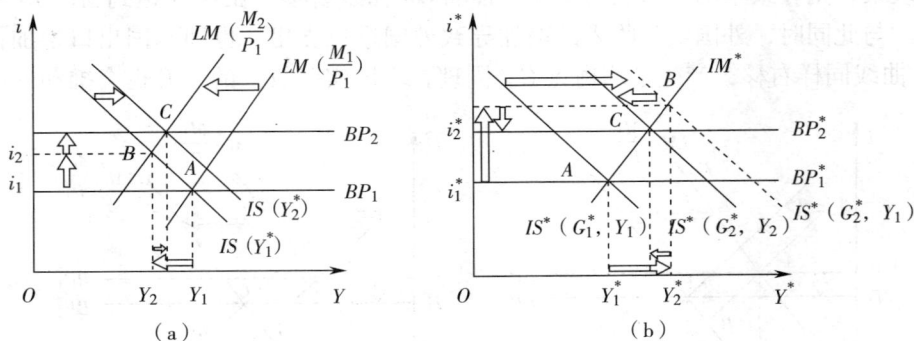

图 10 – 14　固定汇率制的两国模型：外国扩张性财政政策

由图 10 – 14（b）可知，当本国均衡收入下降时，随即引起外国 IS 曲线向左小幅移动，在 C 点实现最终均衡。但总体而言，扩张性财政政策仍然可以显著提高外国收入水平，并最终恢复国际收支平衡。

图 10-14 再现了一个开放经济宏观经济政策以邻为壑效应的典型范例。我们可以清楚地看到，由于本国维持固定汇率和资本完全流动，外国财政扩张引起的外国均衡收入水平提高，事实上是以本国均衡收入下降为代价的。许多学者认为，20世纪 90 年代德国在统一进程中大规模使用扩张性财政政策时，确实给承诺在欧共体内部维持固定汇率的法国造成很大困扰，正是这种以邻为壑政策效应的现实写照：随着德法两国利率水平的大幅上升，法国经济陷入严重衰退。

【知识链接 10-4】

以邻为壑效应（Beggar-the-neighbor Effect）是指一国采取的政策措施尽管对本国经济有利，却恶化了他国的经济，属于负溢出效应。

（三）本国扩张性货币政策的影响

由于本国实行固定汇率制度，所以本国货币扩张与外国货币扩张的效应并不相同。由图 10-15 可知，当本国 LM 曲线向右移动时［见图 10-15（a）］，引起利率水平下降。在资本完全流动的条件下，大规模金融资产从本国流向外国，导致国际收支逆差，本币面临贬值压力。为维持固定汇率，本国中央银行在外汇市场出售外汇，吸纳本币。于是，与开放小国的情形相似，如果采取冲销政策，则本国经济将在 B 点维持一段时间，均衡收入升高至 Y_2，但必须忍受国际收支逆差和外汇储备持续外流的痛苦。如果不采取冲销政策，则外汇储备减少引起国内货币供给紧缩，迫使 LM 曲线重新回到初始位置，均衡收入和均衡利率恢复原来的水平（均衡点由 B 点回归 A 点），从而本国货币扩张对国内经济不具有长期效应。显然，本国货币扩张对外国经济也不产生实质性影响［见图 10-15（b）］。究其原因，正是本国中央银行的固定汇率承诺，隔离了本国政策行为对外国经济的影响。

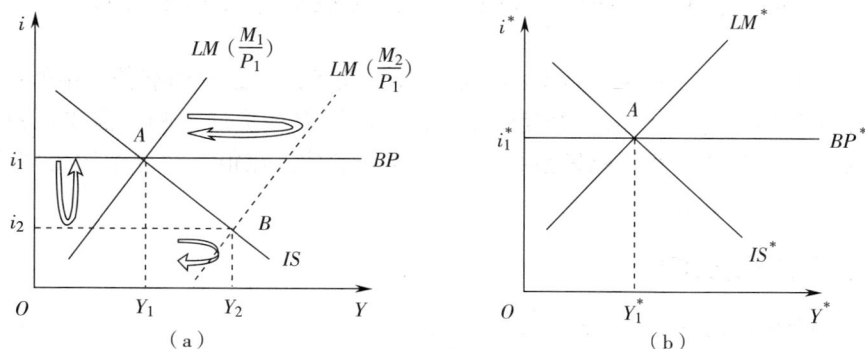

图 10-15 固定汇率制的两国模型：本国扩张性货币政策

（四）本国扩张性财政政策的影响

在给定外国初始收入水平的情况下，本国实施扩张性财政政策［见图 10-16（a）］，推动本国 IS 曲线向右移动至 $IS(G_2, Y_1^*)$，均衡点从 A 点移动至 B 点，使本国收入水平和利率水平分别提高到 Y' 和 i'，吸引大量资本从外国流入本国，出现国际收支顺差，本币存在升值压力。

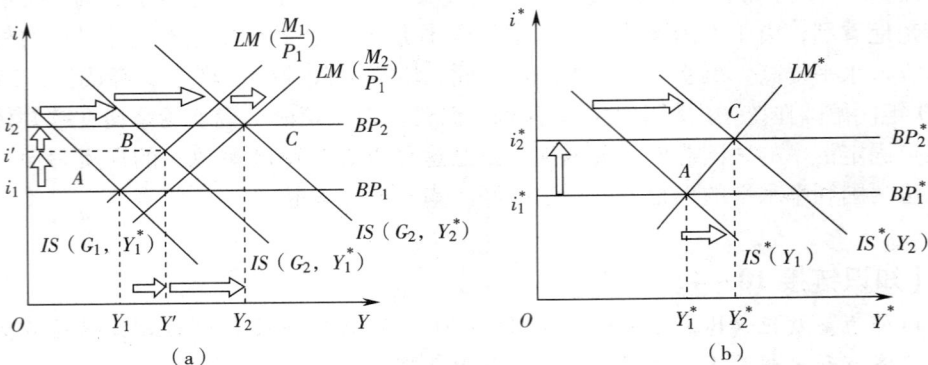

图 10 - 16　固定汇率制的两国模型：本国扩张性财政政策

为维持固定汇率，本国中央银行需进入外汇市场买入外汇、卖出本币。如果不采取冲销政策，则国内货币供给增加推动本国 LM 曲线向右移动，使均衡利率回落，但均衡收入水平继续提高。与此同时，本国收入水平提高将带动进口增加，于是国外出口增加，推动外国 IS 曲线向右移动 ［见图 10 - 16 （b）］，使其均衡利率和均衡收入上升；而外国收入水平提高相应也带动本国出口增加，使本国 IS 曲线进一步右移。两国均衡收入水平交替上升，直到当两国均衡利率水平重新相等，即 $i_2 = i_2^*$ 时，两国各自在新的均衡收入水平 Y_2 和 Y_2^* 下实现新的内外均衡，这就是最终均衡点 C。由此可见，实行固定汇率制度的国家采取扩张性财政政策不仅可以增加本国收入，同时也引起外国收入上升，具有输出效应，但显然在提高国内产出水平方面效果更加显著。

第五节　浮动汇率制下的宏观经济政策效应

在浮动汇率制下，中央银行就不必增加外汇储备，不必时刻准备干预外汇市场，同时也不必权衡是否应当采取冲销政策以减少对国内经济的影响。需要注意的是，浮动汇率制不仅为货币当局额外准备了汇率政策工具，在很大程度上改变财政、货币等宏观经济政策的效力。

一、开放小国模型

（一）资本不完全流动下的货币政策效应

图 10 - 17 描述了浮动汇率制和资本不完全流动下开放小国实行扩张性货币政策提高产出水平的实际效果。图 10 - 17 （a） 的 BP 曲线相对陡峭，说明资本流动程度较低，图 10 - 17 （b） 的 BP 曲线比较平坦，说明资本流动程度相对较高。由图 10 - 17 可知，货币扩张推动该国 LM 曲线右移，使均衡点由 A 变为 B，出现国际收支逆差。资本流动程度较低时，逆差主要是由于本国收入提高带动了进口支出增加；资本流动程度较高时，则主要因为本国利率水平下降引起大规模资本流出造成国际收支逆差。逆差将导致本币贬值，使汇率水平由 e_1 上升为 e_2，推动 BP 和 IS 曲线同

时向右移动。伴随着 IS、BP 曲线的调整，利率水平回升，国内收入水平进一步提高，并在 C 点恢复国际收支平衡，实现新的内外均衡。

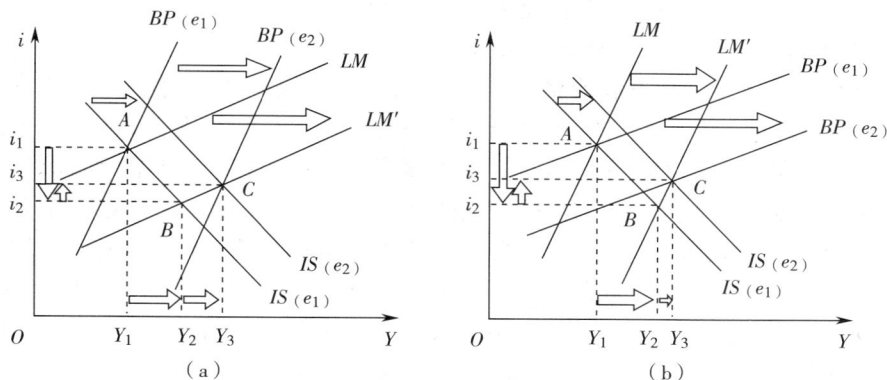

图 10 – 17 浮动汇率制和资本不完全流动下扩张性货币政策

以上分析表明，如果价格水平等其他因素不变，无论资本流动程度高低，浮动汇率制下的扩张性货币政策都至少可以在短期内使本国收入提高，从而在不影响外部均衡目标的条件下有利于追求充分就业的产出水平。

（二）资本不完全流动下的财政政策效应

类似地，我们可以考察浮动汇率制、不同资本流动程度下开放小国实行扩张性财政政策的实际效果（见图 10 – 18）。扩张性财政政策首先推动 IS 曲线右移，均衡点由 A 向 B 移动，使得均衡利率和均衡收入都上升，但国际收支失衡。资本流动程度较低时，进口支出增加幅度超过利率上升引起的资本流入，导致在图 10 – 18（a）的 B 点出现国际收支逆差。于是，本币贬值，使 IS、BP 曲线同时向右移动，直至 C 点恢复国际收支平衡，并使本国收入水平进一步提高。若资本流动程度相对程度较高，则利率上升引致的资本流入将大大超过增量进口支出，使图 10 – 18（b）在 B 点出现国际收支顺差。于是，本币升值，IS、BP 曲线同时向左移动，直至 C 点恢复国际收支平衡，但却使财政扩张的产出效应缩水。

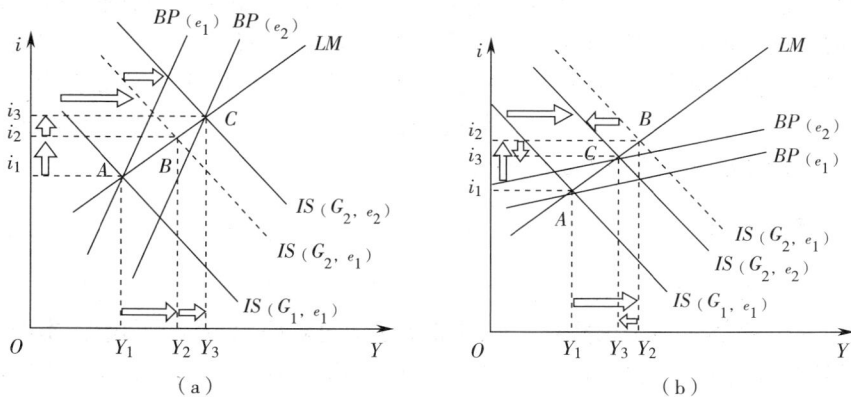

图 10 – 18 浮动汇率制和资本不完全流动下扩张性财政政策

由此可见，浮动汇率制下，财政政策对开放小国国际收支和货币币值的影响主要依赖于资本流动程度。一般而言，扩张性财政政策至少可以在短期内引起实际收入增加，只是收入增加幅度随资本流动程度提高而下降。

（三）资本完全流动下的开放小国模型

开放小国的产出、利率和价格变动不影响世界其他国家。假定价格水平不变，浮动汇率和资本完全流动的开放小国宏观经济政策效应分析如下：如果以扩张性货币政策提高产出［见图10－19（a）］，那么随着 LM 曲线右移，本国利率降至外国利率之下，大规模资本外流导致国际收支逆差，本国经济从初始均衡点 A 沿 IS 曲线移动到 B 点，实际收入有所增加。国际收支逆差使本币贬值，汇率水平由 e_1 升高到 e_2，结果推动 IS 曲线右移，在最终均衡点 C 重新恢复国际收支平衡，使均衡利率回升至与外国利率相同的水平，并使本国收入进一步增加。显然，在浮动汇率制和资本完全流动条件下，货币政策的产出效应具有放大机制。

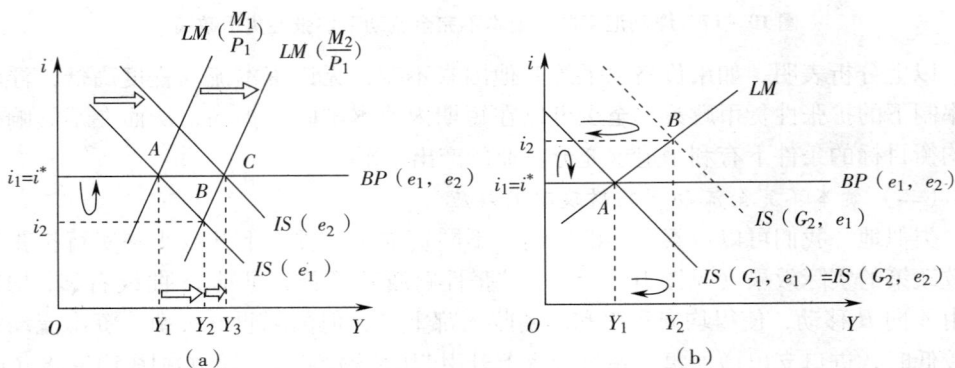

图10－19　浮动汇率制和资本完全流动下的开放小国模型

如果选择实施扩张性财政政策［见图10－19（b）］，则政府支出增加，直接推动 IS 曲线右移，使均衡利率和均衡收入同时增加。高出外国利率水平，吸引大量资本流入，导致国际收支顺差，本国经济从初始均衡点 A 沿 LM 曲线右移至 B 点。国际收支顺差使本币升值，汇率水平由 e_1 降低到 e_2，抑制出口，从而促进进口增加。于是 IS 曲线向左回移，直到重归初始位置，国际收支才恢复平衡，并在初始均衡点 A 重新实现与外国相同的利率水平。所以，浮动汇率和资本完全流动条件下，任何政府支出的增加都挤出了相应数量的外国居民的净进口支出，这种完全挤出效应导致以财政扩张增加产出的努力最终失效。

二、两国模型

（一）扩张性货币政策的影响

图10－20描述了当本国实行扩张性货币政策时对两国经济的影响。本国货币扩张推动 LM 曲线右移［见图10－20（a）］，使国内利率水平降到 i'，本国经济从初始均衡点 A 沿 IS 曲线移向 B 点，因资本外流而出现国际收支逆差。于是，本币贬值，外币升值，汇率水平从 e_1 提高到 e_2。本币贬值有利于扩大本国出口，推动 IS 曲

线向右移动至 $IS(e_2, Y_1^*)$，使本国利率和收入水平都有提高。由于外币升值使本国对外国产品净消费减少，引起外国 IS 曲线向左移动至 $IS^*(e_2, Y_1)$［见图 10－20（b）］，外国经济从初始均衡点 A 沿 LM^* 曲线移动到 B 点，外国利率和收入水平分别下降至 $i^{*'}$ 和 $Y^{*'}$。同时，由于本国收入水平提高（至 Y_2）会带动进口支出增加，所以外国出口增长推动 IS 曲线向右回移至 $IS^*(e_2, Y_2)$，使其利率和收入水平均略有回升，在 C 点实现最终均衡。新的外国收入水平 Y_2^* 当然也会带动外国进口支出增加，于是本国 IS 曲线进一步右移至 $IS(e_2, Y_2^*)$，一直到 C 点重新恢复两国国际收支平衡且两国利率水平相同时为止。至此可以得到如下结论：在资本完全流动和浮动汇率制度下，本国货币扩张可以较为理想地提高国内收入水平，但是对外国经济具有以邻为壑效应，趋向降低外国经济的均衡水平。

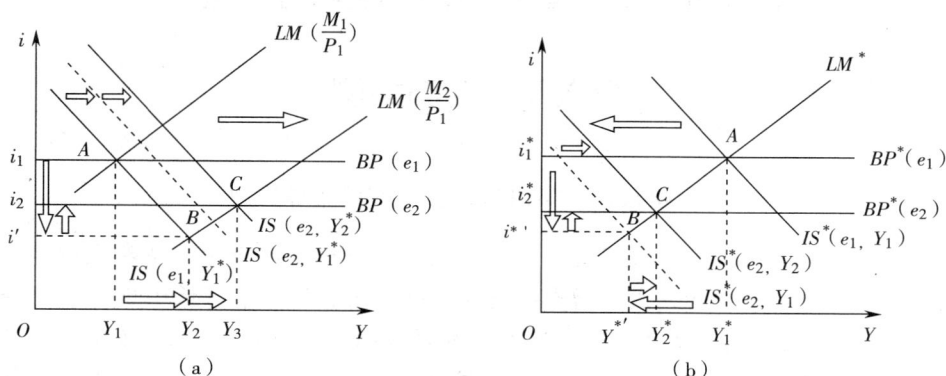

图 10－20 浮动汇率制的两国模型：本国扩张性货币政策

当两国都实行浮动汇率制度时，若外国实行扩张性货币政策，则必然在提高外国收入的同时致使本国收入水平相应降低。所以，浮动汇率制和资本完全流动的条件下，任何一个国家的货币扩张都具有典型的负溢出效应。

（二）扩张性财政政策的影响

浮动汇率制下，若本国增加政府支出，则扩张性财政政策直接推动本国的 IS 曲线向右移动至 $IS(G_2, e_1, Y_1^*)$［见图 10－21（a）］，使本国利率和收入水平都相应提高，本国经济从初始均衡点 A 沿着 LM 曲线移至 B 点。由于本国利率 i' 高出外国均衡利率，吸引大量资本流入，使本国出现国际收支顺差，于是本币相对于外币升值，汇率水平从 e_1 降低到 e_2。本币升值抑制本国出口，引起本国 IS 曲线向左回移，使本国利率和收入水平都略有下降。而外币贬值有利于外国扩大出口，同时本国收入增加也带动进口支出增加，从而推动外国 IS 曲线向右移动［见图 10－21（b）］，外国利率和收入水平随即提高。随着外国收入水平的提高，本国出口进一步增长，于是本币升值并不完全吞噬财政扩张引致的收入提高。

当两国利率水平重新相等，即 $i_2 = i_2^*$ 时，两国经济都达到最终均衡点 C，不仅各自恢复了国际收支平衡，而且实际收入水平都高于初始值。因此，在资本完全流动和浮动汇率的条件下，财政扩张对于外国经济具有输出效应，使两国收入水平都得到提高。

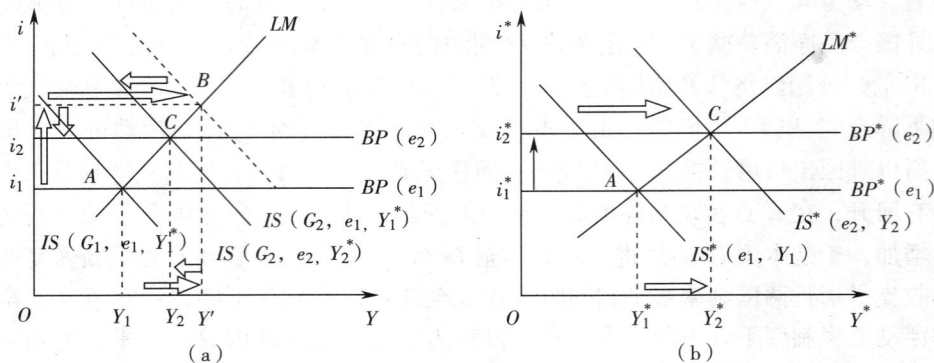

图 10-21　浮动汇率制的两国模型：本国扩张性财政政策

第六节　经典案例

积极财政政策如何打通货币政策传导机制

2018 年 8 月 14 日，财政部发布通知明确，加快地方政府专项债券发行和使用进度，各地至 9 月底累计完成新增专项债券发行比例原则上不得低于 80%，剩余的发行额度应当主要放在 10 月发行。2018 年新增专项债券额度为 1.35 万亿元，且大部分尚未发行，在短时间内以"加速度"发行如此规模债券，可见积极财政政策发力之势。

2018 年以来，我国持续实施积极的财政政策。在减税降费方面，推出超万亿元规模的减负措施，比如降低制造业、交通运输、建筑、基础电信服务等行业增值税税率的政策，在 5 月实施首月，即实现净减税 348 亿元；在支出方面，2018 年安排财政赤字 2.38 万亿元，保持上年规模，同时保持较强支出力度，加大对重点领域、关键环节投入。前 7 月累计，全国一般公共预算支出完成年初预算的 59.8%，同比增长 7.3%。

应该看到，当前经济运行稳中有变，面临一些新问题新挑战，外部环境发生明显变化，这就需要提高政策的前瞻性、灵活性、有效性，促进经济平稳健康发展。在财政政策方面，应根据形势变化相机预调微调、定向调控，"积极财政政策要更加积极"。

首先，减税降费要聚力增效，提升企业"获得感"。统计分析显示，前 7 月财政收入增幅比上半年放缓 0.6 个百分点，主要原因是减税降费政策效果显现，降成本减负担红利持续发挥。不可回避的问题是，一些企业仍觉得"获得感"不强，税费负担较重。

因此，一方面要切实落实好已出台的各项措施，充分发挥政策效应；另一方面有必要根据经济运行情况和企业需求，进一步采取有针对性的政策，更有效地为企业减税降费，使企业能够轻装上阵、提高活力。2018 年 7 月，国务院又出台新的减税措施，将企业研发费用加计扣除比例提高到75%的政策由科技型中小企业扩大至所有企业，初步测算全年可减税650亿元。

其次，发挥好政府债务作用，推动稳投资、扩内需、补短板。在安排2.38万亿元赤字的同时，还安排了不列入赤字的1.35万亿元地方政府专项债券，比2017年增加了5500亿元。专项债券对地方重点领域建设有重要意义，但2018年上半年的发行进度较慢。为此，财政部专门发文要求加快专项债券发行和使用进度，并明确了时间表。值得注意的是，加快发行仍应遵守程序和规则，坚持发行市场化原则，不能用行政手段干预发行定价，要强化信用评级、信息披露等要求，避免"萝卜快了不洗泥"，防范新增隐性债务。

最后，财政金融政策要协同发力，更有效地服务实体经济。要坚持实施积极的财政政策和稳健的货币政策，并从各方面加强两者的协同、配合。实际上，减税、债务等政策均能体现出两大宏观政策的紧密关系，比如通过利息收入免征增值税的措施，促进金融机构向小微企业放贷。地方政府专项债券顺利发行，也需要金融政策、金融机构的支持。

财税金融政策的协同配合，还体现在解决小微企业融资困难方面。对于这个问题，国务院明确要加快国家融资担保基金出资到位，努力实现每年新增支持15万家（次）小微企业和1400亿元贷款目标。小微企业由于可抵押资产少、信用记录不足、信息不对称等原因，不容易获得金融机构贷款。通过政府主导的担保体系为小微企业增信，可较好破解融资难融资贵问题，促进小微企业发展。当前，应推动国家融资担保基金尽快运行，尽早惠及小微企业。

（资料来源：经济日报。）

阅读以上材料，请回答财政政策在经济结构调整方面应如何与货币政策协调配合，从而促进我国经济平稳发展？

【本章小结】

在开放经济条件下，宏观经济均衡目标主要集中在内部均衡和外部均衡。内部均衡是指一国同时实现经济增长、物价稳定和充分就业。外部均衡是指一国实现国际收支平衡。宏观经济政策工具包括支出变更政策和支出转换政策。支出变更政策旨在影响经济中总需求水平的财政政策和货币政策。支出转换政策是旨在改变总需求结构的政策，指通过影响本国贸易品的国际竞争力以改变支出构成，进而改变总需求的结构，使本国收入大于支出。主要包括汇率政策和直接管制政策。

丁伯根提出了著名的丁伯根法则，即要实现n种独立的政策目标，至少要有n种相互独立的政策工具。米德冲突是指在固定汇率制下，政府无法运用汇率政策手段调控国内外需求，只能运用影响国内总需求的政策手段来平衡内外收支，因而，宏观调控难以内外均衡兼顾，产生内外均衡冲突。

斯旺图形以一个二维分析框架，直观地再现了开放经济体各种可能的宏观经济状态，提出按照效力最大、代价最小的原则来分配汇率政策和支出调整政策两种工具的作用目标，也就是要根据内部均衡曲线和外部均衡曲线的相对位置来决定政策搭配方式。

　　蒙代尔将支出调整政策分为财政政策和货币政策两个独立的政策工具，并在国际收支研究中引入资本流动因素，提出有效市场分类原则。即按照"以货币政策实现外部均衡目标，财政政策实现内部均衡目标"的规则，交替使用财政政策与货币政策就可以实现开放经济的宏观均衡。

　　固定汇率制下，如果开放小国的中央银行不采取冲销政策，那么通过货币政策调整产出水平的政策意图将彻底失败。若采取冲销政策，则在享受内部经济改善的同时必须面临国际收支失衡以及外汇储备大幅度变动的状况。相对而言，固定汇率制度使财政政策效力得以放大，并且资本流动程度越高，财政政策的产出效应越突出。

【章后习题】

一、重点概念

支出变更政策　　支出转换政策　　丁伯根法则　　米德冲突　　斯旺图形　　开放小国
蒙代尔政策搭配理论

二、复习思考题

1. 选择题

（1）根据蒙代尔—弗莱明模型，在固定汇率制度下，资本完全流动时，财政政策和货币政策的短期效应是（　　　）。

　　A. 财政政策和货币政策均有效　　　　B. 财政政策有效，货币政策无效

　　C. 财政政策无效，货币政策有效　　　　D. 财政政策和货币政策均无效

（2）罗伯特·蒙代尔提出了关于政策分配的理论，在通货膨胀/国际收支顺差的经济状况下，应采取（　　　）。

　　A. 紧缩的财政政策和紧缩的货币政策

　　B. 扩张的财政政策和紧缩的货币政策

　　C. 紧缩的财政政策和扩张的货币政策

　　D. 扩张的财政政策和扩张的货币政策

（3）斯旺模型的基本思路是（　　　）。

　　A. 支出变更政策与支出转换政策的搭配

　　B. 财政政策与货币政策的搭配

　　C. 把内部均衡目标分派给财政政策，外部均衡目标分派给货币政策，以实现经济的全面均衡

　　D. 运用支出变更政策谋求内部均衡，运用支出转换政策谋求外部均衡

（4）根据蒙代尔—弗莱明模型，针对货币政策的短期效应，以下说法正确的是（　　　）。

　　A. 固定汇率制、资本不完全流动下，货币政策有效

　　B. 固定汇率制、资本完全不流动下，货币政策有效

　　C. 浮动汇率制、资本不完全流动下，货币政策有效

　　D. 浮动汇率制、资本完全不流动下，货币政策无效

（5）在运用支出变更政策与支出转换政策的搭配调节国际收支时，根据斯旺的见

解，当出现通货膨胀和国际收支逆差的经济状况时，应采用的政策搭配是(　　)。

A. 紧缩国内支出，本币升值　　　　B. 扩张国内支出，本币贬值

C. 扩张国内支出，本币升值　　　　D. 紧缩国内支出，本币贬值

2. 简答题

(1) 简述内外均衡之间的关系。

(2) 简述蒙代尔的政策搭配理论。

(3) 开放经济下的宏观调控目标与封闭经济有何不同?

(4) 试述米德冲突在什么情况下会出现，其产生的根源是什么?

三、实训与应用

央行行长阐释货币政策考虑：需"内外均衡"

中国人民银行行长易纲2018年12月表示，在当前国际经济形势下，需要考虑货币政策的"内外均衡"。在享受全球化收益的同时，不可避免要承担内外政策协调的"两难"。而我国的货币政策应坚持以我为主，保持货币政策的有效性，同时兼顾国际经济协调，争取有利的外部环境；保持汇率弹性，将完善宏观审慎管理与加强国际协调相结合。"宏观杠杆的稳定已经差不多持续八个季度。"易纲说，货币政策需要根据经济形势变化灵活调整，加强逆周期调控。他认为，当前中国经济处于下行周期，需要一个相对宽松的货币条件，但宽松的货币条件须考虑外部均衡，也不能太宽松，不然会影响汇率，要在内部均衡和外部均衡找到一个平衡点。而当内部均衡和外部均衡产生了矛盾，就要以内部均衡为主，兼顾外部均衡，找到最优的平衡点。他表示，要争取在三年时间里，通过强化监管，集中整治和深化改革开放，使宏观杠杆率得到有效控制，金融领域突出的高风险得到有序处置。此外，一些错误的发展模式要得以纠正，金融结构适应性提高，金融服务实体经济的能力要明显增强，系统性风险得到有效防范。

(资料来源：新华网。)

阅读以上材料，请分析论述人民银行货币政策如何寻找一个平衡点以解决内外均衡矛盾?

参 考 文 献

［1］陈雨露．国际金融（第四版）［M］．北京：中国人民大学出版社，2018.

［2］叶蜀君．国际金融（第三版）［M］．北京：清华大学出版社，2014.

［3］孟昊．国际金融理论与实务［M］．北京：人民邮电出版社，2014.

［4］张东祥．中国外汇市场金融工具配置［M］．武汉：武汉大学出版社，2002.

［5］贺瑛，罗文广．外汇业务操作规程与案例［M］．成都：西南财经大学出版社，1999.

［6］王晓光．国际金融［M］．北京：清华大学出版社，2017.

［7］欧力奇．外汇投资宝典［M］．北京：电子工业出版社，2016.

［8］朱箴元．国际金融（第一版）［M］．北京：中国财政经济出版社，2001.

［9］邓莉．基于利率平价理论的人民币汇率与利率的相关性分析［J］．知识经济，2010（12）.

［10］刘丽杰．论人民币升值对我国对外贸易的影响及应对措施［J］．辽宁科技学院学报，2011（2）.

［11］孙刚，王月溪．国际金融学（第一版）［M］．大连：东北财经大学出版社，2011.

［12］杨胜刚，姚小义．国际金融（第一版）［M］．北京：高等教育出版社，2005.

［13］吕随启，王曙光，宋芳秀．国际金融教程（第二版）［M］．北京：北京大学出版社，2007.

［14］陈湛匀，国际金融——理论·实务·案例（第二版）［M］．上海：立信会计出版社，2005.

［15］钟瑛．改革开放以来中国宏观经济政策调整的实践演变［C］．第十届国史学术年会论文集，2011.

［16］龙飞．外汇投资入门与实战精解［M］．北京：人民邮电出版社，2018.

［17］魏强斌．外汇交易进阶（第四版）［M］．北京：经济管理出版社，2018.

［18］姜波克．国际金融新编（第五版）［M］．上海：复旦大学出版社，2012.

［19］杨胜刚，姚小义．国际金融（第四版）［M］，北京：高等教育出版社，2016.

［20］孙刚、王月溪．国际金融学［M］．大连：东北财经大学出版社，2017.

［21］ERIIKKA OINONEN, LEENA TERVONEN – GONçALVES. Reproducing or Remaking the Social Contract with Young People in the Europe 2020 Strategy? ［M］. Berlin：Springer International Publishing，2018.

［22］Jacqueline Best. The Limits of Transparency［M］. Ithaca：Cornell University Press，2018.

［23］ABUL HASSAN, SABUR MOLLAH. International Islamic Financial Infrastructure Institution：IIRA ［M］. Berlin：Springer International Publishing，2018.

［24］ELIZABETH GEORGE, ZAKKARIYA K. A.. Banking Sector in India ［M］. Berlin：Springer International Publishing，2018.

［25］MICHEL HENRY BOUCHET, CHARLES A. FISHKIN, AMAURY GOGUEL. Volatility，Spillovers，and Crisis Contamination：The New Dynamics of Country Risk Since the 1980s and 90s in the Globalized Market Economy ［M］. Berlin：Springer International Publishing，2018.

［26］Macro – Financial Risks of RMB Internationalization ［M］. Springer Singapore，2018.

［27］Palgrave Macmillan. Internationalization Index of Renminbi ［M］. Springer Singapore：2018 – 08 – 20.

［28］国家外汇管理局 . www. safe. gov. cn.

［29］2008 年以来《金融时报》，2015 年以来《中国外汇管理》等。

［30］中国人民银行 . www. pbc. gov. cn.